公共管理教材系列

资助项目

公共部门经济学
理论与实践

黄新华 编著

厦门大学出版社 国家一级出版社
XIAMEN UNIVERSITY PRESS 全国百佳图书出版单位

图书在版编目（CIP）数据

公共部门经济学：理论与实践 / 黄新华编著. -- 2
版. -- 厦门：厦门大学出版社，2023.3
公共管理教材系列
ISBN 978-7-5615-8724-9

Ⅰ．①公… Ⅱ．①黄… Ⅲ．①公共经济学－高等学校
－教材 Ⅳ．①F062.6

中国版本图书馆CIP数据核字(2022)第157754号

出 版 人　郑文礼
责任编辑　高　健
美术编辑　李夏凌
技术编辑　朱　楷

出版发行　*厦门大学出版社*
社　　址　厦门市软件园二期望海路 39 号
邮政编码　361008
总　　机　0592-2181111　0592-2181406(传真)
营销中心　0592-2184458　0592-2181365
网　　址　http://www.xmupress.com
邮　　箱　xmup@xmupress.com
印　　刷　厦门金凯龙包装科技有限公司

开本　720 mm×1 000 mm　1/16
印张　18
字数　365 千字
版次　2010 年 8 月第 1 版　2023 年 3 月第 2 版
印次　2023 年 3 月第 1 次印刷
定价　69.00 元

本书如有印装质量问题请直接寄承印厂调换

厦门大学出版社
微信二维码

厦门大学出版社
微博二维码

目　录

第 1 章

公共部门经济学导论

在市场经济体制中,市场是资源配置的决定性机制。但是市场竞争是不完全的,政府在弥补市场机制方面起着重要的作用。党的二十大报告提出,"充分发挥市场在资源配置中的决定性作用,更好发挥政府作用"。其实,政府是越位还是缺位,是高效还是低效,是服务于公共利益还是部门利益等问题,一直是市场经济国家必须面对的理论与实践难题。作为探讨、解决这些难题的学问——公共部门经济学应运而生。"它是经济学中最古老的领域之一,但它又是经济学的一个新兴分支。"① 作为公共部门经济学"主干的财政学诞生于 200 年前,政府的经济行为——财政收支行为——是财政学的研究对象"。② 20 世纪以来,随着政府行为迅速扩展,公共部门规模持续扩张,60 年代后,在宏观经济学和福利经济学的推动下,在公共财政学的基础上孕育形成了公共部门经济学。本章探讨混合经济中的公共部门,公共部门经济学的兴起与发展,公共部门经济学的理论基础、伦理准则和学科性质。

1.1 混合经济中的公共部门

混合经济是当代国家以社会目标补足私人目标,以政府经济政策补足个人经济决策,以政府调节补足市场调节的一种经济体制,在这种经济体制下,国家与市场、政府与企业和个人通过职能分工与合作实现经济的稳定增长和社会福利的最大化。在混合经济中,"众多经济活动由私人企业从事,同时,政府也从事一部分经济活动。除此之外,政府还通过多种管制、税收和补贴,来改变私人部门的行为"③。

---

① 约翰·伊特韦尔,默里·米尔盖特,彼得·纽曼.新帕尔格雷夫经济学大辞典:第 3 卷[M].北京:经济科学出版社,1996:1125.

② 安东尼·B.阿特金森,约瑟夫·E.斯蒂格里茨.公共经济学[M].蔡江南,许斌,邹华明,译.上海:上海三联书店,1992:译者的话 1.

③ 约瑟夫·E.斯蒂格利茨.公共部门经济学[M].郭庆旺,杨志勇,刘晓路,等译.北京:中国人民大学出版社,2005:4.

混合经济的最主要的经济特征是存在着一个强大的公共部门。西方传统主流经济学一般将混合经济看作是两种生产方式的混合——私营企业和公共企业——以及相适应的市场和政府资源配置方式与决策方式。20 世纪 90 年代后,经济学家提出了新的混合经济理论,认为混合经济不是两种生产方式的混合,而是三种生产方式的混合,即公共企业、私营企业以及家庭与自愿组织中的无酬劳动的混合。它们各具特点,且与政府的关系也各不相同。公共政策影响它们各自的效率、在资本资源中所占份额以及在整个经济中所起的作用。

在混合经济中,公共部门主要通过收入分配、基础设施的公共投资和其他公共政策影响家庭的生产力。政府要使国民收入最大化,就必须对家庭经济活动进行干预。干预的方式可以是调整市场配置,使得家庭之间以及家庭与企业之间的边际生产率相等。私营企业需要家庭提供健康的、积极的、诚实的管理人员和工人。"对劳动力的技巧和多方面的能力要求越高,公共部门和私人部门就越需要有一个居住条件好、设备好和教育好的家庭。"①私人部门要能够正常运行,则需要从公共部门获得如下的支持:他们雇佣的工人、专业人员和管理人员所受的教育;许多技术的基础性研究;私营企业生产经营所需要的资料、信息服务和土地使用权服务;各种专业服务和咨询服务;电力、交通和通信等基础设施;一些由公共部门提供的产品,政府对某些行业提供的财政支持;法律、秩序、规章和对某些行业或活动的管制。

混合经济中的公共部门指的是政府及其附属物,"从根本上而言,公共部门就是这样一系列机构,它们能协调以各种方式寻求公共活动的不同集团的利益"②。理解公共部门的关键在于两个方面:一是公共部门所从事的活动;二是公共部门是如何制定与执行决策的。

从经济学的角度上看,公共部门和私人部门具有相同点:(1)它们都是生产满足人类需要的产品或服务的(私人物品和公共物品);(2)它们生产物品都要使用社会经济资源;(3)它们都要解决生产什么、怎样生产和为谁生产的决策(经营)问题。公共部门和私人部门的区别则表现在以下四个方面:(1)私人部门的生产经营活动通常是分散进行的,其经营决策也由生产者分散地作出,而公共部门的生产经营活动则需要由代表公共权力的主体集中进行,其生产经营决策也由专制制度下的君主、官僚专断式地作出或由民主制度下的社会成员及其代表通过民众认可的程序作出。(2)支配私人部门生产经营决策者决策的是私人利

---

① 休·史卓顿,莱昂内尔·奥查德.公共物品、公共企业和公共选择[M].费朝晖,徐济旺,易定红,译.北京:经济科学出版社,2000:23-24.

② 简·埃里克·莱恩.公共部门:概念、模型与途径[M].谭功荣,马蔡琛,凌岚,等译.北京:经济科学出版社,2004:1.

益和私人意志(至少是个别企业的利益和意志),而支配公共部门决策的一般则是某种意义上的公共利益和集体意志(至少在民主制度下是如此)。(3)在市场经济中,私人部门通过经济市场上相互交换物品的价格进行价值补偿,以实现再生产循环,而公共部门则需要通过向消费公共物品的社会成员按公认的规则征收税费,实现再生产循环,而且每个社会成员贡献的份额与其消费的份额并非对等。(4)在市场经济中,调节私人部门生产经营活动的是市场机制,而调节公共部门生产经营活动的则是非市场的政治机制。

1.2 公共部门经济学的兴起与发展

公共部门经济学,简单地说,就是研究公共部门经济行为的一门科学。具体地说,它是以公共部门行为、公共部门职能及其对资源配置和社会福利的影响为研究对象的一门经济科学。政府是公共部门的核心主体,因此,公共部门经济学也被人们称为政府经济学。

公共部门经济行为的复杂多样,必然带来公共部门经济学研究对象的复杂多样。"它所研究的领域一向是经济学科中的核心问题——无论是从正面研究还是以迂回曲折和不怎么直接的方式研究:哪些方面必须靠市场? 哪些方面必须靠公共部门? 如何靠? ……它从事的是关于公共部门的研究,然而为此它必须最为精细周到地分析市场及其问题。"①在西方经济学中,关于公共部门经济学的研究内容众说纷纭,考察公共部门经济学的历史发展过程,有助于更好地理解它的理论体系和思想内涵。

1.2.1 公共经济思想的早期萌芽

早期的公共经济思想萌芽散见于各国政治思想家和经济思想家的著述中。2000 多年前的古希腊,梭伦(Solon)就主张实行温和的且有资格的民主制,强调人民有权选举和决定公职人员,公共事务必须依法治理。色诺芬(Xenophon)则探讨了"怎样安排公共事务,使全体雅典人民可以借助于我们的公共资源来维持充裕的生计"②。他多次使用了公共事务、公共资源、公共收入等公共经济的概念,并大体揭示出公共经济是以国家为主体、以筹集公共收入和运用公共资源为依托,通过合理安排公共事务,以增进社会整体利益的活动。15、16 世纪,马基雅维里(Niccolo Machiavelli)提出国家产生于人们对共同福利的需要,国家的主要职能是保护公民的经济产权和人身安全。莫尔(St. Thomas More)则提出了

① 约翰·伊特韦尔,默里·米尔盖特,彼得·纽曼.新帕尔格雷夫经济学大辞典:第 3 卷[M].北京:经济科学出版社,1996:1125.

② A.E.门罗.早期经济思想[M].蔡受百,等译.北京:商务印书馆,1985:37.

公有制基础上的公共经济设想,认为国家应当为全体社会成员的利益组织生产和分配,重大问题交由全体居民讨论,主要的公职人员由人民选举产生。[①]

17世纪,一大批著名的思想家进一步发展了公共经济思想。(1)斯宾诺莎(Baruch de Spinoza)在社会契约论中强调,国家必须维护大多数人的利益,实行民主制,由人民代表机关掌握最高权力,以保障人民的共同福利。(2)霍布斯(Thomas Hobbes)和洛克(John Locke)则系统论述了社会契约论的国家观、分权治理以及人民纳税是与国家提供的公共服务相交换的观点。(3)威廉·配第(William Petty)在1662年出版的《赋税论》中,则第一次较为系统地阐述了公共支出的必要性和公共收入的经济影响,并主张削减国防费、行政费和宗教事务费而增加贫民救济费和公共事业费。(4)大卫·休谟(David Hume)指出,人们具有搭便车的心理,公共受益的事情只能通过集体行动来完成,从而论证了政府公共职能存在的必要性。(5)孟德斯鸠(Montesquieu)论证了平等有利于促进人民的幸福,必须在普选制基础上实行立法、行政、司法三权分立防止公共权力滥用。(6)爱尔维修(Claude Adrien Helvetius)强调维护和发展社会福利是国家的基本职能,在私有制下国家可以通过立法手段解决国民财富分配不均的问题。此外,卢梭(Jean-Jacques Rousseau)、梅叶(Jean Meslier)、摩莱里(Morelly)、马布利(Cabriel Bonnot De Mably)等,都对公共经济思想的发展作出了贡献。

1.2.2 从财政学到公共财政学

1776年,亚当·斯密(Adam Smith)《国民财富的性质和原因的研究》的出版,标志着古典政治经济学的产生,"从而创新了财政学"。[②]亚当·斯密对财政学的贡献主要体现在四个方面:(1)把财政分析建立在劳动价值论的基础上,认为国家财政收入来自创造价值的私人经济领域,并据此提出了限制政府规模的"守夜人"国家理论,主张在经济资源配置上实行市场机制调节的优先原则。(2)明确提出了公共工程"对于一个大社会当然是有很人利益的,但就其性质说,设由个人或少数人办理,那所得利润决不能偿其所费。所以这种事业,不能期望个人或少数人出来创办或维持"[③],从而揭示了国家财政活动的公共性和经济性。(3)提出了国家财政应以税收为主要来源,并论证了四项著名的赋税原则:一是公平原则。"一国国民,都须在其可能的范围内,按各自能力的比例,即按照各自

———————

　　① 莫基切夫.政治学说史[M].中国社会科学院法学研究所,译.北京:中国社会科学出版社,1979:156,157.

　　② 马克思,恩格斯.马克思恩格斯全集:第3卷[M].北京:人民出版社,2002:545.

　　③ 亚当·斯密.国民财富的性质和原因的研究:下卷[M].郭大力,王亚南,译.北京:商务印书馆,1974:284.

在国家保护下享得的收入的比例,缴纳国赋,维持政府。"二是确定原则。"各国民应当完纳的赋税,必须是确定的,不得随意变更。完纳的日期,完纳的方法,完纳的额数,都应当让一切纳税者及其他的人了解得十分清楚明白。如果不然……其害民实大。"三是便利原则。"各种赋税完纳的日期及完纳的方法,须予纳税者以最大便利。"四是经济原则。"一切赋税的征收,须设法使人民所付出的,尽可能等于国家所收入的。"①(4)论述了有偿性的财政收入形式公债,指出公债从表面上看,给个人以新的资财,但从整个国家看,资本非但没有增加,而且原来可以用于维持生产性劳动者的财富,转变为维持非生产性劳动者了,因此对于社会是一种损失,它将会引起财富生产的减少,因此,"举债的方策,曾经使采用此方策的一切国家,都趋于衰弱"。②

亚当·斯密之后,对财政学作出重大贡献的经济学家是约翰·穆勒(John Mill)和瓦格纳(Adolph Wagner)。穆勒探讨了政府作用的合理界限问题,提出了政府干预的一般原则:"除非政府干预能带来很大便利,否则便决不允许政府进行干预。"③他主张"把政府对社会事务的干预限制在最小范围",但决不能用一个简单的定义来概括政府的一切职能。他列举了铸造货币、制定度量衡、铺设街道、修建船港、建筑灯塔、筑堤防潮、筑岸防洪等事例证明,即使是最反对国家干预的人"也没有把这称为越权行为"。④瓦格纳进一步阐述了国家财政活动的公共性,指出:"国家活动的目标恰当与否,应根据民众的利益来确定,国家活动的性质与内容有助于目标的实现。"⑤他根据各种社会经济因素影响作用不断增加的情况,明确断言公共支出具有持续增长的趋势。

从财政学到公共财政学的转变,是由英国经济学家巴斯塔布尔(C. F. Bastable)完成的。1892 年,巴斯塔布尔第一次以《公共财政学》为书名出版了财政学专著。⑥这在财政学的发展史上具有里程碑的意义。巴斯塔布尔系统地阐述了公共财政的基本职能、不同层级政府之间的职责、公共支出、收入划分等财政体制问题。此后,公共财政学就一直作为绝大部分西方财政学著作的标题,这

---

① 亚当·斯密.国民财富的性质和原因的研究:下卷[M].郭大力,王亚南,译.北京:商务印书馆,1974:384-386.

② 亚当·斯密.国民财富的性质和原因的研究:下卷[M].郭大力,王亚南,译.北京:商务印书馆,1974:492.

③ 穆勒.穆勒经济学原理[M].北京:世界书局,1936:740.

④ 约翰·穆勒.政治经济学原理及其在社会哲学上的若干应用:下卷[M].胡企林,朱泱,译.北京:商务印书馆,1991:371,539,372.

⑤ 理查德·A.马斯格雷夫,艾伦·T.皮考克.财政理论史上的经典文献[M].刘守刚,王晓丹,译.上海:上海财经大学出版社,2015:21.

⑥ BASTABLE C F.Public finance[M]. London:MacMillan,1922.

标志着公共财政理论已被西方经济学界广为接受。

1.2.3 从公共财政学到公共部门经济学

从1892年巴斯塔布尔出版《公共财政学》开始,一直到20世纪50年代,研究财政问题的绝大部分著述皆被冠以公共财政学的名称。但是,到1959年,随着马斯格雷夫(Richard A. Musgrave)《财政学原理:公共经济研究》首次引入公共经济这一概念,尤其是1964年瑟奇·克里斯多芬·科尔姆(Serge Christophe Kolm)《公共经济学基础:国家经济作用理论概述》和1965年列夫·约翰森《公共经济学》出版后,大多数财政学家如费尔德斯坦(Martin Feldstein)、斯蒂格利茨(Joseph E. Stiglitz)、阿特金森(A.B. Atkinson)、杰克逊(Peter M. Jackson)等纷纷将著述改称为公共经济学或公共部门经济学。进入20世纪70年代后,以"公共部门经济学"为书名的著作越来越多。1978年,布朗和杰克逊出版了《公共部门经济学》(1982年、1986年、1990年再版);1984年,鲍德威和斯蒂格利茨分别出版了《公共部门经济学》;1991年,杰克逊主编了《公共部门经济学前沿问题》。从公共财政学向公共部门经济学的转变,不仅是名称的变化,更重要的是意味着研究的范围、领域、方法、指导思想、所要说明的问题等都有了实质性的改变。[①]

首先,公共财政学和公共部门经济学所依据的经济理论不是完全不同。公共财政学导源于古典政治经济学,其经济理论基础是自由放任的经济学说:(1)人类最主要的动机是自己的私利;(2)自由竞争会把许多私利转变为公共利益;(3)要使国民财富增长,管得最少的政府就是最好的政府。但是,随着经济的发展,社会生产力的提高,市场结构的复杂化,政府的经济作用增强,经济学研究领域越来越广阔,20世纪初期以来逐渐形成和成熟的福利经济学,为公共财政学扩展到公共部门经济学提供了理论基础和研究方法。福利经济学在理论上是围绕下述三个命题构建起来的:(1)共同利益问题。在一个相互竞争的经济体系中,买者和卖者之间是否有共同利益。(2)公平分配问题。即在一个经济体系中,分配方案是由有眼光的统治者制订的。但在制订方案时统治者必须考虑共同利益是通过对市场机制的补偿获得,还是共同利益与市场机制完全对立,以至于为了共同利益而必须取消市场机制。(3)社会福利问题。社会福利的大小是指个人满足程度的指标,这一问题所要回答的是,社会福利的提高和共同利益的实现是通过市场机制还是通过政治过程(如投票表决等)来决定。虽然福利经济学和古典经济学都是研究如何增加国民财富的,但福利经济学更关心在增加国

---

① 彼德·M.杰克逊.公共部门经济学前沿问题[M].郭庆旺,刘立群,杨越,译.北京:中国税务出版社,2000:2-5.

民财富的基础上增加社会福利问题,也即研究个人如何从全社会的财富增长中获得更多的满足。福利经济学认为,增加社会福利首先要增加满足社会需求的社会产量,而要增加社会产量就必须使资源在各个生产部门的配置达到最优程度。福利经济学强调,国民收入的增加不能损害穷人的绝对份额,或增加穷人的份额而不至于影响国民收入总量,因此主张减轻社会分配不公是增进社会财富和社会福利的必要条件,因为分配机制是由统治者制定的,政府干预总是要涉及资源的分配和再分配,而福利经济学的根本任务就是评估各种资源的配置和分配方式,所以福利经济学为公共部门经济学的规范性分析提供了依据,或者说,福利经济学为考察政府干预形式是否适当提供了一个系统的理论结构。

其次,公共财政学和公共部门经济学的研究范围与研究内容不完全相同。虽然公共财政学导源于古典经济学,但在经济学说史上,随着福利经济学的诞生和"凯恩斯革命"的爆发以及现代经济运行中以政府为主的公共部门经济活动的拓展,公共财政学无法解释、分析和解决有关的经济现象问题。因为公共财政学主要研究的是财政收支本身的问题,特别是财政收入问题,而公共部门经济学不仅要研究财政收支问题,更为重要的是要研究财政收支活动对经济的影响。因此,公共部门经济学所要分析的是政府所从事的经济活动的后果及其与社会目标的关系,所以在公共部门经济学中直接融入了公共选择理论、宪法理论、官僚政治理论。更直接地说,下述一系列问题是公共部门经济学必须研究而公共财政学所不能包容的:公共物品的最佳供给、外部效应的矫正、公共企业的定价、成本收益分析、经济政策与宏观经济的稳定等。

最后,公共财政学和公共部门经济学的研究方法不完全相同。公共部门经济学全面采用了现代经济分析方法,既注重实证分析,又注重规范分析。实证分析方法是通过量化分析来检验命题和假设,是研究"已经发生了什么"。规范分析方法则是从道德标准和价值观出发研究"应该怎么办"。规范分析虽然不如实证分析严谨、科学和可验证,但是规范分析体现了经济学的人文精神和伦理观念,是经济学和其他社会科学不可缺少的分析工具。在公共部门经济学中,实证分析主要用于考察公共部门的活动范围和各种政策的后果,规范分析则用于评价各种将要付诸实施的政策和政府形式的选择。

公共财政学向公共部门经济学的转变表明,随着经济形势和经济环境的变化,必须从更广泛的范围和更深的层次上去研究政府的经济活动问题,仅仅研究财政收支已经无法解释和说明政府对国民经济的影响及政府本身经济活动的合理性,必须注重研究公共收支对经济的影响和公共部门行为的经济效率及其对社会福利的影响。换言之,公共财政学向公共部门经济学的转变是必然的,脱胎于公共财政学的公共部门经济学,是经济学家对经济学和财政学理论研究深化的结果。对推动公共部门经济学的形成作出过突出贡献的经济学家至少包括:

(1)李斯特(Friedrich List)。在 1841 年出版的《政治经济学的国民体系》中,李斯特明确指出:"某项法律、某些公共设施,在生产或消费生产力上,都要起或强或弱的作用",从而承认了公共支出的生产性。(2)迪策尔(K. Dietzel)。在 1855年出版的《从人民经济关系观察国家公债法》中,根据国家公共支出为社会生产提供各种必要条件所起的作用,迪策尔明确指出:"政府的经济消费是彻头彻尾生产性的。"(3)沙夫勒(A. Schaffle)。1876 年,沙夫勒提出了公共经济的范畴,阐述了公共经济与私人经济的相互关系。他指出:"在经济运动中人格化的人伦团体或设施所做的一切经济活动的整体称为共同经济……共同经济靠以交换与竞争为基础的私有经济的市场经济来补充,两者密切融合,建立起完善的人类社会经济。"他进而明确地讨论了社会资源在公共物品与私人物品之间最优配置的原理:国家财政,不过是国民经济的一部分,"财政学的最高原则即国家需要必须与非国家需要保持均衡充足,使其在国民经济上均衡充足"。[①] (4)门格尔(Carl Menger)、杰文斯(William Stanley Jevons)、瓦尔拉斯(Léon Walras)。他们对公共部门经济学的形成起到了重大的推动作用,因为他们从效用价值论和边际效用观点对国家职能和财政活动的研究,进一步说明国家经济行为的生产性、合理性和合法性,并为运用交换原理和资源配置原理深入研究公共部门经济学奠定了基础。(5)威克塞尔(K. Wicksell)、林达尔(A.R.Lindahl)。作为瑞典学派的代表人物,他们对公共部门经济学的产生作出了历史性的贡献。威克塞尔指出,由于搭便车行为,客观地揭示人们对公共物品的偏好,从而实现公共资源的最佳配置,这必须依赖于理想政治程序的建立,即作为消费者的公民对由完整的公共支出与相应的税收份额组成的若干被选预算方案进行投票,并通过近似一致同意的方式付诸实施,但也应注意少数人的利益。林达尔则进一步提出了符合效率原则的公共物品"虚拟需求曲线"和供给均衡点,并依据边际效用原理,按照福利经济学的观点发展了利益赋税平等观。(6)萨缪尔森(Paul Samuelson)。在《公共支出的纯理论》和《公共支出理论图解》两篇论文中,萨缪尔森界定了公共物品的定义——每个人对这种产品的消费,并不能减少他人对于该产品的消费。并运用一般均衡方法发展、完善了林达尔的理论,建立了揭示公共物品最佳供给规模的萨缪尔森模型,奠定了公共部门经济学的需求理论。(7)马斯格雷夫。在《财政学原理:公共经济研究》中,马斯格雷夫论及了公共部门经济学的主要问题,它是公共部门经济学研究领域的一个里程碑。(8)布坎南(James M. Buchanan)。1960 年在《公共财政学》中,布坎南全面论述了公共经济问题,其后在 1962 年出版的《同意的计算》和 1966 年出版的《民主财政论:财政制度和

---

① 坂入长太郎.欧美财政思想史[M].张淳,译.北京:中国财政经济出版社,1987:281,284,294,295.

个人选择》中,布坎南论述了公共物品的个人需求性质,对公共选择、决策原则和投票原则等问题进行了系统的研究,这些问题的探讨对于公共部门经济学的形成起到了重要的作用。

1.3 公共部门经济学的理论基础

公共部门经济学作为经济学的分支学科,有其本身的特定内容,也有其深层次的理论基础——边际分析理论、福利经济学和社会契约论。

1.3.1 边际分析理论[①]

边际分析理论也称"边际主义",其最初形态是边际效用价值论。稀缺性和效用递减规律是边际效用价值论的基础。边际效用价值论所指的价值实际上是使用价值,是以主观心理感受为标准衡量的使用价值的大小。19 世纪 70 年代,"边际革命"的三位代表人物杰文斯、门格尔和瓦尔拉斯,将边际效用价值论应用于生产与分配问题的研究,形成了经济学中的边际分析方法。

19 世纪 80 年代,意大利学者潘塔莱奥尼(Maffeo Pantaleoni)首先将边际分析方法运用于财政学的研究,提出了公共财政支出所应遵循的标准问题,他认为公共财政支出合乎逻辑的准则应当是"在不同公共支出项目之间进行边际效用的比较"。[②] 具体来说,就是"在支出总量固定的前提下,每一个支出项目的边际效用都彼此相等"。[③]

瑞典学派的创始人维克塞尔通过把边际分析方法运用于财政学研究,在国家提供给公民个人的公共物品与其纳税损失之间建立起等量的数学联系。林达尔则在 1918 年运用边际分析方法模拟需求与供给曲线,建立了公共物品消费者分担总成本的供需均衡数量模型,即著名的"林达尔均衡模型"。这一模型证明,每个人所支付的税收份额等于每个人所获得的公共物品边际效用价值,并且全体社会成员所缴纳的税收总额等于公共物品供应的总成本。林达尔同维克塞尔一样,强调以边际分析方法实现公民个人纳税与享受公共物品的份额一致,要以通过税收措施调节财产与收入达到社会公平为前提。

英国经济学家庇古(Arthur Cecil Pigou)在 1928 年出版的《公共财政学研究》

---

①　齐守印.中国公共经济体制改革与公共经济学论纲[M].北京:人民出版社,2002:243,244.

②　R.D.C.布莱克,A.W.科茨,克劳弗德·D.W.古德温.经济学的边际革命[M].于树生,译.北京:商务印书馆,1987:266.

③　理查德·A.马斯格雷夫,艾伦·T.皮考克.财政理论史上的经典文献[M].刘守刚,王晓丹,译.上海:上海财经大学出版社,2015:36,39.

一书中,运用边际分析方法进一步研究了公共部门资源配置效率与私人部门之间衡量标准统一问题。他在公共支出效用标准论题之下指出,在既定规模之下,公共预算安排最终应当达到各个支出项目的边际效用相等,并且应当达到各项公共支出项目的边际效用与各项私人支出的边际效用相等。这一公共物品最佳供应标准,后来被美国经济学家萨缪尔森以数学模型方式加以进一步阐述与论证。

边际分析方法在公共部门经济学的发展中不断得到运用与发挥,成为进行实证分析的基本手段。不过在以后的分析中,人们多用边际效率取代边际效用,从而逐步脱离了最初主观效用的色彩。边际分析方法之所以成为公共部门经济学的理论基础,主要在于它为从定量角度对公共物品的最佳供应以及衡量公共部门与私人部门统一效率标准问题进行实证研究提供了有用的分析工具。

1.3.2 福利经济学

福利经济学是"研究各种经济状态的社会合意性的经济理论的一个分支"[①]或者说"福利经济学是这样一门学科,它力图有系统地阐述一些命题,根据这些命题,我们可以判断某一经济状况下的社会福利高于还是低于另一经济状况下的社会福利"[②]。福利经济学为考察政府干预形式是否适当提供了一个系统的理论结构,公共部门经济学的许多理论分析都是建立在福利经济学理论基础上的。例如,福利经济学中对效用及效用函数的概念便是分析政府税收政策对社会福利影响的基本工具。政府税收与转移支付政策的理论也是建立于福利经济学的有关思想基础上。在福利经济学看来,将适度的收入从富人手中转移到穷人手中可以提高社会的整体福利。"然而,显而易见,收入从较富有的人向性格与其相同的较贫穷的人转移,因为这可以使较强烈的需要在损害不那么强烈的需要的情况下得到满足,所以必然会增加满足总量。因而根据古老的'效用递减规律',无疑可以得到以下命题:任何穷人手中实际收入的绝对份额增加的因素,只要从任何角度看不导致国民所得缩减,一般说来就增加经济福利。"这一方面是由于在边际效用递减规律的作用下,财富对富人的边际效用小于对穷人的边际效用;另一方面,"富人的收入带来的满足,较大部分来自于其相对数量,而不是其绝对数量","所以,当资源控制权由富人转移给穷人时,相对于穷人经济福利的增加而言,富人遭受的经济福利损失,要比只考虑效用递减规律时少得

① 哈维·S.罗森,特德·盖亚.财政学[M].郭庆旺,赵志耘,译.北京:中国人民大学出版社,2009:33.
② 黄有光.福利经济学[M].周建明,等译.北京:中国友谊出版公司,1991:2.

多"。① 由于转移支付必须借助政治权力方能实施,因此,公共部门尤其是政府,在通过收入再分配来减少贫富差距、提高社会整体福利方面便起着重要的作用。

此外,公平与效率并称为社会经济福利的两大准则。但人们对于效率与公平的判断则因人而异。例如,在功利主义者看来,达到帕累托效率的收入分配就是公平的,而在平均主义者看来,只有收入的绝对平等才是公平。这种判断标准的模糊性是对政府的公共政策的后果进行评论时产生争议的主要原因。而效率与公平的相互替代关系又使政府在进行政策选择时面临两难境地。这导致公平与效率的替代关系成为公共部门经济学中有关公共政策讨论的中心因素。这些讨论涉及人们对下述两个问题的判断:一是替代关系的本质是什么? 为了减少不公平,牺牲多少效率才是适宜的? 二是人们判断公平与效率的价值观不同。有人认为不公平是社会的中心问题,社会应该不考虑效率而把不公平降到最低限度。有人认为效率是中心问题,做大蛋糕比分蛋糕对每个人更有好处。……②

要分析这些问题,公共部门经济学必须常常使用一些福利经济学的分析概念和工具。这些概念和工具是规范地分析公共政策的基础。(1)帕累托改进与帕累托最优。这是福利经济学的两个最基本概念,也是评价政府政策的主要标准。如果某项变化能使一些人的经济福利变好,而其他人的福利不变,这种变化称为帕累托改进。不能作帕累托改进时的资源配置状态为帕累托最优。达到帕累托最优的资源配置均衡点被认为是最佳经济效率均衡点。帕累托最优的概念侧重于效率原则而忽略公平原则,因此被认为是个人主义的,它不能解决资源分配的公平问题。将帕累托改进作为政策评价标准的分析原则称为帕累托原则。帕累托原则蕴涵两层含义:一是它仅考虑每一单个人的福利,而不考虑不同个人的相对福利。二是每个人的福利有自己的理解。帕累托原则的基础是消费者主权原则。这一原则认为,每个人对他的需要、欲望以及最大利益所在最有发言权。(2)效用函数与边际效用。效用是一种满足,它是消费者对商品或劳务的偏好程度。消费者消费某一商品的数量与它的效用水平之间的关系即为效用函数。消费者从增加的一个单位的商品的消费中所获得的额外效用称为边际效用。边际效用递减是福利经济学和微观经济学的基本规律。(3)效用可能性曲线与社会无差异曲线。公平问题涉及的是社会财富在社会成员之间的分配问题,转换过来就是社会成员之间的效用替代问题。效用可能性曲线和社会无差异曲线表现了人们之间的这种效用替代关系。效用可能性曲线描述了在社会最佳生产条件下,成员间效用相互替代的关系。而社会无差异曲线则表明,社会整

---

① A.C.庇古.福利经济学[M].朱泱,张胜纪,吴良健,译.北京:商务印书馆,2006:101-102.

② 黄少军,何华权.政府经济学[M].北京:中国经济出版社,1998:41.

体福利水平恒定不变,社会成员之间的效用被完全补偿。因此使用社会无差异曲线可以对社会的各种政策选择进行评估。不同的社会无差异曲线表明人们的价值观念的不同。

1.3.3 社会契约论

社会契约论可以追溯到古希腊哲学家苏格拉底(Socrates)和德谟克利特(Democritus),至今已有2000多年。苏格拉底认为,如果没有基于契约之上的国家执行法律,社会就无法存在。文艺复兴时期,格劳秀斯、霍布斯、洛克、孟德斯鸠、卢梭等人都对契约论的发展有过重大贡献。尽管他们的观点不尽一致,如在订立契约前是一个"一切人反对一切人"的残酷斗争的自然状态,还是一个和谐安宁的自然状态等问题上有分歧,但他们都认为,国家是人们自愿订立契约的产物。人们通过自愿让渡部分权利而产生公共权力组织——国家来保护个人的生命、自由和财产,并获得某些公共服务。

美国政治哲学家约翰·罗尔斯(John Rawls)1971年出版的《正义论》,被认为是系统地阐述了现代社会契约理论。在罗尔斯看来,社会契约应当体现公正原则,"所有的社会价值——自由权、机会、收入、财富以及自尊的基础——都应该平等地分配之,除非对任一种社会价值或所有社会价值的不平等分配符合每个人的利益"①。他进而提出了关于实现社会公正的准则——公共决策应当使贫困者的福利最大化。

现代社会契约论强调,国家的存在就是为了解决自然状态下具有社会性的人群个体、部族之间基于利益矛盾而不可避免地引起的冲突,通过契约性的法律和政治强制力维护公民的财产、人身安全与自由、平等。但是主权在于民,民众依照契约把自己的部分天赋权利让渡给了国家,由此形成了全体社会成员委托国家行使的公共权力。因此,国家本质上是社会成员实现共同利益、谋求公共利益的工具。但是由于种种原因,国家这一人类创造的工具也会反过来成为危害人民的异己力量。一旦国家违背大多数人民的意志,侵害多数人的利益,那么原来达成的社会契约就可认为已被撕毁,现存的国家也就失去了合法性,人们可以通过暴力反抗或重新选举等方式订立新的社会契约,建立新的国家机构。

1.4 公共部门经济学的伦理准则

科尔姆指出:"为了要取得具体成果,公共经济学所遇到的问题必须用伦理的准则来衡量,它与技术结构和行为结构同等重要。社会是通过愿望和权利的

---

① 丹尼斯·C.缪勒.公共选择理论[M].杨春学,等译.北京:中国社会科学出版社,1999:500.

形式来显示这些准则的。"①福利经济学倡导的按个人偏好计算的社会福利函数的最大化,是与社会伦理准则不相容的。因为涉及某一人的最终分配与其他人的偏好结构分不开。帕累托最优认为改善甲的状况不会损害乙,那是不可能的社会分配的理想模式。公共部门的行为总是导致收益和受损的再分配,因此,人们是在具有各种补偿性质的计划(再分配)中进行选择的。帕累托最优仅仅提供了一种辅助性的局部可资参照的标准。

事实上,社会评价的最普遍形式是,如果认为某种行为是正当的,那是因为它尊重合理地获得并拥有的权利。作为一种伦理观念,这里的正当有别于司法观念中的合法。这样一来,从个人自由出发,就可以推论出对自身以及劳动的正当所有权,并可推及给予或放弃劳务或权利的权利(一物的性质就是关于使用它的一系列权利),从而最终导致自由市场、自愿结合和由此而来的权利与所有权分配的格局,如果此前的行为均属正当的话。

然而,不管人数多少,在人与人之间实现合理而又一致同意的交换不可能十分顺当,这是因为存在下列困难:(1)实现交易的成本高昂;(2)信息不对称;(3)机会主义倾向;(4)存在公共物品和外部效应。使这些受到障碍的合理交易(契约)在它们自然出现时就通过公共手段得以实现,构成了公共部门经济学的伦理基础。公共部门经济学关注福利与再分配,是因为人们都关注它。它的主要任务之一就是要弄清楚,一般的交易(契约)会产生什么样的变化。私人交易(契约)由两个部分组成,即当事各方自愿达成的协议,以及在国家力量督促下的实施义务。在自愿交换的市场经济中,第一部分并不明显,受到关注的是应严格执行的第二部分,由此引申出诸如纳税或服从管理这些公共服务中的明确的纯义务。

为了使公共部门体现上述默契中的内容,公共部门经济学提出抉择、交换与讨价还价和观察政治过程的理论,并就那些有助于提供必要信息或取得确切结果的政治过程提出建议(包括宪法规则、公共选择、政府决策等),由此探讨每一个国家政治过程决定的公共行为与开支,以及每一个国家的税收制度。它们是一个公民群体所希冀的,同时又不侵犯任何公民的正当权利。这样一来,当每一个成员都能确保一种他所关心的局面,并假定这个成员感受到所有其他人的利益也总是受到尊重时,当事者中的任何一部分人就不致背离这个合作协议了,如果这一小部分人本身也感到不会由于同等的方式而蒙受什么不利的话。

---

① 约翰·伊特韦尔,默里·米尔盖特,彼得·纽曼.新帕尔格雷夫经济学大辞典:第3卷[M].北京:经济科学出版社,1996:1120.

1.5 公共部门经济学的学科性质

公共部门经济学是经济学的一个分支学科,相当多的研究内容属于经济问题。但是,公共部门经济学的研究范围又超出了传统意义上的经济领域,与其他学科相互交叉。为了厘清公共部门经济学的学科性质,必须将公共部门经济学置于公共财政学、政治学、经济学、法学等学科的比较分析中,阐明公共部门经济学在现代社会科学中的学科地位。

1.5.1 公共部门经济学和公共财政学

公共部门经济学源于公共财政学,公共财政学依然是公共部门经济学的核心内容。"可以认为,公共财政学只是公共部门经济学的一个组成部分——尽管可能是其中篇幅较大的部分。如果确实是这样的话,那么,从学科设置上较为合理的选择,似乎应当是留取公共部门经济学而舍弃财政学,道理不言自明——因为前者在内容上比后者更完整,完全可以涵盖后者。"但是,"虽然公共部门经济学与公共财政学在内容上不可避免地存在着重复,然而,如果用公共部门经济学取代财政学也可能不利于经济学发展及其对实践指导作用的发挥"。[1]

与公共财政学相比,公共部门经济学更注重公共(财政)收支对整个经济产生的影响,同时也更注重严格的数理经济分析。除了公共财政学原有的研究内容,公共部门经济学还研究公共部门本身存在的合理性问题,回答为什么需要公共部门,其活动的领域应当包括哪些范围等问题。这实际上涉及私人部门和公共部门之间的界定问题,而这一研究往往是从市场失灵开始的。此外,公共部门经济学还涉及公共物品的定价问题以及政府对宏观经济的管理和调控问题。

对公共财政学来说,公共部门经济学在很大程度上具有基础科学的性质,在它的理论框架内难以研究和阐述有关财政收支、体制、政策、管理等各环节的技术性细节问题,因而对公共财政管理的可操作性指导将会受到很大局限。所以,简单地用公共部门经济学取代公共财政学并不可取,正确的处理方法应当是在两者的研究内容上进行合理分工。公共部门经济学研究和阐述公共经济的基础理论和内容,公共财政学侧重研究公共财政体制、收支管理的基本规律、基本原理和一般方法,研究并阐述公共财政领域的技术性管理理论和方法,由此形成公共经济理论与方法由抽象到一般、由基础理论到具体操作的一整套科学体系。

1.5.2 公共部门经济学和政治学

作为公共部门主体的政府,可以说它的多数政策的出发点是政治,如果某项

---

[1]　齐守印.中国公共经济体制改革与公共经济学论纲[M].北京:人民出版社,2002:312.

政策既有福利影响也有政治影响的话,政府决策多半会首先考虑政治影响。可见,政治因素对公共部门的行为具有重要影响。因此,公共部门的行为与政府政治是紧密地联系在一起的,从而使得公共部门经济学和政治学之间的交叉不可避免。事实上,早期的经济学部分地发端于政治学,亚当·斯密的多数论著也是论述政治问题的。可以说,在实证经济学和规范经济学没有得到明确区分之前,经济学与政治学基本上是一家的。因此,早期的经济学被称为政治经济学。只是到了新古典经济学兴起后,经济学家才试图努力摆脱政治学对经济学的影响,将经济学发展成为不进行价值判断的所谓"实证科学"。这种传统今天仍是西方主流经济学的发展方向。然而,以布坎南为代表的公共选择学派的巨大影响,以及强调政府经济干预功能的新古典综合派的持久影响都说明,经济学要摆脱政治学的影响是困难的。正因为如此,在公共部门经济学中,可以明确地看到政治学和经济学的内在联系。公共经济活动是以政治权力机构——政府为主体的,公共资源通过政治程序在不同层级的政府之间配置,因此,公共经济与公共权力紧密地耦合在一起。

但是,公共部门经济学与政治学之间的区别也是显而易见的。研究公共经济行为的经济学与政治学是两个不同的学科。公共部门经济学紧紧围绕公共物品的生产、分配和管理展开,只涉及与公共物品供给有关的政治过程。与此不同,政治学关注各种政治主体以及政治机构和社会团体如何角逐政治权力。因此,政治学需要广泛研究社会阶级、阶层、政党、国家、政府、利益集团、选民等。政治学和公共部门经济学的区别与联系表明,离开政治学分析公共部门经济学必然是脱离实际且不深入的,离开对经济利益进行分析的政治学也是不全面的,因为政治过程是各种不同利益冲突和妥协的过程。

1.5.3 公共部门经济学和经济学

一般而言,经济学包括微观经济学和宏观经济学两个组成部分,因此公共部门经济学与经济学的关系,实质是要说明公共部门经济学与微观经济学、宏观经济学的关系。微观经济学是以单个经济单位为研究对象,通过研究单个经济单位的经济行为来说明市场经济是如何通过价格机制来解决社会资源配置问题的。微观经济学的理论由价格理论、消费者行为理论、生产者行为理论、分配理论及包括价格管制、消费与生产调节、收入分配均等化等政府政策理论共五个基本方面组成。在微观经济学看来,最基本的经济单位是居民和厂商(企业),前者是经济中的消费者,后者是经济中的生产者。根据经济学关于每个经济单位的经济行为的基本目标是实现最大化理论出发,微观经济学对于居民的研究,是以居民如何将有限收入用于各种物品的消费上实现效用(满意程度)最大化而展开。微观经济学对厂商的研究是从厂商如何将有限的资源用于生产实现利润最大化而展开的。微观经济学通过对居民的效用最大化和厂商的利润最大化的研究，来探索整个社会的资源优化配置。每个经济单位都实现了最大化，整个社会的资源配置也就达到了最优化。

公共部门经济学和微观经济学之间有两个连接点。第一个连接点是微观经济学研究了价格管制、消费与生产调节及收入分配均等化等政府的直接经济行为。第二个连接点是公共部门经济学把政府本身也看作是一个经济单位，对其经济行为是否实现最大化进行分析。在公共部门经济学看来，政府本身既是一个巨大的消费者也是一个巨大的生产者，它本身需要解决最大化问题。研究政府及其他公共部门的经济行为，也是社会资源配置优化的组成部分。此外，在公共部门经济学中，微观经济学的一些主要分析工具，如个量分析、成本—收益分析、均衡理论、需求与供给理论等也在公共部门经济学中被广泛使用。

宏观经济学以整个国民经济为研究对象，通过研究国民经济中各有关总量的决定及其变化来说明如何充分利用资源。宏观经济学由国民收入决定理论、就业与通货膨胀理论、开放经济理论、经济周期与经济增长理论以及宏观经济政策五个基本方面组成。宏观经济学通过经济总量决定和变化来寻找国民经济的运行方式和规律。它以资源最优配置理论为前提，研究现有资源尚未充分利用的原因，探索被闲置的资源充分利用的途径，以实现经济增长。在宏观经济学中，国民收入理论居于中心地位，把国民收入也即国民生产总值（GNP）作为研究的出发点，以 GNP 的变化来分析整个国民经济的运行方式和规律，寻求资源的充分利用。

公共部门经济学和宏观经济学之间联系紧密，因为宏观经济学所研究的一系列问题，尤其是政府通过宏观经济政策对经济的调节和管理，对收入的再分配，进而直接进入生产领域，并形成相当规模的公共企事业等，也是公共部门经济学必须加以分析和关注的。正因为如此，马斯格雷夫把政府的职能和经济行为归结为配置、稳定和分配三个方面。配置功能强调的是公共部门内外资源的有效配置；稳定功能强调的是税收、公共支出以及国债的利用，以实现对经济的短期需求管理，从宏观层面来减少资源浪费，提高全社会资源的使用效率；分配功能强调的是运用公共权力在社会的每个人之间重新分配收入。这三大功能与宏观经济学中提出的充分就业、物价稳定、长期经济增长和国际收支平衡等宏观经济政策目标是相一致的。

1.5.4 公共部门经济学和法学

新制度经济学，尤其是其中的产权学派，十分重视法律、契约、权利等基本制度因素对市场行为和经济发展的影响。他们把这些因素看作是市场运行的微观基础，甚至把产权是否清晰界定看作是经济发展的基本条件。法学与公共部门经济学的联系最根本的体现就是,市场经济是法治经济,规则(法律)的建立及其权威是市场经济有效和高效运行的基础。但是建立和维护规则必须借助政府(国家)的政治权力,因此,政府在其中起着决定性的作用,政府的重要职能之一就是建立与维护法律秩序。然而,如果法律的惩罚不足以抵挡人们过分的利己主义行为,或法律自身缺乏规范的话,市场秩序便无从建立。可以说,法学为公共部门经济学的研究提供了基本的法理基础。政府应该做什么、不应该做什么、什么是政府行为、什么不是政府行为,这些问题的解决可以通过法学的探讨来进行研究。"当我们不仅讲'国家的法院',而且还讲'国家的'学校、医院和铁路时,意思就是我们把建立和经营这些机构的人的活动归属于国家。而这些人的活动之所以归属于国家,之所以被认为是国家的职能,就是因为行为人具有狭义的、实质意义的国家机关的资格,特别是因为,根据法律,他们活动的必要开支是由国库支付的,最后的收益也是上交国库的。"①这些法学思想对于研究公共部门经济行为的公共部门经济学,在法律基础上划定公共部门的行为边界、确定公共部门的经济权利与义务等方面具有重要的启示作用。

但是,虽然法学为公共部门经济学提供了基本的法理基础,法学和公共部门经济学作为两个不同的学科,它们之间的区别也是相当明显的。除了必须探讨公共部门行为规范的法律界定,研究市场经济和法律制度的相互关系,法学涉及的领域还相当广泛。例如,它必须说明法律是如何产生的和变迁的,一个社会的立法和司法行为的有效性,如何确保法律实施过程和结果的公正性……因此虽然公共部门的许多经济行为,尤其是政府对经济的干预,是通过法律手段实施和规范的,但是,这并不意味着法学和公共部门经济学是可以合二为一的。因为公共部门经济学所涉及的内容也不仅仅是法律规范的公共部门行为的研究,它还必须解释市场的功能与失灵、政府的职能与失灵、公共物品的生产与供给、外部效应的产生与资源配置的效率、公共选择的程序与规则、公共收入、公共支出、公共预算等一系列问题。法学和公共部门经济学的相互关系表明,法学从经济学的研究中获得了巨大的收益,同样,"在经济学的一些棘手问题上,经济学家可以从法律中学到很多东西"②。对于公共部门经济学的研究来说更是如此。例如,在产权界定不清的情况下,法律如何调节人们的利益纠纷,或者法律的限制对经济利益和效率有什么影响?这些问题通过法学与经济学的共同分析才能得到解答。

① 凯尔森.法与国家的一般理论[M].沈宗灵,译.北京:中国大百科全书出版社,1996:218.

② 罗伯特·考特,托马斯·尤伦.法和经济学[M].张军,等译.上海:上海三联书店,上海人民出版社,1994:2.

第 2 章

市场失灵与政府干预

市场经济是当代世界各国经济发展的普遍趋势。在市场经济中,经济运行主要是借助市场交易来达成人类经济活动的目的,实现社会资源的优化配置。实践证明,作为资源配置的决定性机制,市场在发展经济和提高资源配置效率方面显示出了巨大的优越性。但是市场不是万能的,客观上存在着市场调节所不及的领域,换言之,市场会失灵。由于市场失灵的存在,便为政府干预经济找到了充足的理由。经济学关于市场与政府关系的探究可以追溯到亚当·斯密,市场与政府关系的理论嬗变在"此消彼长"中交替发展,而兴衰周期却在逐渐缩短。本章讨论资源配置与市场失灵的表现与成因,厘清政府干预与干预失灵,探讨政府干预失灵矫正的制度选择,提出在不完善的市场和政府的权衡中,经济体制选择的路径。

2.1 资源配置与市场失灵

在经济学中,资源配置是指通过市场和非市场机制如何促进社会资源的最优配置。资源最优配置有狭义和广义两种含义。狭义资源最优配置是指以有限的资源(生产要素)尽可能生产出更多的、符合人们偏好的产品和服务。它只注重效率问题,而不考虑收入分配公平及宏观经济稳定等。所谓效率问题就是指使用有限的资源生产什么、如何生产和为谁生产的问题。广义资源最优配置则包括效率、公平和稳定三项内容,它们也是评价社会活动的三条基本原则。

经济学意义上的效率指在市场机制下,资源配置已经达到了这样一种状态,要使一部分人处境改变必须以另一部分人的处境恶化为条件。这种状态被称为帕累托最优。帕累托是 20 世纪初的一名意大利经济学家,他首先提出了生产资源的最优配置问题。与帕累托最优相关的概念还有帕累托更优和帕累托改进。前者是指资源配置改变后,至少有一个人的处境变好,但同时没有一个人处境变坏。后者是指为达到更优而进行的改进。

公平主要指收入分配公平。公平的衡量标准有两个:一是劳伦兹曲线,二是基尼系数。劳伦兹曲线是以几何图形表示的社会财富分布状况(如图 2-1),图 2-1 中纵轴表示社会财富按五等分,横轴表示社会总家庭也按五等分,从最穷者到最富者由左向右排列。OE 是 45°线,表示绝对的平等。这一条线上的任何一点均代表同比例的家庭占有同比例的社会财富。OBE 为劳伦兹曲线,这条线上的任何一点均表示同比例家庭并不占有同比例的社会财富。OBE 越接近于 OE 意味着社会财富越公平,越接近于 OF 则意味着社会财富分配越不公平。基尼系数由劳伦兹曲线而来,是劳伦兹曲线的指数化。基尼系数=$A/(A+B)$,A 为图中阴影部分,B 为图中 OEF。基尼系数可以在 0(绝对平等)到 1(绝对不平等)之间变动,数字越大表明社会财富分布越不公平。但是,基尼系数只是给出了一个客观的衡量公平程度的参考指标,至于基尼系数多少才是公平的,人们并没有一致的答案。

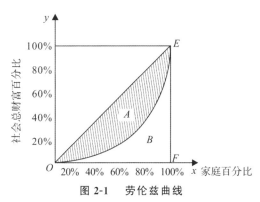

图 2-1　劳伦兹曲线

稳定指宏观经济运行有秩序,经济处于可持续的发展之中。衡量稳定的标准有物价稳定、充分就业、经济增长以及国际收支平衡四大指标。

由于在市场经济中,生产什么、如何生产和为谁生产的问题主要是由市场机制来调节的,市场是资源配置的基础性机制。从理论上说,在完全竞争的市场经济中,市场机制可以实现资源的最优配置。但是,在现实生活中,由于各种因素的存在,仅仅依靠市场机制并不能实现帕累托最优,也不能避免收入或财富分配不公和宏观经济失衡等现象,从而引发了市场不灵(market failure)问题。萨缪尔森认为:市场不灵指价格体系的不完备性,它阻碍资源的有效配置。[①]

市场失灵"是所有可以观察到的市场中的一个极其重要的特征,任何经济的市场体系只要放任自流,都不可能有效运行,市场上总是存在着某些产品生产过多,而其他一些产品则生产不足的现象"[②]。对于现实的市场经济而言,市场失

①　保罗·萨缪尔森,威廉·诺德豪斯.经济学[M].18 版.萧琛,译.北京:人民邮电出版社,2008:649.

②　C.V.布朗,P.M.杰克逊.公共部门经济学[M].4 版.张馨,译.北京:中国人民大学出版社,2000:24.

灵是不可避免的:(1)市场失灵是市场机制本身所固有的特征。市场不可能解决社会经济运行中的一切问题,而且在其发挥调节功能的过程中,市场还会产生一些不能令人满意的消极后果。这就决定了市场经济的运行不可能单纯依靠市场机制的调节。(2)市场失灵是相对的。如果经济运行中的其他调节机制能够较市场在更低的成本下完成某项工作,那么,市场调节机制就是失灵的,从而应由其他机制代替市场机制,实现资源的最优配置。例如,如果某项经济活动的调节,政府调节比市场调节更有效、更成功,那么政府就应取代市场充当调节者。(3)市场失灵是变化的。由于市场失灵是在一定条件下发生的,随着特定条件的变化,市场失灵的强度和范围也会随之发生变化。如经济周期的变化就会使市场失灵发生相应的变化,而战争等特殊事件的发生,则可能使市场完全失灵。

2.2 市场失灵的原因与表现

根据时间因素的相对重要性,可以将市场失灵的原因分为与时间考虑无关的因素(包括缺乏充分就业、垄断成分、外部效应、公共物品、社会公平等)和与时间考虑有关的因素(包括商品的价格与产量变动的相互影响、收敛困难、不确定性等)。具体地说,导致市场失灵的主要原因可以概括为以下几个方面:

1. 不完全竞争

导致帕累托效率的市场一定是完全竞争市场,即必须有数量足够多的企业,每一个企业都不能够影响市场价格。但是现实的市场经济中存在的独占、寡头垄断、垄断竞争、自然竞争与过度竞争,都会引起社会效率损失。

2. 规模报酬递增

规模报酬是生产的特性,当以倍数 N 增加投入品时,产出增加的倍数大于 N,那么报酬就是递增的。规模报酬递增表明企业的平均成本随着生产规模的扩大而下降。规模报酬递增意味着大企业对小企业有竞争优势。由于面临着更低的平均成本,它将其他企业逐出市场,并阻止新企业的进入。因此,报酬递增导致"自然垄断"。"规模报酬递增带来市场失灵,是由于垄断企业会将价格抬高到完全竞争水平上,因此社会不能消费在竞争价格水平下的数量。而且,垄断企业的收益小于消费者的损失并且净差额构成了社会损失。"[①]

3. 信息不完全

完全竞争的市场隐含一个假定,所有的信息都集中在市场价格中,在价格是市场给定的条件下,价格是公共信息,对所有的市场主体是完全的和对称的。信息的完全性保证了不存在不确定性,因此,也就不存在风险。但在现实中,这一

---

① 亚当·普沃斯基.国家与市场[M].郦菁,张燕,译.上海:格致出版社,上海人民出版社,2009:29.

点难以达到,市场通常不能提供充分信息。(1)私人所获得的信息一般是有限的;(2)信息在私人交易的过程中会发生扭曲;(3)市场作为主体所掌握的信息往往是不对称的,这种信息的不对称可导致诸如垄断、寻租等损害社会整体效率的行为。特别是在消费品市场,消费者并不具备关于各个企业提供物品和服务的价格、质量、特征等方面的充分知识;即使可以获得这些知识,其成本与效益之间也是不相称的,在厂商进行有意欺诈时,消费者还可能得到虚假的信息。在这种情况下,消费者很难达到消费效用的最大化。

4. 外部效应

外部性是指"对他人产生有利的或不利的影响,但不需要他人对此支付报酬或进行补偿的活动"①。当私人成本或收益不等于社会成本或收益时,就会产生外部效应。外部效应导致市场配置资源产生偏差。在完全竞争的市场中,当市场处于均衡时,市场各个主体的边际成本等于边际效益,如果不存在外部性,社会边际效益和社会边际成本便等于各个主体的边际效益和边际成本之和,因此,在同样的均衡点上,社会边际成本必然等于社会边际效益。而当存在外部效应时,各个市场主体的边际效益和边际成本之和就不再等于社会边际效益和边际成本。社会效益最大化的均衡点与各个市场主体的均衡点便会发生偏离。当存在正的外部效应时,社会边际收益大于个人边际收益之和,社会均衡大于竞争均衡,表现为生产不足;当存在负的外部效应时,社会边际成本大于个人边际成本之和,社会均衡小于竞争均衡,表现为生产过度。

5. 公共物品

公共物品是具有非排他性和非独占性的社会产品。非排他性是指产品的使用特性,具有非排他性的产品可以由两个以上的行为主体同时使用而不必增加成本。非独占性指产品的产权特征,具有非独占性的产品允许两个以上的独立主体同时拥有该产品的产权,且任一主体不能阻止其他主体对该产品的使用。公共物品的特征决定了由竞争性的赢利主体来提供公共物品必然是有限的、短缺的,社会必须借助于非市场的力量来提供充足的公共物品。

从市场失灵的原因出发,经济学家指出依照竞争的平等性、市场效率和分配公平这三条判断标准来看,市场失灵主要表现在如下几个方面:

1. 垄断降低市场效率

市场机制的有效作用是以充分竞争为前提的,但是在现实经济中,自由竞争的结果往往会导致垄断的产生。因为市场垄断是企业规模不断扩大的必然结果。企业规模的扩张则是由以下因素促成的:技术进步、市场扩大、企业为获得

---

① 保罗·萨缪尔森,威廉·诺德豪斯.经济学[M].18版.萧琛,译.北京:人民邮电出版社,2008:643.

内部规模经济与外部规模经济而进行横向与纵向的合并。由此看来,垄断似乎具有经济上的必然性。但是,对于生产、销售和价格形成的垄断,则会限制竞争的充分展开,不利于市场机制的正常作用,影响市场调节的结果,这样通过市场达到资源优化配置的目标就难以实现。经济学已经证明:在纯粹垄断的情况下,单一的卖主可以通过提高产品价格和把产量限制在竞争条件中可能达到的水平下,来选择最有利的价格,因而垄断将导致较高的价格、较低的产量和垄断者的额外利润。垄断虽有经济上的必然性,但就其抑制竞争与降低社会经济福利而言,它同时又具有经济上的不合理性。体现在市场垄断上的这种矛盾的现象,迫使人们寻求政府干预,制定反垄断法,根据不同行业、不同部门的具体情况,限制、禁止垄断的出现和发展,以防止市场经济中的自发力量(垄断)最终破坏市场经济这种具有较高效率的资源配置方式。

2. 市场调节不能解决宏观经济的平衡问题

由社会总供求失衡引起的经济衰退、失业和通货膨胀等宏观经济问题,单纯依靠市场机制难以解决。市场调节资源配置是通过供求和价格的波动来实现的,这种调节是一种事后调节,带有一定的盲目性和自发性,特别是在市场不完善的情况下,价格对于供求的调节,从不平衡到平衡往往需要一个较长的过程,这期间会产生严重的生产过剩和通货膨胀问题,造成浪费,影响资源的有效配置。这些宏观经济问题的出现,必须由政府从经济运行的全局出发,通过财政、货币、收入分配政策等宏观调控手段来加以解决。特别是在金属货币被纸币所代替的条件下,市场对价格总水平稳定的自动调节作用受到了严重破坏,货币和价格的稳定已在很大程度上取决于政府的货币政策,政府的宏观经济政策成为保持整个经济稳定和市场有效运行的基本因素,维持总供求的平衡和物价稳定也成为政府干预的一个基本目标。

3. 市场的不完全和信息不对称导致效率损失

一方面,市场经济需要完备的信息指导交易者参与市场交易,但由于市场不完全导致信息占有不对称,加之随着经济发展信息成本不断昂贵,使交易者往往在占有信息不完备的情况下进行交易,从而带来交易行为的盲目性,如此交易行为增多,会增加全社会经济活动的不确定性,造成经济运行不稳定,最终会降低市场配置的效率。因此,必须通过政府对信息的加工、整理和发布,改变信息占有的不对称和成本昂贵问题,矫正交易行为,提高市场的资源配置效率。另一方面,在市场经济中通行的是消费者主权,市场在分配资源方面的效率完全取决于消费者的决策是否正确与理智。消费者要作出正确而又理智的决策就必须掌握足够的信息,然而信息就像其他经济物品一样也有一种稀有的有价值的资源,要想获得足够的信息就必须支付足够的费用。①信息费用的昂贵往往迫使消费者在信息不完全的情况下进行决策,从而导致决策失误和市场效率的下降。为避免这种现象的发生,政府必须进一步承担起向消费者免费提供信息的职能,并代替消费者作出某些决策,而这又进一步加强了政府在社会经济中的作用与权力。

4. 市场不能有效地解决公共物品的供给

由于市场经济中的决策主要是由自主经营、自负盈亏的企业分散进行的,而这些企业经营的决策,是依据企业利润最大化的行为目标作出的。因此,依靠企业的分散决策和基于利润目标的决策,只能促进私人物品的生产和财富的积累,而对于社会共同使用的物品和一些投资大、周期长、见效慢的高投入产业则作用很小,换言之,许多社会消费领域的公共物品难以通过市场价格机制来加以分配,如国防、邮政、基础设施等。此外,还有一些公共服务部门,如公办学校、医院等不以利润最大化为目标的行业,也不完全受价格机制的调节,这是因为这些公共服务的营利性较低或根本不营利,私人资本无力或是不愿进入。不仅如此,更为关键的是,公共物品一经提供出来,消费者就可以不经任何人同意免费享受该产品,即坐享其成。因此,对于公共物品而言,消费者通常不愿意显示出自己的消费偏好,也不可能为消费公共物品付费。这样,公共物品提供者就不可能收回自己的投资,就会导致许多社会必需的公共物品无人提供。所以路灯、公共交通、国防安全等这些公共物品,仅仅依靠市场的力量是不会被有效地供给出来的。

5. 市场调节难以解决外部效应问题

市场机制合理配置资源的一个重要前提,是个别企业的边际成本等于社会成本。但是,有些企业的生产具有较强的外部效应(即一个企业的生产活动对其他企业生产产生了正的或负的效益,而没有计入有关产品的价格和成本。前者如一个工厂在自己门前修了一条公路使邻近的另一工厂因此收益;后者如一个化工厂排放的废气加大了另一邻近工厂的成本,降低了它的效率),外部效应导致社会边际净产值和私人边际产值背离,这种背离之所以会发生,是因为社会相互影响的经济活动得不到相应的补偿。换句话说,外部效应的存在使私人利益和社会利益发生了不一致。在存在外部正效应的情况下,生产者给社会带来利益,但自己却不能因此而得到报酬,私人利益小于社会利益。在存在外部负效应的情况下,生产者给社会带来了损害,却不一定为此支付足够抵偿这种损害的成本,私人利益大于社会利益。这样,由市场机制调节,每个人对私人利益的追求,就不利于增加外部正效应的活动,减少外部负效应的产生,资源配置就不会达到

---

①　G.J.施蒂格勒.产业组织和政府管制[M].潘振民,译.上海:上海三联书店,上海人民出版社,1996:74.

社会所要求的最佳水平。

6. 市场不能解决收入分配的公平化却有恶化收入分配差距的倾向

从理论上讲,在市场经济中各种生产要素按其提供的经济效益获得相应的报酬,公平和效率是统一的。但是因为市场的有效运作是以竞争为前提,而竞争又是经济利益驱动的,所以往往要为取得效率牺牲收入分配上的公平。从本质上说,市场机制主要作用于生产过程和流通过程,它的作用过程与实现收入平等的社会伦理的具体要求是相悖的。因为市场是按照投入生产的要素的贡献来分配的。在市场分配收入制度下,人们的相对收入水平取决于人们对生产诸要素的占有水平。不同的要素所有者,由于他们拥有要素的数量和质量不同,他们的竞争机会也就不均等,从而他们的收入也就不平等。要素的差别,主要体现在拥有财产的差别和个人能力上的差别。但是由要素差别而产生的机会不均等和收入不平等,并非都是出自个人原因。从财产的差别来看,一个重要的因素是家庭地位是否优越。各种家庭的社会地位与经济地位不同,每个人所能继承的财产也就不同,这就使竞争并不公平。从个人能力来看,由于家庭的社会和经济地位不同,个人受教育程度和发挥才能的机会也不同。甚至由于各个家庭经济状况不同,子女所能得到的营养和关怀不同,也会影响到个人的天赋。这样有的人就会处于较有利的竞争地位,从而获得更高的收入。因此,完全靠市场机制调节收入分配,就会使社会收入差别不断扩大,甚至导致两极分化。此外,在市场经济中,优胜劣汰是竞争的一般原则,但这一原则应用于个人收入分配在一定程度上是不适合的,因为企业在市场竞争中失败可以破产淘汰,而人却不能因为他在就业竞争中失败了,就剥夺他生存的权利。因此,居民特别是贫困居民的收入不能完全取决于市场机制,这里还包括伦理和道德的因素。收入分配不公平不仅是市场机制的天然缺陷,而且市场机制不完善还会加剧收入分配的不公平,如垄断企业会利用其垄断地位获得垄断利润;价格信号失真会导致当事人之间利益的不公平分配;市场秩序的混乱会导致各种非法收入的出现等。因此,为促进收入分配的相对公平,就需要政府通过财政、税收和收入再分配政策,对收入差距进行必要的调节,在保持市场机制有效运作以刺激经济效率的同时,缩小社会分配的不公正程度,以实现公平和效率的统一。否则,贫富两极分化必然导致社会矛盾和冲突,影响社会安定团结。

7. 促进技术进步和调整产业结构不能单纯依靠市场机制

市场机制对促进技术具有重要的推动作用,但在促进技术进步的某些领域市场会失灵。一是高新技术的研究与开发;二是国际竞争的产业;三是对社会有重要意义的产业如能源、交通或电力;四是需要经过较长时间才能取得经济效益的基础研究;五是像公共卫生这样的服务领域;六是国防领域。另外,单靠市场机制也不利于产业结构的调整,实现产业结构的合理化。这主要表现在:一是不利于实现产业结构的平衡,如仅靠市场机制不利于公共部门的发展;二是不利于产业结构的优化或高级化。单纯依靠市场机制无法实现产业结构合理化的根本原因在于:(1)由垄断和非垄断因素造成的资源流动的困难,大大限制了市场机制对产业结构合理化的调节作用;(2)仅仅靠市场机制调整产业结构需要付出很高的成本,因为市场调整结构是通过兼并和破产实现的,这不可避免地伴随着资源的浪费和破坏;(3)对于幼稚工业即新兴工业来说,起初它的生产效率低而成本高,由市场调节就可能窒息或延缓它的发展,从而不利于产业结构的高级化。

　　8. 实现国际收支平衡与发展对外贸易不能仅仅依靠市场机制

　　经济自由主义相信,根据比较利益原理而形成的国际分工,极有益于促进市场的自然发展与国家间的协调一致。因此,自从亚当·斯密起,自由主义经济学家就主张自由贸易,至于国际收支则可以通过汇率的变动加以平衡。但是,商品与要素的国际流动实际上是有政治界限的,这种政治上的界限往往会导致经济民族主义,从而使保护主义蔓延于整个国际体系。由经济保护主义所引起的国际收支平衡是很难通过汇率变动与调整进出口数量来加以平衡的,因为从本质上讲,这种失衡的根源不在于经济本身,而在于政治上的界限,既然国际收支失衡的原因在于政治,那么失衡的国际收支就只有依靠国家的力量才能加以平衡。于是政府又有了新的理由来干预经济。与此同时,在经济越来越国际化、全球化的今天,国与国之间的市场联系越来越紧密,甚至成为国际市场不可分割的一部分。在这种情况下,各个国家就必须努力保持国内经济的平衡及其与国际经济的平衡。但在这方面,单靠市场调节也是不行的,设置关税、限额、进出口许可证和其他一些壁垒,对于发展对外贸易是十分重要的。不论是发展中国家,还是发达国家,当本国利益受到损害或威胁时,都会要求贸易保护。一些发达国家,当处于贸易的优势地位时,就要求自由贸易,而一旦它们的利益受到损害或威胁,就立即转向贸易保护。一定的贸易保护,对于发展中国家来说具有更重要的意义,因为:(1)发达国家在国际贸易中居于领先地位,发展中国家如果不实行贸易保护,工业化和现代化就不能以令人满意的速度向前推进。(2)发展中国家的比较利益依赖于高专业化的初级产品,因而自由贸易体制将导致各发展中国家在少数初级产品上进一步专业化,而且这些商品需求在价格和收入方面弹性小,致使发展中国家不可能指望通过保持本国专业化来获得高于世界平均水平的经济增长率。当然,这要正确处理贸易保护与参与国际经济一体化的关系,通过制定适合本国国情的经济发展战略与策略,在经济全球化的背景下提升本国的经济水平和综合国力。

2.3 政府的经济职能

　　市场失灵的存在,决定了单纯的市场调节难以保证资源配置的合理性,也难以保证经济社会的协调发展,这就决定了市场经济条件下政府干预的合理性。政府的"作用应该是什么,它能做什么和不能做什么,以及如何最好地做好这些事情"①,这是公共部门经济学理应回答的问题。考虑到市场失灵,政府一种可能的角色就是干预市场的配置职能,从而纠正市场失灵或采取政策弥补其效果,所以斯蒂格利茨说:"市场失灵至少可能地界定了政府活动的范围。"②尽管由于市场经济发育程度、经济发展阶段等方面的差异,各国政府经济职能的范围并不一致,但就总体而言,市场经济条件下,以政府的经济职能主要体现在以下八个方面:

1. 创造和维护正常的市场运行和竞争秩序

充分发挥市场机制的作用,创造并维护正常的市场运行和竞争秩序是政府的基本经济职能。从市场经济发展的实践看,各国政府主要从以下三个方面入手来保证市场机制的正常运行:(1)建立健全并监督实施保证市场机制正常运行所需要的法律制度。在工业化国家的市场经济中,经过几百年的积累、规范与约束市场主体的行为,保证市场机制正常运行的法律已形成一套完整的体系。这个体系主要由三个层次的内容构成:一是确认和保护一定产权(包括财产权和知识产权)关系的法律。如民法、专利法、商标法和版权法。二是从事某一类经济活动的法律。如商法、工厂法、银行法和不动产交易法。三是对若干经济活动中共有的行为进行调整和监督的法律。如税法、劳动法、会计法、计量法、标准化法、环境保护法、消费安全保障法等。由于仅有立法是不够的,为保证上述法律的实施,还必须建立一套相应的司法机构。(2)保护公平竞争,防止垄断,保证市场机制正常地发挥作用。竞争机制是促进提高效率和优化资源配置的最基本的市场机制,但是自由竞争会导致自然垄断的形成,而垄断和其他不公平竞争行为会使竞争机制遭到破坏,从而妨碍市场机制正常发挥作用。因此,为保证市场经济正常运转,政府必须颁布反垄断法和反不公平竞争法,并设立相应的机构,采取一定的政策措施,创造和维护适度竞争的市场结构。(3)促进市场体系的发育。政府创造和维护市场运行秩序,保证市场机制正常地发挥作用的职能,对于市场经济尚处于初级发展阶段的国家而言,还表现在政府采取一系列政策措施,促进消费品市场、生产资料市场、金融市场、劳动力市场、技术信息市场和房地产市场的形成,从而培育和完善市场体系,发挥价格机制、供求机制和竞争机制在资源配置中的作用。

---

① 世界银行《1997 年世界发展报告》编写组.1997 年世界发展报告:变革世界中的政府[M].蔡秋生,等译.北京:中国财政经济出版社,1997:1.

② 斯蒂格利茨.政府为什么干预经济[M].郑秉文,译.北京:中国物资出版社,1998:69.

2. 调节总供给和总需求之间的关系

这是市场经济条件下,政府的一项重要经济职能。众所周知,稳定的宏观经济环境是实现经济高速增长、充分就业和市场机制正常运转的基本条件。而在自发的市场经济中,企业的市场行为主要受价格等市场信号的调节,由于市场本身往往是不健全的,且这种调节客观上存在一定的时滞,必然在生产和需求之间产生一定的脱节,引起经济波动。当矛盾积累到一定程度时,就会引发宏观经济整体的总量失衡。在现代市场经济条件下,信用的发展使这种可能性变成了现实性。因此,经济周期波动成为市场经济的一个重要特点。由于市场经济的自发力量不能保证经济的稳定增长,采取一定的政策措施,保持宏观经济稳定就成为政府的一项重要经济职能。从市场经济各国特别是发达资本主义国家经济发展的实践来看,从 20 世纪 30 年代大危机开始,各国普遍借助于政府的财政政策、货币政策、收入分配政策力量干预经济,主要是实行需求管理,通过调节总需求来调节总供给与总需求之间的关系,维持经济总量的大体均衡,减轻经济波动,保持宏观经济稳定。

3. 提供公共物品

市场经济主要是一种由市场来配置社会资源的经济运行方式。在市场能较好发挥作用的经济领域尤其是私人物品的生产和供应上,政府应放手让市场机制起作用,不必参与社会资源的配置,而在一些领域尤其是公共物品的生产和供给上,市场机制难以起到有效的资源配置作用,必须由政府参与社会资源的配置。在市场经济中,政府一般应提供以下公共物品:(1)建立和维护国防和治安安全系统。它可以为社会成员提供一个不受异国侵略、内部治安秩序良好的社会环境,从而保障社会各项事业的正常进行。(2)修建和维护公共交通系统。各国的铁路多为国有国营,或国家为主修建、经营,公路尤其是高速公路网也多由中央和地方政府为主筹资修建和管理运营,航空、水运、航海事业也大多如此。交通运输系统是现代经济机体的动脉,投资大,建设周期长,收回投资慢,甚至难以收回投资,并须全盘规划、统一管理,宜为政府(国家)为主修建、维护和运营。(3)建设、管理和维护市政工程系统。现代城市的市政工程系统是一个复杂庞大的社会系统工程,包括煤炭、电力、给排水、供气供暖、通信等多种不同的系统,应由政府统一规划、管理,某些具体工程可以采取合营或委托给私人企业经营的方式,但总体规划、管理应由政府承担。(4)建立和发展邮政通信系统。它们是广义市政系统的子系统,又有自己的独立性。现代的邮政通信系统是涉及全国乃至世界的神经中枢,在科技不断进步、微电子等新兴学科不断涌现和发展并广泛应用于邮政通信系统的情况下,在计算机技术不断普及、光纤通信等有关新技术不断发展、信息高速公路的建设已经起步的当代,加快加紧这方面的统筹规划、建设、超前研究等,无疑是非常重要的。这也需要政府直接出面或大力支持才能建立起来并有较大发展。(5)建立从事基础研究、前沿学科和有战略意义发明的科研机构。这些科研项目的成果,对社会有广泛的实用价值,或有深远意义的影响,或关系到国家的长治久安,如由私人投资兴办,则因投资大、收效慢往往无人问津。因此,虽然当代各国由私人企业出资兴办的科研机构在不断增加,但多是从事实用性科研,上述科研机构则主要由国家投资兴办和给予财政支持。(6)发展教育事业。当代各国多实行年数不等的义务教育,教育经费中很大部分由政府筹措。未来知识经济的竞争是人才竞争,必须依靠教育的发展,但是除了一部分教育事业可由私人兴办,大多数教育事业如义务教育、特殊教育等主要得靠政府。高等教育、职业教育,包括对失业者的再培训,也都需要政府的大力支持、扶助。(7)医疗卫生保健。首先,年老、失业或患有严重疾病的弱势群体需要政府提供帮助和保护。其次,医疗卫生市场存在着严重的信息不对称。患者需要求助于医生来决定需要何种治疗,却难以对医生的服务进行评价。最后,医疗卫生保健具有外部效应,政府对医疗卫生保健应给予必要的财政支持,对私人企业参加社会医疗保健提供税收优惠。(8)发展公共文化娱乐事业。随着社会的发展,文化娱乐事业也越来越丰富,虽然这方面私人产品和服务占了较大比重,但有一些独特的公共文化娱乐事业,仍要由政府提供和经营,如国家大剧院、大博物馆、名胜古迹、古文化遗址等。

4. 调节产业间的资源配置结构

在市场经济条件下,单纯依靠市场机制进行资源配置,某些重要的基础产业在一定时期会由于生产周期长、投资风险大、投资额高、利润引诱不足等得不到适当的发展,从而形成经济增长过程中的瓶颈制约,影响经济的协调发展。这一方面最典型的产业部门是农业。农业是整个国民经济和社会发展的基础,农业生产受自然条件影响较大,生产周期较长,产品的需求弹性较低,单靠市场机制的自发调节易造成生产的巨大波动,影响整个国民经济的稳定协调发展。因此,要求政府采取一定的政策措施,对农业、某些重要的能源和原材料等基础产业部门进行干预和调节,以促进经济协调发展。同时,市场机制对一国产业结构形成的引导往往带有短期性的特征,仅仅依靠市场机制的循序渐进的作用,难以达到较高的经济增长速度。因此,也要求政府采取一定的政策措施,通过重点扶持那些产业关联度大、附加价值高、具有巨大市场潜力的主导产业,推动产业结构的演进与升级,从而促进经济增长。从市场经济国家的情况来看,尽管不同国家、不同时期、不同的经济发展阶段,各国政府作用的侧重点有所不同,但总体而言,现代市场经济条件下,市场经济各国政府均把促进产业结构的协调与演进,推动经济快速协调增长作为自己的一项重要经济职能。

5. 消除外部效应

在市场经济中,资源的利用一般是由价格机制来调节的,但是通过价格机制配置资源会产生生产和消费领域的外部效应问题。外部效应的存在无法通过市场机制加以解决,这就需要政府的干预。实际上在现代市场经济国家,为解决外部效应问题,政府都通过补贴或直接的公共部门的生产来推进积极外部效应的产出,通过直接的管制来限制消极外部效应的产出,如政府通过行政命令的方式硬性规定特定的污染物排放量,企业或个人必须将污染物排放量控制在这一法定水平之下,或者政府征收排污费。另外,当私人成本与私人利益的均衡值同社会成本与社会利益的均衡值不一致时,政府在必要时可采取某种适当的措施来贯彻符合大多数人利益的社会目标,如对城市建设进行整体规划、保护土地资源、为保护某种资源而控制其消费方式等。

6. 调节地区间的平衡发展与合理分工

在市场经济条件下,地区间比较优势的差异造成资源在区位间的移动和不均衡分布,从而形成区位间比较效益的差异和地区经济发展不平衡。产业的点、带、条、块布局和地区间的不均衡分布是工业化时期大部分时间内产业布局的一般特征。因此,市场经济各国政府均对地区间的资源配置结构进行一定程度的干预和调节。一方面,推动资源向特定区位倾斜,通过产业在区位上的相对集中配置,形成直接聚集效益和间接基础效益,以开拓和利用外部经济,充分发挥规模经济效益,从而加快经济发展;另一方面,针对地区间的经济发展不平衡造成的地区间收入和生活水平差距过大,以及外部经济大量堆积造成的外部不经济,扩散资源聚集点,促进落后地区与新兴地区的开发,促进地区平衡发展。工业化时期,产业政策的重点由前者向后者移动。因此,成熟的市场经济国家政府干预与调节的重点是后者,而市场经济发展初期或工业化初期,政府干预和调节的重点是前者。

7. 收入再分配和社会保障

政府在收入再分配和社会保障两方面的经济职能可以说自从国家出现、有了政府的经济活动后就存在了。但是产生体系、在社会经济发展中处于不可缺少的地位,则是在市场经济中形成的。仅靠市场行为进行利益分配和再分配,无论在何种社会制度下,都是有弊病、不公平、需要加以调节的。资本主义国家的各个发展时期如此,社会主义条件下也是这样。市场经济中的无情竞争、优胜劣汰,必然造成两极分化,分配不公,这种情况仅靠市场经济自身的机制来校正与调节,是达不到社会公平的。而分配不公又会引起社会动荡、不安定。因此,政府有责任以政权的力量、以政府的经济行为,来参与社会的收入再分配,以使社会最终的分配成果,能够符合政府和公众所追求的社会公正的目标。政府的收入再分配职能主要是通过以下政策手段来进行的:(1)通过调整生产要素相对价格政策,克服生产要素市场存在的问题(如发育先天不足),即通过市场中介影响国民收入的初次分配,关键是要消除生产要素价格的扭曲,提高就业率;(2)通过累进的个人财产所有权的再分配,以及对以财产私有权为基础所获得的收入征收累进所得税,减少由不平等的财产权基础所产生的收入分配悬殊现象;(3)通过累进的个人所得税和财产税,稳定或减小社会富裕阶层的收入水平;(4)通过直接的转移支付及对商品和劳务的国际分配政策,调整(增加)社会贫困阶层的收入水平。

随着政府收入再分配的职能系统化、规范化的发展,社会保障制度逐步建立、完善起来。社会保障制度,即通过社会范围内有规则地提供的保险、救助和福利措施,使社会生活在公平、公正、安定的原则下正常运转、顺利发展,不受意外事故、各种可测和不可测的风险的干扰。社会保障制度是现代市场经济体制的安全网和减震器,完善的社会保障制度大体包括社会保险、社会救助、社会福利、社会优抚四个方面的内容。虽然整个社会的全部社会保障功能和运转,不是政府一家的事,特别是在市场经济发达的国家,商业性社会保险很发达,非政府的民间社会保险和社会福利机构、慈善机构所从事的社会救助等项目,也是社会保障体系的有机组成部分。但是,政府在社会保障中的作用是不可替代的,最主要、最重要的社会保障项目都是政府兴办或由政府组织的。政府有责任、义务,从全社会角度统筹规划社会保障,这是政府一项重要的社会经济职能。仅仅依靠民间组织办社会保险是不可能的。当然,政府的社会保障职能,要同国家的经济社会发展水平相适应,要同政府的财力相匹配。不能违反基本经济准则,在条件不具备时搞许多力所不能及的社会保障项目。不能在经济社会发展处于较低阶段时,就照抄照搬较高发展阶段国家在社会保障方面的内容和做法。实际上,社会保障也是一种收入再分配方式,如果掌握不好分寸,会造成利益关系的扭曲,违反社会公正的原则。

8. 创造有利于本国经济发展的国际环境

市场经济是一种开放经济,实行市场经济制度的国家,必然与世界各国发生广泛的联系。由于历史起点不同,世界各国不可能在同一起跑线上进行竞争,而且由于各国的经济结构和利益差异,不可能实现完全竞争。在不完全竞争条件下,如何创造一个有利于本国经济发展的环境是政府应具有的重要职能。英国在市场经济上升时期高举自由贸易大旗,甚至用枪炮打开他国大门,德国在产业革命时期实施贸易保护,美国在国内经济滞涨时期推行新贸易保护主义,并要求各国放宽服务贸易准入条件,都是为了本国的利益。为了促进贸易,政府制定适合本国特点的对外贸易政策,既积极参与国际交换和国际竞争,又要保护国内市场和产业免受外来商品的太大冲击,同时还要通过外交手段创造一个和平的国际社会环境和平等互利的通商环境,为本国经济发展提供良好的国际条件。

2.4 政府干预失灵与矫正途径

市场机制不是万能的,政府干预也并非完美无缺。西方市场经济的实践业已证明,市场不能调节或调节不好的事情,政府并不必然就能调节或调节得比市场好,政府调节过程中亦会有失灵现象,"应当先认识到,既存在着市场失灵也存在着政府失灵……当政府政策或集体行动所采取的手段不能改善经济效率或道德上可接受的收入分配时,政府失灵便产生了"①。那么,在市场经济中,政府干预为什么会失灵?政府干预失灵是由政府组织的内在缺陷所造成的,还是由政府官员操作不当所致?从经济学的观点看,政府干预失灵的产生主要是由以下原因造成的:

1. 政府行为目标与社会公共利益之间存在差异

政府经济职能的发挥、干预调节经济活动的有效性,是建立在这样一个基本假设基础上的,即政府作为社会公共利益的代表,其行为目标与社会公共利益是一致的,由于市场失灵的存在,通过政府作用可以更好地实现资源优化配置和社会福利最大化。从理论上讲,这一假设是符合逻辑的。因为在市场经济中,只有市场协调和政府协调在控制整个国民经济运行过程,当市场协调在一定领域表现为失灵时,政府自然要充当纠正、弥补或者恢复市场功能的角色,除此之外没有第三者能承担这一任务。既然市场功能存在缺陷,那么由政府来加以纠正、弥补甚至替代,应该能够更好地实现资源优化配置和社会福利最大化目标。然而,现实并非如此简单,政府不是一个超脱于现实社会经济利益关系的万能的神灵之手,它由各个机构组成,各个机构又是由各层官员组成的。无论是政府官员还是政府机构,都有自己的行为目标,而这些行为目标并不是自然而然与社会公共利益之间画等号的,换言之,政府的行为目标和社会公共利益之间是存在差异的:(1)政府官员也是经济人,也要追求自身利益。在市场经济中,政府官员的行为目标同经济主体在市场上的行为目标有某种类似的一面,在可能的条件下,他们都要追求自身利益的最大化,政府官员甚至比一个经理更有条件谋求自身利益。因此,政府官员更有可能,而且有条件无所顾忌地追求私利,而不管其结果是否符合社会利益。(2)政府机构本身也不是一个没有自身利益的超利益组织,而是将政府官员的利益内在化为政府的利益。政府发挥经济职能有效性的一个隐含前提,即政府是一个大公无私的代表社会公共利益的组织,实际上并非如此。政府机构有自己的利益,这种利益是政府机构工作人员主要是政府官员的个人利益的内在化,或者说集合,政府在社会生活和经济生活中的特殊地位(作

---

① 保罗·萨缪尔森,威廉·诺德豪斯.经济学[M].12 版.高鸿业,等译.北京:中国发展出版社,1992:1189.

为社会经济管理者），又为政府机构往往借社会公共利益之名行政府机构私利之实，提供了有利的客观环境条件和可能。（3）在西方发达市场经济国家中，政府并不是完全代表社会公共利益的政府，它往往为一些有影响的特殊利益集团所左右。政府从形式上看是民主政府，然而通过"民主程序"选举出来的为公众和社会服务的官员，并不一定能真正代表社会公众的利益。这是因为任何一次选举，都需要金钱的支持，都要有大财团提供雄厚的政治资金。由这些"民选"上来的官员组成的政府，在执政期间往往代表的只是某个或某几个特殊利益集团的利益，成为代表少数人利益的机构。政府的政策是为这些特殊的利益集团服务的，这样政府的政策要想解决公众所期望解决的问题，往往是不可能的。政府官员对自身利益的追求，政府代表少数特殊集团的利益，所有这些，都表现出政府行为决策与社会公共利益之间存在很大差异。正是这种差异的客观存在，导致政府在发挥经济职能过程中失灵。政府的活动结果与社会的公共利益之间的差异越大，政府失灵也就越严重。

2. 政府机构效率低下

政府干预经济活动有效性的必要条件之一就是政府机构必须是有效率的，其投入和产出是经济的、有收益的。然而，现实中所表现出来的却不尽如人意，政府机构往往是高成本（投入）低效率（产出）。政府机构低效率的原因是多方面的，归结起来主要有以下几个方面：（1）缺乏竞争导致低效率。由于政府机构垄断了公共物品的供给，缺乏竞争对手，政府机构既没有压力也没有动力去降低成本提高效率，这就可能导致政府部门过分投资，产出多于社会需要的公共物品，如不适当地扩大机构，增加工作人员，提高薪金和办公费用，造成大量浪费。而且在民主体制中，公务员受到终身雇佣条例的保护（即使没有公务员制度，政府工作人员事实上也是终身雇佣的），也没有竞争压力去努力提高工作效率。（2）政府官员缺乏追求利润的动机。因为政府官员不能把利润占为己有，加上公共物品的成本与收益难以测定，所以和企业的厂长、经理不同，政府官员追求的目标不是利润最大化，而是规模最大化，以此增加自己的升迁机会并扩大自己的势力范围，这势必导致机构臃肿、人浮于事、效率低下。（3）缺乏对政府官员的有效监督。因为政府部门对其经营的业务有着自然的垄断性，可以利用垄断地位封锁一部分公共物品所涉及资源和成本的信息，而监督者依靠被监督者提供的信息实施监督，很可能被监督者所蒙蔽和操纵。

政府机构低效率是政府失灵的重要原因之一，避免政府失灵必须提高政府机构的效率。然而，低效率是政府机构内生的，提高政府效率存在着内在障碍：（1）政府是一个非市场机构，其收入来源于税收，支出则用于公共开支等。政府实际上只是一个中介分配机构，收入状况如何对政府来说并非很重要，缺乏像企业那样的市场约束。对企业来说，收入不抵支出就要倒闭、破产，企业必须精打细算、提高效率、降低成本,但对政府来说并不存在这个问题,这样政府也就缺乏提高效率、降低成本的动力。由于缺乏硬预算约束机制,政府活动收入和成本的分离难免造成过剩成本。从而在政府活动中,当要获得一个给定的产出时,往往会用更多的资源,结果造成政府活动的多余成本并导致其产出超过其需求。(2)确定和度量非市场产出的困难和非市场产出的垄断性,使得非市场生产(政府的经济活动)缺乏"基准线"和终止机制。非市场产出的特殊性决定了其度量尤其是质量度量的复杂性,其主要原因在于与非市场产出相对应的信息取得的困难性。另外,非市场产出(如国防、福利项目)的测定方法变化不定,易引起争议,最终导致对非市场产品控制的极其困难性。(3)政府机构的扩张使得政府机构效率难以提高。政府部门最为突出的行政顽疾是政府机构的自我扩张冲动。缪勒认为出现政府扩张有五个方面的原因:一是政府作为公共物品的提供者和外在效应的消除者导致扩张;二是政府作为收入和财富的再分配者导致扩张;三是利益集团的存在导致扩张;四是官僚机构的存在导致扩张;五是财政幻觉导致扩张,即政府用选民意识不到的方法来增加选民的税收负担,从而扩张财政支出。① 政府机构的扩张不仅使政府用于维持自身运转的开支增大,从而政府运行成本增加,而且庞大的官僚机构之间互相推诿、扯皮,降低了办事效率。(4)政府决策方式的民主程序本身也制约了政府机构效率的提高。在所谓民主程序下,政府决策过程长,时间成本增大,往往造成一件事一议再议,议而不决,从而导致政府低效率。

3. 政府角色错位

在市场经济的竞技场上,政府应主要扮演"裁判员"的角色,制定比赛规则,维护比赛秩序,对违规行为进行处罚,也就是说,政府进行宏观控制的目的应该是维护市场经济运行的正常秩序,保持经济发展的宽松环境,从而实现经济稳定增长,如重大经济结构优化,物价总水平基本稳定,充分就业,收入分配公正,国际收支平衡等。然而,在进行宏观控制的过程中,政府干预的范围和力度往往过大,超出了校正市场失灵和维护市场机制顺畅运行的合理界限,即政府管了不该由政府承担或政府管不好的事。这种现象在由计划经济体制向市场经济体制转型的国家尤其严重。政府原有的作为经济活动的组织者、决策者、管理者的身份发生根本动摇,原有职权丧失,而这意味着将丧失一定的利益,于是一些部门工作人员产生失落感,或者不愿意放弃手中分钱分物和审批项目的权力,或者不愿意放弃对企业的各项干预权,用旧观念、老办法解决新问题。这种对权力的迷恋,必然对转变政府职能形成一种无形阻力,阻碍市场机制发挥作用和功能,造

---

①　MUELLER D C.Public choice Ⅱ[M].Cambridge:Cambridge university press,1989:322-343.

成政府干预经济的范围和力度无法按照市场的客观需要而调整。

4. 政策的滞后效应

政府干预经济政策的制定和实施需要时间,政策对经济发生作用同样需要时间,这就会出现政策的滞后效应。这种滞后效应可能使政策实行的结果与预期目标相距甚远,从而导致政府失灵。例如,政府本想用扩大货币供给的办法刺激经济增长,使其走出低谷,但当政策发生作用时,经济已走出了低谷,达到了潜在总供给水平,于是这项政策就实际起到了刺激供给超越潜在总供给的作用。相反,政府本想实行紧缩政策抑制经济过热,使其不至于失去控制,但当紧缩政策付诸实施时,实际经济运行状态已由过热转为降温,达到了正常状态,于是政策执行的结果是促使经济衰退,进入冷却状态。一般说来,政策滞后性可分为内在滞后和外在滞后两大类:内在滞后指制定和实施政策所需要的时间,外在滞后指政策实施后对经济发生作用所需的时间。内在滞后一般又可分为:(1)认识滞后,指经济扰动出现到政策制定者们认识到有必要采取行动所需的时间。如果这种扰动在其发生之前已被估计到,那么这种滞后就是负值,在一般情况下则是正值。(2)决策滞后,指从认识到采取决策的必要性到决策这段时间。(3)实施滞后,指从决策到实施这段时间。政策制定的内在滞后是一种谨慎滞后,也就是说发生在政策事实之前,它不会对经济产生影响。外在滞后却是一种延续性滞后,也就是说只要政策开始实施,它对经济的影响会随时间而展开。一般而言,开始时的政策效果是不明显的,但随着时间的延续,其效果会表现得越来越明显。要使政府干预经济确实有效,其中一个很重要的条件是要保证政策的及时性,即制定政策、付诸实施乃至发生作用等所有一切必须做到及时准确。然而,在实际生活中,由于种种因素的限制,这一点是很难做到的,政策滞后的现象时有发生,政府失灵也就在所难免。

5. 政府干预与市场运行机制相冲突

首先,政府与微观单位的目标有可能冲突。一般来说,政府干预经济是要保持国民经济持续、稳定、健康、协调发展,社会财富不断增长,从而实现全社会经济利益的最大化,而微观单位则是要实现局部和个体经济利益的最大化。当政府干预目标与微观单位目标不一致时,后者对政府调控政策的不配合会使政府的调控失灵。如果政府强行推行,其推行成本会相当高,可能以牺牲积极性为代价,导致微观效率乃至整个社会效率的降低,从而抵消了一部分政府干预所能产生的利益。其次,政府干预机制与市场运行机制有差别。政府干预依靠的是"看得见的手"的人为力量,市场运行依靠的是"看不见的手"的自然力量,人为力量既可能与自然力量相吻合,也可能发生矛盾,发生矛盾时容易产生政府干预失灵。比如,在经济生活中发生通货膨胀时期,政府可以通过紧缩货币供应量抑制投资和需求增长。但是在商品价格已经上涨的情况下,一方面企业和居民的预期会发生作用,另一方面投资和需求可能具有刚性效应,结果会使价格进一步上升。如果政府运用财政政策增加税收或减少支出进行调控,同样可能收效甚微,因为增税会受到企业和居民的抵制,支出减少既会受到大企业的反对,也可能在实际上根本无法减少,像军费开支、基础设施供给等方面的支出就很难减少。最后,政府敢于涉及整个社会,但微观个体的情况却形形色色、千差万别。假如政府干预运用的是差别政策,干预的复杂性就会很高,政策制定的工作量就会很大,结果也许是得不偿失;假如运用的是统一或无差别政策要么会"鞭打快牛",要么会促使一些边际企业提前破产倒闭,而这样也将引致社会资源配置效率下降。[①]

6. 不完全信息的影响

政府制定并实施正确的经济政策,干预调节经济运行过程的重要前提,是能够获取和掌握有关整个国民经济运行状况的全面、准确的信息。然而,由于缺乏有效的动力刺激和相应的约束,政府机构效率低,特别是广泛的私人利益的存在,政府要获得全面准确的信息是十分困难的。更为关键的是,由于现代市场经济系统的复杂性和变动性,政府对市场信息全面准确把握几乎是不可能的。因为信息来源于基层,基层传上来的种种信息都要由政府机构收集、整理和分析,需要大量的费用和成本。这些费用和成本不只表现在经费的支出上,还表现在信息的延误和随之而来的决策迟缓。大量的信息是不可再生的,如不迅速反馈,很快就会过时无用。由于费用的昂贵和时间的限制,基层的许多信息永远不能反映到政府机构中来。这样,许多信息由于得不到使用或使用不当而浪费掉了。虽然技术进步可以加快收集信息的速度,但是随着市场经济现象越来越复杂,信息量将越来越大,信息差距不会缩小只会扩大。另外,由于制度因素和人为因素,基层传上来的信息很可能是经过修正的甚至是虚假的。这样,政府的决策往往不得不在信息不完全和不准确的条件下作出,如此一来,依据并不全面也不准确的信息制定的经济政策也就很难达到预期效果。

7. 寻租活动

缪勒认为,所谓寻租,就是"用较低的贿赂成本获取较高的收益或超额利润"。而所谓的租或租金指支付给生产要素所有者的报酬中,超过要素在任何可替代用途上所能得到的报酬的那一部分。可以从三个方面来理解租金:(1)租金是由于政府干预而产生的,离开了政府干预及其所提供的垄断地位,租金便无从寻求。(2)租金是非生产性的,只是利润分配的一种转移。(3)这种转移是以相关生产者和消费者的损益为代价的。缪勒在《公共选择Ⅱ》一书中将寻租分为三类:一是通过政府管制的寻租;二是通过关税和进出口配额的寻租;三是在政府

---

① 　伍柏麟.社会主义市场经济学教程[M].上海:复旦大学出版社,1993:320,321.

订货中的寻租。麦克切斯内则进一步指出,政府及其官员在寻租过程中未必都是被动的角色,可以充当主动者,这就是所谓"政治创租"和"抽租"问题。前者指政府官员利用政府干预的办法来增加企业的利润,人为创造租金,诱使企业向他们提供利益作为得到租金的条件。后者指政府官员故意提出某项会使企业利益受损的政策作为威胁,迫使企业割让一部分既得利益给政府官员。显然寻租活动就是社会资源的浪费,这表现在:(1)寻租者为寻得租金付出的时间、精力等交易成本,以及政府为应付这种行为付出的成本;(2)寻租者的租金实现是以其他相关生产者和消费者的利益为代价的,这一代价要远远高于寻租者的租金所得,导致社会福利的净损失,社会资源的极大浪费;(3)从隐性的角度看,寻租活动及其政府干预,可能是对市场调节机制的严重损害,并引发不断加强的损害的恶性循环。究竟是什么原因导致寻租活动呢? 根据西方市场自发秩序论,寻租活动的产生在于政府对市场的过度干预。政府职能是个极其有限的范围,如果政府职能只限于保护个人权利、人身与财产安全等有限的范围,市场机制将能保证租金随着自由竞争而消失。如果政府行为超出最小限度或保护性的状态所规定的限度,开始干预市场调节过程,那么寻租活动将不会消失,反而会越演越烈。寻租活动必然导致政府失灵,因为它酿成政府官员争权夺利,影响政府声誉,增加政府的廉政成本,引致社会资源的巨大浪费。具体来说:(1)它引致经济资源配置的扭曲,阻止更有效的生产方式的实施。如企业不是通过利用新技术、开发新产品等正当手段为自己谋取更大利益,而是通过寻求政府干预阻止其他企业加入竞争的非正当手段,以维护自己的垄断地位和保证获取高额利润,这就不利于社会进步和社会福利的增进。(2)它本身也会白白耗费社会经济资源,使本来可以用于生产性活动的资源浪费在这些对社会无益的活动上。寻租是一种非生产性活动,它并不增加任何新产品和新财富,只不过是改变了生产要素的产权关系,把一部分国民收入装入私人腰包,对于社会来说,是一种非生产性的资源耗费。(3)它还会导致其他层次的寻租或"避租"活动。如果政府官员在寻租活动中享受了特殊利益,会引发新一轮追求权力的浪费性寻租竞争;同时利益受到威胁的企业也会采取"避租"行为与之抗衡,从而耗费更多的社会经济资源。

以上分析表明,政府失灵是一种客观存在,这种失灵既可以由政府组织的内在缺陷造成,也可能由政府官员在实施经济干预过程中的操作性缺陷所致。以上的分析只是概述了导致政府失灵的基本原因。事实上,市场经济运行错综复杂,变化多端,造成政府失灵的原因也不是固定不变的,它会随着市场经济的发展不断变化。为克服政府干预经济行为的局限性,尽可能地避免政府失灵,经济学家们探讨了政府失灵的矫正措施:

1. 矫正政府失灵,必须首先正确认识和把握市场与政府的关系

市场失灵可以靠政府去弥补、纠正,但是不能把政府的作用神化,认为政府

能够完全有效地弥补和纠正所有的市场失灵,是不切合实际的。事实上,在许多情况下,市场机制解决不了的问题,政府也不一定能解决,即使能解决也不一定比市场解决更有效率。无论在理论上还是在实践中,都不存在一种政府代替市场、解决市场失灵的简单规则。在政府和市场之间的选择问题上,既要看到政府能够通过立法和行政手段以及各种经济政策,改善和扩大市场的作用,如建立和保持市场竞争秩序、规则,维持币值稳定、总量均衡等,也应认识到市场力量在改善政府功能上的重要作用,如在国家控制的公共领域引入市场竞争,有利于改变其低效率运行状态。在承认政府功能的积极作用的同时,不能过高地估计和夸大政府弥补、纠正市场失灵的能力,要看到政府也有失灵的一面。作为经济协调方式,政府和市场是一对矛盾,既相互对立又相辅相成。政府与市场并非在所有领域都是非此即彼的关系,在许多场合两者是相互补充的。经济运行中的许多问题,无论是宏观领域中的问题,还是微观领域中的问题,都需要政府与市场相互配合才能加以解决。政府可以帮助市场、校正市场,市场也可以帮助政府、校正政府,试图在政府和市场之间人为地画出一条泾渭分明的界线是徒劳的。不能把政府与市场的功能固定化、公式化,而是要根据社会经济的发展和客观经济环境条件的变化,不断调整二者的关系,实现政府与市场的有效功能组合。

2. 矫正政府失灵,必须在政府干预和市场调节之间作出恰当选择

政府干预从本质上讲是一种经济行为,只有收益高于成本时才是合理的。但是在政府干预中往往强调需要太多,重视成本不够。人们常常只看到政府干预在短期内带来的收益,而忽视了为此付出的高昂代价,甚至为今后的长期发展埋下隐患。应该看到,政府干预是有成本的。因此,在引入政府干预以弥补和克服市场失灵时,应该对政府干预的成本和收益进行比较,以确定是否存在政府失灵。如果存在政府失灵,则必须对政府失灵和市场失灵的成本与效益进行比较分析,然后在政府干预和市场机制自发地发挥作用之间作出正确选择。一旦政府干预因成本高昂而导致干预失灵,可以利用市场机制来纠正政府失灵:(1)解放市场。所谓解放市场是指在不存在固有的市场失灵的场合,充分让市场发挥其作用。主要措施有:一是放松管制。实践证明,在竞争性行业中,政府管制不仅会导致经济低效率,而且容易产生政府失灵特别是寻租行为,因此放松管制可以提高效率,减少政府失灵尤其是寻租的发生。二是合法化。合法化指的是消除犯罪惩罚以解放市场,它以变革中的社会观念为基础(如关于麻醉剂的使用)。在这里非犯罪行为被鼓吹为合法化的部分形式:犯罪惩罚用法律规定的罚款来取代。三是私有化。即非国有化(国有企业出售给私营部门)和非垄断化(对于阻止私营企业同政府或国有企业竞争的各种限制,政府放宽或消除这些限制)。(2)促进市场。所谓促进市场是指通过确立现有物品的产权或者创造新的有销路的物品而促使市场运行出现这样一种过程。前者是要确定限制新产权政治竞

争的分配机制,后者是形成可交易的许可证制度。(3)模拟市场。所谓模拟市场是指在市场不能有效起作用的场合中,政府模拟市场过程来提供某些公共物品及服务,尤其是通过拍卖,出售提供公共物品的权利。拍卖被广泛应用于对共有自然资源的权利分配,在政府必须分配稀缺资源的场合,拍卖也许是最有用的分配工具。①

3. 矫正政府失灵,必须合理界定政府作用的有效性边界

界定政府作用的有效性边界是一项复杂的系统工程,需要考虑多方面的因素,如社会对政府的需求、政府组织的适应性、不同经济领域的运行特点、公平与效率目标、社会价值观念等,很难设计出一个标准的静态模型。而且由于各种因素是不断变化的,政府作用有效性的边界也是动态的。显然界定政府作用的有效性边界是一件很困难的事情,但又是一件非常有意义的事情,因为如果政府不适当地干预经济生活,将导致政府失灵,给经济生活带来不良后果。依据西方发达市场经济国家的实践经验,我们大致可以把政府作用的有效性边界概括为:(1)对于竞争性领域,经济活动对政府的需求表现为提供法律保护,使各市场主体能在公平的环境下展开竞争。因此,政府作用的有效性边界,是制定法律、监督法律实施、反对不正当竞争、维护市场秩序。在这一领域,政府基本上不介入微观经济活动层次,即使在这一领域保留了一定数量的国有企业,也要让这些国有企业自主平等地参与市场竞争,政府只以宏观调控者的身份进行监管。(2)对于存在市场外部正效应的领域,政府需求明显扩大,但政府仍要区分不同的情况,实行不同的管理措施。对于能够明确定义受益主体的准公共物品领域的生产和供给,政府的任务是要完善收费制度,形成适度竞争的供给格局;对于受益范围具有全局性特征的公共物品,要以实施政府行为为主。(3)对于存在外部负效应的领域,政府的作用表现为:凡是能够明确界定外部负效应的受害者和获益者并涉及的当事人相对少的领域,政府的作用是合理界定产权和建立承担后果的法律规范,基本上不实施直接的限制和禁止行为。凡是外部负效应的涉及面宽、不能明确具体利害人的领域,政府应实施直接的限制和禁止行为。(4)对于具有战略意义和高风险的产业,政府应积极加以影响,把政府投资和诱导民间企业投资(采取各种优惠政策)结合起来。(5)对于宏观经济的稳定,政府应承担全部责任。保持宏观经济的稳定,主要应采取经济手段,即依靠财政政策、货币政策和产业政策的联动作用。财政货币政策的核心是需求管理,产业政策的核心是供给管理,应根据不同时期总供给和总需求的均衡状况科学运作。为保持宏观经济的稳定性,在非常时期和特殊领域实行行政措施(如管制和价格保护)也

① WEIMER D L,VINING A R.Policy analysis[M].New Jersey:Englewood cliffs,1992:145-195.

是必要的,但要慎重使用。(6)对于分配领域,政府的作用是保障劳动者权益和调节收入分配不公,实现公平目标。一般而言,政府不应介入收入的初次分配,对初次分配的调节主要采取法律手段(如就业法、劳动保障法等);对收入的再分配,政府要科学运用税收机制(确定合理的税收结构)和财政转移支付手段,既缓解贫富差距,又有利于鼓励先进、刺激效率提高。

4. 矫正政府失灵,必须提高政府决策的科学化程度

政府对社会经济生活的干预主要表现为政府制定和实施各种经济决策或公共政策的过程。因此政府干预的成功与否、质量好坏、效率高低在很大程度上取决于其决策的科学化程度。然而,正如公共选择理论所指出的那样,政府决策作为非市场决策有着不同于市场决策的特点,如市场决策是以个人作为决策主体,以私人物品为对象,并通过竞争的经济市场(即用美元选票来购买私人物品)来实现,而政府决策以集体作为决策主体,以公共物品为对象,并通过有一定政治秩序的政治市场(即用投票来购买公共物品)来实现。因此,政府决策是一个十分复杂的过程,存在着种种困难、障碍和制约因素,使得政府难以制定并实施好的或合理的公共政策,导致政府决策失误。这非但不能起到补充市场机制的作用,反而加剧了市场失灵,带来巨大的资源浪费及社会灾难。因此,为减少政府失灵的产生,必须改善政府决策系统,提高公共政策的质量,通过将公共政策的制定和执行纳入规范化的轨道,提高政府决策的科学化程度。可采取的措施如下:(1)根据市场经济的内在要求和客观规律,建立科学的经济决策程序以及与之相一致的决策系统,特别是建立经济决策的可行性研究和协调制度,以及相对独立的信息、调研、咨询三位一体的决策服务体系,重点是加强对宏观经济走势的监测、预报和分析,密切跟踪市场经济运行的态势,及时作出决策。同时注意发挥咨询机构的作用,建立专家咨询制度,以保证政府经济决策的科学性和可行性。(2)建立和健全政府经济决策的评估、反馈制度,以追踪了解决策事项落实情况,检讨决策得失以及分析决策投入、决策效率和决策效益,及时修正和完善原定决策方案。(3)建立经济决策责任机制,以及知识更新机制、成就激励机制、职业道德导向和约束机制,提高政府决策者的素质,增强他们认识和驾驭市场经济的能力。

5. 矫正政府失灵,必须提高政府机构的效率

虽然政府是一个非市场组织,其产出具有公共性,因此不可能从根本上消除政府机构的垄断性,但是通过采取以下几个方面的改进措施,可以提高政府机构的效率。(1)在政府机构内部引入竞争机制。公共选择理论家认为,只要打破公共物品生产的垄断,在政府机构内建立起竞争机制,就可以消除政府低效率的最大障碍。他们提出了建立这种竞争机制的一些具体设想:可以设置两个或两个以上的机构来提供相同的公共物品或服务,使这些机构之间展开竞争而增进效

率(城市供水系统、公交系统就可以采取这种办法);可以将某些公共物品和服务的生产和提供承包给私人生产者(如垃圾清运、消防、邮政等就可承包给私人企业)以便更多地依靠市场来生产与提供社会所需的公共物品和服务,这会比政府直接提供更有效率;可以在不同的地区设立相同的机构,通过加强和鼓励地方政府之间的竞争来提高地方政府的工作绩效。(2)引进利润动机。即在政府机构内建立激励机制,使政府官员树立利润观念,允许政府部门对节省成本的财政剩余具有某种自主处置权。例如,可直接分享成本节余,或作为奖金津贴以及其他福利项目发放。当然,这种利润动机容易造成虚假的或损害公共利益的节余(如巧立名目乱收费,以一定的资金提供尽量少的公共服务等),为此必须与竞争机制相配套,并加强监督。(3)对政府的税收和支出加以约束。政府活动的支出依赖于赋税,因此,对政府的税收和支出加以约束,就从根本上限制了政府的行为框架,抑制政府的过度增长或机构膨胀。

6. 矫正政府失灵,必须以法律制度规范政府行为

政府干预经济生活的一个重要内容就是制定市场运行的"游戏规则",规范市场秩序,为此,作为干预主体的政府就必须率先垂范,做到政府干预规范化,包括政府干预主体的资格认定以及干预的范围、层次、方式、程序、力度,均应有明确的法律规定,从而使政府能够依法行政,依法调整市场运行,把政府干预过程纳入法制的轨道,使人们能够明确预见到特定情况下政府如何行使强制力,以便根据这些认知规划自己的行为。这其中实现政府干预程序的法制化尤为重要,因为政府对市场运行的干预程序健全与否,不但与干预的效率紧密相关,更重要的是与干预的公正合理性密切相关。如果没有通过法律设置一套合理、公正的干预程序,政府机构及其工作人员难免不公正地甚至专横地行使法律赋予的干预职能。(1)必须将政府干预职能以立法形式予以确立和规范,使政府职能有法可依;(2)以法律形式明确规定政府行使干预职能的运行方式和法律程序,使政府行为建立在严格遵守法律程序的基础上,注意职权运行过程中的程序化,克服主观意志和随意性;(3)以法律形式规定不同监督主体对政府行为的监督权力、监督方式以及处理结果,使监督真正有法可依,有法必依,从而遏制"贿赂经济",培育廉洁的政府组织,提高政府机构的效率。

7. 矫正政府失灵,必须不断改革和完善政府体制

克服政府干预行为的局限性,避免政府失灵,必须不断改进政府政治过程,完善政府体制。因为,减少政府失灵仰赖于政府管理体制的科学化。(1)必须选择能体现社会最大多数成员利益的政治制度;(2)建立权力制衡机制,即组织的权力要相互制约(如执行权和监督权要相对分离,不能自己执行自己监督),权力与责任要相配备(即权力与责任对等,有多大权应承担多大责任);(3)完善民主管理制度,使公民有更多的参政权和监督权;(4)建立公益性活动的效果评价机

制,阻止少数人或少数利益集团将公益事业用来谋取私利,即每一项公益活动都要制定明确的目标,实施后对效果进行全面评价,如果实施的后果偏离了目标,就启动有效的终止机制;(5)强化反腐败机制,对公权私用的腐败行为及时进行惩处;(6)建立人才竞争机制,把高素质的人才吸引到政府中来,建立精干、高效、廉洁的政府,为避免政府失灵提供组织保证。

最后,应该指出,政府失灵的矫正是相对的,事实上,政府失灵不可能完全消除,就像市场失灵的矫正一样,矫正的结果又会产生一些新的问题。对市场失灵的矫正和对政府失灵的矫正,都是为了寻找一种政府与市场的相对有效组合,这种组合关系要随着社会经济的发展变化不断调整、修正。

2.5 政府或市场的权衡与经济体制的选择

政府失灵的客观存在,致使政府干预经济活动时产生失效。同样,市场失灵的存在,也会使市场作用失效。这两种失灵即不完善的政府和不完善的市场共存于现实的社会经济生活中,似乎经济体制的选择面临着两难困境:选择市场则要容忍市场失灵,选择政府则要容忍政府失灵。查尔斯·沃尔夫(Charles Wolf)就明确指出:"与市场供求导致的市场缺陷相比,政府运行中的非市场缺陷同样直接由非市场的供求所产生。因此,市场与政府间的选择基本上是一种不完善而二者必挑其一的选择。"①查尔斯·林德布洛姆(C. E. Lindblom)也指出:"政府与市场的关系问题既是政治学又是经济学的核心问题。""一个政府同另一个政府的最大不同,在于市场取代政府或政府取代市场的程度。"②可以说,在西方经济学中,围绕政府与市场这两种不完善的制度安排在资源配置中究竟各自应扮演什么角色、起多大作用问题的争论,构成了 300 多年来西方经济学说史的基本主题。

在古典经济学中,政府与市场这两种制度安排是统一纳入以形成"国民财富"的性质和原因为核心问题的政治经济学理论体系中来认识的,并没有在理论上正面把它们作为两种具体的制度安排分离开来,对其相互关系作出全面系统的逻辑论证。但是古典经济自由主义理论集大成者和奠基人亚当·斯密在《国民财富的性质和原因的研究》中对私人经济活动和"看不见的手"表现了强烈的肯定态度,而对国家作用及政府职能表示了极大的怀疑,他把国家比喻为"守夜人",明确地对政府职能作了三点限制:一是"保护本国社会的安全,使之不受其他独立社会的暴行与侵略"。二是"保护人民不使社会中任何人受其他人的欺侮

---

① 查尔斯·沃尔夫.市场或政府[M].谢旭,译.北京:中国发展出版社,1994:55.

② 查尔斯·林德布洛姆.政治与市场[M].王逸舟,译.上海:上海人民出版社,上海三联书店,1994:1.

或压迫"。三是"建立并维持某些公共机关和公共工程"。①在亚当·斯密看来,只要实行自由放任,在"看不见的手"即市场机制的引导下,就能促进国民财富的增长。政府要想管理得好一些,就必须管理得少一些,市场自有"看不见的手"去调节经济。

在近代经济学中,由于资本主义政治经济的发展及其矛盾的复杂化,经济学家对政府与市场的认识发生了明显的分异:一支是以马克思主义为代表的经济学理论,认为资本主义经济危机的根源在于其私有制和自由市场制度的自发性、盲目性和无政府主义,因此,当然要以公有制为基础、无市场货币关系存在的社会主义计划经济所取代。这实际上是充分肯定政府制度安排,否定市场制度安排,这种理论也是后来社会主义实践者建设行政指令性计划经济体制的基本蓝图和依据。另一支是以马歇尔(Alfred Marshall)为代表的新古典经济学理论,摒弃历史的和政策的因素于理论之外,只把政府作为既定的"背景条件",从而专注于市场变量决定问题的研究。它从经济个体的经济行为入手,以价格为中心,研究市场经济的一般均衡和局部均衡机制,精细地揭示了市场配置资源的内在机理。这实际上是把市场看作资源配置的唯一机制,而且是无摩擦、无成本的"理想机器",从而在另一个极端上对人们认识和把握政府与市场的关系提供了具有"片面深刻性"的经济学说。

在现代经济学中,伴随着东西方社会政治经济实践在近一个世纪的戏剧性演变,人们对政府与市场这两种制度安排在性质上、职能上及相互关系的认识上大大深化,在更完整的理论框架下使之得到各种形式的整合。从现代经济学各理论流派的观点来看,在政府与市场问题上虽然不时有分歧,但是就大趋势看是趋于整合的。凯恩斯(John Maynard Keynes)首先为市场经济中的政府干预作出了"革命性的贡献"。1936年,凯恩斯发表了《就业、利息和货币通论》,他认为自由市场制度是一种有效的机制,它能够保障个人自由并激发人们的创造性,但市场机制本身存在缺陷,必须引入政府对经济进行干预,从而彻底否定了亚当·斯密提出的关于资本主义在"看不见的手"引导下能够自我完善的市场机制,将资本主义经济纳入了政府"看得见的手"的全面干预的轨道。20世纪60年代末,由于长期采用凯恩斯主义的政策,过度强调政府的作用,西方各国出现了"滞涨"现象,凯恩斯主义对此一筹莫展。面对"滞涨",保守的新自由主义经济学发起了"凯恩斯革命的再革命",系统地批判了以政府干预为特征的凯恩斯主义理论,强调市场机制的作用,主张限制政府干预的领域,并开始了对政府干预与市场调节如何正确结合的新探讨。其中,供给学派以企业自由经营论取代了政府

① 亚当·斯密.国民财富的性质和原因的研究:下卷[M].郭大力,王亚南,译.北京:商务印书馆,1974:254,272,284.

干预论,提出必须调整政府干预经济的内容、方向和方式。被称为新政治经济学的公共选择学派则运用经济学的理论假定和分析方法,研究政府—政治过程,它以市场经济条件下政府行为的限度或局限以及政府失灵问题作为研究重点,从而对政府与市场的关系以及政府运行提供了经典的经济学解释,它的主要贡献在于运用经济学的分析工具证明了:市场的缺陷并不是把问题交给政府处理的充分理由。而对政府与市场关系最为成功的理论整合,要数以罗纳德·科斯(Ronald H. Coase)为首的新制度学派,这个学派以交易费用为基本分析工具,把政府与市场看作两种可以相互替代的资源配置方式和具体制度安排,从而在理论上很好地回答了两者的性质、规模、优劣和边界以及动态演进规律。

在经济理论对政府与市场的关系进行深入探讨的同时,值得一提的是,进入20 世纪 90 年代后,世界银行从世界各国经济发展提供的实践经验出发,《1991年世界发展报告》以"发展面临的挑战"为题,评价了政府和市场在经济发展中的作用。《1991 年世界发展报告》认为,作为两种基本的制度安排,在促进经济发展的过程中,政府和市场起着互补的作用,政府应支持而不是抵制市场的作用。因为完全竞争的市场制度虽然在组织生产与分配方面有优势,但市场不能在真空中运行,市场需要法律和法规的控制和指导。而且,在某种情况下,诸如基础设施的建设,为穷人提供必要的生存条件等,依靠市场是无法完成的。在这方面强有力的政府作用是非常必要的。

《1991 年世界发展报告》指出,在过去 40 年中,经济发展战略发生了巨大的变化:外向型发展战略越来越多地取代了内向型发展战略,利用农业的税收差别来资助工业的做法已不再采用。越来越多的迹象表明,无论在工业化国家还是在发展中国家,经济发展都需要政府的调控,但政府最好不要管理经济活动的细节。日本和东亚一些国家的成功表明,如果政府采取"市场友好战略",那么政府干预则有利于经济发展。《1991 年世界发展报告》从国内经济环境、世界经济环境、宏观经济政策以及人力资源开发四个方面阐述了政府与市场的关系。

《1991 年世界发展报告》认为,政府创造一个有利于企业发展的宏观经济环境对于促进经济发展至关重要。为此,首先要充分发挥市场机制的作用。目前在一些发展中国家普遍存在的许可证制度、企业保护措施、价格管制政策,只允许某些特殊公司经营某些产品的行业限制政策,以及利用行政手段来控制主要资源分配的做法等,都削弱了市场竞争,不利于生产技术的进步和劳动生产率的提高,阻碍了经济发展。其次还要发挥政府的调控作用。一个高效率的国家经济,仅仅依靠市场机制是不够的,还需要有政府的正确的指导,其中最根本的是要有保证公平竞争的法律和制度,以及适度规模和结构合理的投资,特别是基础设施和其他公共事业建设方面的投资。

《1991 年世界发展报告》指出,世界经济环境对一国经济发展至关重要。日本、东南亚国家或地区经济成功的一条显著经验,就是尽可能利用世界经济环境中的有利因素,积极引进外国现成的先进技术,并以此为基础发展国内经济。引进技术有多种途径,包括外国投资、国外培训、技术援助、专利程序、通过劳动力的流动以及通过进口货物和中间投入产品而引进技术等。因此,政府应实行有利于引进技术的政策,如对外开放政策、自由贸易政策。

《1991 年世界发展报告》认为,稳定的宏观经济环境是各国政府应该向社会提供的最重要的公共物品。虽然宏观经济的稳定本身不能够推动经济的发展,但是经济发展不能没有稳定的宏观环境,否则其他任何措施都将是无效的。例如,如果没有适当的财政和金融调控措施,那么通货膨胀必然上升,导致货币大幅度贬值及国际收支失衡的危机,从而会影响投资的增加,制约经济的增长。为了建立一个稳定的宏观经济环境,各国政府应注意以下几点:一是采取谨慎的财政经济政策;二是控制通货膨胀,特别是避免由货币供给的过度增加而引起的通货膨胀;三是保持一个具有竞争力的实际汇率,以促进出口部门的发展,防止出现国际收支失衡。

《1991 年世界发展报告》认为,人口素质的提高对于推动经济的发展是极其重要的,政府在这方面需要发挥很大的作用。因为经济发展要求资源配置必须在保持近期经济增长和长期提高人口素质(开发人力资源)以及生活水平之间作出平衡有效的选择。但是不可能仅仅依靠市场来调节社会,尤其是为穷人提供受教育的机会、改善卫生和健康条件、建立计划生育服务设施等,在这方面只有政府才能发挥作用。今后政府所要做的不仅是要继续增加公共项目的投资,而且要提高公共项目投资的效益,否则,有限的资源就不能得到充分的利用,甚至造成严重的浪费。

过去世界银行总是强调市场的作用,强调市场制度安排的重要性,建议发展中国家选择私有化、自由化和外向型的市场导向战略,然而实践证明,这并不是拯救广大发展中国家的灵丹妙药。因此,世界银行的《1991 年世界发展报告》指出,为了开辟一条更有效且更可靠的发展道路,必须重新评价政府与市场的作用。《1991 年世界发展报告》认为,政府不应该在那些市场可以发挥作用的领域进行过多的干预和介入,而应在那些市场机制失灵或不能很好地起作用的领域做更多的工作。衡量政府干预是否有益,主要看这种干预能否与市场互补,能否对市场产生作用。当干预没有明显效果时,在市场可以起作用或可以使市场发挥作用的领域,最好让市场自行运转。[①]

时隔六年,世界银行在《1997 年世界发展报告:变革世界中的政府》中,再次对政府与市场的关系问题给予高度的关注。报告认为,政府与市场是相辅相成

---

① 世界银行.1991 年世界发展报告:发展面临的挑战[M].北京:中国经济出版社,1991:8.

的,在为市场建立适宜的结构性基础上,政府是必不可少的。"绝大多数成功的
发展范例,不论是近期的还是历史上的,都是政府与市场形成合作关系从而纠正
市场失灵,而不是取代市场。"①《1997 年世界发展报告》提供了一个有关政府职
能的矩阵。按此矩阵,在市场经济条件下,政府的必要职能一是解决市场失灵问
题,二是促进社会公平。而依其承担这两项使命的不同程度,政府职能又被划分
为"小职能""中型职能""积极职能"。小职能在解决市场失灵方面仅提供纯粹的
公共物品,即国防、法律与秩序、财产所有权、宏观经济管理和公共医疗卫生;在
促进市场公平方面主要是保护穷人,包括反贫困计划和消除疾病。中型职能在
解决市场失灵方面比小职能多:(1)解决外部效应,如提供基础教育和环境保护
等;(2)规范垄断企业,如制定公用事业法规和反垄断政策;(3)克服信息不完全
问题,如提供医疗卫生、寿命和养老保险及其他金融法规和消费者保护等。在促
进社会公平方面也比小职能多:提供社会保险,如提供再分配性养老金、家庭津
贴和失业保险等。积极职能在解决市场失灵问题方面比中型职能增加协调私人
活动,包括促进市场发展和集中各种举措等;在促进社会公平方面也比中型职能
增加再分配,主要包括资产再分配等。这既为我们观察不同国家和不同发展阶
段的政府职能提供了一个框架,更为我们进一步探讨政府与市场的关系提供了
一个分析工具。

　　1998 年,在系统归纳了政府和市场争议的基础上,速水佑次郎提出了经济
体制选择的基本路径。速水佑次郎指出,市场是通过自发交易协调商品、服务的
生产和消费的组织,如果信息是完全的,市场交易的所有参与者都能获得利益。
相反,政府是一种拥有合法的强制力量的垄断组织,政府使用强制力量和由它制
定的一整套规章来协调人们的活动。"尽管它们资源配置上的作用正好相反,但
市场和政府有着不可分割的相互依赖性。"②市场发挥作用的首要条件是清楚地
界定商品和服务的产权,而界定产权、保护产权和实施合同的主要手段是政府
(国家)制定的法律。另一方面,政府的活动在很大程度上也依赖于市场国家依
靠从税收中征募到的收入获得市场上的商品和服务。如果没有市场和政府,就
不会有在当代起重大作用的经济。经济体制的差异反映的就是政府和市场结合
方式上的差异,即哪部分经济活动由国家负责、哪部分经济活动留给市场,因此,
尽管政府和市场都会失灵,但是市场和政府在资源配置方面都是必不可少的。
选择经济体制的主要任务就是在辨别清楚这两个组织可能造成失灵的前提下,

---

　　①　世界银行《1997 年世界发展报告》编写组.1997 年世界发展报告:变革世界中的政府
[M].蔡秋生,等译.北京:中国财政经济出版社,1997:25.

　　②　速水佑次郎.发展经济学:从贫困到富裕[M].李周,译.北京:社会科学文献出版社,
2003:232.

找到市场和政府的适宜结合方式。对于发展中国家来说,特别重要的是认识到市场和政府失灵的类型和程度,会因文化遗产以及发展阶段而异。一般来说,一个国家越不发达,信息就越不完全,支持市场的制度(如产权保护)也越不完善。在这样的国家里,市场失灵既普遍又严重,因此需要强有力的政府行为来纠正它们。然而,在不发达国家,公民的教育水平很低,反映公众意见的大众媒介不发达。相应地,政治参与和国家整体性意识的公民传统也没有很好地在人民中建立。"在这样的社会条件下,政府失败比市场失败更严重的可能性更大。认识到这种可能性,选择一个在特定的历史条件下最优的市场和政府的结合方式是发展设计中最根本的。"①

在经济学家权衡市场与政府的关系进而讨论经济体制选择的进程中,20世纪50年代初,政策科学开始作为政治学、公共行政学研究途径的替代物出现,其标志性事件是丹尼尔·勒纳(Daniel Lerner)和哈罗德·拉斯韦尔(Harold D. Lasswell)《政策科学》一书的出版。政策科学认为市场失灵是实施公共政策的根本原因,因为市场存在缺陷所以需要制定和实施公共政策规范市场行为、落实政府职能,而政府失灵则被看成了公共政策有效性的限制因素,由于非市场缺陷的存在,政府在为克服市场缺陷采取的公共政策以及立法和行政等管理办法的过程中,往往会出现各种事与愿违的结果和问题,最终导致政府干预经济的效率低下和社会福利的损失。随着政策科学的发展,学者们提出为了补救政府失灵,必须运用市场机制对公共部门进行改革,对行政机构进一步进行权利与义务的规范、意识与能力的增强、质量和效率的提高,政府职能转变是优化政府和市场关系的关键。在此背景下,一场声势浩大的政府治理变革运动——新公共管理运动在市场经济发达国家兴起。

新公共管理运动以解决政府失灵为主要目的,以现代经济学、私营企业管理的理论及方法作为理论基础,主张用市场机制来弥补政府失灵,是对政府与市场关系的一次重塑。新公共管理承认市场失灵需要政府干预的改善,但更强调政府失败需要引入市场机制,避免单纯依靠政府进行公共事务管理的片面性,它的核心理念是经济、效率和效益。政府要充分认识市场机制在政府管理中的有效性,主张将私营部门的管理理念、方法和技术以及市场竞争与激励机制引入公共部门中,对政府干预方式进行改革和调整,建立竞争性政府,注重政府的绩效与效率,以解决政府失灵问题。更为重要的是,新公共管理运动倡导既要合理划分政府与市场的职能,又要注重政府与市场的合作关系。戴维·奥斯本(David Osborne)和特德·盖布勒(Ted Gaebler)在《改革政府——企业精神如何改革着

---

① 速水佑次郎.发展经济学:从贫困到富裕[M].李周,译.北京:社会科学文献出版社,2003:240.

公营部门》一书中指出,新公共管理的基本原则之一便是政府是起催化作用的,要掌舵(决策)而不是划桨(直接干预),掌舵与划桨职能要分开,政府要致力于掌舵,而划桨的职能通过其他组织机构来承担。政府角色从"划桨"转向"掌舵",政府与市场关系得到进一步调整。但是无论如何,"市场与政府之间的选择是复杂的,而且这种选择通常不是单纯地选择市场或政府,往往是两者在不同组合之间的选择,以及某种配置资源模式的不同程度之间的选择"①。

①　查尔斯·沃尔夫.市场,还是政府:不完善的可选事物间的抉择[M].陆俊,谢旭,译.重庆:重庆出版社,2007:114.

第 3 章
政治市场与公共选择

市场失灵的存在决定了大多数的公共物品必须由政府供给,但是政府决定公共物品供给数量与结构必须诉诸政治过程,即政治市场的公共选择。公共选择是相对于个人选择的集体选择,也称社会决定中的非市场决定。公共部门经济学关注涉及政府行为的集体选择,特别是与外部效应的管理和公共物品的供给相关的集体选择。本章分析政治市场的性质,公共选择与私人选择的区别,阐明各种主要公共选择的规则的优缺点,分析公共选择中的选民、政治家、官僚的行为倾向。

3.1 政治市场的性质

公共物品的需求决定是在政治市场(political market)上进行的,"经济关系和政治关系两者都代表着由两个以上的个人进行的合作"。① 因此,在经济市场之外还存在着一个政治市场。政治市场是指人们参与政治活动时,与其他政治个体和政治组织发生关系的场所。政治市场中的参与者与经济市场中的参与者一样,都是理性的经济人。人们在进行政治活动时,也是以个人的成本—收益计算为基础的,没有理由认为公民在投票箱跟前的行为和作为消费者在市场中的行为有本质区别。所以,在公共选择学派看来,在现代社会中,政治制度就像市场制度,政府就是企业,政治家就是企业家,选民就是消费者,选举制度就是交换制度,选票就是货币,政府提供的公共物品就是消费品。因此,完全可以用经济市场的逻辑来分析政治市场的活动。

但是,在政治市场上,政治行为主体(政治家、选民、政党、官僚、利益集团等)对自身利益或效用最大化的追求"并不要求一个个体的人牺牲其他个人以增强他自己的效用",政治主体可以"通过提供某种直接有益于交易的另一方的产品

---

① 詹姆斯·M.布坎南,戈登·塔洛克.同意的计算[M].陈光金,译.北京:中国社会科学出版社,2000:20.

或服务而促进其自己的利益"①。因为政治市场是一个交易的过程,"只要集体行为的模型是以个人决策者为基本单位,并且只要这种集体行为基本上被认为反映了复杂交易或者一个相关群体的所有成员中间的协定,那么这样的行为或选择很容易被归入交易经济学的范围"②。但是,政治市场是"一种特殊形式的交换;而且,就像在市场关系中那样,理想上还期望这种政治关系使所有各方都互有收获"③。"集体行动的个体参与者肯定认识到,要求采取集体行动的活动有其时间序列,而且同样肯定的是,他将受到激励而与他的同伴一起从事相互有利的'交易',或者与他们'妥协'。"④不过政治交易与经济交易在"直接参与者的数量"、交易的内容上存在着差异。⑤ "政治交易和政治市场的概念已经被普遍接受。"⑥道格拉斯·诺斯(Douglass C. North)在《政治交易成本理论》一文中,就直接运用了政治市场的概念,并利用选民和立法者之间的关系模拟了政治市场中交易行为,刻画了政治市场"不完全信息、主观模型和高昂的交易成本"的特征,提出了政治交易成本的概念。⑦ 阿维纳什·迪克西特(Avinash K. Dixit)进而指出,政治交易成本是导致政治问题复杂化的原因所在。⑧

政治市场和经济市场有着本质的区别,其运行的规则不同,虽然政治过程和经济领域一样都存在交易行为。一是政治交易具有较强的资产专用性。政治交易所投资的资产本身不具市场流通性,一旦终止交易,投资于交易的资产成本难以回收或转换使用用途。二是政治交易存在不确定性。由于有限理性,政治交易存在不确定性,人们无法完全事先预测交易的风险,加上交易过程信息不对称的影响,政治交易的不确定性会导致高昂的谈判成本、履约成本和监督成本。三是政治交易的频率较低。交易频率是指交易发生的次数。如果交易双方经常进

① 詹姆斯·M.布坎南,戈登·塔洛克.同意的计算[M].陈光金,译.北京:中国社会科学出版社,2000:25,26,20.

② 詹姆斯·M.布坎南.自由、市场与国家:80年代的政治经济学[M].平新乔,莫扶民,译.上海:上海三联书店,1989:31-32.

③ 詹姆斯·M.布坎南,戈登·塔洛克.同意的计算[M].陈光金,译.北京:中国社会科学出版社,2000:26.

④ 詹姆斯·M.布坎南,戈登·塔洛克.同意的计算[M].陈光金,译.北京:中国社会科学出版社,2000:134.

⑤ 詹姆斯·M.布坎南,罗杰·D.康格尔顿.原则政治,而非利益政治:通向非歧视性民主[M].张定淮,何志平,译.北京:社会科学文献出版社,2008:21.

⑥ 马骏.交易费用政治学:现状与前景[J].经济研究.2003(1):84.

⑦ NORTH D C.A transaction cost theory of politics[J].Journal of theoretical politics,1990(2).

⑧ 阿维纳什·迪克西特.经济政策的制定:交易成本政治学的视角[M].刘元春,译.北京:中国人民大学出版社,2004:前言6.

行交易,那么,双方就会想办法建立一个治理结构,降低交易成本。但若交易是很少发生的,那么,就不容易建立这样的治理结构,交易成本就会提高。政治交易频率较低,因为政治交易具有专属性或异质性,信息与资源无法流通,使得交易对象减少造成政治市场被少数人把持,导致政治市场运作失灵。

政治市场至少在三个方面不如经济市场运行良好:首先,立法者投票的预期收益依赖于其他立法者的投票行为,因此他们之间存在复杂的策略互动,而且政治市场上的外部性以及由此导致的"搭便车"的激励普遍存在。其次,每个政治参与人需要同太多的其他政治参与人谈判。不同于传统经济学中原子式市场,双边谈判的成本往往过于高昂。最后,对立法谈判所知甚少的普通市民将会抵制政治谈判的制度化(即将投票交易公开化和经常化),这是因为他们担心他们的代表会在投票交易中放弃其意识形态立场和惯有的政治纲领,从而损害自己的利益。这就减少了互投赞成票之类的投票交易增进社会福利的可能性。在诺斯看来,政治市场区别于经济市场的显著特征在于制度矩阵的报酬递增和由高昂的交易成本所带来的不完全性。前者指由于大规模的组织成本、学习效应、协作效应和适应性预期,从而使某一种制度处于主导地位,即使这一制度缺乏效率;后者使得政治参与人本就不完善的主观主义模型被非常不完全的信息反馈所修正,从而产生维持现状的倾向(status quo bias),即路径依赖(path-dependence)。①

3.2 政治市场的交易

政治市场和经济市场具有共同的人性基础,但是政治市场中的交易和经济市场的交易,存在着交易对象、交易方式和交易目标的不同。

首先,从交易对象上来看,政治市场适应于交易与配置公共物品资源而产生,而经济市场适应于交易与配置私人物品资源而形成。整个社会的总经济资源可以分为两大类:一类是具有外部性、共享性和垄断性的资源,称为公共物品②,如国防、公安系统、公共道路以及制度规则等;另一类是具有独立性、排他性、竞争性的资源,称为私人物品,这类资源在数量上占绝对优势。一般来说,对于公共物品的交易和配置适合于政府组织形式来进行,而对于私人物品的交易和配置则适合于市场组织来实现。

其次,从交易方式上来看,政治市场是通过强制性命令——服从关系在经济当事人之间进行交易,实现资源配置,而经济市场则是通过平等当事人之间进行的自愿交易来实现资源配置。制度作为一种调节人与人之间关系的行为准则,显然要基于当事人的"同意"(无论是自愿的还是被迫的)来运转。当某种交易所

---

① 杨瑞龙,钟正生.政治科斯定理述评[J].教学与研究,2007(1).
② 关于"公共物品"的更系统的分析参见本书第4章.

引起的成本或收益不涉及两个人之外的其他当事人,采用市场方式显然是最有效率的。因为人们很容易通过"同意"达成一项利己的契约(进入市场),也很容易通过"不同意"拒绝与所有可能接触到的交易对象签约(退出市场),从而避免一项可能给自己带来的损失,实现各自收益最大化。当交易后果存在外部性,交易活动必须在两个以上或更多的人"一致同意"的情况下才能进行,就需要采用政治的共同谈判形式和强制性协调方式来保证交易的效率。当然这种强制性决策、供给、履行和报偿的交易方式,既带来了交易成本的节约和规模效益,同时也产生了另外的交易成本和效益损失。

最后,从交易的目标来看,政治市场是一种基于社会福利目标的"公共选择",而经济市场则是一种基于私人利益目标进行的"自主选择"的制度安排。公共物品资源的交易和配置关系到社会上每个人的利益,因此属于公共选择的问题,公共选择可以有各种不同的形式,如按习惯或惯例作出,由一个独裁者作出,通过民主投票作出。无论如何政治最重要的主体之一——政府本身可以理解为负责履行供给公共物品,进行公共选择的一种特殊机构。在政府负责供给公共物品实现资源配置的场合,存在一个基本的问题就是政府能否真正代表公众的利益以社会福利最大化为目标。现实中存在的政府并不一定以社会福利为其决策的目标函数,而往往服从于经济中某些特殊集团的利益。市场制度有效运作则是建立在经济行为主体"自主决策"的基础上,各个经济行为主体在既定的产权制度下以个体利益为目标,自主经营、自负盈亏、优胜劣汰,从而达到资源有效配置,实现帕累托效率。

虽然政治市场和经济市场的交易有区别,但是政治市场和经济市场一样都存在交易行为,而交易是有成本的。政治交易成本(political transaction costs)指的是政治市场中进行政治权利交换所耗费的各种资源,更确切地说"是政治体制中制度框架的运行和调整所涉及的费用安排"①。迪克西特认为政治交易成本导源于信息不对称、机会主义和资产专用性。(1)由于政治领域的专业性和复杂性,政治代理人拥有政治委托人所不知的信息,公众很难掌握代理事务涉及的专业技术、代理人所面临的客观情势。"只要政治代理人是信息优势者,即拥有一些为政治委托人所不知的信息,而政治代理人的本性中又包含着自私自利的成分,那么,理性的政治代理人就有可能利用其信息优势谋取私利。"②在极端的情况下,"一个熟谙资源最大化利用方法的领导者不是其他人的代理人,反而是

---

① 埃里克·弗鲁博顿,鲁道夫·芮切特.新制度经济学:一个交易费用分析范式[M].姜建强,罗长远,译.上海:上海三联书店,上海人民出版社,2006:60.

② 李春成.信息不对称下政治代理人的问题行为分析[J].学术界.2000(3):21.

其他人成为他的代理人"。① 这种"代理人主权"现象的产生会进一步提高政治市场的交易成本。(2)机会主义"是指个人谨慎地运用有关交易对象特殊的信息以及自身偏好与意愿,对自我利益的追求"②。"从更一般的意义上说,投机是指不充分揭示有关信息,或者歪曲信息,特别是指那些精心策划的误导、歪曲、颠倒或者其他种种混淆视听的行为。"③虽然并不是所有的人在所有时间内都会以机会主义的方式行事,但总有一些人在有些时候采取这种行为方式。问题在于,在政治市场中事先很难知道什么人在什么时候,以什么具体的形式采取机会主义行为。(3)资产专用性是指"在不牺牲其生产价值的前提下,某项资产能够被重新配置于其他替代用途或是被替代使用者重新调配使用的程度"④。资产专用性导致经济交易成本。在政治过程中也存在类似的资产专用性导致的交易成本。"由于害怕政治威胁(政策的变化),专用性资产的经济投资可能迟疑不前;那些拥有专用性资产(在一定区域内或产业内)的政治家和他们具有经济专用性投资的核心支持者将会密谋以使政策陷入闭锁状态(lock-in)。"这种涉及"政治产权"的不确定性使利益集团进行政治妥协,并出台一些不易逆转的、经济上没有效率的制度。"如果当政的政府通过一项超过自己任期的长期承诺使政策陷入闭锁状态,就会阻碍未来当选者进行他们所想要的变革。"⑤

信息不对称、机会主义和资产专用性导致了政治交易成本的产生。交易成本在政治市场中高于经济领域,"政治市场更倾向于无效率。其原因很简单,要衡量政治市场中交换的东西以及最终强制执行协议,实在是太困难了"⑥。政治交易成本包括:(1)搜寻和信息成本。要进行一个具体的政治交易,"一个人必须搜寻愿意与他进行交易的那个人,这种搜寻的过程不可避免地会产生费用"⑦。而且作为复杂的交易过程,政治市场中的搜寻和信息成本通常要比两个人之间

① 罗伯特·达尔.谁统治:一个美国城市的民主和权力[M].范春辉,张宇,译.南京:江苏人民出版社,2019:9-10.

② 简·埃里克·莱恩.公共部门:概念、模型与途径[M].谭功荣,与紫琛,凌岚,等译.北京:经济科学出版社,2004:214.

③ 奥利弗·E.威廉姆森.资本主义经济制度:论企业签约与市场签约[M].段毅才,王伟,译.北京:商务印书馆,2002:72.

④ 奥利弗·E.威廉姆森.治理机制[M].王健,方世建,等译.北京:中国社会科学出版社,2001:51.

⑤ 阿维纳什·迪克西特.经济政策的制定:交易成本政治学的视角[M].刘元春,译.北京:中国人民大学出版社,2004:41,42.

⑥ NORTH D C.A transaction cost theory of politics [J].Journal of theoretical politics,1990(2):355-367.

⑦ 埃里克·弗鲁博顿,鲁道夫·芮切特.新制度经济学:一个交易费用分析范式[M].姜建强,罗长远,译.上海:上海三联书店,上海人民出版社,2006:61.

简单交易的成本高得多。潜在的交易者必须相互搜寻对方，一旦这些利益双方建立起联系，他们各自还必须搜寻更对的交易对象，并进行协商以达成一个有效的交易关系。(2)讨价还价和决策成本。这类成本和签约时交易各方就合约(合同)条款谈判和协商必须支付的费用有关。这一过程不仅耗时，而且可能还会求助于昂贵的法律建议。在信息不对称的情形中(即谈判各方具有私人信息)，无效率的结果就会出现。决策成本包括处理搜集到的信息所涉及的费用、支付咨询的费用以及团队内部形成决策的成本等。(3)监督和执行成本。保护权利和执行合约的条款会产生费用，合约的履行必须受到监督。信息在这里具有重要的作用。就监督和执行存在高昂的费用而言，违约的发生在某种程度上就是不可避免的。合约各方的机会主义行为存在不良的后果，会造成社会总产出水平和福利水平的损失。(4)政治组织成本。这是建立、维持或改变一个体制中的正式和非正式政治组织的成本。这些成本与政治活动范围相当广泛有关，既包括人事管理、信息技术的投入、公共关系和游说活动方面的费用，也包括与建立法律框架、管理架构、军事、教育体制、司法等有关的费用。"除此之外，还有与政党和通常意义上的压力集团有关的费用。实际上，为了实现'强制力的教化'或'有组织的暴力的垄断'，所有这些费用的支出都不会是一个小数目。"①(5)政治制度运行成本。这是政治体制中制度框架的运行和调整所涉及的费用，指那些先前被看作是"统治者"的义务方面的支出。它包括立法、国防、公正的管理、交通和教育方面的开销。正如政治市场中的个人一样，"这些行政事业需要承担搜寻和信息费用、决策制定的费用、发好施令的费用以及监督官员指令是否得以执行的费用"。列维(Levi)由此将政治交易成本描述为"对服从活动进行度量、监督、建立和执行"的费用。这里的总费用中还包括一些组织加入或试图加入政治决策过程中的费用，此类组织包括政党、工会和压力(利益)集团。此外，也要考虑谈判的费用。②

　　高昂的政治交易成本会使任何集体选择(政治交易)都不可能，因此，政治市场必须寻找节约交易成本的方法。"很明显，节约交易成本具有潜在的收益。规则和制度应该而且确实应该为服务于这一目的而发展。"③降低政治交易成本的制度选择包括：

　　①　埃里克·弗鲁博顿，鲁道夫·芮切特.新制度经济学：一个交易费用分析范式[M].姜建强，罗长远，译.上海：上海三联书店，上海人民出版社，2006：65.
　　②　埃里克·弗鲁博顿，鲁道夫·芮切特.新制度经济学：一个交易费用分析范式[M].姜建强，罗长远，译.上海：上海三联书店，上海人民出版社，2006：36.
　　③　阿维纳什·迪克西特.经济政策的制定：交易成本政治学的视角[M].刘元春，译.北京：中国人民大学出版社，2004：44-45.

　　一是承诺。在政治市场中,承诺的不可靠性会增加政治交易成本。因此,需要制定一个可信的能起到预期效果的承诺机制,这种承诺规定了在未来偶然事件中所要采取的确切行为,"承诺的机制可能是交易成本政治学在理论分析和现实中讨论最多的话题。当然,如果一个承诺要起到预期的效果,它必须是可信的。相应地,一个承诺要具有可信性,它必须:(1)事前十分清晰并可观测,(2)事后不可逆转"①。但是在实践中,可信性并不是要么完全可信,要么完全不可信。可信性具有不同的度,每一个承诺机制的成功程度取决于它所达到的可信度。交易成本政治学指出,承诺本身也会带来成本,因为承诺牺牲了灵活性,为此需要在承诺与灵活性之间寻找平衡。"承诺与灵活性之间的这种冲突在原则上可由政府向某种规则进行承诺来解决,但该规则不是无条件的规则,而是对如何对偶发事件做出反应也进行了详细规定的规则。"②如果在实践中这些规则因为太复杂而变得没有用,将会降低政府对某种规则承诺的价值,因此实践中的规则必须很简单,在一些情况下也可以是无条件的。"确实存在着把简单性与承诺和灵活性的一些优点结合起来的折中方法。那就是,有时利用无条件的规则,有时保持灵活性,并界定相机性的临界值。在这种相机状态下,政策将从一种体制转向另一种体制。"③例如,如果一个国家由于存在生产力的随机冲击,其均衡实际汇率相对于其他国家来说是不断波动的,并且该国政府有控制非预期性通货膨胀的意图。对一个名义汇率的承诺就可以解决后者,但调节前者就需要有一定的灵活性。只要实际汇率偏离均衡水平不是太远,承诺就更为重要。但是如果出现了严重的非均衡,灵活性就更为重要了,承诺性体制就应该转向灵活性体制。

　　二是激励。在政治市场上,代理人(政府当局、政策制定者和行政部门)与委托人(投票者、游说者、政客)相比有更大的信息优势。信息不对称会引起许多的扭曲,提高政治过程的交易成本。由于信息不对称和竞争不充分,政治过程容易出现代理人的道德风险和逆向选择问题,其中交易的一方不知道另一方的情况,如技能与偏好(逆向选择),也不知道另一方的行动,如努力程度(道德风险)。"政治过程和制度之所以对代理人问题总是处理不好,其原因就是激励不足。"④解决的办法是设计一个合理的激励机制,控制政治代理人的行为偏差,使政治代

---

　　① 阿维纳什·迪克西特.经济政策的制定:交易成本政治学的视角[M].刘元春,译.北京:中国人民大学出版社,2004:45.

　　② 阿维纳什·迪克西特.经济政策的制定:交易成本政治学的视角[M].刘元春,译.北京:中国人民大学出版社,2004:48.

　　③ 阿维纳什·迪克西特.经济政策的制定:交易成本政治学的视角[M].刘元春,译.北京:中国人民大学出版社,2004:48.

　　④ 阿维纳什·迪克西特.经济政策的制定:交易成本政治学的视角[M].刘元春,译.北京:中国人民大学出版社,2004:68.

理人的行为至少部分按照有利于政治委托人的方向进行调整。就逆向选择而言，要使代理人能够真实地公开其掌握的信息，就必须向代理人提供足够份额的租金。如果信息是连续的变量，例如代理人的技能水平，那么必须建立租金与信息之间的联系，以提供正确的边际激励，促进所需信息的公开化。就道德风险而言，需要平衡风险与激励，为了获得完全信息而给予代理人的租金，应当将适度的投入与风险承担联系在一起。只有当代理人使其努力达到一定的水平，即当投入的边际收入等于边际成本的水平时，作为对代理人投入的回报，应给予代理人一定的租金，促进代理人采取措施直接或间接地告知其信息。激励机制的建立会增加一种新的交易成本，但是如果激励是有效的话，委托人会得到比这种交易成本更大的收益。

三是透明度。透明度"是一种制度，它包含了若干程序，经由这些程序可以确信，政府的行为是以公开、公正的方式行使的"。[①] 迪克西特说："透明度一般被视为政策制定中的良好因素。透明度越大，信息就越精确，也越具有对称性，因此能减少交易成本，甚至使一些交易成本消失。"[②]因为信息不对称是产生代理人机会主义行为的一个重要因素。建立良好的信息透明度机制，使委托人在信息方面有更多的知情权，对消除代理人的机会主义行为有很大的帮助。不断增加的透明度可以使民众很容易区分政治过程的机会主义或随机因素，将有利于选民控制和管理选举获胜的政治家，迫使政治家更加努力地按照选民的利益行事，选民也对政治家有更多的信任。交易成本政治学阐明了增加政治信息透明度的选择：确立信息"以公开为原则，以不公开为例外"的立场；建立定期信息发布制度；明确信息公开的范围、程序、方式、期限；规范信息不公开的判断标准、决定主体、范围、期限等；公告政府政策执行的具体措施；增进政府与民众之间的关系……在此基础上，交易成本政治学提出了衡量一个国家政治透明度的指标体系[③]。政治透明既有收益也有成本，但是"披露信息的总收益必定会大于保密的总收益，从长远利益看，披露信息是政府的最优选择"。[④]

四是授权。每个国家的政府都要处理大量的问题，每个问题都非常复杂，因此让一个决策者对所有的事情进行决策是不可能的，问题的多样性和问题的复

---

① SCHOONER S L.Desiderata：objectives for a system of government contract law[J]. Public procurement law review，2002(11)：103，105.

② 阿维纳什·迪克西特.经济政策的制定：交易成本政治学的视角[M].刘元春，译.北京：中国人民大学出版社，2004：76.

③ EIJFFINGER S，GERAATS P M.How transparent are central banks？[J].European journal of political economy，2002(4).

④ 申亮.基于博弈理论的财政透明度问题研究[J].地方财政研究，2008(8).

杂性,使决策的授权变得非常重要。"真正的授权反映了所有政府的特征"①,把决策权授予具有不同偏好的决策者,在作出集体选择时,这种情况不仅是普遍存在的,而且可能还是集体决策的内在本质。合理的授权能够降低政治交易成本,提高政府政策制定者履行承诺的能力,因为在时间不一致性的世界里,事先对自然界或突发事件的每一种状态都具体化是不可能的,合理的授权通过赋予不同的政策制定者选择政策的自由度,不仅改变了政策制定者对未来的预期,而且为解决复杂的多样性问题提供了更好的办法。由于被授权者也可能会滥用权力,对于授权者来说,为了保证被授权者不至于滥用职权或偏离原定的目标取向,必须先建立有效的监控机制。在授权后的监督检查中,如果发现被授权者的行为已经偏离了预定计划,甚至已经造成了损失,任其下去有可能带来更大的损失,这时应考虑终止授权,在已成事实的前提下,谋求可能得到的最合适的结果。

五是信誉。信誉是一个社会经济、文化、历史综合作用的产物。信誉的形成、维持和消亡取决于重复博弈、不完全信息等,也取决于特定社会的文化道德观念和历史传统。信誉一旦建立起来,对一个社会来说就成了一种有价值的社会资本。"信誉是社会系统赖以运行的主要润滑剂,它非常有效,它省去了许多麻烦,使人们可以对他人的话给予一定的信赖。信誉及类似的价值观,忠诚,讲真话等等,都是商品,它们具有真正实际的经济价值,它们提高制度的运行效率,从而使人们能够生产更多的产品或任何人们所重视的东西。"②信誉因此具有增加交易机会、降低交易成本、保证交易顺利进行的重要作用。建立信誉也是降低政治交易成本的一种制度安排。由于信誉缺失是伴随着交易过程发生的,短期利益的诱惑、长期利益的不可预见性和风险成本的增加是导致信誉缺失的重要原因。政治市场中的代理人虽然面临着严格的制度约束,但是由于冗长的委托代理链条和不完全契约(合同),代理人的行为可能导致公共组织比私人组织发生更加严重的信誉危机。许多情况下,严格的法律制裁可以使人们更讲信誉,形成一种制度信任。这也是司法制度健全的国家政治代理人注重信誉的重要原因。因为失信惩罚机制能够消除绝大部分失信现象,道德知识的存量及其流量和现存的制度安排也是决定信誉供给的主要因素。现在的信誉水平是在以前道德水平的基础上循序渐进形成的。在其他条件相同的情况下,现存制度安排也会决定信誉的供给,因此,为了增加信誉供给,把某些和信誉有关的道德准则上升为正规制度安排。此外,也可以从适当弥补信誉行为的个人成本或适当提高

---

① 阿伦·德雷泽.宏观经济学中的政治经济学[M].杜两省,史永东,等译.北京:经济科学出版社,2003:133.

② ARROW K J.Limited knowledge and economic analysis[J].The American economic review,1974(1):1-10.

信誉行为的收益方面来构造信誉行为的价格结构增加信誉供给。

3.3 私人选择与公共选择

政治市场中的参与者与经济市场上的参与者一样,都被看作是理性经济人。当他们在面临若干不同的选择机会时,总是倾向于选择能给自己带来更大经济利益的那种机会。换句话说,人是理性的利己主义者。一方面,任何人,不论他是购买商品的消费者,还是提供商品的生产者,或者是某一政治团体的领袖,他的行为动机都是自利的,时刻关心的是他个人的利益;另一方面,在行动上,他又是理性的,能够充分地利用他所能得到的、关于所处环境的信息,诸如价格、品质等,来实现最大化自身利益。人们不会因为占有一个总经理的位置或拥有一个部长头衔,人性就发生变化。人们在需要作出经济决策和政治决策时的反应,在本质上是一致的,总是趋利避害的,但是政治市场中的公共选择和经济上以个人为基础的私人选择还是有区别的:

第一,私人选择是要通过市场过程选择资源在私人物品间的配置。在市场过程中,消费者根据自己的偏好和收入状况,按市场程序用货币选票决定自己所需要的私人物品量;公共选择是通过政治过程决定资源在公共物品间的配置。在政治过程中,作为投票人和选民的消费者,按政治程序投票决定公共物品的产量,要么是直接决定,要么是选出代表代为决定。

第二,私人选择基本上遵循自愿交换的原则。消费者所消费的物品量恰好是他所需要的,每个人都能得其所愿而不必少数服从多数;在政治过程中,公共选择带有一定的强制性,消费者或者投票人要遵循少数服从多数的原则,接受他们不喜欢的公共物品、支付他们不愿支付的税收,大家都一致消费同量的公共物品。其结果是,或者他所消费的一揽子公共物品中有些是他所乐意的,有些则是不乐意的,或者他所消费的公共物品与其需要相比或多或少。

第三,在私人选择中,消费者以支出价格来决定所需私人物品的总量,并以此弥补商品的生产费用。各商品的消费—支出关系是一一对应的,个人选择与结果有直接联系,选择直接影响个人效用而不是他人效用;在公共选择中,公共物品的产量通过投票决定,生产费用由投票人缴纳税收弥补,个人税收支付与单个公共物品的消费,不存在一一对应关系,个人选择与结果没有直接联系,不能直接影响个人与他人的效用,而是与他人一起组成公共选择共同决定结果,这里存在的是总税收与总公共开支即一揽子公共物品间的整体联系。

第四,在私人选择中,居民户为需方,厂商为供方,各经济单位之间存在竞争,竞争与市场机制促使厂商去满足消费者,实现社会利益;在公共选择中,需方为投票人,包括居民户与厂商,供方则是政府机构,各方由类似于竞争的民主联系在一起,民主中的竞选促使政府努力服务于投票人。但由于市场过程与政治过程都存在着不完全性,私人选择和公共选择都有缺陷,致使消费者和投票人的利益得不到满足。

3.4 公共选择的规则

公共选择都是在一定的决策规则的制约下进行的,如果没有这些规则,民主政治活动将会出现混乱情况。而且在政治市场的选择中,决策规则还是个人偏好与集体选择结果之间的桥梁。布坎南认为,就公共物品而言,生产什么,生产多少,消费者和选民们是有着不同意愿的。这些不同的意愿只有通过一定的政治程序才能得到协调,而投票就是达到这种协调的有效方法。投票都是按照某种特定的规则进行的,通过投票可以有效地并公平地表达选民对公共物品的真实意愿或偏好,从而实现对公共物品的最佳选择。但不同的投票规则对集体选择的结果和个人偏好的满足程度会有不同的影响。在理论上,政治学家和经济学家提出了许多可供选择的投票规则:

1. 全体一致规则

它是指在民主政治活动中,所有集体行动方案只有在所有参与者都同意,或者至少没有任何一个人反对的前提下才能实现的一种表决方式。

一致同意规则有利也有弊,它的特点可以归结为五个方面:(1)由该规则得出的集体行动方案能实现帕累托最优状态,即按此规则能使每个人的偏好达到最大限度的满足,而不会使任何一个人的福利受损。这项规则甚至被认为是肯定导向符合帕累托标准的公共物品量的税收份额的唯一投票准则。(2)在此规则下,所有参与者的权利,能够得到绝对平等的保障。因为它体现了参与者之间的自愿性与契约性。任何一个人或集体都不能把自己的意志强加于别人。所有决策都反映了所有参与者的真实愿望。(3)该规则可以避免搭便车行为。因为在这一规则下,每个参与者都会意识到,自己的行为不仅会影响到与此相关的其他社会成员的行为,还直接关系到集体行动方案能否进行的问题。假如某项集体决策方案能够使部分成员不付任何代价地从中获益,那么这项决策将会因损害了其他成员的利益而被最终否决。因而在这种决策规则下,不容许有搭便车者。(4)该项规则决策的成本偏高。由于选择的偏好千差万别,对某一项议案很难做到万众一心,要想使它获得全体一致的赞同,需要花大量的人力、物力去做争取工作。(5)此项规则可能引起威胁、恐吓。一些人为了使方案通过,很可能采取诱骗,以至于威胁、恐吓不赞成者,迫使他们投赞成票。此外,这项规则只适合于人数较少而且是个人偏好比较一致的场合。

2. 多数投票规则

它是指在民主政治活动中,一项集体行动方案,必须由所有参与者中超过半数或半数以上的认可才可实施的一种表决方式。

多数投票规则又可分为简单多数规则(即赞成票超过投票人的 1/2 以上者)和比例多数规则(即赞成票必须达到一个相当大的比例以上如 2/3 或 4/5 等才算通过)两种。多数投票规则的主要特点:(1)在此规则下,一项决策通过与否,取决于能否得到某一多数比例的参与者的支持,因此,最终的集体决策结果所体现的只是参与者中属于多数派的利益,属于少数派参与者的利益则被忽略了。最终决策的实施,将使多数派成员的福利达到改善,而少数派成员的福利则可能受到损害。可见在该规则下的集体决策结果通常不符合帕累托最优状态。(2)多数投票选择出的每一项集体行动方案都具有内在强制性,因为最终的集体决策是按多数派成员的意愿决定的,而决策结果又要求全体成员服从,这就意味着,多数派成员无形中将自身的意愿,强加给了那些投票选择遭到否决的少数派成员。(3)由于单个参与者的选择行为在多数投票规则下具有可忽略性,它无形中助长了选民不重视选举权的行为。有人可能会这样想:"既然我的选票对最后的结果几乎没有什么影响,那我何必劳神费力去投票呢。"当许多人都这么想这么做时,便会出现一种危险倾向:决策(选举)的结果为利益集团所操纵。(4)该规则的决策成本较低,因而使公共物品比较容易产生出来。但与此同时,单个选民会预期到集体行动将给他带来高昂的外在成本。因为集体决策的结果与他自身的偏好差异较大,从而使多数投票规则强加给他的外在成本增加了。而且,采用这种规则使最终的选择结果可能不是唯一的,而是完全依赖于投票过程的次序,不同的投票次序会导致不同的集体选择结果,即社会成员可以作出前后不一致的或相互矛盾的决策。这种现象被称作"周期多数"或"投票反论"。(5)此项规则能够避免集体决策中参与者之间的策略行为或讨价还价行为。由于单个选民所掌握的选票在这样的决策规则下,对集体决策的最终结果不一定起决定性的作用,于是,当单个选民意识到他的选择并不能对集体决策构成障碍时,讨价还价也就没有丝毫意义了。

3. 加权投票规则

它是为了适应所谓"利益差别"而提出来的一项选择规则。这种规则的主要特点:根据利益差别,将参与成员进行重要性程度分类,然后凭借这种分类分配票数,相对重要者,拥有的票数较多,否则就较少。例如,世界银行就是按照各国提供财政援助份额的不同而分配不同比例的选票的。提供财政援助多的国家,得到的选票就较多,发言权也就较大。采取此项规则主要是承认参与个体的差别,加权投票规则在实际中应用较普遍。欧共体就曾采用过这一规则。英国、法国、原联邦德国、意大利各持 10 票,比利时与荷兰各持 5 票,丹麦和爱尔兰分别拥有 3 票,卢森堡拥有 1 票。这时总票数就不是 9 票而有 57 票。一项议案的通过,如果采用 2/3 多数规则,所需的赞成票数将至少为 38 票;如果进一步限制赞成国数量,要求同时有至少 2/3 的国家投赞成票,那么一项议案的通过就必须同时具备 6 国赞成,而且总票数不低于 38 票两个条件了。

4. 否决投票规则

否决投票规则首先让参与投票的每个成员提出自己认为可供选择的一整套建议或行动方案,汇总之后每个成员再从汇总的方案中否决掉自己最不喜欢的那些方案,此时各个成员投票的次序可以随意确定,而最后剩下的未被否决掉的方案就成为全体成员可以接受的集体选择结果。这种规则的主要特点是比较有利于参与成员之间的沟通和各成员真实意愿的表达。因为这种投票规则使每个参与者都有机会表达自己的偏好情况,同时又有权否决对自己最不利的方案,故而参与者都会有这样的意识:最好不提出被其他成员强烈反对的方案,甚至还会积极考虑其他成员的利益。

但是这种规则的缺点也是显而易见的:否决投票规则实施的可行性,要求所有参与集体行动的个体,在利益与兴趣上有某种共同性。当所有参与集体行动的个体,在利益与兴趣上存在着较大的冲突时,实行这种规则就很难作出最终决策。因为所有供选方案可能最终被全部否决掉,从而无法作出集体决策。此外,随着参与投票的人数增多,参与的积极性也会下降。而且,这种投票规则也容易受到联盟的损害。例如,在三个人参加的投票活动中,如果其中两个人达成协议,那么这两个人可以提出相同的提案,而那个被排斥的成员只能对提案中的一个投否决票,因而另一个提案将获胜。

5. 需求显示法

它不要求选民在各种方案的取舍中以赞成或反对的方式来进行表决,而是要求选民说明在其他条件相同的情况下,他准备付出多少代价以保证他所在的集体选择他喜欢的,而不是他拒绝的解决方案。然后再把所有选民的回答汇总起来,最后得出一个能获得最大总收益的解决方案。我们用一个例子来说明需求显示法的含义与使用过程。

假定有王、张、李三个人,被要求在 A、B、C 三个方案中选取一个作为集体行动方案。这三个方案可能是对应于某种公共物品的三种不同的供给数量。需求显示法按如下步骤进行:

第一步,让这三个人分别说出,若三个方案付诸实施,每一个方案所能给他带来的收益折合成货币值多少。假设王认为 A、B、C 三个方案对于他分别值 30元、10 元、5 元,李对应的为 10 元、40 元、20 元,张为 25 元、5 元、10 元。

第二步,加总各方案的价值量,所得到的合计值称为各方案的社会价值。在这里,A、B、C 三个方案的社会价值分别为 65 元、55 元及 35 元。A 方案对应于最高的社会价值额,因而我们可以认为它是对社会最有利的。于是,集体决策结果是 A 方案。

第三步,比较某个选民弃权时集体选择结果的变化,并根据该选民的参与对最终结果的影响程度,计算出每个参与者所应支付的税收款。具体计算方法:首先,计算出只有其他人参与时各方案的社会价值,并由此找出最大社会价值所对应的方案;其次,加进所考虑的选民的货币选举结果,如果这时最终的集体方案并不因他的加入而发生改变,那么,他的税款为零。如果由于他的加入,集体选择结果发生了变化,那么,比较他加入前后两个集体选择结果所对应的社会价值额,两者之差即为该选民所应支付的税款。请注意,这一税款通常并不等于他所声称的该方案对他的价值。

在上述例子中,当王没有参加时,李、张二人所确定的集体行动方案不是 A 而是 B,此时 B 的社会价值为 40＋5＝45 元;而当王加入时,集体行动方案变为 A,A 的社会价值额为 65 元。这两者之差 20 元即为王应支付的税款。对于李,无论他是否参加,集体行动方案都是 A,因此李应支付的税额为 0。类似地计算出张应支付的税款为 15 元。这时三人应支付的税款总额为 35 元。

第四步,根据实施集体行动方案所实际需要的成本,比如建一盏路灯或办一所幼儿园的实际成本,来确定每一个参与者实际应支付的税款。

需求显示法的优点被认为主要是表现在两个方面:(1)由于促使选民能够真实地显示自己的偏好,解决了公共选择中选民往往隐瞒自己的真实意愿与偏好的难题,从而使投票者选择的公共物品的数量与质量,最大限度地接近投票者的实际偏好结构,因而它将极大地提高制定集体决策的社会效率,同时为公共选择的最大民主化提供了良好的基础。(2)政府通过这种需求显示法,还可以将税收获得的净收益在每个人之间进行分配,结果每个人的状况都比以前更好。这种方法的缺点则表现在具体实施中的困难。因为对于各项实际费用的测量,需要经过一个较为复杂的计算过程才能确定,特别是当参与集体选择的人数较多时。

以上五种投票规则都有其优势和劣势,因此,就产生了规则的选择问题。一般地说,不同程度的政治活动最终采用的决策规则,取决于参与者对可供选择规则所带来的成本与收益之间的权衡。因此,布坎南认为,分析最优规则的选择,必须从成本与收益的角度入手,而对于成本的分析更显重要。

布坎南指出,集体决策规则的选择也带有公共的性质,因为某种特定规则一旦被选中,它将适用于政治活动的所有参加者。集体决策规则的选择活动是一个众多人参加并相互发生作用的过程,每一个参与者在此过程中都将面临两种性质不同的成本,即外在成本和决策成本。这两种成本之和构成社会相互依赖成本。作为理性选择的个人,当他面临规则的选择时,其目标就是要将这种互相依赖成本尽可能地降为最小。

所谓外在成本,是指在规则的选择中,其他人的行动使单个参与者预期个人将要承担的成本。外在成本函数则表示,外在成本与采取集体行动所需要的人数之间的关系。用数学公式表示为:

$$C_i = f(Na)$$

其中，$i = 1, 2, 3, \cdots, N$；$Na \leqslant N_0$；C_i 表示由于其他人的行动而使第 i 个人所承担的预期外在成本的价值；Na 表示采取最终的集体行动之前需要同意的人数；N_0 表示参与集体活动的总人数。

在布坎南看来，外在成本函数是个减函数，即随着需要同意的人数(i)的增加，第$(i+1)$个人预期的外在成本将不断下降。例如，当所需要的赞同人数为1，即当集体决策被某一特定成员所独揽时，由于独裁者将按自己的意愿作出抉择，而这种意愿很可能将与其他参与者的爱好相异，其余参与者将预期到他们所面临的外在成本值最高。反之，当所需要赞同人数等于总的参与人数，即当集体决策按全体一致规则制定时，任何参与个体都不需要承担由于其他人行动而强加给自己的成本负担，故外在成本值为零。

决策成本则是指单个参与者为了获得集体行动所需要同意的人数而耗费的时间和努力。决策成本函数表示决策成本与采取集体行动所需要同意的人数之间的关系。该函数用数学公式可表示为：

$$D_i = f(Na)$$

其中，$i = 1, 2, 3, \cdots, N$；$Na \leqslant N_0$；D_i 表示第 i 个人参与集体决策活动时所承担的预期决策成本的现值；Na 表示采取集体行动所需要同意的人数；N_0 表示参与集体活动的总人数。

在布坎南看来，决策成本函数是一个递增函数，即随着所需要同意的人数(i)的增加，第$(i+1)$个人所承担的预期决策成本的现值将不断上升，并且以一个递增的比率上升。例如，当集体决策只需要一个人作出时，此时的集体决策等于他个人的决策，因而决策成本极小，近似于零；反之，当集体决策需要全体一致同意时，由于每个参与者的偏好对最终的集体决策结果都起着决定性的作用，此时的集体决策耗费最大，成本最高。

由此看来，外在成本与决策成本的大小，都是与集体行动得以采取之前所需要的人数密切相关，那么，对于完全理性的单个参与者而言，最优的集体决策规则，应该是使他所承担的预期成本的现值或相互依赖成本（外在成本＋决策成本）的现值达到最小时所选择的规则。

3.5 公共选择的主体

公共选择的主体包括选民、政治家和官僚等。在民主社会中，政府的权力是选民所赋予的，选民的行为对政治决策过程显然有着重要的影响。按经济人的假定，选民的行为会具有怎样的特点呢？

3.5.1 选民

在政治市场上,作为经济人的选民,他的选择行为由四部分组成:(1)目标。目标有两个:一个是参与投票者个体的追求目标,也就是极大化自身利益;另一个是他所在团体的利益,这种团体可以小到一个班组,也可以大到一个国家甚至整个世界。此时选民的自利特性决定了他会选择自己最喜欢的方案或候选人,这里最喜欢是指对选民个体最有利,在此基础上,这个方案或候选人对选民个体所理解的团体利益最有利。当这两个目标不一致时,优先满足个人的利益,这与我们常说的"先国家,再集体,后个人"完全相反。(2)备选方案。即有多大的选择余地,具体地说就是有几个候选方案(人)可供选民选择。(3)约束。包括来自个体的约束和来自集体的约束。来自集体的约束,是指公共选择的对象通常是公共物品或公共服务的供给方式与规模,而它们的供给是需要费用的。例如,多办公立大学可以满足更多人深造的要求,但是需要有足够的经费聘请合格的教师、兴建校舍、购买设备等。这不仅受国家的经济状况制约,还受政治主体的经济状况制约。因为在民主政体下,国家的开支是通过税收来解决的。来自个体的约束,则指个人偏好与支付税收能力大小而形成的约束。(4)选举规则与程序。公共选择是依据特定的选举规则与程序进行的。选举规则就是前面已经讨论了的公共选择规则,即全体一致规则、多数投票规则、加权投票规则、否决投票规则和需求显示法。选举程序有直选、代议等。如果公共选择是由所有相关个体直接参与的,就称为直选(如工厂中全体职工参加的民主选举厂长);如果整个选举过程是由一系列分级投票过程产生的,就称为代议制(如我国的人民代表选举程序)。作为选民的个人决策,就是在给定的选举规则与程序下,依据自己对约束的理解,选择那种能给自己带来最大满足程度的方案(人)。

以下三个主要因素,直接影响个人选择行为所导致的集体决策的效果。(1)信息不完备问题。在公共选择中,选民通常并不能准确了解被选择者(政治家)的个人情况,如实际能力、当选后将要采取的政策及其效果,特别是对选民自身利益的影响,而只能通过大众传播渠道来了解,但是这种候选人介绍具有明显的宣传色彩甚至带有欺骗性。信息不完备还表现在选民要获得有关部门候选人的真实信息不仅困难,而且有时是办不到的,因为随着环境条件的变化,政治家追求自身利益最大化的方式也会随之变化,当选前后政治家的行为往往是不一致的。因此,选民个人没有主动了解、获得这方面信息的积极性。(2)所获得收益的公共性。当选者提供的公共服务通常具有典型的公共物品的特点,所造成的损失一般来说对于选民是间接的,而且选民感到损失是由大家分担的,对于个人的影响不大,因而没有多少激励去显示自己对所受损失的反感性。另外,因为一般经济人具有厌恶风险、短视等特点,他们对于近期利益的兴趣大于远期利益,所以在选择上较为保守。例如,假设某纸品厂福利待遇不错,厂长换届选举时有两个候选人 A 与 B。B 预测在两三年内,该厂面临的纸巾市场供求将趋于饱和,生产纸杯更有利可图,但纸杯的工艺较为复杂,需要先投资建一条生产线、培训职工等,一年之后才能获利。而 A 则保证在任期内使职工的奖金收入继续增长。相对来说,B 可能会给职工带来长期的、更大的收益,但是绝大多数职工也许会因为害怕承担风险,不愿损失近期利益,而仍然选择 A 厂长。(3)选择结果的强制性。由于多数制的实行,不需要达到一致同意,一部分投票者将被迫接受多数人的选择,即使这种选择是自己投票反对的。另外,由于政治家们竞选时的允诺与当选后的行动不一,许多选民被迫接受当选政治家的某些不令人愉快的政策结果。

政治市场中的这三个因素使得:一方面,选民充分了解有关候选方案(人)的信息成本很高,有时甚至是不可能的;另一方面,选民的个人选择结果具有不确定性,因为它可能最终与多数选民的选择不一致而被否决,而且公共选择结果的收益与损失具有公共性,前者对应于成本,后者对应于可能获得的收益,成本与收益比较的结果,精明的经济人会对投票采取不重视态度,也没有积极性去表达自己的真实愿望。这无形中就为有组织的利益集团打开了方便之门,利益集团可以施加短期或廉价的恩惠与诺言来引诱、收买选民,使之按利益集团的愿望选择候选方案(人)。由此可见,真正民主的实现,不仅要限制利益集团各种形式的垄断地位,以及对选举过程的不公正干预,辅之以公正的宣传舆论监督,同时也必须建立起一定的激励机制,增强选民重视自己选举权的意识,并积极表达自己的真实愿望。

总之,在政治市场上,公共选择中的选民是利己主义的,他要在慎重权衡损益的基础上决定是否参与政治活动,是否投票;与此同时,他又缺乏有关政治过程以及有关候选方案(人)的详尽信息。正是在这个意义上,选民被安东尼·唐斯(Anthony Downs)描述成"理性而无知"。唐斯指出,对于选民而言,投票要依据自己所掌握的有关候选人的信息,至于是否收集信息,是否投票,那就取决于预期从这些活动中能获取的收益与付出的代价。若收益大于成本,那就收集信息、投票,反之则不参与这类政治活动。付出的代价包括收集信息、出门投票需耗费的时间与精力;预期收益主要指自己最支持的政党或候选人与另外的政党或候选人带给自己的净获益上的差别,即对政党差别的估价。此外,预期收益还包括参与政治活动时附带的好处,如与人相处、交谈时的愉悦。显然成本是明显的,而预期收益则是潜在的。预期收益的计算要考虑到自己的一票能起决定性作用的概率。例如,对应总统选举而言,如果两个候选人在所有选区上势均力敌,只剩下一个选区决定胜负,而这个选区正好是选民自己所在之选区,不仅如此,在这一关键性选区中,除自己的一票以外,两个候选人又是平分秋色。只有在这种情况下,自己的这一票才能一票定乾坤,投向哪位候选人,哪位候选人就在这一选区内以一票之差获胜,进而在全国以一个选区的优势获胜。由此可见,某选民的一票能起决定性作用的概率是相当低的,在选区与选民极多时这种概率就近乎零了,因此收集信息、出门投票的预期获益也极低,远远低于付出的代价,原因仅仅在于自己的选票不能左右结果。

3.5.2 政治家

政治家指经选举产生的从政者,如议员、总统等。按照经济人的假定,政治家的行为是利己主义的,但也不排除利他主义因素的存在。受利己主义的驱使,政治家的目的是当选或连任,为此他们要争取尽可能多的选票。为争取选票,他们必须和大多数选民在立场上保持一致,制定或实行一个反映大多数人意愿的政策。就此而论,唐斯认为,他们只是为了赢得选举而制定政策,而不是为了制定政策而赢得选举。这就是所谓纯粹的政治家。与此同时,也存在着另一种有理想的政治家,他们追求一种政治信念,受一定道德观左右,他们为了制定与执行政策以实现理想而参与政治,赢得选举,因而在他们的政治纲领中,公共物品内容是政治家认为公众应该得到的。此外,还有第三类政治家,他们追求权力、地位、金钱和名望。当然,更多的政治家介于三者之间,他们主要的目的是争取选票力争当选,同时也关心公众利益,同情穷者,注重声望,聚敛财富。

对于纯粹的政治家而言,他们完全类同于企业家:政治家争取选票正如企业家追求利润;政治家制定政策进行立法,正如企业家生产产品;政治家不是为了政策自身而制定政策,也正如企业家不是为了产品本身而生产产品。

如同市场活动一样,政治活动也存在竞争。政治竞争将促使政治家考虑自己的行为对选举前途的影响,从而反映公众意愿,而不能一味按照自己的想法执政。因此,政治竞争会促使利己主义的政治家在公共决策中作出利他主义举动,同时,也使一个有理想的政治家出于选举的考虑作出政治决策。但是,同市场竞争一样,政治竞争也是不完全的。巨额的竞选费用、政治捐款表明,进入政治市场的障碍极大,阻碍了政治竞争。由于竞争的不完全,政治家享有一定的垄断权力,从而可以为自己或自己所代表的利益集团谋取私利,这就牺牲了一般选民的利益。政治家并不总是支持多数人的观点,因为政治竞争的不完全使他们可以从强有力的少数集团手中比从松散的大多数选民手中获取更多的选票,尤其是在选民是理性无知的时候更是如此。因而,在政治竞争不完全时,结果往往是当选政治家、任命官员与特殊利益集团形成一个铁三角,联合起来操纵立法,使之有利于少数特殊利益集团,而政治家和官员从中取得各种形式的回报,受到损害的则是普通的分散的选民。现代公共选择学中的寻租理论,最详尽地描述了这个问题。这种情况与市场过程中的垄断者通过减少消费者剩余而增加垄断利润是完全类似的。政治竞争不完全的后果是导致收入与财富向有利于少数人方向进行再分配，同时也可能降低资源配置效率。

政治家应选民之请提供的主要是公共物品，其生产资金在弗洛里奇看来主要有四个来源：自愿政治捐款、生产要素所有者的付酬、税收和勒索。其中生产要素所有者向政治家付酬，是为了获得生产公共物品的合同。但是这一理论受到里弗的批评，后来又由弗洛里奇与奥本海默做了重大修改。批判指出，勒索是经不起推敲的。如果公民可以在税收与勒索间选择，他会选择前者而不是后者；如果他不能选择，则勒索者一定是一个独裁者，因为只有在独裁体制下公民才没有选择的自由，从而赋予独裁者勒索的权力；既是独裁者，他也就没有必要提供公共物品以满足人民的愿望。政治捐款也站不住脚，除非他们心地善良，或者他们能获得更多，否则是不会捐款的；即使他们心地善良或能获益更多，他也不一定要捐款给政治家提供公共物品，而会自己直接生产公共物品。倒是税收与生产要素所有者的支付，是公共物品生产的通常来源。不过就现实中的情形而言，政治捐款还是存在的，只要政治捐款者乐善好施却又不愿或无力弥补全部生产成本，或是政治捐款者想有所获却又无力直接生产，他们就会向政治家捐款，由政治家通过政府提供公共物品。[①]

尽管政治家应选民的要求必须提供公共物品，选民的意愿在多数情形下也是通过政治家来实现的。但是，由于政治家的经济人性质，他们能在多大程度上为选民服务呢？为实现当选或连任的目的，政治家又将如何去满足大多数选民的意愿呢？

首先，在收入政策方面，政治家将更多地倾向于用发行公债来代替税收。增加税收就意味着选民个人收入要减少，一般来说，增税容易引起选民的不满，在公共决策中阻力较大，而发行公债并不需要强制性地减少选民个人的收入，至少在发行时是这样。虽然公债的偿还最终还是依赖税收，但承担这一税收的是未来的选民，还可以通过以新债还旧债的办法将这一负担推移到更远的将来，因此，对现在的选民来说比较容易接受。政治家将倾向于少收税并不是说税收不会增加，也不否认在间接民主体制中，社会的税收负担会达到相当沉重的程度。"少税收"只是相对于支持现有规模的公共支出而言，税收无法满足需要。

其次，在支出政策方面，政治家将倾向于扩大公共支出的规模。这是因为：（1）每一个公共项目都与一定的社会群体的利益相联系，特殊利益集团将通过各种方式来影响政治家，违背他们的意愿将会遭到一批人的反对，从而失去选票。（2）每一个公共项目的管理者（政府官员）都会利用其信息优势来影响政治家的决策，而这些政府官员的行为目标是本部门的规模最大化。（3）公共支出的规模

---

① 文建东.公共选择学派[M].武汉：武汉出版社，1996：66.

越大,政府能干的事就越多,就越能突出本届政府的政绩。上述理由并不意味着政治家会批准所有提出的公共项目,某些项目被否决或压缩是完全有可能的,这里所说的公共支出扩张的倾向主要是指支出规模超过税收收入所能支持的范围。

如果上述政治家行为成为事实的话,那么在实践中将表现为政府支出与公债占国民收入的比例不断上升。因为每一届政府都想少收税多花钱,把还债的问题留给下一届政府去解决,而下一届政府又不情愿用自己的收入去为上一届政府还债,不仅如此,他们还希望进一步扩大支出和债务,以便能有更多的资产去满足当前的公共项目需要。这种趋势的发展将会使社会的公私结构失调,并引发诸如宏观失衡、通货膨胀、经济运行效率下降等许多问题。

为了改变这种状况,在公共选择中就有必要制定约束规则,对政治家的行为进行制约。规则的基点应该包括:它使政治家所做的抉择,能够最有利于他的选择行为影响范围内的一批人的利益,否则,政治家将会受到惩罚。当然,这种规则本身必须明确、合理,在现实中不难成为检验标准。如果含糊不清、模棱两可,不同的人可以有不同的解释,那么规则的可行性就成了问题。此外,还必须建立权力监督和制约体系,约束那些处于权力顶峰、拥有很大的独立决策权的政治家。例如,美国总统就通常会受到四种力量的制约:参议院、众议院、新闻媒介、利益集团。参、众两院具有直接否决总统提案,甚至弹劾总统的权力,因此,参、众两院对总统的制约力很强;新闻媒介的作用主要是监督,向广大选民提供真实信息,增强政治透明度;利益集团的作用则主要以集团的形式体现选民的意志,以弥补选民个体对选举权的不重视。

如果规则和制约体系的力量发挥正常,政治家的行为就有较大可能体现选民的意志,并且他们对自身利益的追求也会尽可能服从对国家利益的追求。这就是说,一种良好的政治制度应该达到这样一种状态:它不否认政治家存在着追求自身利益的动机,但是它能够保证政治家对自身利益追求的结果是实现国家利益,而且这种非自主性的追求效果要大于自主性的追求效果。要实现这种状态,就必须依靠政治市场中"看不见的手"——选举制度的良性运转。

3.5.3 官僚

官僚是参与公共选择的主体之一,通称为政府行政官员或公共雇员,它一般指非经政治选举、经考试进入政府、不受政府更迭影响的政府官员。官僚是公共政策的执行者,由于他们是由选民选出的、公共机构任命的,他们通常并不直接对选民负责,而是首先要对任命他们的公共机构及领导这些机构的政治家负责。政治家和官僚按照政权与治权两权分离的原则实行职能上的分工,这种政权与治权分离的格局使得官僚在处理公共事务中具有相对的独立性。另外,选民作为个人虽不能对官僚的行为产生直接的影响,却可以通过组织利益集团而对官僚施加影响,以便使得官僚在执行公共政策时作出有利于集团利益的安排。由此可见,在现实的公共选择的政治舞台上,除了选民与政治家(政党),还存在着官僚集团这个特殊的政治角色,他们对于公共政策的制定尤其是执行具有十分重大的影响。

传统观点认为,官僚是公众利益的代表者,没有自己的特殊利益,是公正无私的人。公共选择理论则在分析官僚行为动机时,引入经济人的概念,认为官僚也是追求个人利益或效用最大化的经济人,其目标既不是公共利益,也不是机构效率,而是个人效用。因为"当个人由市场中的买者或卖者转变为政治过程的投票者、纳税人、受益者、政治家或官员时,他们的品性不会发生变化"。[1] 他们都会按照成本—收益原则追求最大化效用或利益。作为选民个体,他总是趋向于选择那些预计能给自己带来更大利益的政治家或政治选择方案,同样作为官员个体,他们在政治市场上最大效用:权力、地位、待遇、名誉等而把公共利益放在次要地位。

尼斯坎南(William A. Niskanen)指出,构成官僚个人利益的主要因素有权力、地位、金钱、特权等,具体而言,"可能影响官僚的效用函数的若干变量:工资、岗位津贴、公共声誉、权力、赞助、管理官僚机构的容易程度、进行改革的容易程度"[2]。他通过研究证明,除最后两项,其他所有目标都与官僚所在机构的预算规模呈单调正相关关系。而政府预算规模又与政府权力的大小正相关。即政府预算越大,该机构权力越大,机构负责人地位越高,该机构所控制的社会资源也就越多。因此,为了追求个人的地位、权力和收入,政府官员必然千方百计地追求机构预算的最大化,追求对政府权力的有效控制。

如果说官僚的经济人本性是官僚不顾公共利益追求个人利益的主观原因,那么议会与官僚机构组成的公共物品生产与消费的供需关系所具有的双边垄断性质,则为官僚实现预算最大化愿望、追求私利奠定了坚实的客观基础。所谓双边垄断关系,是指如果将政府政策及提供服务统称为政府提供的公共物品的话,议会作为民选机构,代表了全体选民对公共物品的需求,是公共物品的唯一买家,而官僚机构执行立法的过程就是实际生产公共物品的过程,它是公共物品唯一的提供者(卖家)。因此,议会与官僚机构各自垄断了公共物品的生产和消费,形成相当稳定的双边垄断结构。在这种双边垄断关系中,由于官僚与政治家各

① 詹姆斯·M.布坎南.宪法经济学[M]//刘军宁,等.市场社会与公共秩序.北京:生活·读书·新知三联书店,1996:341.
② 威廉姆·A.尼斯坎南.官僚制与公共经济学[M].王浦劬,译.北京:中国青年出版社,2004:223.

自所掌握的有关公共物品的生产的信息不对称,这种双边垄断关系是不平衡的。这种不平衡直接导致了官僚机构占有决策优势,使官僚们总是能够获得他们所希望的最大预算。因为作为公共物品的唯一供应者,官僚完全了解公共物品真实的生产成本。在与议会就预算(公共物品的需求价格)进行讨价还价的过程中,官僚了解议会的偏好(需求曲线),而议会缺乏手段获取有关生产成本的准确信息,结果是官僚可以提出高于实际生产成本的预算标准,并向议会谎称这一高成本是唯一可行的选择,通常情况下议会在面对官僚提出的"要不要"类似通牒的预算建议方案时,即使心有疑虑,除了接受也别无选择。尼斯坎南的结论可以概括为,官僚机构凭借其对公共物品生产者地位的垄断而实际上获取了在公共决策中的优势,从而使公共物品的生产量相对于社会需要过剩,而且在需求约束下,存在的财政节余由于不能据为己有,只能浪费性使用掉,缺乏生产效率。

尼斯坎南的理论在发表之后既受到修改与发展,也引起了批评甚至是否定。J.米格与 G.布朗代表着前一种倾向。尼斯坎南认为,官僚的效用只来自预算,与财政节余无关。米格与布朗则指出,官僚既看重预算也看重财政节余,能从二者中都获得个人效用。由于预算规模与产出水平有关,官僚的效用取决于产出与财政节余。所以,结论是官僚并非力争最大预算从而生产尽可能多的产量,而是要在最大预算与最大财政节余上谋求平衡,尽量多地争取预算,尽量少地开支成本,从而与尼斯坎南模型相比,公共物品产量要少一些,成本要低一些。

与此同时,尼斯坎南的模型也遭到很多经济学家的批评。第一,预算最大化的假设不现实。P.M.杰克逊等人指出,预算规模的扩大对官僚个人效用既有积极影响也有消极影响。预算规模越大,一方面权限与津贴等也越大,从而效用越大;另一方面它又使机构管理复杂化,在职闲暇减少,从而减少了效用。这表明,追求个人效用的官僚必须争取适度的而不是最大的预算资金。相应地,尼斯坎南模型关于官僚机构产量过多的结论不具一般性,它要取决于预算规模对个人效用正反两种作用的比较。第二,官僚在与主管部门或议会的双边关系中并不具有更多自主权,尽管官僚拥有技术信息优势,议会也会另想办法加强对官僚机构的控制,而不是听之任之。作为公共物品需求方的选民也会力求借助于政治过程,如选举强化议会对官僚机构的管理,以维护自己作为消费者的利益。

总之,尽管学者们对官僚是否把预算最大化作为追求的唯一目标有不同的看法,但是他们都认为,官僚也是追求个人利益(效用)最大化的经济人,如同市场交易中的所有普通人一样,每个参加公共选择的官僚都有自己的动机和愿望,他们都依据自己的偏好和最有利于自己的方式进行活动,就像企业家在经济市场上追求最大利润一样,在政治市场上追求最大的政治利益,如权力、地位、威望等,而不管它们是否符合公共利益。他们的行为基础同样也是建立在成本和收益的比较上的。政治市场与经济市场的主要差别,并非人们所追求的目标不同,而在于人们追求个人利益时所选用的方式不同。

那么,官僚们为什么能够在公共选择的政治市场上追求自身利益最大化呢?早期的公共选择学者指出,这是因为在政府行政部门(即官僚机构)的制度设计中至少存在以下一些缺陷:(1)无产权约束。官僚们花的是大家(纳税人)的钱,从而不必关心费用问题。(2)高度垄断。政府行政部门不像私营企业那样存在市场竞争。(3)无明确的考核指标。私营企业有利润这个硬指标,而政府行政部门则因其产出都是非营利性的而不能使用这个指标。(4)由于公共物品的投入与产出之间并不存在清晰的关系,难以对政府行政部门的"生产活动"进行有效的成本分析。(5)监督困难。这种监督困难首先是因为无明确的考核指标,其次也是因为有关信息被官僚垄断。由此便产生了一种非常反常的结果:在其他条件不变的情况下,私人企业中的个人活动最有可能符合公众利益,而在政府部门工作中的个人却最有可能恣意追求最大化个人利益,不管这些个人利益是否符合公共利益。

公共选择学派指出,制度缺陷是官僚们能够在政治市场上追逐最大化个人利益的内生原因,在现行体制下存在的官僚机构控制弱化问题,则为官僚们在政治市场上追求私利提供了外在条件。由于控制弱化,下属可较随意地追求个人利益而长官难以监督,其原因不外三个:(1)在现行体制下当选政治家或高级长官不能随意解雇或提升其下属,也不能降低下属的职务与工资。在行使这些权限时,长官要颇费斟酌,大受局限,要受到立法和公共关系方面的掣肘。这样就缺乏奖惩机制。即使存在必要的奖惩机制促使下属服从上级旨意,其服从的也不一定是公共利益。(2)长官缺乏必要的信息了解其下属所作所为,离他越远越是如此。(3)虽然长官可通过审计体制检查其属下的表现,但所审计的目标不像私人企业那样是单一的利润,而是多种目标组合,故显得含糊不清且难以评估。

进入 20 世纪 80 年代后,公共选择学派的一些学者探求从新的视角,分析官僚为什么能在政治市场上追求个人利益最大化的问题。麦克卡宾斯、诺尔和温格斯特借用经济学中的委托—代理理论透视民选政治家与官僚之间的关系,用代理人的优势地位来解说官僚之所以能够追求最大化个人利益的成因。他们认为政治家和官僚实际上组成了公共物品生产和消费的委托—代理关系,政治家代表选民成为公共物品生产的委托方,决定公共物品的需求量,而官僚则接受政治家的委托直接代理生产公共物品,无权决定生产的规模和利润水平。根据委托—代理理论,委托—代理双方的权利和义务由双方达成的契约加以规定。这一契约在民选政治家与官僚之间体现为议会立法和行政领导的指令。委托人明确表明自己的利益需求,并承诺代理人实现目标后的报偿方式。代理人除了忠实贯彻执行委托人意愿外别无他求,除非委托人授予其一定的自由裁量权,否则其行动完全受委托人的意志支配。但在现实中,这一委托—代理关系已被扭曲,作为代理人的官僚机构在很大程度上脱离了委托人的控制,根据自我利益需要而自行其是,他们将这种政治家对官僚失控的状况称为"官僚机构的代理松弛"。

另外,根据委托—代理理论,委托—代理双方对生产信息的占有也是不平衡的,代理人由于直接从事具体生产,垄断了相应的生产信息,他可以向委托人虚报生产成本,委托人一般缺乏有效手段控制代理人自行其是的状况。因此,政治家与官僚组成的委托—代理关系也逃避不了这样的必然结局:官僚凭借信息优势而架空了政治家对他的控制,从而肆意追逐个人利益。

从官僚的经济人性质,以及他们在政治市场上追求自身利益最大化的行为中,政府经济学得出了如下的结论:(1)社会中官僚越多,"官僚敛取物"也就有可能增加得越多。因为官僚们有直接的理由和更便利的地位来进行比其他公民阶层更广泛更有效的政治活动,所以政府开支、官僚机构、官僚人数就越可能增加。(2)官僚已经成为现代国家的核心,"官僚国家"时代业已来临。因为民选的政治家只能对政策作出原则的、抽象的决定,政策的解释和执行则完全操纵在官僚手中,而且这种解释往往是发展性的甚至是曲解性的。官僚日益脱离或超越了议会和行政领导的控制,成为独立的准行政、准立法和准司法机构。

官僚的经济人性质不仅危害了代议民主制的基石,而且导致现代政府所固有的许多弊端:第一,官僚无节制地追求最大自身利益的消极后果,是官僚主义盛行,效率低下,不能有效为公众提供公共物品和服务。这主要表现为官僚机构内部存在 X—无效率(X—效率是从某一组织自身而言的,是组织的内部效率),外部存在资源配置无效率。配置效率低下主要起因于官僚机构的垄断性质;X—无效率则起因于公共产出难以从物质形态和价值形态上度量。既然难以度量,也就难以保证提高劳动生产率。

第二,在官僚追求预算最大化的过程中,必然导致政府规模扩大,官僚机构不断扩张,而这种扩张则会带来严重的社会经济问题。这主要表现在:其一,官僚机构的畸形增加不仅会改变整个经济的合理比例,而且政府使用经济资源范围的扩张还会降低整个经济的一般生产力,因为官僚机构使用经济资源的效率通常要比私人部门低。其二,伴随着官僚机构的扩张,官僚势力也会得到进一步的加强。官僚们为了发展使其自身收益的选民,必然会竭尽全力地去提高本部门所提供的物品和服务的需求量,如此一来,不仅会给政府的公共开支施加正面的政治压力,而且公民的正常生活秩序也会受到影响。

第三,政治家与官僚机构组成的公共物品生产的双边垄断关系,决定了政府的公共物品生产必然缺乏效率。由于对信息的垄断,以及其他机构对官僚机构的监督乏力,官僚机构缺乏提高公共物品生产效率的动力,在提供同种物品的条件下,官僚机构的效率低于追求利润的企业。

第四,由于官僚的待遇与其任期直接相关,作为个人利益最大化的追求者,他们只关心眼前利益,偏好高消费、方便快捷的生产过程。官僚机构往往比生产同种公共物品的私人企业使用更多的资本密集型生产技术,其结果是政府机构往往享有现代化水平最高的工作条件。

第五,官僚为了追求个人利益,对委托人的委托任务可采取有选择的、区别的对待方式,即官僚机构以"选择性效率"去完成政治家委派的任务,对于己有利的任务高效率完成,而对于己不利或关系不大者,则拖拉、勉强应付。通过"选择性效率",官僚机构实际上重新编排了政府政策及服务的轻重缓急顺序,而在这种重排过程中,官僚的意志,即代理人的意志,取代委托人而发挥着决定性作用。

第六,官僚的自利行为将导致预算规模越来越大,政府支出越来越多。按尼斯坎南的分析,由于官僚都是预算最大化者,政府预算将大于议会及公民所偏好的公共物品水平。而且官僚机构的垄断权力越大,过度开支的比例就越大。官僚的预算最大化方案之所以能在议会中成功是由公共物品的生产方式特点决定的。就经济学而言,生产者确定产量的方式一般可分为需求约束产量和预算约束产量两种类型。前者指生产者根据消费者的需求确定自己的产品数量,后者则是生产者依据已有预算来确定产品数量。本来,政府公共物品的生产量应是依据社会的需求采取需求约束产量方式,即以销定产,生产者(政府)应该在一定产量的条件下尽量压缩生产成本,节约社会在生产公共物品上的资源消耗。但是,因为政府提供的公共物品的特殊性,它只能以整体而不能以单位价格出售,即议会只能以整笔预算拨付而非单位价格预算方式向官僚机构"订货",因此,政府公共物品的生产实际上变成了预算约束产量的生产方式。而且,由于政府一般都规定,每个机构每年度的预算节余不能由官僚机构据为己有,必须上交国库,这对官僚机构来说,不仅其降低生产成本的努力得不到回报,还会使议会根据降低后的生产成本拨付下一年度的预算,在这种条件下,个人利益最大化的官员,不仅不会主动节约公共物品的生产成本,反而会浪费性开支,最大限度地用尽预算甚至超支。因此,政府预算实际成为公共物品的需求价格,要预算最大化,必然意味着产量最大化,从而公共物品量越来越多,政府在经济活动中所占比重持续上升。

第七,官僚追求个人利益最大化的动机,导致了官僚机构成为利益集团追求私利的工具。一旦官僚机构取代政治家主导公共决策,它必然成为各个利益集团追逐的目标,通过合法的利益诉求和非法的政治交易,少数利益集团最终都会将官僚机构变成它们追求各自私利的工具。官僚机构被利益集团操纵的结果,就是少数特殊利益集团的利益得到不成比例的满足,政府不再是多数的代表,难以对多数负责,社会不公平、非正义的现象难以遏制。

第八,作为追求效用最大化的经济人,官僚为得到更多的预算拨款从而获得更高的薪金、更多的闲暇(通过雇佣更多人浮于事的职员)、更多的津贴(如出席会议的公费旅行)、更多的社交活动等,还可能强使投票者选择更高水平的政府支出方案。因为官僚可以利用提出预算的权力,不是公布所有可能的预算水平让投票者自由选择,而仅仅给出政府官员建议的预算水平让投票者选择,结果选票不得不投向官僚建议的扩大的预算水平。

为了避免公共选择的政府决策中,官僚在政治市场上追求利益(效用)最大化可能造成的种种消极影响,公共部门经济学提出以下相应的治理主张:

其一,建立真正的民主宪章政体,规范宪章设计的原则。布坎南指出,要改善政治,必然要改革规则,政治竞争是在规则结构内进行的。因此,要克服官僚与官僚机构中存在的问题,首先要改变政府官员活动赖以存在的制度结构,建立科学的高效管理体制。这种制度的改进在很大程度上取决于民主宪章政体本身的真正确立,即政府部门工作效率的高低,政治活动过程是否使每个人的价值得到实现,都取决于制约活动程序的宪章规则。因此,要改变目前官僚活动存在的种种问题,就必须改革过时的宪章规则,实行"宪章革命",规范宪章设计的原则。

其二,建立和强化税收与预算约束机制。因为官僚效用在很大程度上取决于预算拨款,而预算拨款又直接来源于税收规模,所以加强对税收和预算拨款的约束,可以有效地遏制公共物品的过量生产和各种浪费现象。这种约束可以从政府建立预算的程序上和数量上两方面入手:前者要求立法机构在批准程序上保持收支平衡,杜绝采用债务和增加货币供应量来提高收入;后者要求政府收支增长直接和国民生产总值增长相联系,不能任意提高税收所占国民生产总值的比例。

其三,成立独立的专家委员会对官僚机构生产公共物品的情况(如投入、产出、生产方式等)进行评审和监控,使之符合选民的利益和要求。例如通过专家委员会对官僚机构的定期审核,可以掌握其成本效率状况,从而决定官僚机构负责人的升迁奖惩,决定预算资金的增减。为了防止专家委员会与官僚机构形成相同利害关系,专家委员会必须随机组成并经常调整。

其四,引入竞争机制,打破官僚机构与议会之间双边垄断的委托—代理关系。如可以设立相同机构提供同种公共物品,从而破除某些官僚机构对某些公共物品的垄断供给,打破官僚机构独家垄断生产该种公共物品的成本信息状况,通过各官僚的竞争性提供同类公共物品,提高公共物品的生产效率。另外,也可以将一些公共物品的供给交给私人企业来承担:公共物品的特性并未决定其生产必须由政府承担,实际上,许多私人机构能更有效地提供公共物品和服务,其全套运行方式与普通的私人物品生产和经营完全一样,从而消除了立法机构与官僚机构双重垄断状况。这样,政府机构作为公共物品生产的组织者和协调者,而非唯一的生产者,这不仅可以提高公共物品的供给效率,也可促使公共机构在与私人机构的竞争中,改进服务质量,提高工作效率。

其五,将成本—收益分析引入政府工作的评价系统,改进官僚机构的内在运行和组织形式,以提高公共物品的质量,降低公共物品的成本。政府机构的运行规则不同于经济市场,政府不以利润最大化为其工作目标,政府提供的公共物品通常不以价格形式出售,依照市场经济规则,追求高额利润是降低成本的主要动力,而不以赢利为目的的政府机构,在向社会提供公共物品时,由于不计成本,政府机构提供公共物品的成本,往往较社会一般成本(私人机构的平均成本)要高得多,从而导致社会资源的浪费。同时,由于政府工作的不计成本,社会成员对政府机构的工作成绩进行评价时,无法精确测量,其敏感度肯定低于市场价格。因此,社会对政府工作进行监督,由于缺乏确切的客观指标而难以实现。改革的途径应当是对政府开支项目进行损益分析,即对每一项目的社会成本与收益进行细致的比较,杜绝政府项目不计成本的习惯做法。

其六,将利润分享机制引进政府,在行政领导层中建立能够发挥个人积极性的制度。为此,应允许官僚机构对节省下来的成本形成的财政节余拥有一定的自主处理权,即将生产公共物品节省下来的部分预算成本返还给官员,以促进其主动提高效率,改进服务。为了防止官员制造虚假节省的可能性,应采取相应的防范方式:让官僚机构直接分享成本节余;对表现好的官员给予事后奖励;对预算盈余,官僚机构实行有限度的自主权等,从而可以解决公共物品过剩的倾向而产生的诸如机构臃肿和贪图高薪等问题。

其七,可以强化各地方政府之间的竞争,降低公共物品的成本并提高公共部门的效率。因为各地方政府的权力一般要受到公民选票和居民在各个地区之间迁移的制约,假如某个地方政府赋税重、效率低、滥用职权,居民就会移向赋税轻、效率高、作风正的政府所辖地区。这样就会促使政府提高效率,减轻赋税,消除浪费。

其八,加强官僚机构的解说责任,优化对官僚机构的外在控制。即强化官僚机构和其长官向立法机关与选民解释已做、正做、将做事情正当性的义务及责任,改变监督方和官僚机构与官僚间存在的信息不对称状况,以便监督方充分掌握有关信息,进行有效的监督。

第 4 章

公共物品与公共服务

公共部门的主要产出为公共物品。公共部门经济学历来十分重视公共物品的研究。这不仅是因为公共物品是市场机制失灵的一个重要领域,政府的资源配置职能主要就是体现在公共物品的提供上,而且市场经济下,政府干预经济所涉及的许多问题,都与公共物品有关。正因为如此,对公共物品的研究,构成了公共部门经济学的一个核心内容。本章从探讨公共需要开始,分析公共物品与私人物品不同的特性,厘清公共物品类别及其供给机制与方式的多样性,公共物品决策过程的政治经济问题,阐明公共物品理论形成的历史沿革。并在此基础上,分析从公共物品到公共服务概念嬗变过程中学科研究视角的转变,分析公共服务合同外包中的交易成本。

4.1 公共需要与公共物品

人类的需要五花八门,但从最终需要来看无非是两大类:一是私人个别需要,二是社会公共需要。在现代市场经济条件下,由市场满足私人个别需要,由政府通过财政满足社会公共需要。相对于私人个别需要而言,公共需要具有以下特点:

第一,社会公共需要是社会公众在生产、生活和工作中的共同需要,它不是普通意义上的人人有份的个人需要或个别需要的数字加总,而是就整个社会而言,为了维持一定的社会生活,为了维持社会再生产的正常进行,也为了维持市场经济的正常秩序,必须由政府集中执行和组织社会职能的需要。

第二,为了满足社会公共需要而提供的社会公共物品,可以无差别地由应当享受的每一个社会成员共同享用,一个或一些社会成员享用这种公共物品,并不排斥其他社会成员享用,而为了满足个人需要或个别需要提供的产品或服务,只能为某个人或某个集体所享用,排除了其他社会成员享用的可能。

第三,社会成员享用为满足社会需要的公共物品,无须付出任何代价,或只支付与提供这些公共物品的所费不对称的少量的费用。满足个人需要或个别需要的产品和服务,必须等价交换,支付等价方可使用。

第四,当存在外部效应时,会发生私人成本和社会成本的偏离、私人收益和社会收益的偏离。因为市场机制不能解决外部效应产生的利益关系,需要政府通过财政渠道来解决,所以为满足社会需要而提供的公共物品一般带有外部效应的特征。

第五,满足社会公共需要的物质手段只能来自社会产品的剩余部分。在社会产品只能满足个人的最基本的生活需要的时候,不可能出现社会公共需要。现代财政征收个人所得税,也要扣除个人及其家属的必需的生活费用。反过来说,并不是剩余产品的全部都能用于满足社会公共需要,如封建社会皇室的需要来自剩余产品,资本主义社会资本家的个人需要是来自剩余产品,社会主义企业留利中的公益金部分,也是来自剩余产品价值。

需要是与供给相对应的,有需要就要有供给。社会需要分为社会公共需要和私人个别需要,那么社会产品和服务也分为公共物品和私人物品,公共物品满足社会公共需要,私人物品满足私人个别需要。早在 1739 年,哲学家休谟就给公共物品下了一个直观的定义:公共物品不会对任何人产生突出的利益,但对整个社会来讲则是必不可少的,因此公共物品的生产必须通过联合行动来实现。1954 年,萨缪尔森在《公共支出的纯理论》一文中,给公共物品下了一个精确的和深入的定义。[①] 他认为,某种私人物品的总消费量等于全部消费者对私人物品消费的总和,用公式表示:

$$X_j = \sum_{i=1} x_j^i \quad (j = 0, \cdots, J)$$

公式中,X 为最终消费品,上标 i 为消费者人数,下标 j 为私人物品投入量,可见 X_j 是最终消费品的 j 项私人物品投入量,显然它应该等于全体消费者的总投入量。而公共物品的消费总量则等于任何一位消费者的消费量,用公式表示:

$$X_k = \sum_{i=1} x_k^i \quad (k = j+1, \cdots, j+k)$$

换句话说,公共物品是指由社会成员均等地消费的物品,每个个人消费这种物品不会导致别人对该物品的消费的减少。为了进一步说明公共物品,经济学家们从三个方面比较了公共物品与私人物品的不同特性:

1. 效用的不可分性

公共物品是向整个社会共同提供的,具有共同受益或联合消费的特点。其效用为整个社会的成员所享有,而不能将其分割为若干部分,分别归属于某些个人或厂商使用,也不能按照谁付款、谁受益的原则,限定为之付款的个人或厂商

---

① SAMUELSON P A. The pure theory of public expenditure[J]. The review of economics and statistics, 1954(4): 387-389.

享用。例如,国防提供的国家安全保障即对一国国内的所有人而不是在个人的基础上提供的。事实上,只要生活在该国境内,任何人都无法拒绝这种服务,也不可能创造一种市场将为之付款的人和拒绝为之付款的人区别开来。所以,国防被认为是公共物品的一个典型例子。相比之下,私人物品的效用则是可分割的。私人物品的一个重要特征就是它可以被分割为许多能够买卖的单位,而且,其效用只对为其付款的人提供,或者说是谁付款谁受益。例如,日常生活中的冰箱、彩电、计算机等就与国防显著不同,它们可以分割(按台)出售,其效用归购买者自己或其家庭独享。

2. 消费的非竞争性

某一个人或厂商对公共物品的享用,不排斥、妨碍其他人或厂商同时享用,也不会因此而减少其他人或厂商享用该种公共物品的数量或质量。这就是说,增加一个消费者不会减少任何一个人对公共物品的消费量,或者说,增加一个消费者,其边际成本等于零。仍以一国的国防为例,尽管人口往往处于递增状态,但没有任何人会因此而减少其所享受的国防提供的国家安全保障。私人物品的情况就不是这样。它在消费上具有竞争性,即某一个人或厂商对某种一定数量的私人物品的享用,实际上就排除了其他人或厂商同时享用。例如洗衣机,当某一消费者将一台洗衣机购入家中之后,这台洗衣机显然就只能归消费者及其家庭使用,其他人或家庭不可能同时享用这台洗衣机所提供的效用。其他人或家庭要享用洗衣机的效用,只能另行购入。而这时,其边际成本不为零。

3. 受益的非排他性

在技术上没有办法将拒绝为之付款的个人或厂商排除在公共物品的受益范围外,或者说,公共物品不能由拒绝付款的个人或厂商加以阻止。任何人都不能用拒绝付款的办法,将其所不喜欢的公共物品排除在其享用品范围之外。比如说国防,如果在一国的范围内提供了国防服务,则要排除任何一个生活在该国的人享受国防保护,是极端困难的。就是那些在政治上反对发展核武器,而拒绝为国防费用纳税的人们,即使被投进监狱,也仍然处在核武器所提供的国家安全保障的范围之内。在私人物品上,这种情况就不会发生,私人物品在受益上是必须具有排他性的。因为只有在受益上具有排他性的物品,人们才愿意为之付款,生产者也才会通过市场来提供。例如,某个人喜欢某种电视机,其他的人不喜欢,那么这个人就可以付款得到它,其他人则无须这样。如果某个人拒绝付款,而又想得到电视机,那么也很简单,卖者就可以拒绝卖给他。这个人肯定会被排除在电视机的受益范围之外。

根据公共物品的定义和与私人物品相比较的不同特性,要辨别一种物品是否是公共物品,可以分以下步骤进行:第一步,看该物品的效用是否具有不可分割性,如果具有不可分割性,则转入第二步分析,看该种物品的消费是否具有非竞争性,如果具有非竞争性,则转入第三步分析,看该种物品的受益在技术上是否具有非排他性,如果具有非排他性,则该种物品必为公共物品。

从不同的角度划分公共物品的类别是充分认识公共物品的各种经济价值的前提条件。可以说,公共物品类别划分是否全面科学,直接关系到如何把握各类公共物品在社会总产品体系中的地位和作用。一般地说,选择划分公共物品类别的角度应本着以下几条原则进行:(1)应具有一定的经济研究意义。也就是说,当人们从这个角度去划分公共物品类别时,可以展示出公共物品的某种特点,能够引申出一些研究结论或启示出某种分析思路。(2)应为政府经济理论服务于政府经济管理政策的确立提供便利。也就是说,当人们依据这个角度划分出公共物品的类别之后,政府经济管理者可以据此确定分类管理公共经济的基本原则,能够在针对不同类别公共物品的经济价值特点的基础上,去实施不同的调控政策。(3)应能使人们分辨出公共物品运行的特点,这样就可以使人们在总体上把握公共物品运行的规律。依据以上三条原则,公共物品的类别可做如下划分:

1. 从公共物品的特性上看,可以把公共物品划分为纯公共物品和准公共物品

现实生活中的公共物品满足效用的不可分割性、消费的非竞争性、受益的非排他性的情况是不同的。并不是所有的向整个社会共同提供的物品,都同时具有非竞争性和非排他性的特性。或者在消费上具有非竞争性的物品,且很可能是排他性的。例如,公路所提供的服务,按照上述的特性标准来看,无疑是具有非竞争性的,但是,它不一定满足非排他性的条件。因为在实践上,完全可以通过收取养路费的方式将不愿为此付款的人排除在公路的使用者范围之外。所以,只有同时满足前述三个特性的物品,才可以称为纯公共物品。这就是说,纯公共物品指的是,那种向全体社会成员共同提供的且在消费上不具竞争性、受益上不具排他性的物品。相对来说,纯私人物品,就指的是那种只为付款的个人或厂商提供的,且在消费上具有竞争性,并很容易将未付款的个人或厂商排除在受益范围之外的物品。如果将外部效应理论应用于公共物品和私人物品的区分,那就是说,纯私人物品的市场交易,既不会带来正的外部效应,也不会带来负的外部效应,而纯公共物品,即使初衷只是提供给某一特定的个人,其结果也会使该社会中的所有人享受广泛的外部效益。

如果将纯私人物品和纯公共物品看作一个闭区间的两个极点,居于它们之间的显然就是既带有公共物品特性又带有私人物品特性的准公共物品。例如,消费上具有竞争性,但受益上具有非排他性的公共资源。在现实生活中,纯公共物品和纯私人物品并不是普遍存在的,更为常见的是居于这两个极点之间的准公共物品。拥挤性的公共物品即其中之一。所谓拥挤性的公共物品,是指那些随着消费者人数的增加而产生拥挤,从而会减少每个消费者可以从中获得的效

益的公共物品。这种物品的效用虽为整个社会成员所共享,但在消费上具有一定程度的竞争性。这就是说,这种物品在消费者的人数达到拥挤之后,消费者人数再增加,其边际成本不为零。例如拥挤性的公路,当行驶的车辆达到一定数量之后,追加的车辆便会阻碍交通,甚至增加交通事故的风险。价格排他的公共物品是另一个例子。它是指那些效益可以定价,从而可在技术上实现排他的公共物品。这类物品的特点:一方面,它的效用在名义上向全社会提供,即谁都可以享用,另一方面,它在受益上却可以排他,即谁花钱谁受益。政府兴建的公园以及其他娱乐设施就是这样。名义上,整个社会的成员都可以到公园游览,享受公园提供的效益。而实际上由于公园收费,只有为此花钱的人才可以进入公园,而不为此付款的人是被排除在公园范围之外的。公办的学校和医院也属于此类。一方面,谁都可以进入医院和学校就医、就学,而且就医、就学也会带来正的外在效应,另一方面,学校和医院的收费制,又使得那些不愿为此付款的人享受不到学校和医院的服务。

2. 从公共物品的消费属性上看,可以把公共物品分为满足人们物质消费需求的公共物品和满足人们精神消费需求的公共物品

满足人们物质消费需求的公共物品,大多具有明显的外在物质表现形式,人们所消费的是物品自身的物质性使用价值。这类公共物品主要包括基础设施、广播电视、邮政通信、交通运输、路灯、公园等。满足人们精神需求的公共物品,一般不具有外在的物质形态,人们对它的消费是和物品自身的生产过程混合在一起的,而且消费活动并不和一定的物质运动相连接。这类公共物品包括:教育、公安、国防、科研等。从这个角度划分公共物品的经济学研究意义在于,准确认识公共物品与消费的客观联系,为人们分析政府经济在消费领域中的作用创造条件。其宏观经济管理意义在于,使有关部门根据公共物品对物质消费活动和精神消费活动的影响,来制定公共物品的结构变动调整政策,从而妥善处理全社会物质消费和精神消费的关系;其微观经济管理意义则在于,使公共物品提供单位能够正确认识自身产品的具体社会价值,从而确立有效的市场拓展规划,同时也有利于投资者选择公共经济的投资方向和公共经济参与程度。

3. 从公共物品与社会经济的具体联系上看,可以把公共物品分为生产资料和消费资料两大类

从属生产资料的公共物品主要是为人们的生产和流通活动提供便利,为正常的经济活动创造条件,使这些经济活动能够在较低的成本支出情况下运转,这是社会化分工的具体表现,是公共经济为市场经济运行基础条件的具体表现。生产资料性公共物品主要有:交通运输、企业使用的基础设施部门提供的公共物品、科研部门为企业提供的技术产品、邮政网络服务等。这类公共物品又具体分为三种:(1)专门满足物质消费需求的物品;(2)满足人们的精神享受消费需求的

物品;(3)满足人们的身体健康和安全需要的物品。这类公共物品是个人消费的对象,它的购买力来自个人货币收入,其中有的是以税收为表现形式,有的纯粹从属于个人税后货币收入。

从属消费资料的公共物品主要包括:公园、国防、政府服务、居民供水、居民供气、公共交通、广播电视等。应当指出的是,一方面,由于公共物品具有较强的消费大众性,公共物品与各种经济活动有着广泛的联系,严格地区分何种公共物品属于生产资料、何种公共物品属于消费资料是不可能的。突出的表现是邮政、交通运输、城市供水供电、广播等部门的公共物品,既有可能服务于生产活动,也有可能服务于生活消费活动。例如广播电视,同样一个公共物品,人们会从不同的角度去使用它、评价它的价值,企业家和专业技术人员要从广播电视中获取信息、寻找启示(当他们从工作角度收听收看广播电视时),而一般消费者是要从广播电视中获得娱乐、了解社会新闻。再如,企业工作人员使用交通运输业的公共物品是为交易和生产活动创造条件,而一般消费者则是为了娱乐和私事才使用公共交通业提供的公共物品。另一方面,公共物品的提供有时也不可能分别挑选消费对象。所以,如果要较为细致地划分某一个公共物品究竟是生产资料,还是消费资料,可从两个方面入手:一是看消费主体的现场身份和目的;二是看购买公共物品的资金的性质。把公共物品区分为生产资料和消费资料,目的是要正确认识公共经济对生产经营活动可能产生什么样的影响,为市场运营提供什么样的基础条件,同时有助于分析公共经济在生活消费活动中所处的地位,政府应从何处入手调节公共物品的供给结构。

4. 从公共物品的消费的空间范围上看,可以把公共物品划分为全国性公共物品和地方性公共物品

所谓全国性公共物品是指那些消费者不分区域范围的公共物品,这类公共物品的供给并不是单纯针对某一特定区域范围的消费者,而是可以使全国公民共同受益,关系到全体公民的经济利益和安全利益以及发展权益。从属这类的公共物品包括:国防、外交、中央政府劳务、邮政设施、交通运输、环境保护等。地方性公共物品是指那些消费受区域限制的公共物品。这类公共物品在一般情况下是为地方居民需求服务的,超越一定空间范围会大大减少效用,即便人们在主观上希望扩大物品的使用范围,由于受各种条件的限制,也不会流动到其他区域的消费团体之中。地方性公共物品包括:地方政府劳务、地方环境保护、城市基础设施建设、公园等。从这个角度划分公共物品,主要是为了全面认识公共物品在不同空间范围内的政治、经济、文化意义,准确把握公共物品与各级政府、公共物品与私人资本的关系。

5. 从公共物品的提供上看,可以把公共物品区分为国有公共物品和私有公共物品

国有公共物品是指由政府提供的公共物品,这类公共物品的提供是政府满足公共需要的具体表现,提供这类公共物品是政府的重要职能之一,是纳税人对政府的要求。国有公共物品基本上分为两部分:一部分是只能由政府提供的公共物品,如国防、外交、环境保护、大型基础科学研究等,另一部分是可由政府提供,也可由私人提供,但由于投资大、见效慢私人又不愿轻易介入的公共物品,如邮政设施、园林、大型交通设施建设等。

私有公共物品是指由私人提供的公共物品,这类公共物品一般主要满足人们的日常生活消费和一般性消费,以及部分个人发展消费需求,如职业教育、娱乐设施建设等。一般来说,政府提供的公共物品不以赢利为目的,意义在于为全社会服务,为经济发展和社会进步创造条件,承担私人不愿意或根本不可能承担的责任。而私人提供公共物品的目的则在于追求经济效益,并不是直接追求社会效益,因此私人一般只愿意进入能够有一定收益的公共经济领域。这样,公共物品的提供就分为两条路线:一条路线按市场规则行事,另一条路线按社会效益原则办事(关于公共物品的提供下文还有详细的论述)。把公共物品区分为国有和私有,意义就在于为人们分别研究公共物品的交易规则提供依据,同时也为人们研究公共经济与国营经济和私营经济的关系创造条件。

4.2 公共物品的供给机制与方式

人们生活水平的提高,不仅依赖于日益丰富的私人物品,而且很大程度上取决于公共物品供给的数量和质量。公共物品供给的基本问题是提供什么、提供多少、如何提供。其中,如何提供公共物品,即公共物品的供给机制与方式一直是公共部门经济学探讨的重要问题之一。从总体上看,公共物品的供给机制与方式主要有四类:政府供给、市场供给、自愿供给、混合供给。

4.2.1 公共物品的政府供给

政府供给也称为权威型供给,指作为公共部门的政府以权力运作方式向社会提供或生产社会需要的公共物品。政府供给包括政府直接生产公共物品和间接供给公共物品两种情形。

1. 政府直接生产

政府直接生产公共物品包括三种类型:政府服务、政府出售、政府间协议。在政府服务中,政府既是公共物品资金的提供者,也是公共物品的直接生产者。在政府出售中,政府是公共物品的生产者,作为消费者的个人或组织从政府机构中购买公共物品。政府间协议是不同层级的政府间可以签订合同,以提供某些公共物品,供给责任在不同行政区域间重新配置和调整,以更好地解决地区性问

题并应付日益上升的成本。

2. 政府间接供给

政府间接供给,是指政府不是直接生产公共物品的主体,而是通过政府采购和政府补助鼓励并支持非政府部门提供公共物品。在单纯的政府供给中,政府是核心,主要是出资购买非政府部门生产的物品和服务。生产什么、生产多少、生产价格以及质量标准都是由政府决定的。政府间接供给公共物品的方式主要有政府补助、凭单制、政府采购。(1)政府补助。在政府补助中,公共物品的生产者是民间营利或非营利组织,政府选择特定的生产者提供补助,消费者选择特定的生产者购买物品,政府向生产者支付费用补助的形式有资金、免税或其他的税收优惠、低息贷款、贷款担保等。一般来说,政府补助是为了一定的公共政策,为了维护和促进某项公共物品的供给,如环境保护。(2)凭单制。与政府补助相对应的是凭单制度。凭单是围绕特定物品对特定消费者群体实施的补贴。[①] 二者的区别在于,补助是对生产者的补贴,而凭单是补贴消费者,使其在市场上自由选择补贴的物品。在补助方式中,政府和消费者共同选择生产者,而在凭单方式中,消费者独自进行选择。从消费者的选择权的角度看,凭单方式比补贴方式更优越。(3)政府采购。政府采购是指公共部门,包括公共交通、公共医疗、公共教育等向私营部门采购公共物品。也就是政府出钱,市场生产公共物品。通过竞标方式,私营企业、非营利性组织与政府签订关于公共物品供给合同,按合同生产某项公共物品。

公共物品供给是政府的基本职能。政府以权威手段供给公共物品是所有制度安排中最重要的安排。政府供给推动了经济社会的发展,是一个社会赖以存在的基础,也是公众生活水平和生活质量提高的保证。虽然 20 世纪 80 年代以来公共物品供给方式日益多样化,但政府供给依然是公共物品供给最重要的模式。但是,由于存在体制和运行机制的局限,政府供给方式会出现失效。随着社会的发展,公共物品需求不断增长,政府财政支出的压力越来越大,同时由政府垄断公共物品的供给,也会产生一些制度性缺陷,造成供给质量低劣或维护乏力、供给过剩或错位等问题。

4.2.2 公共物品的市场供给

市场供给是指公共物品的生产者是私人企业,它们以营利为目的提供公共物品。消费者通过"用足投票"表示自己对物品和服务满意度,政府在交易中的介入程度并不深,主要是确定物品并制定安全和其他标准。在市场供给方式中,

---

① E.S. 萨瓦斯.民营化与公私部门的伙伴关系[M].周志忍,等译.北京:中国人民大学出版社,2002:83.

存在多个利益相关者,竞争机制在其中起着决定性作用。公共物品的市场供给方式包括以下几类:合同承包、特许经营、用者付费、内部市场、补助、凭单等。

1. 合同承包

合同承包是在政府付费的情况下引入市场机制的最主要的制度安排,在市场化程度较高的国家,合同外包已成为公共物品供给的重要方式,甚至被等同于市场化改革。现代合同理论认为,合同存在的根本原因在于信息的不完全性及市场的不完全性。"合同的目的就是通过发展处理不可预见的事件机制,以及通过建立社会关系和交往的模式使未来更可驾驭。"[①]在公共物品合同外包中,合同不仅意味着单纯的交换,它还塑造一种关系:规划如何做事情,并塑造运营关系。[②] 合同外包使公共物品的安排者和生产者分离,在公共物品供给中引入竞争,并通过工作说明书的方式形成明确的工作说明,便于绩效的监督。在这种形式下,公共物品的确定是一个政治过程,政治机制在起作用,而合同签订后,公共物品的生产就进入了经济过程,市场机制在起主导作用。因此,它具有综合性的收益。它提高了政府对公共资源的配置能力,使政府获得一些公共雇员缺乏的专门技能,能够对新的社会需求作出及时的反应,灵活调整项目规模,同时使成本分散在不同时间段,有助于强化管理、节约成本(见表 4-1),提高服务质量,限制政府雇员的规模。

表 4-1　源自竞争性合同的成本节省

国家	领域	报表节约额
澳大利亚	供水	估计潜在节约额为 15%
加拿大	垃圾处理	公共处理达到 50% 多的费用增支
丹麦	消防服务	公共供应几乎比私人承包者贵 3 倍多
德国	办公室清洁	公共部门供应贵 42%～66%
日本	垃圾处理	城市处理贵 124% 多
	道路和公园维护	在几个城市成本降低 10%～19%
	供水、污水处理	
瑞典	废物处理	平均成本降低 25%
	休闲活动	成本降低 13%～15%
	儿童看护	护士成本降低 9%～15%
瑞士	垃圾处理	私人合同中的成本便宜 20%

① WALSH K, DEAKIN N, SMITH P, et al. Contracting for change[M]. Melbourne: Oxford university press,1997:34.

② MACNEIL L R. The new social contract: an inquiry into modern contractual relations[M].New Haven: Yale university press,1980:220

续表

国家	领域	报表节约额
英国	地方政府和 NHS 的家庭服务	总体节约 20％～26％,在一些情况下成本降低 1/3 多
	废物处理	成本降低大约 20％
	中央政府(如工厂和印刷)	平均节省 25％
美国	垃圾处理	节约 29％～37％
	街道清洁	节约达 43％
	办公室清洁	节约达 73％
	联邦政府	成本节约达 35％,平均节约大约 20％
	总体公共交通体系	潜在节约额为 20％～25％

资料来源:斯蒂芬・贝利.公共部门经济学:理论、政策和实践[M].白景明,译.北京:中国税务出版社,2005:357.

2. 特许经营

特许经营(franchise)是公共物品市场供给另一种重要方式。它是指由政府授予企业在一定时间和范围提供某项公共物品的权利,即特许经营权,并准许企业通过向用户收取费用或出售物品以清偿贷款、回收投资并赚取利润,政府通过合同协议或其他方式明确政府与获得特许权的企业之间的权利和义务,私营企业通常向政府付费。[①]

特许经营可分为排他性的特许、非排他性的特许以及混合性特许三种方式。排他性的特许是指政府将垄断性特权给予某一私营企业,让它在特定领域里提供特定物品,通常是在政府机构的价格管制下进行。场域特许使用(concession)是这种安排的另一个术语。非排他性的或混合性的特许经营也是存在的,出租车行业就是一个例子,它在不同程度上允许竞争的存在。在特许经营中,生产者和安排者也是分开的,政府是安排者,私人组织是生产者。

特许经营形式主要有以下几种:运营和维护的外包或租赁(operation and maintenance contract or lease)、合作组织、租赁—建设—经营(lease-build-operate,LBO)、建设—转让—经营(build-transfer-operate,BTO)、建设—经营—转让(build-operate-transfer,BOT)、外围建设、购买—建设—经营(buy-build- operate,BBO)、建设—拥有—经营(build-own-operate,BOO)等。

特许经营是发挥政府优势、避免劣势的一种有效途径。它可以避免自然垄断行业可能发生的恶性竞争问题,可以防止高价低质等危害消费者行为的出现。它

---

① STEM S W.Build-Operate-Transfer—a re-evaluation[J]. The international construction law review,1994(2):103.

通过吸引民间资本以补充官方资本的不足,发挥市场机制的优势。在特许经营中,政府对公共物品的数量和价格可以作出规定,但保证私人资本具有获取利润的机会。整个过程中的风险由政府和私人机构分担。当特许期限结束,私人机构按约定将该基础设施移交给政府部门,转由政府指定部门经营和管理。一方面,能保持市场机制发挥作用。项目的大部分经济行为都在市场上进行,政府以招标方式确定项目公司的做法本身也包含了竞争机制。作为可靠的市场主体的私人机构是特许经营的行为主体,在特许期内对所建工程项目具有完备的产权。这样,承担项目的私人机构在项目的实施过程中的行为完全符合经济人假设。另一方面,政府可以很好地干预经济,即通过和私人机构达成的有关的协议。尽管协议的执行全部由项目公司负责,但政府自始至终都拥有对该项目的控制权。在立项、招标、谈判三个阶段,政府的意愿起着决定性作用。在履约阶段,政府又具有监督检查的权力,项目经营中价格的制定也受到政府的约束。

3. 用者付费

用者付费是公共物品市场供给的第三种主要方式。它是指家庭、企业和其他私营部门在实际消费政府提供的服务和设施时,向政府部门交纳费用。付费取决于实际消费的服务量,不消费不付费,多消费多付费。[①] 由于公共物品需求不断增加导致政府财政负担沉重,所供非所需现象和公共物品供给的不公平现象较为普遍,促使公共物品供给中引入价格机制具有迫切性。而技术的进步和可收费物品的特性也使得利用价格机制改造公共物品的供给成为可能。因此,20 世纪 80 年代以来,各国实行用者付费已经相当普遍,美国地方政府预算的 25% 来自用者付费,在经济合作发展组合的国家中,德国采用收费的比例是最高的。

4. 内部市场

内部市场(internal market)是由公共部门提供并负责生产的公共物品领域,建立模拟市场,用明晰的委托代理关系来限制公共物品提供者的权力,并对其施加压力,使其不断提高效率、增强对用户的回应性。它有三个明确的特征:公共物品的购买者和提供者明确划分、在两者间内部准合同与买卖协议的实行、收费及会计系统的发展。马伦(Mullen)把内部市场划分为两种类型:个人是最终购买者的市场和公共部门或专业化组织是最终用户的市场。[②] 在内部市场中,购买者负责确定通过什么样的物品和服务,提供者负责建立独立的核算体系,通过确立财政目标或是获取收益,激励提供者采用最佳的运行模式,减少浪费,提高服务质量和效

---

① 尼古拉斯·亨利.公共行政学与公共事务[M].孙迎春,译.北京:中国人民大学出版社,2002:599.

② MULLEN P.Which internal market ? The NHS white paper and internal market[J]. Financial accountability and management,1990(6):33-50.

率。它不仅在一定程度上打破公共物品供给者的垄断,提高公共部门及管理者的责任感,还能促进公共物品的公平分配,促进社会公平的实现。

公共物品的市场供给提高了经济效率,扩展了消费者的福利,有效地解决政府投资不足的矛盾,减轻了政府负担,分担了政府投资公共物品的风险,私人投资者或者承包商在市场化供给中也受益颇多。当这些私人企业或者投资者涉足那些既具有高经济回报又有高技术可行性的领域,他们既是公共工程项目的投资者、设计者和设备的供应者,又是项目的主办者和生产者,同时还负责项目的运营和管理。他们可以从中获得稳定的资金回报率和稳定的市场,使自身在这个过程中得到较大的发展。即使只是承包生产公共服务而不需要投资的私人企业,也可以从政府采购中获得利润。

但是市场供给不是十全十美的,它存在固有的缺陷,即消费者利益在这个过程中容易受到损害。私人企业投资和经营公共物品的最大目的是追逐最大的利润,它具有效率却忽视了公平。在争夺政府授予的特许权和签订合同阶段存在腐败问题,在合同签订后公共物品的生产过程中的数量短缺、质量不达标等问题,在实践中都是比较突出的。私人利益与公共利益之间的矛盾是公共物品市场化供给方式自身难以克服的痼疾。此外,公共物品市场供给过程中存在诸多公共风险,如公共产品供给不足或结构性失调、重复投资或过度竞争、地区之间不平衡、私人垄断、腐败与政府责任缺失等。这些风险阻碍了公共物品市场供给,扭曲了公共物品供给机制改革的目的。

4.2.3 公共物品的自愿供给

公共服务的自愿供给是指志愿团体通过其雇员或通过雇用和付费给私人企业为社会公众免费提供公共物品的方式。在这种方式中,公共物品供给有两类机制:由自身决定的职员机制与在公共物品供给中形成的政府和企业组织的委托—代理机制。如体育爱好者经营的娱乐项目、邻里协作组织的安全巡逻、志愿消防队提供的火灾防护等。

公共物品自愿供给的条件包括:(1)个人具有利他主义倾向。人们不仅重视自己的福利,也重视他人的福利,所以人们不会搭便车,而是选择捐赠。(2)公众收入水平逐渐提高,收入差距逐渐扩大。收入是捐赠的物质基础。一个社会的经济增长速度、收入水平与捐赠数量有着明显的正相关关系。当经济强劲、失业率低、预期收入增加时,捐赠人的比例就提高,捐赠数额就增加;反之亦然。(3)非营利组织迅速发展及其独立运作是公共物品自愿供给的组织条件。(4)税收优惠鼓励非营利性组织供给公共物品。公共服务自愿供给的形式有三种:无偿捐赠、志愿服务、没有营利性的收费服务。

1. 无偿捐赠

无偿捐赠十分普遍。捐赠主体既可能是个人、家庭,也可能是私营企业或私营的非营利组织。许多企业出于现实的考虑,出于长期的理性的自我利益而支持社会公益事业,投资慈善市场,获得政府、社会、员工等多方面的认可和支持,在促进公共利益的同时保护和促进企业的长远利益。在美国,企业捐赠呈逐年增长的趋势,2006 年美国企业的慈善捐赠平均增长了 4.7%,全美前 15 大慈善捐款金额合计达 350 亿美元,远超过 2005 年的 20 亿美元及 2004 年的 44 亿美元。个人捐赠资金总额占慈善事业捐赠资金总额的比例也逐渐增大。统计数据表明,75%的美国人为慈善事业捐款,每个家庭年均捐 1000 多美元。民间慈善捐赠额中,80%来自个人捐赠,7.5%来自企业捐赠,基金会捐赠占 8%。

2. 志愿服务

在市场经济发达国家,志愿活动起步早,具有广泛的群众基础和良好的社会声誉,已逐渐步入组织化、规范化和系统化的轨道,形成了一套比较完整的运作机制和国际惯例。志愿服务活动已经成为弥补市场和政府公共物品供给失灵的主要方式之一。志愿服务的类型很多,史密斯从志愿精神的角度将其归类为互助或自助(mutual aid or self-help)、慈善或为他人提供服务(philanthropy or service to others)、参与(participation)、倡导与运动(advocacy and campaigning)[1]。志愿服务的特点主要有:(1)志愿服务与公民的成才和就业全面挂钩。公民的成才与就业问题是各国社会问题的集中体现之一。只有将志愿服务活动与公民的成才就业等切身利益挂起钩来,志愿服务才能得到社会民众的全面响应,才能确立一个广泛的群众基础。(2)以满足社会发展需求为志愿服务活动的切入点。相对于过去那种以满足少数受服务者的生活需求为主体的志愿服务模式,着眼于国家和社会的发展大局,在经济和文化领域中寻找服务课题的志愿服务模式所占的比重越来越大。(3)志愿服务的主要形式包括专项性的志愿服务工作、专业性的志愿服务工作、公益性的志愿服务工作、社区性的志愿服务工作。(4)志愿服务呈现多样化发展趋势。如志愿服务法治化、志愿服务政府化、志愿服务机制化、志愿服务全民化、志愿服务社区化等。

3. 没有营利性的收费服务

这是指非营利性组织通过实行没有营利目的的收费服务方式为社会提供公共物品。实行收费的目的是增加自身机构的独立性,减少对政府和社会各界捐赠的依赖性。非营利性组织实行收费供给的领域主要是在教育、卫生及福利事业中,不同项目的收费主要根据服务对象的特点而定。面向家庭的服务一般收费较高,而面向社会保障对象特别是对贫困者提供的服务,收费则很低。收费服

---

① 祝灵君.志愿者组织、志愿精神与政党领导[J].中共中央党校学报,2005(9).

务有助于维持受助者的自尊心,扩大非营利性组织的资金来源,但是收费也可能将付不起钱的穷人排除在公共物品之外,有违公共物品供给的初衷。

公共物品的供给中,自愿供给方式发挥了很大的作用。非营利性组织具有规模小、灵活机动和能够利用基层活力等特点,可以较为理想地填补政府的不足引起的空白。在医疗卫生保健、社会救助、教育等方面成绩显著,帮助维护社会生活的稳定和保证民众生活的基本需求,促进社会环境的改善,保障特殊对象的社会利益。自愿供给还可以防止社会公众搭便车现象,将非营利性行为与社会公众的志愿行为有机结合。但是自愿供给也存在资金来源缺乏稳定性、非营利性组织商业化经营、社会公信度不足、非营利性组织责任的有限性导致供给效果的有限性等问题。

4.2.4 公共物品的混合供给

政府供给、市场供给、自愿供给等可以单独提供公共物品,也可以联合运用以提供公共物品。也就是说,可以运用混合供给的方式供给公共物品。公共物品的公共性程度在0～100％之间,以公共性为纽带构成一个连续体。公共物品的提供者和生产者不是一一对应的,而是交互相连的,可以由一个提供者对应多个生产者,也可以由一个生产者对应多个提供者。公共物品异质性程度的增加,需求偏好和受益范围的差异性,尤其是公共物品供给和生产的分离,意味着混合供给的可能性和可行性。混合供给方式不排斥政府提供,也不排斥市场化,并且有效整合了第三部门、社区、个人等多种方式。根据政府结构、需求现状、地理、文化特质来选择供给方式,这样的选择过程是一个"逐级过滤"的过程,即各种提供机制和方式组成的集合,经逐级过滤,最终选出最合适的供给方式。具体而言,在提供公共物品时,可以有效运用多样化、混合式和局部安排等方式。

1. 多样化安排

多样化安排是指在一个特定的区域内,公共物品由政府供给、合同承包、自愿服务等方式混合供给。这种供给可以有效地鼓励不同物品的生产者之间的比较和竞争,使得供给的产品或服务的效果更好,绩效更佳。尤其是公共部门和私营部门在同一区域同一时间提供同一产品或服务,竞争将会更有效,公众受益会更大。在公平竞争的环境下,公共部门的业绩可以被当作衡量私人机构工作业绩的尺度,反之亦然。如果其中一方出现衰退的现象,另一方就可以扩大其内部结构的工作范围和规模。工作范围缩减的威胁对双方都是种很好的牵制和约束。

2. 混合式安排

混合式安排是指在同一区域内多种供给方式的混合使用。补助是混合式安排中最常见的形式,它可以用来补贴特许经营、自我服务、自由市场和自愿服务等安排,也可以通过直接支付、低息贷款和税收优惠政策等形式来实现。

3. 局部安排

公共物品往往是由彼此独立但又互相联系的一系列的产品或服务构成,不同产品和服务可以由不同的供给方式来供给。作为一个整体,特定产品或服务的供给可以部分由政府提供、部分用合同承包、部分用凭单和部分通过自我服务来进行。从公共物品供给运作角度或功能角度上看,运作性公共物品可以通过合同承包等方式由私人部门提供,功能性服务则由政府设立的机构执行,即采用部分合同方式、部分政府方式来提供。第一种供给方式是政府机构执行服务的主要职能,私人机构提供一般服务。① 第二种方式是政府机构自己拥有服务所需的固定资产,把服务本身以合同方式承包出去,或者是政府机构租用私人建筑和设备来提供服务。第三种方式是政府机构掌管最基本的功能,而把会计、打印、法律咨询和交通运输等辅助性服务以合同方式外包。第四种方式是仅把公共服务的经营管理权外包。

混合供给方式具有很大的灵活性,能促使政府机构和私营机构更好地分工与协作,使公共物品的提供效果更好,绩效更佳,也使消费者获得更多的选择权、决定权。混合供给方式为不同层面的政策工具提供了一个整合框架,创造了多元而富有弹性的公共物品供给的"工具箱"。公共物品混合供给意味着将不同的产品或服务输送到不同的人群中,尽可能地满足不断分化的公共需求。它是一种创造性和动态的公共部门重构过程,旨在通过与个体、社区团体和其他政府实体共享政府功能来改善向顾客所输送的服务。② 它是政府重新联系公民并建立服务供给网络的一种尝试,是公共机构、私人组织和自愿部门发展合作关系的平台,也是强化公共服务道德规范和创新精神的结构化安排。它减少了直接向公众提供服务的机构和公职人员,使一半以上的公共物品不再由政府部门直接生产,而是以混合方式进行提供。它所提倡的务实、个案式理念使得具体的公共物品提供机制成为最适合服务问题和环境的选项,变得更加结果导向、公民中心、透明、负责和价值驱使。③ 它使公共物品的供给更加有效、更加公平、更好地满足公众的利益需求。它使部分公共服务业务向其他部门转移的同时又保持服务普遍性和福利性。21 世纪以来,混合供给在世界各国各地区取得了巨大成效,为越来越多的国家所接纳和使用。

---

① E.S. 萨瓦斯.民营化与公私部门的伙伴关系[M].周志忍,等译.北京:中国人民大学出版社,2002:91.

② FORD R,ZUSSMAN D. Alternative service delivery:sharing governance in Canada[M]. Toronto:Institute of public administration of Canada and KPMG centre for government foundation. 1997:6.

③ 蔡晶晶.西方可抉择公共服务供给机制的经验透视[J].东南学术,2008(1).

4.3 公共物品决策的政治经济学

公共物品是公共部门经济学的研究经典主题,但是由于以下几个方面的原因,它与政治经济学密切相关:第一,公共物品理论是一种政府理论,其背后的观点是政府的建立就在于提供公共物品。公共物品、外部性和规模经济等这些市场失灵形式的存在,为政府为什么存在提供了一种自然的解释。[①] 第二,公共物品供给中的某些问题(如"集体行动"问题)对政治经济学的基本动力,特别是对从公共物品供给成本分配中的利益冲突产生的事后不一致性,提供了深刻见解。第三,这些冲突具有很多重要规范意义。当一种物品具有公共性质时,它可能提供不足,根本不提供或经过长期拖延后才得以提供。其中任何一种结果能否产生取决于对公共物品提供进行集体选择的机制。由此,公共物品问题直接进入政治经济学领域中,被定义为研究当存在利益不一致性时,集体选择机制所产生结果的意义。而且,当认识到有许多经济政策具有公共物品性质时,那么公共物品问题的规范意义就不仅处于政治经济学的核心,而且遍布于整个领域之中。[②]基于这样的认识,公共物品供给决策必须纳入政治经济学的分析框架中。

市场失灵的存在,表明政府是最合适的公共物品提供者。如果提供公共物品的负担(税收)要在个人之间公平分摊,那么某种形式的强制是必要的。问题是,个人有激励正确地显示其偏好吗? 如果个人必须缴纳的税金数量同他们显示的需求正相关,则个人就有激励隐瞒他们对公共物品的偏好。因此,政府提供公共物品的政治决策机制必须能够引出真实信息的显示。与此同时,通过政府供给公共物品,并不必然意味着由公共部门来生产公共物品。公共部门可以把生产某种产品或服务的合同承包给私人生产厂家。但是,公共部门决定直接生产某种产品或服务,或是把生产承包给私人部门,需要考量诸多方面的因素,其实施的条件包括:存在有效的政治领导;机构内部存在积极的倡导者;具有节约成本的可能性或其他重要价值;行动具有政治可行性。因此,并不是所有的公共物品的生产都可以合同外包的,有些产品或服务的生产承包给私人部门是不合理的。例如,消防和法治的执行就属于这种情况。因此,公共部门和私人部门之间的分界线应当划在哪里,这是一个重大的政治议题,也是各国政府在实施私有化和分权政策时的要旨所在。

除了政府供给公共物品,公共物品提供可以依赖于自愿供给或混合供给。但是,如果个人能够在对公共物品的提供成本不作出任何贡献的情况下受益,那

---

① 丹尼斯·C.缪勒.公共选择理论[M].杨春学,等译.北京:中国社会科学出版社,1999:6.

② 阿伦·德雷泽.宏观经济学中的政治经济学[M].杜两省,史永东,等译.北京:经济科学出版社,2001:363-364.

么他当然有激励让他人承担为此类物品融资的负担,换言之,公共物品供给中,自利的个人因而会有搭便车的激励,尤其是公共物品不需由政府来提供,没有政府独有的强制方式,搭便车问题该如何解决,以使公共物品的供给是自愿的? 换言之,在没有强制的情况下,集体行动问题是如何解决的呢? "囚徒困境"模型直观地揭示了集体行动问题的本质特征:如果可以搭便车的话,个人单独行动会使其境况变好,这意味着公共物品不会提供,即使提供公共物品会使所有个人的境况都变好。因此,当公共物品提供取决于自愿贡献时,在什么时候才会有集体行动? 创立怎样一种机制才能确保集团成员对公共物品提供作出自愿贡献呢?[①]

　　20 世纪 60 年代以来形成的集体行动理论,为回答这些问题奠定了基础:(1)选择性激励。这种观点认为,人们自愿提供公共物品是为了获得某种私人物品或选择性激励。试图获得公共物品的集团意识到"在不存在强制的情况下,提供诸如保险、团体旅游折扣和杂志这样的正向激励或私人产品是必要的。个人只有作为集体利益集团的成员,才能获得这些属于个人的、非集体性物品"[②]。因此,选择性激励促进集体行动。(2)副产品。这种观点认为,原本为其他目的而建立的集团有时会合作以进行集体行动,这就是一种副产品。而且建立一个集团还可以创造出一种团结一致的意识,从而使集体行动问题得到解决。(3)合作。这种观点认为,在重复进行的博弈中,进行互动行为的当事人将会学会合作,因为人们意识到,不合作不符合任何人的利益。因此,试图使各自利益最大化的人,会通过协商合作提供公共物品使他们的集体利益最大化。但是,即便自愿供给公共物品是可能的,"在大型社会中,许多公共物品的自愿供给是很难实施的……因此,在大型社会中,看来极需要某种制度机制,以协调和强制个人对公共物品供给的贡献"[③]。

　　由于大量公共物品具有排他性,易于排斥不付费的人使用,"当对供给公共物品的成本没有作出贡献的人能够排除在对它的消费之外,就潜在地存在着一个自愿地同意提供公共物品并只用于他们自己消费的个体集团"[④]。这种集团可以称为俱乐部。"作为市场失灵的一种自愿解,俱乐部可用来提供某些非纯粹公共物品。"[⑤]布坎南被认为最先阐述了俱乐部公共物品理论。在基本的布坎南

---

　　①　阿伦·德雷泽.宏观经济学中的政治经济学[M].杜两省,史永东,等译.北京:经济科学出版社,2001:371-380.

　　②　乔·史蒂文斯.集体选择经济学[M].杨晓维,等译.上海:上海三联书店,上海人民出版社,1999:140,141.

　　③　丹尼斯·C.缪勒.公共选择理论[M].杨春学,等译.北京:中国社会科学出版社,1999:33.

　　④　丹尼斯·C.缪勒.公共选择理论[M].杨春学,等译.北京:中国社会科学出版社,1999:187.

　　⑤　乔·史蒂文斯.集体选择经济学[M].杨晓维,等译.上海:上海三联书店,上海人民出版社,1999:155.

模型中,成员均享非纯粹公共物品且均摊其联合成本。当一个新成员加入时,向原有成员供给的公共物品的平均成本会降低,至少在一定范围内如此,因此,俱乐部的规模会扩张,直到人员拥挤。"拥挤带来的负效用相对于私人物品的边际效用越大,俱乐部的最优规模就越小。提供公共物品的固定成本越大,俱乐部的最优规模也就越大,因为固定成本可以在更多的成员之间来分摊。"①那么俱乐部是否像适用于会员一样适用于社会?为此,当代西方政治经济学讨论了作为俱乐部的地方政府。由于存在着许多社区,相应存在着由不同公共物品构成的公共物品种类的集合。其中每种公共物品都按某一税率出售,该税率反映了生产成本和使用者人数。流动的消费者可以根据自己的偏好、生产成本和人口规模,在公共服务的集合(社区)之间进行选择。社区本身就是俱乐部,消费者的进入和退出不受强制,社区之间的竞争可以使公共物品和它的使用者以最低成本相匹配。但是"消费者的自愿迁移或社区提供各种公共服务,都不可能完全消除政府的强制性征税和支出。只要一个人不想要人行道,但又拒绝迁入没有人行道的小镇,我们就面临通过集体选择实施强制的可能"②。

在现实社会中,由于公共物品的供给决策一般不是由全体个人所制定,而是由他们选出的代表制定,而后者面临的激励集合是非常不同的。因此,为了说明集体行动问题的本质,需要考虑在每一个人都来决定自己是否购买公共物品的世界中,公共物品是否会被提供。为此,需要分析静态、动态框架下的公共物品提供问题(即静态和动态公共物品博弈)。(1)静态公共物品博弈。假设个人必须决定是否一次性购买成本为 Y 的物品。如果购买则效用为1,否则为0。如果该物品是纯私人物品,则该问题的解是显而易见的:如果成本小于1,那么购买,否则,不购买。现在考虑物品为公共物品的情形。如果每个人都购买此物品,那么每人获得的效用为1;如果无人购买,每人获得的效用为0。具体地讲,假设甲乙两人,各自具有成本为 Y_1 和 Y_2,比如说,如果甲支付提供公共物品的成本,那么他得到的净效用为 $1-Y_1$。利益冲突很简单,每个人都希望他人承担提供公共物品的成本。因此,当不存在政府的强制时,由于公共物品的公共性质,如果个人认为别人会提供该物品的话,那么他自己便不愿意提供,即使提供公共物品所得大于成本。因此,尽管每个人都会受益,但给定其成本和另一个人提供这一物品的概率,每个人都会决定不支付提供成本,因此,在均衡时,公共物品不会提供。(2)动态公共物品博弈。在这种情况下,会发生消耗战,其中每个人都进行

① 阿伦·德雷泽.宏观经济学中的政治经济学[M].杜两省,史永东,等译.北京:经济科学出版社,2001:383.

② 乔·史蒂文斯.集体选择经济学[M].杨晓维,等译.上海:上海三联书店,上海人民出版社,1999:162.

等待博弈,以希望其他人首先放弃并提供公共物品。消耗战是一种时机博弈,它具有两个特征:"赢家"的得益会大于"输家"的得益;赢家和输家的得益随时间递减。换言之,提供公共物品的个人的效用低于另一个人的效用,因此在动态博弈中是输家;个人没有公共物品可供消费的时间越长,总效用越低。因此,当公共物品的提供由自利的个人之间的消耗战而不是政府(社会计划者)决定时会发生扭曲:对社会有益的公共物品会被拖延甚至得不到提供。当政府政策也被看作是公共物品时,这种消耗战解释了为什么可以使全社会都受益的政策不会被采纳或拖延采纳的原因。

4.4 从公共物品到公共服务

公共服务是 20 世纪 80 年代以来西方政府改革与治理的核心理念。随着新公共管理运动的兴起,公共服务这一概念便在理论与实践中流行开来,但是,如同社会科学中的一些基本概念一样,公共服务并没有一个清晰统一的定义,且往往与公共物品概念相混淆,甚至在同一意义上被交替使用。因此,理解公共服务的内涵,需要把公共物品与公共服务区分开来。虽然这两个概念在外延上有所交叉,却分属于不同的学科。公共物品是一个经济学术语,公共服务是一个政治学术语,从公共物品到公共服务概念嬗变的过程,学科研究视角的转变使公共物品与公共服务的边界日益清晰。

4.4.1 概念嬗变

公共物品的概念并不是一开始就被明确提出来的,而是伴随着资本主义制度的建立和发展经历了一个逐步形成的过程,最早主要是从政治学或哲学(伦理学)的角度论及的。1657 年,霍布斯(Thomas Hobbes)在《利维坦》中指出,国家的本质,"用一个定义来说,这就是一大群人相互订立信约、每人都对它的行为授权,以便使它能按其认为有利于大家的和平与共同防卫的方式运用全体的力量和手段的一个人格"[①]。霍布斯的这一观点,成为公共物品概念的重要思想源头。1732—1737 年,休谟在《人性论》中指出,在自利的个人间存在某些共同消费的产品,这类产品的提供有坐享其成心理及其可能性,这种心理只能由政府参与才能有效克服。休谟的这些观点实际上论及了公共物品消费的"不可分性"和"搭便车"倾向,政府应承担公共物品供给。但是,早期政治学或哲学关于公共物品的论述主要是在探讨国家(或政府)的起源与本质时的附带描述,并未提出公共物品的概念,但是,这些研究为公共物品概念的提出奠定了基础。

经济学中公共物品的思想最早可以追溯到亚当·斯密、约翰·穆勒等古典

---

① 霍布斯.利维坦[M].黎思复,黎廷弼,译.北京:商务印书馆,1985:132.

政治经济学家。古典政治经济学在探讨市场经济中的政府职能时,或多或少地隐含着公共物品理念。但是,直到 19 世纪 80 年代,经济学中的边际革命后,公共物品理论才在经济学中得到系统论述。从 1883 年开始,奥地利人萨克斯(Sax)和瑞典人维克塞尔(Kunt Wicksell),意大利人潘塔莱奥尼(Pantaleoni)、马佐拉(Mazzola)和马尔科(Marc)等将边际效用价值论及其分析方法运用到财政理论上来,形成了边际主义的财政学派。边际主义财政学从价值论上说明了政府活动如同私人资本一样,也是创造"产品"、创造价值的生产性活动,它将政府生产的产品价值与社会成员个人以消费者身份所作的主观效用评价相联系,在政府的公共产出与个人纳税之间建立起边际正负效用的对等关系,说明了等价交换准则也适用于公共活动领域,它使得西方财政学对财政活动目的的分析,从公共需要、政府需要转到个人需要上来。

在公共物品理论的发展史上,"公共物品"这一概念首先是由瑞典经济学家林达尔于 1919 年在其博士学位论文《公平税收》中提出的。林达尔建立了用以分析两个政治上平等的消费者共同决定公共物品供给并相应分担其税后份额的模型。他指出,当消费者 A 付得越多,消费者 B 的税收份额将越小,当收入既定时,A 对公共物品的需求曲线从 B 的角度看,可视为是供给曲线。反之亦然。当 A 与 B 两条需求曲线被标示于同一平面矩形图上时,其交点被称为林达尔均衡点。该交点是唯一的和稳定的,它决定着公共物品供给的均衡数量和 A 与 B 各自的均衡税收份额。此时每个人的税收份额即林达尔价格,它等于每个人所获得的公共物品的边际效用,并且两个人税额合计等于公共物品的总成本。

公共物品理论的又一次重大发展,是由萨缪尔森作出的。1954 年,萨缪尔森在《公共支出的纯理论》一文中,给公共物品下了一个精确的和深入的定义:公共物品是指由社会成员均等地消费的物品,每个个人消费这种物品不会导致别人对该物品的消费的减少。在这里,萨缪尔森实际上指出了公共物品消费的非竞争性,即消费者在消费物品时不存在利益冲突,当增加一个消费者时,物品的边际成本为零。萨缪尔森在批判"林达尔模型"基础上,将序数效用、无差异曲线、一般均衡分析和帕累托效率运用到公共物品最佳供给分析中,对局部均衡的"林达尔模型"进一步拓展,建立了一个关于资源在公共物品与私人物品之间最佳配置的一般均衡模型,即"萨缪尔森条件"(Samuelson Conditions)。这对于公共物品理论的发展,具有划时代的意义。在萨缪尔森的基础上,马斯格雷夫将受益的非排他性引入公共物品定义中,与消费的非竞争性并列,作为界定公共物品的两大标准之一。受益的非排他性意味着公共物品在消费过程中所产生的利益不能为某些人专有,更无法将一些人排斥在消费过程之外,因此,公共物品就是具有消费的非竞争性和受益的非排他性的产品和服务。

由于现实中完全符合萨缪尔森和马斯格雷夫定义的公共物品寥寥无几,布坎南认为必须拓展公共物品的内涵,提出了俱乐部物品的概念。① 俱乐部物品具有消费的排他性和非竞争性,如收费的道路,它能把俱乐部以外的成员排除在消费受益之外,而内部成员可以平等地消费,但是当俱乐部物品存在着拥挤性问题时,其边际成本将不为零。因此,按照排他性与竞争性的二维坐标可以把社会产品和服务分为纯公共物品、准公共物品和私人物品三大类。至此,公共物品概念(理论)成为极具有解释性的分析工具,成为公共经济学的基础和政府职能界定的依据,也成为学者们讨论政府职能时引用率最高的经典理论之一。② 这是因为公共物品是市场机制失灵的一个重要领域,政府的资源配置职能主要就体现在公共物品的提供上,在市场经济条件下,政府干预经济所涉及的许多问题,都与公共物品有关。

但是,现实中公共物品满足效用的不可分性和消费的非排他性是不同的。并不是所有的向社会共同提供的产品和服务,都同时具有非竞争性和非排他性的特性,因此,有关公共物品概念和内涵的争议依然存在。第一,现实生活中有很多公共物品,如义务教育、公共医疗、失业保险、公共就业等,它们大多在消费上不具有非竞争性,也不具有非排他性,为什么仍被归入公共物品的范围? 水、电、煤、气等公共事业,它们在消费上既具有竞争性又具有排他性,但同样被认为是公共物品。可见,按照排他性与竞争性对产品的分类会将许多物品排除在公共物品之外。第二,公共物品界定标准的科学性存在争议。从非竞争性上说,几乎任何一种消费品都是竞争性与非竞争性的结合体,即产品本身的性能是多元的,产品的一种效用或属性是竞争性的,但另一种效用与属性却是非竞争性的。而且竞争性也因条件而变化,是动态的。许多产品和服务,在一定范围内是非竞争性的,一旦使用数量超过一定范围,就会出现竞争性,即竞争性与稀缺性有关。③ 非排他性也同样值得探讨。因为随着经济技术与环境制度等因素的变化,公共物品与私人物品的边界可能变得模糊、不确定,在一个社会里具有排他性的私人物品,在另一种技术或制度安排下可能是不具有排他性的公共物品,因为排他性与非排他性往往受到技术和制度的影响。第三,用非竞争性和非排他性概括公共物品的属性,这种界定仅仅建立在物品自身性质的基础上,割裂了物品与产权制度的联系。实际上,公共物品不仅具有经济属性,还有社会属性和政治属性,"不应以边际成本的分析来看待公共物品,而是应逐渐认识到,公共物品是基于社会契约的物品,它至少还应考虑平等、公益、人类的幸福和未来"④。出

---

①　BUCHANAN J M.An economic theory of clubs[J]. Economica,1965(32):1-14.

②　马庆钰.关于"公共服务"的解读[J].中国行政管理,2005(2).

③　孙学玉,等.公共行政学[M].北京:社会科学文献出版社,2004:227.

④　段一.公共产品的边界[J].当代财经,2003(11).

于技术量化考虑,经济学对公共物品的研究,着重于公共物品的供给效率,抛弃了公共物品的社会属性与政治属性,公共物品概念脱离了公共物品的政治性基础,过度追求效率、技术和理性价值,不可避免地会对政府行政公平、民主、公共利益、公共责任性等带来挑战和冲击。

经济社会的变迁和经济学研究中公共物品内在的局限,引发了对公共物品理论的进一步思考。在这一过程中,公共服务概念兴起并不断彰显。虽然从经济思想史的角度看,在公共物品概念的形成与发展中,公共服务的概念就若隐若现。但是,直到19世纪中后期,瓦格纳才提出了"公共服务"这一术语。瓦格纳认为,政府除了应该维护市场经济正常运作,还具有增强社会文化和福利的作用。他指出:"如果我们考虑财政经济中国家以及其他消费所需的支出,那就必须筹划国家需要中所支付的工资乃至薪俸,或直接使用于公共服务的,或为获得其他财货而必须预先筹措的财货或货币的部分,在整个国家需要中,这一部分特别叫作财政需要。"①

20世纪初期,莱昂·狄骥(Leon Duguit)对公共服务的概念与内涵第一次作出了较为系统的论述。狄骥阐明了作为现代公法基础的公共服务概念及其意义,他明确指出,作为公法基础的公共权力观念应该被公共服务观念所替代。"现代公法制度背后所隐含的原则,可以用这样一个命题来加以概括:即那些事实上掌握着权力的人并不享有行使公共权力的某种主观权利;而恰恰相反,他们负有使用其手中的权力来组织公共服务,并保障和支配公共服务提供的义务。"②基于这样的认识,狄骥认为国家不是一种发号命令的独立权力,而是掌握强制力并用来创设和管理公共服务的集团。他给出了公共服务明确的定义,"公共服务就是指那些政府有义务实施的行为。任何因其与社会团结的实现和促进不可分割而必须由政府来加以规范和控制的活动就是一项公共服务,只要它具有除非通过政府干预,否则便不能得到保障的特征"③。

20世纪前中期,随着经济学家对公共物品理论研究的深入,公共物品的内涵由纯公共物品扩展到准公共物品,公共服务概念在社会科学中逐渐沉寂,经济学研究的长足进展使公共物品概念成为理论研究中的主导性选择。但是,20世纪50、60年代兴起的政策科学运动,使公共服务概念得以回归和复兴,并逐渐成为政治学、行政学界研究的主题,学者们试图从公共政策的角度研究公共服务,

---

① 毛程连.西方财政思想史[M].北京:经济科学出版社,2003:123.
② 莱昂·狄骥.公法的变迁[M].郑戈,冷静,译.沈阳:辽海出版社,春风文艺出版社,1999:40.
③ 莱昂·狄骥.公法的变迁[M].郑戈,冷静,译.沈阳:辽海出版社,春风文艺出版社,1999:53.

揭开公共服务供给的黑箱之谜。因为公共政策本身既可被视为一种特殊的公共服务，也可被视为提供公共服务的工具、手段、形式或策略。20 世纪 70 年代末 80 年代初，西方国家掀起的声势浩大的新公共管理运动，使公共服务概念日益凸显。新公共管理的基本取向是将工商管理的理论、方法及技术，引入公共部门之中，强调顾客导向以提高公共服务质量。这场改革运动使得传统的公共行政模式向新公共管理模式转变，形成了政府治理的新模式。在这种模式下，政府的基本职责不再被看成是行使"行政权力"而被视为提供"公共服务"。由此，公共服务概念在政治学、行政学等学科中频繁使用，并成为政府职能的核心。

在新公共管理视野下，政府公共服务强调经济、效率与效益至上，过分的经济导向忽视了公共行政对公平正义的追求，因而引起了学者们的反思。罗伯特·登哈特（Robert Denhardt）夫妇在批判新公共管理的基础上提出了新公共服务理论。新公共服务理论是指关于公共行政在将公共服务、民主治理和公民参与置于中心地位的治理系统中所扮演角色的一系列思想和理论。[①] 新公共服务并不排斥公共服务追求经济、效率与效益等管理主义价值，但认为这些管理主义的价值应该被置于由民主、社区和公共利益构成的更大环境中。[②] 换言之，公共服务不仅要体现管理主义和宪政主义的价值观，而且要把宪政主义置于优先地位，在此背景下追求公共服务的"3E"（经济、效率、效益）才有意义。

目前，不论是学术研究还是实践领域，对于公共物品与公共服务概念使用混乱，且有泛化公共服务的倾向，存在以下几个方面的问题：一是认为公共物品与公共服务无本质区别，可以作为同义词重复使用，因为公共物品和公共服务都是指整个社会共同消费的产品和服务，政府是其主要供给者。[③] 二是公共物品与公共服务不同，公共物品是政府有形的产出，公共服务是政府无形的产出；有形的产出生产和消费可以在时间与空间上分离，而无形的产出生产与消费则是时空一体的。三是从公共物品的角度来界定公共服务，认为公共服务主要是指由政府和非政府组织以及有关工商企业在纯粹公共物品、混合公共物品以及特殊私人物品的生产和供给中所承担的职责。[④] 这种"几乎照搬西方公共物品的传统理论来解释公共服务"的做法，使得"一些公共行政学者有时甚至忘记所探讨主题领域，陷入经济学的迷阵而不能自拔"[⑤]。因而，有必要提出一种有别于传

---

① 珍妮特·V.登哈特，罗伯特·B.登哈特.新公共服务：服务，而不是掌舵[M].丁煌，译.北京：中国人民大学出版社，2004：22.

② 珍妮特·V.登哈特，罗伯特·B.登哈特.新公共服务：服务，而不是掌舵[M].丁煌，译.北京：中国人民大学出版社，2004：168.

③ 唐铁汉，李军鹏.公共服务的理论演变与发展过程[J].新视野，2005(6).

④ 马庆钰.关于"公共服务"的解读[J].中国行政管理，2005(2).

⑤ 柏良泽.公共服务研究的逻辑和视角[J].中国人才，2007(3).

统"公共物品"的"公共服务"概念框架,"超越西方经济学通过界定物品的特性理解公共服务特性的思维逻辑,以政治学、法学、经济学等学科的基本原理为基础,运用公共管理的逻辑和视角思考问题,从多角度科学界定公共服务"[①]。公共服务是指以政府为主导的多元主体为满足公共需求和实现公共利益向社会提供各种物质产品和精神服务的总和。公共服务不仅具有经济属性,还具有政治属性,是一个在公共物品的基础上有所发展和超越的概念及其理论范畴。公共服务关注的是以政府为主体的公共部门应该提供什么、提供多少、由谁提供、如何提供、为谁提供等问题。可以从以下四个角度来理解公共服务的内涵:

首先,从公共服务提供的主体上看,公共服务的供给主体是以政府为主导的多元提供主体。传统上,公共服务供给是政府的"专利",政府是公共服务的唯一或主要的提供者,而私人部门只是公共服务的补充者或配合者。随着政府垄断公共服务导致的效率低下以及对于公共服务认识的深化,公共服务的市场化逐渐兴起,传统的单中心供给模式正在向多中心、多层次、协同合作的供给模式转变。但是,尽管如此,在公共服务的供给中,政府的主体角色仍是不可替代的。政府直接供给在效率和适应性方面较差,但在有效性、公平性和广泛性方面则占有优势。此外,除了政府与市场,还存在着社会的自主型供给,包括第三部门供给、社区供给、自愿供给等。可见,公共服务的提供主体是多元的,在不同的背景下,政府、企业、第三部门、个人等都可以成为公共服务的供给者。公共服务由一元供给走向多元供给是政府治理变革的基本趋势。因此,从政府的角度来界定公共服务只是其依据之一,并非公共服务的本质属性。

其次,从公共服务提供的目的上看,公共服务是为了满足公共需求,实现公共利益。人类为了生存和发展产生了各种各样的需求,这些需求可以分为两类:一类是私人需求,另一类是公共需求。与私人需求不同,公共需求是社会上大多数人的共同需要,它是复杂的、多样性、不断发展变化的。面对社会大多数人的共同需求,私人部门由于激励不足难以满足,需要由政府提供公共服务来承担这个重任。因此,公共服务是随着社会的共同需要而出现的,是公共需求不断增长的产物。而满足社会的共同需要,最终目的是要实现社会大多数人的利益,这种利益是社会中的全体公民或绝大部分群体都可以享受的。因此,从某种程度上说,公共利益才是公共服务的本质属性,是判定公共服务的内在依据,追求公共利益是公共服务供给的现实动因。

再次,从公共服务提供的对象上看,公共服务的供给对象是社会公众,以增进全社会或者某一特定群体共同利益为出发点,这与私人服务不同,私人服务主要是为了满足个人的特殊需求,不具有共同消费性。作为向社会公众提供的满

---

① 柏良泽."公共服务"界说[J].中国行政管理,2008(2).

足生产和生活中必需的公共需要,公共服务是社会发展的基础,公共服务的公共性决定了公共服务提供不以营利为主要目的,而是突出其公益性。

最后,从公共服务提供的特性上看,公共服务不仅包括物品属性的服务,也包括价值理念层次的服务。传统的公共物品关注的是物品的物质属性,公共服务不仅具有物品属性(经济属性),还具有社会属性和政治属性。因此,公共服务既包括物质层面的物品和劳务,也包括精神层面的服务,这种服务包括自由、民主、公平、正义、秩序、和谐等核心价值理念。"公务员(通常)不是提供顾客服务,而是提供民主。"①因此,在当代政府治理中,公共服务不仅表现于物质条件上,还反映在政府的整体风格以及政府工作人员的文化素质、精神面貌、服务方式和服务态度上。公共服务的概念向社会传送着诸如民主、公平、责任、效能、廉洁等理念性的东西,它隐含着价值观的判断,即什么东西应该由政府提供,如医疗服务消费具有竞争性的特点,但是从社会发展与进步的意义上来说,政府应当提供或部分提供医疗公共服务。

必须指出的是,从政府的角度来理解公共服务,在不同的语境下,公共服务的范围是不同的。从广义上说,国防、外交、司法、政府管制、行政处罚等涉及主权的事务都可以纳入公共服务的范畴。但是,从狭义上看,外交、国防、政治与行政体制的发展与完善、法律制度的健全等都不属于公共服务;政府的管制性行为,维护市场秩序和社会秩序的监督行为,以及影响宏观经济和社会整体的操作性行为,也都不属于公共服务。只有对公共服务进行具体和明确的界定才能在理论和实际操作上具有实质性意义,即公共服务是政府的主要职能之一,有其具体的内容和形式,并且可与政府的其他职能相区分。② 当前,我国的实践探索中就采取了这种做法,即将公共服务看作是同经济调控、市场监管、社会管理相并列的政府一项基本职能,公共服务的基本范围大致包含基础教育、公共卫生、社会保障、科学技术、基础设施、公共安全、环境保护、一般公共服务等八类。③

作为人类社会特别是当代政府治理变革的思想结晶,公共服务是对政府职能转变的经验总结。公共服务不仅关注服务效率、效益问题,而且关注服务在社会公平、收入分配等方面的意义,即公共服务均等化问题,体现出社会本位、公民本位、权利本位。经济学视域中的公共物品概念重视物品供给的经济、效率和效益问题,脱离了政治学基础。公共服务继承了公共物品的内涵,并汲取了政治学营养,可以说,公共服务概念是公共物品概念在政治学上的回归,在新的历史背

---

① 珍妮特·V.登哈特,罗伯特·B.登哈特.新公共服务:服务,而不是掌舵[M].丁煌,译.北京:中国人民大学出版社,2004:前言 18.

② 赵黎青.什么是公共服务[N].学习时报,2008-07-14(6).

③ 国务院发展研究中心.中国公共服务发展报告 2006[M].北京:中国社会科学出版社,2007.

景下,如何推进公共服务提供机制与方式的革新,构造公平、高效的公共服务模式,将成为政府治理的一项新课题。

4.4.2 视角转变

如前所述,政府(公共部门)提供什么产品和服务以及这些产品和服务范围与程度问题,最早是从政治学的角度提出的,源于人们对国家起源及其公共性问题的讨论。早在古希腊时期,人们就开始关注社会活动的公共性,并将城邦视为社会成员组成的共同体,建立城邦的目的,就是满足所有公民的共同需要。柏拉图(Plato)在《理想国》中指出,之所以要建立城邦,是因为许多东西依靠个人是不能达到自足的,于是,"我们邀集许多人住在一起,作为伙伴和助手,这个公共住宅区,我们叫它作城邦"。① 可见,城邦以分工为基础,以达成共同利益为目的。亚里士多德(Aristotle)认为,国家作为一种社会的共同体,是从家庭、村落逐步发展而形成的,这一过程的内在动力就在于"人生来就有合群的性情","人类在本性上,也正是一个政治动物。这就注定了人类必然要构建各种各样的以善业为目的的社会团体,国家与市民社会是复合的,其复合的基础和纽带是城邦正义和善业,一切社会共同体的建立都是为了实现某种善业"。② 1657 年,霍布斯在《利维坦》中阐明的国家起源的社会契约理论,实际上隐含着人们通过自愿方式签订契约建立国家,并通过国家提供公共物品的思想。卢梭则从天赋人权角度,提出人生而平等,国家是自由的人民自由协议的产物,主权在人民,因此"'要寻找出一种结合的形式,使它能以全部共同的力量来卫护和保障每个结合者的人身和财富,并且由于这一结合而使得每一个与全体相联合的个人又只不过是在服从其本人,并且仍然像以往一样地自由。'这就是社会契约所要解决的根本问题"。"唯有公意才能够按照国家创制的目的,即公共幸福,来指导国家的各种力量⋯⋯治理社会就应当完全根据这种共同的利益。"③ 因此,在卢梭看来,国家起源于人们相互间根据自由意志所缔结的社会契约。在国家产生之前,人们生活在独立、平等的自然状态。但这种状态存在着不安全、不方便等诸多缺陷,人们便让渡自己的部分权利,交给某个人或某个群体,形成公共意志。国家和政府便由此产生,政府的职责就是保障公民的生命、财产、自由等权利。

17 世纪后半叶以来,政治学关于公共物品隐含的讨论开始让位于古典政治经济学。政治经济学之父威廉·配第在《赋税论》(1662 年)中深刻分析了税收与国民财富、税收与国家经济实力之间的关系,认为国民财富的增减是赋税经济

---

① 柏拉图.理想国[M].郭斌和,张竹明,译.北京:商务印书馆,1986:58.
② 亚里士多德.政治学[M].吴寿彭,译.北京:商务印书馆,1983:3-9.
③ 卢梭.社会契约论[M].何兆武,译.北京:商务印书馆,2003:19,31.

效果的主要标志,赋税会使公共财富增加。威廉·配第之后,亚当·斯密最早将公共支出与市场失灵联系起来。从自由放任的经济观出发,亚当·斯密认为,只要取消政府限制,自由资本主义制度将确立起自身的一致与和谐,因而政府不应该插足直接管理和指挥私人企业的活动。但本性自由的资本主义制度又需要政府执行三个不言而喻的职责:保护本国社会的安全,保护人民在社会中的安全,建立并维护某些公共机关和公共工程。这样斯密指出了政府存在的必要性,即公共事业的收益难以抵补其成本而不能由私人提供。

对公共物品研究作出重大贡献的另一位经济学大师是约翰·穆勒。他详细探讨了政府活动的适应范围问题,指出了社会可以偏离自由放任准则即允许政府干预的重要事例,它包括政府必须提供保障人们生命、人身和财产安全的法律体系和制度。这是保证自由放任制度正常运行的基本前提。此外,"政府对许多事情履行职责是获得普遍赞同的,其原因很简单,就在于提供了普遍的便利"①。例如铸币、制定度量衡标准以及道路、路灯、港口、灯塔和堤坝等建设。但是由于公共物品难以收取费用和无法排斥他人受益,市场机制供给不足。

19 世纪中后期,迪策尔提出的政府具有生产性的观念,沙夫勒提出的公共需要和私人需要应该等比例地予以满足的思想,进一步丰富了经济学关于公共物品的讨论。但是,作为一种较为系统的理论,公共物品理论最初出现于 19 世纪 80 年代,它建立在边际效用价值论上,是边际革命在西方经济学领域产生的最重要结果之一。萨克斯、潘塔莱奥尼和马佐拉等人将边际效用的分析运用到公共财政和公共需要的研究,为公共物品论的建立奠定了经济学基础。

在经济学语境中,公共物品是以资源配置的对象出现的,经济学家们认为公共物品问题是导致市场失灵的根源之一,公共物品理论应着重考察提供什么、提供多少和由谁提供的问题。1954 年,萨缪尔森给出了公共物品的经典定义并被后人广泛接受。为了进一步说明什么是公共物品,经济学家们阐明了公共物品的三个特性:一是效用的不可分性。公共物品是向整个社会共同提供的,具有共同受益或联合消费的特点。其效用为整个社会的成员所享有,而不能将其分割为若干部分,分别归属于某些个人或厂商使用,或者不能按照谁付款、谁受益的原则,限定为之付款的个人或厂商享用。二是消费的非竞争性。增加一个消费者不会减少任何消费者对公共物品的消费量,或者说,增加一个消费者,其边际成本等于零。三是受益的非排他性。在技术上没有办法将拒绝为之付款的个人或厂商排除在公共物品的受益范围外。依据这三个特性,经济学区分了三种类别的公共物品:非竞争性和非排他性的纯公共物品,非竞争性和排他性的俱乐部物品,非排他性和竞争性公共资源。

①　MILL J S.Principles of political economy[M].London:Longman Group Ltd.,1921:800.

为了寻找公共物品的最佳供给方式,经济学家们探讨了公共物品的资源配置问题。加勒特·哈丁(Garrett Hardin)提出了"公地悲剧"模型[1],曼瑟尔·奥尔森(Mancur Olson)阐明了"囚徒困境"问题[2],查尔斯·蒂布特(Charles Tiebout)提出了"以足投票"理论等[3],用来解释公共物品资源配置的低效率以及市场失灵的存在,政府是最显然的公共物品提供者的合理性。但是,经济学家们指出,通过政府供给公共物品,并不必然意味着由公共部门来生产公共物品。公共部门可以把生产某种产品或服务的合同承包给私人生产厂家。但是,公共部门决定直接生产某种产品或服务,或是把生产承包给私人部门,需要考量诸多方面的因素,其实施的条件包括:存在有效的政治领导,机构内部存在积极的倡导者,具有节约成本的可能性或其他重要价值,行动具有政治可行性。因此,并不是所有的公共物品的生产都可以合同外包的,有些产品或服务的生产承包给私人部门是不合理的。例如消防和法治的执行就属于这种情况。因此,公共部门和私人部门之间的分界线应当画在哪里,这是一个重大的政治议题,也是各国政府在实施私有化和分权政策时的要旨所在。

经济学关于公共物品提供机制与方式探讨逐步深入并取得长足进展的同时,20世纪50年代初,政策科学开始作为政治学、公共行政学研究途径的替代物而出现,其标志性事件是勒纳和拉斯韦尔主编的《政策科学的范围与方法发展》一书的出版。在该书中,勒纳和拉斯韦尔阐明了政策科学的研究对象、性质和发展方向。[4] 在随后的《政策科学展望》[5]与《公共决策》[6]等论著中,拉斯韦尔将政策科学定义为对政策制定过程的知识和政策制定过程中的知识的研究,提出了包含情报、建议、规定、行使、运用、评价和终止在内的政策过程理论。1968—1971年,叶海卡·德洛尔(Yehezkel Dror)在《公共政策制定检讨》《政策科学构想》《政策科学进展》著作中对政策科学的对象、性质、理论和方法等问题作了进一步具体的论证,使政策科学的"范式"趋于完善。[7] 政策科学被看作是一门以公共问题为中心,综合应用多学科知识与方法来研究政策系统及政策过程,探讨政策现象和寻求问题的解决方案的综合性学科。

---

① HARDIN G.The tragedy of the commons[J].Science, 1968(12):1243-1248.

② 曼瑟尔·奥尔森.集体行动的逻辑[M].陈郁,译.上海:上海人民出版社,1994:10-15.

③ 查尔斯·蒂布特.一个关于地方支出的纯理论[J].吴欣旺,译.经济社会体制比较,2003(6).

④ LERNER D,LASSWELL H D, HILGARD E R, et al.The policy sciences development in scope and method[M]. Stanford, CA: Stanford university press,1951:3-15.

⑤ LASSWELL H D.A preview of policy sciences[M]. New York: Elsevier Inc. 1971:13.

⑥ 詹姆斯·E.安德森.公共决策[M].唐亮,译.北京:华夏出版社,1990:27.

⑦ 陈振明.公共政策分析[M].北京:中国人民大学出版社,2003:7.

在政策科学的形成和发展过程中,公共服务成为政策分析的核心概念之一。由于公共问题引发公共需求,而对公共问题的管理是以政府为核心的公共部门通过提供公共服务来满足公共需求的过程。因此,提供公共服务满足公共需求,进而解决公共问题是政府的职能所在。公共政策作为政府发挥职能的手段,是实现公共服务的基本形式。甚至可以说,公共政策就是一种特殊的公共服务,公共政策分析实际上就是研究公共服务的提供形式。因为政策过程本质上是一种政治过程,是以政府为核心的公共部门通过政治程序决定公共资源在不同公共服务之间的配置或决定全社会价值、利益在不同阶层、团体或个人中的分配过程。如此,在经济学研究公共物品时若隐若现的公共服务概念,在政策分析中成为理解公共政策的关键和"钥匙"。随着政策科学的拓展与深化,公共服务日渐成为政治学、公共行政学研究的焦点。在经济科学之外,公共物品的概念逐渐被公共服务所取代。

20 世纪 70 年代末,在世界各国政府治理变革的趋势中,公共服务成为政府职能的重心。但是,公共需求的不断增长与政府公共服务提供的数量、质量及提供方式之间的矛盾日渐显现。传统公共行政模式,即依靠科层官僚制组织提供公共服务的模式效率低下,弊端重重。社会变革和民众需求迫使政府转变治理观念,创新治理工具,探索公共服务供给的新模式。在此背景下,发达国家掀起了一场声势浩大的公共行政改革运动,即"新公共管理"运动。戴维·奥斯本和特德·盖布勒将新公共管理的核心归纳为"企业化政府理论",提出要从根本上提高政府公共服务绩效,就必须变革现行的政府体制,实施政府再造,并提出政府再造的十项原则:(1)起催化作用的政府:掌舵而不是划桨;(2)社区拥有的政府:授权而不是服务;(3)竞争性政府:把竞争机制注入提供服务中去;(4)有使命感的政府:改变照章办事的组织;(5)讲究效果的政府:按效果而不是按投入拨款;(6)受顾客驱使的政府:满足顾客的需要,不是官僚政治的需要;(7)有事业心的政府:有收益而不浪费;(8)有预见的政府:预防而不是治疗;(9)分权的政府:从等级制到参与和协作;(10)以市场为导向的政府:通过市场力量进行变革。[①]

与以往在公共行政框架内进行的变革不同,新公共管理不是对传统公共行政体制进行某种程度的局部调整,而是对官僚制公共行政模式的一种全面清算。它承认市场失灵需要政府活动的补充和改善,更强调政府失败需要引入市场机制,避免单纯依靠政府进行公共事务管理的片面性。以重塑政府与市场的关系为主线,新公共管理强调调整政府与社会的关系,利用市场和社会力量,推行公共服务社会化,以顾客取向和服务对象为中心,把需要服务的公众视为公共机构

---

① 戴维·奥斯本,特德·盖布勒.改革政府:企业精神如何改革着公营部门[M].上海市政协编译组、东方编译所,译.上海:上海译文出版社,1996.

的顾客,在公共服务机构之间引进市场竞争机制,通过"顾客主权"形成的压力,迫使公共机构提高服务质量,为吸引更多的顾客展开激烈的竞争。

由于新公共管理在重视公共服务供给效率的同时,存在对公共服务公平的忽视,基于对新公共管理运动的总结与反思,罗伯特·登哈特和珍妮特·登哈特提出了公共管理的新范式——新公共服务理论。新公共服务理论不是对新公共管理的简单否定,而是一种理性的反思和建设性的批判。新公共服务理论的主题包括以下几个方面:[①](1)服务而非掌舵。政府及其公务人员越来越重要的角色趋向于协助公民表达并实现共享的公共利益,而不限于控制或引导新方向。(2)追求公共利益。公共利益是主要目标,而非副产品。公共行政人员必须致力于建造一个集体的、共享的公共利益观念,其目标不是要在个人选择的驱使下找到快速解决问题的方案,而是分享利益和分担责任的创造。(3)战略的思考,民主的行动。即符合公共需要的政策和计划,如果通过集体努力和协作的过程,能够最有效地、最负责任地得到贯彻和执行。(4)服务于公民而不是顾客。公共利益源于对共同价值准则的对话协商,而不是个体自我利益的简单相加。因此,公务员不仅要回应"顾客"的需求,而且更要关注建设政府与公民之间、公民与公民之间的信任与合作关系。(5)责任并不是单一的。即公务员不应当仅仅关注市场,亦应关注宪法和法令,关注社会价值观、政治行为准则、职业标准和公民利益。(6)重视人而不只是生产力。公共组织及其所参与的网络,如果能够在尊重所有人的基础上通过合作过程与领导分享,则更有可能获得成功。(7)超越企业家身份,重视公民权和公共服务。与企业家式的管理者视公共资金为己所有的行事方式相比,如果公务员和公民都致力于为社会作出有意义的贡献,那么公共利益就会得到更好的实现。

随着新公共服务理论的盛行,"类似顾客服务、绩效衡量、私有化以及市场模型这些观念正日益成为公共行政语言的一个部分"[②]。新公共服务高扬价值理性,重申公共利益、公民权等作为公共行政之本的宪政民主价值原则,从而"避免行政学的公共性基础在现代社会工具理性的高歌猛进中被简约或边缘化"[③],为公共行政发展和改革实践指明了正确的方向。

至此,从传统政治学、公共行政学的替代物——政策科学兴起中凸显的公共服务概念,经新公共管理和新公共服务理论的淬炼,已成为当代公共管理(学)研

---

① 珍妮特·V.登哈特,罗伯特·B.登哈特.新公共服务:服务,而不是掌舵[M].丁煌,译.北京:中国人民大学出版社,2004:译者前言7-10.

② 罗伯特·B.登哈特.公共组织理论[M].扶松茂,丁力,译.北京:中国人民大学出版社,2003:165.

③ 陈振明,王海龙.创新公共管理理论,推动政府治理变革[J].公共行政,2005(5).

究的主体内容。在公共管理的语境中,公共服务提供除了效率的追求,还必须重视服务公平的价值,关注公共服务的均等化。因此,纵观从公共物品到公共服务概念嬗变中学科研究视角的转变,不难看出,内在于公共物品中的公共服务研究最初出现于政治学、伦理学中,是作为政治学的附属物出现的。边际革命以来,经济学对公共物品的研究取得了显著的成果。但是,20 世纪 50 年代,政策科学的勃兴使公共服务重新回归政治学、公共行政研究的视野,并在公共管理(学)研究中大放异彩。因此,从公共物品到公共服务,概念的嬗变彰显了学科研究的历史演化。

4.4.3 意义与价值

公共服务的兴起是政府改革与治理的一次深刻变革,它改变了以往以集权为特征的自上而下的权力运作,是政府对社会公平、正义、民主价值诉求的回应,政府不应在政府权限中寻求证实自身存在的理由,而应在为公民服务的需求中寻求其合法性,公共服务由此对当代政府治理变革提出了更高的要求。对于致力于公共服务型政府建设的中国政府而言,公共服务的兴起,既需要形成本土化的公共服务理论,也必须对涉及公共服务的核心问题作出回答。

1. 建构中国特色的公共服务理论

20 世纪 80 年代以来,在新公共管理的浪潮下,西方发达国家展开了卓有成效的公共服务创新进程,其提供机制与方式发生了深刻的变化,西方学者对各国公共服务的实践经验进行理论上的分析与提炼,形成了多种新理论,如治理理论、新公共管理理论、新公共服务理论等。当前,我国社会对公共服务的需求已经进入高速增长时期,但是,公共服务改革仍明显滞后于社会经济发展进程,公共服务理论研究的本土化创新不足,"相当多的中国公共行政学家都将研究重点放在美国和其他西方国家的公共行政学理论和实践上,而不是中国公共行政本身。将研究重点放在美国和其他西方国家的公共行政学理论上就是非常致命的。这不仅阻碍了对于本土问题的学术关怀,妨碍本土理论的构建,也不可能对中国公共行政实践提供切实可行的指导"[①]。因此,如何根植于转型期的中国现实,针对转型期我国政府提供公共服务所面临的问题寻找解决的途径和对策,形成具有中国特色的相关理论和创新方案,就成为公共管理与公共政策研究的一个当务之急。[②] 但是,构建中国特色公共服务理论,必须对我国公共服务现状进行深入调研,在对当前公共服务体制、机制、结构、流程、程序、方式等进行深入阐述的基础上,处理好以下一系列目标与价值的关系,才能提高理论的解释力,增强理论的应用性和对实践的指导性。

---

① 马骏,刘亚平.中国公共行政学的"身份危机"[J].中国人民大学学报,2007(4).
② 陈振明.加强对公共服务提供机制与方式的研究[J].东南学术,2007(2).

（1）经济发展与公共服务的关系。经济发展是政府公共服务得以加强的基础，只有经济发展了，才能有充足的财力支持政府公共服务，因此，公共服务要与经济发展水平相协调，必须警惕公共服务扩张导致地方财政过度举债。但是，当经济发展到一定水平的情况下，改进公共服务就是政府的首要任务，因为优质的公共服务是经济长期持续快速发展的根本保证。因此，在经济发展进程中，政府应提高公共服务的水平，促进经济持续增长。

（2）公共服务水平与覆盖范围的关系。维护社会公平正义，实现共同富裕是社会主义的本质属性。当前，我国公共服务的均等化程度存在较为严重的缺陷，城乡"二元的社会结构"造成城乡居民基本公共服务覆盖范围不公平。因此，应以完善广泛覆盖的基本公共服务为目标，以符合公平正义为原则，逐渐实现人人享有基本公共服务。

（3）市场服务与公共服务的关系。完善的市场经济体制是强化政府公共服务职能的前提条件。政府首先必须为市场服务，然后才是为弥补市场失灵提供公共服务。因此，公共服务不能破坏市场竞争的正常秩序，在社会主义市场经济体制中，公共服务应定位于弥补市场失灵，着力于民生和社会领域，形成完善的社会福利体系和社会保障制度。

（4）政府"单一供给"与"多中心供给"的关系。强调政府公共服务职能，并不意味着一定要扩大政府规模与增加公共支出，由政府来直接提供公共服务，特别是在我国这样一个人口众多、地域广阔的国家里，政府应扮演好"掌舵者"而非"划桨者"的角色，让企业与非政府组织参与公共服务的提供，将提供公共服务建立在市场机制、社会参与和政府自身变革的基础之上，拓展商会、协会、中介组织和其他民间组织的公共服务功能，从而改善公共服务供给效率，节约公共服务成本，提高公共服务供给水平。

2. 努力实现基本公共服务均等化

基本公共服务均等化一般是指全体公民在基本公共服务领域应该享有同样的权利。基本公共服务均等化不是一个抽象的、固定不变的概念和模式，而是特定社会历史条件下的产物。改革开放以来，我国社会经济发展迅速，利益主体和社会结构发生重大变化，区域发展不平衡日益显现。在全面评估了我国基础教育、公共卫生、社会保障、科学技术、基础设施、公共安全、环境保护、一般公共服务等八类基本公共服务供给水平与绩效的基础上，《中国公共服务发展报告2006》指出，当前我国基本公共服务综合绩效整体水平偏低，发展不平衡，无论从数量还是质量上都不能满足公众的需求。[①] 造成这种状况的主要原因是由于各

---

① 国务院发展研究中心.中国公共服务发展报告2006[M].北京：中国社会科学出版社，2007.

级政府因各种客观因素没能很好履行其应有的职责,城乡居民所享受的公共服务待遇迥然不同,而要改变这种状况,最有效的途径就是积极推进基本公共服务均等化,积极探索建立健全与社会主义市场经济相适应的公共服务制度,加快建设和完善公共服务体制,在就业、公共医疗、义务教育、社会保障等方面满足人们的基本需求,促进社会公平公正、维护社会和谐安定。党的二十大报告提出,"健全基本公共服务体系,提高公共服务水平,增强均衡性和可及性,扎实推进共同富裕"。但是,由于理论和实践上仍存在着对基本公共服务均等化的认知差异,实现我国基本公共服务均等化的目标依然任重道远。

(1)从财政制度上看,由于基本公共服务均等化是一个相对动态的概念,与一个国家或地区特定时期的经济发展水平、财力水平相适应,其内容和标准随着经济的发展、科技的进步和时代的变迁而不断发展变化,使得现有基本公共服务提供不足及相应的财政体制缺陷没有一个可衡量的明确标准。为实现基本公共服务均等化,需要调整和优化财政支出结构,使财政支出主要投向社会公共服务领域,但是财政支出结构转换的衡量标准难以确立,造成我国基本公共服务均等化的财政保障缺乏一个可量化的操作体系。

(2)从经济社会发展上看,改革开放和社会转型过程中,传统计划经济体制下承担公共服务提供职能的国有企业与民众间的保障契约被逐步打破,但是,新型市场经济体制公共服务的供给机制却没能及时有效地建立,造成社会公共服务提供机制的过渡性真空。这是政府职能缺位在经济社会发展中的一种表现。因此,必须认真考察我国基本公共服务不均等的制度成因,找到问题的症结所在,才能真正解决问题。

(3)从政府间关系上看,基本公共服务均等化需要合理调整中央政府与地方政府以及地方政府之间的事权与财权关系。地方政府的主要职责之一是供给人民群众所需的基本公共服务,但当前许多地方政府特别是乡镇一级政府缺乏相应的财政收入来源,没有足够能力提供基本公共服务。因此,实现基本公共服务均等化,需要深化政府间关系的改革,只有将政府间财权事权划分、转移支付制度的规范以及城乡统筹的政策支持,纳入公共服务均等化的体系中,重构政府间关系,提升基层政府的公共财政能力,才可能从根本上使基本公共服务均等化在实质上得以整体推进。

(4)从收入分配上看,基本公共服务的均等化不仅指城乡间、地区间的均等化,还涉及不同社会阶层、不同群体间基本公共服务的均等化。目前,我国城乡之间、行业之间、地区之间收入分配差距过大,基尼系数达到 0.45,超过国际公认的警戒线。收入分配不均等导致社会各阶层享受到的基本公共服务差距扩大,因此,基本公共服务均等化必须深化收入分配制度改革,厘清城乡之间、行业之间、地区之间收入分配差距现状与成因,逐步建立"橄榄形"的收入分配结构体系。

3. 谨慎对待公共服务市场化改革

引入市场竞争提高公共服务的效能,是当代政府治理变革的趋势,符合市场经济发展的要求。从理论上说,市场是一种有效的资源配置方式,公共服务市场化改革在西方国家行政改革中占有重要地位。通过引入市场竞争机制提高公共服务供给效率,促进社会资源有效配置,创造了相对较好的经济绩效。竞争性招标、凭单制、合同外包、特许经营、项目共同拥有或共同融资等市场化工具的引入,代表了公共服务市场化的转换。但是,公共服务市场化改革是一把双刃剑,它在提高公共服务效率的同时,忽略了公共组织与私人组织之间的根本区别,模糊了公共管理的责任与范围,因此也存在着自身固有的局限性,产生了许多不可回避的问题。

(1)公平问题。公共服务市场化改革可能使公共利益受到忽视,容易引发社会的公平正义问题。因为生产者以利润最大化为目的,难免会按照市场竞争法则选择有利于获利的服务项目,对于那些不能很好获利但又不能不提供的服务,则有可能消极供给,这就可能使一部分人得不到服务,尤其对于社会弱势群体来说,没有选择的权利可言。当一部分人被剥夺了某些选择权时,社会的公共利益实际上受到了损害,社会公正也就无从体现。[1] 例如,教育产业化改革使我国的公共教育成了一个利益冲突集中的领域,教育原本应有的公益性、公共价值受到极大挑战,为教育事业发展带来了严重困扰。

(2)风险问题。公共服务市场化改革通常基于契约(合同)的形式提供某项具体的公共服务,但是,合同的不完全性使得政府治理过程中面临着潜在的风险问题,存在高昂的交易成本,如签订合同的谈判成本、讨价还价成本、信息成本、决策成本以及合同的实施成本等,这些交易成本作为一种"摩擦力"会影响和降低公共服务的绩效。同时,由于委托代理关系的产生,作为委托人的政府无法全面准确地掌握代理人(生产服务提供者)的信息,如果代理人隐藏真实信息,将会出现逆向选择和道德风险,从而损害政府(委托人)或其他人的利益。

(3)腐败问题。监督和制约机制的不健全容易产生公共服务市场化的腐败和私人垄断问题。西方行政改革在打破原有的政府官僚体制结构之后,对市场竞争主体的监督制约机制缺乏必要的关注,更无严密科学的政策设计,导致各竞争主体行为失范,虽然市场化并不必然带来腐败,但增加了腐败的机会。由于市场化没有形成真正的竞争局面,企业具有取得垄断利润的现实条件,从而产生私人垄断。[2] 因此,公共服务市场化改革不能替代公共服务中政府的作用,相反,

---

[1] 徐锦贤.公共服务市场化之辩[J].宁夏社会科学,2008(5).

[2] 徐锦贤.公共服务市场化之辩[J].宁夏社会科学,2008(5).

它扩大了政府作用的范围,对政府治理提出了更高的要求,"政府必须承担更多的责任:强化保护集体福利的规则;确保公开竞争;充分运用市场力量,减少不切实际的控制和对企业不必要的管制"①。伴随着公共服务的市场化改革,政府部门需要进行结构重组与流程再造,建立起一种公共责任导向的治理机制,为有效发挥市场的作用构建一种新型的公共管理制度。

4. 设计公平高效的公共服务模式

20 世纪中后期,世界各国政府的社会服务职能日益重要,公共服务需求不断增加,依靠科层官僚制组织提供公共服务,由于缺乏合适的供给机制和制度安排,公共服务投入和产出总量不对称,缺乏均衡的分配和输送途径,弱势群体和边远地区所能享受的公共服务贫乏。因此,变革政府公共服务体制,推进公共服务供给机制与方式的革新,成为西方国家政府治理变革的重要内容。在我国,经济调节、市场监管、社会管理和公共服务构成转型期政府职能的四个基本方面。全面建设小康社会,构建社会主义和谐社会,必须强化政府在公共服务中的责任意识,转变长期单一将经济增长作为主要任务的做法,逐渐建立以提供公共服务为导向的政府职能体系,实现从经济建设型政府向公共服务型政府的转型。而其中的重中之重是必须推进公共服务提供机制和方式的创新,设计公平高效的公共服务模式。

(1)推进政府公共服务决策民主化。长期以来,公共服务决策采取自上而下的方式,政府根据自身的偏好或政绩导向决定公共服务的供给总量、供给结构和供给方式,供给成本由民众的税收(收费)分摊,导致部分公共服务的供给与民众需求发生错位。当由外生变量决定公共服务供给时,就有可能导致民众对政府公共服务产生反感和消极反对。因此,如果能对公共服务决策作出根本的改变,建立良好的公共服务需求偏好的表露机制,使公共服务供给由民众内生需求决定,公共服务决策的民主化将会使政府决策代表和体现公众的意愿和需求。

(2)强化政府公共服务职能。公共服务是维护社会基本公平的基础,通常发挥着社会矛盾的"缓冲器"作用。强化政府公共服务职能,加快改善我国公共服务状况,有利于缓解我国当前经济社会中所面临的各种突出矛盾,推进和谐社会建设。因此,必须深化政府行政体制改革,提高政府公共服务供给水平和质量,引导各级政府逐步树立以公共服务为中心的政府职能观和绩效观,建立健全公共服务供给的体制机制,加强政府公共服务绩效管理,强化各级政府和政府各部门的责任,促进政府间间接竞争机制的形成。

(3)创新公共服务提供机制与方式。当前我国社会对公共服务的需求已经

---

① E.S.萨瓦斯.民营化与公私部门的伙伴关系[M].周志忍,等译.北京:中国人民大学出版社,2002:329.

进入高速增长时期,而公共服务的制度改革仍明显滞后于社会经济发展进程。因此必须合理选择和创新公共服务的提供机制和方式,推进对多样化公共服务的分类管理,构建高效、公平和权责对称的公共服务提供模式。① 政府作为公共服务的提供者不一定要充当生产者的角色,也可以运用政府采购等手段完成其职责。在制度安排、机制设计层面,应正确区分公共服务的提供者、生产者和消费者,对不同的公共服务合理选择不同的提供机制与方式,充分运用市场环境与机制的潜力,提高公共资金使用效益和引进民间资金介入,缓解公共服务有效供给的不足。②

(4)建立政府公共服务监管体制。公共服务供给机制与方式的转变尤其公共服务市场化、社会化改革并不意味着政府责任的消失,只是政府负责任方式的相应改变。必须强化政府的监督和管理责任,充分运用间接管理、动态管理和事后监督等管理手段,以及行政规划、行政指导、行政合同等管理方式,加强公众和社会监督力度;建立相关主体利益诉求机制,严格依据有关的法律法规,制定监管程序、监管标准和监管措施,明确监管机构和人员的职责范围和监督方式,在市场准入、价格形成、服务质量等方面,逐步建立统一、开放、公平、公正的政府公共服务监管体制。

4.5 公共服务合同外包中的交易成本

随着政府治理变革的深入,无论是发达国家还是发展中国家,公共服务合同外包已经成为政府治理的核心工具。奥利弗·E.威廉姆森(Oliver E. Williamson)认为:"任何一种关系,不论是经济关系还是其他关系,只要它表现为或者可以表述为签约的问题,就都能根据交易成本经济学的概念做出评价。"③因此,借助交易成本经济学理论,学者们对公共服务合同外包中的交易成本进行了分析和探讨。尼古拉斯·阿吉勒斯(Nicholas S. Argyres)认为,公共服务合同外包是在既定的政治治理结构(政治制度和组织)中完成的,因此经济学意义上的交易成本与合同外包中的交易成本不同,经济学中的交易成本不能反映公共服务合同外包中的交易成本属性。④ 尼克尔·马韦尔(Nicole Marwell)指出,除了经济利益的考量,公共服务合同外包还要考虑政治因素的影响,能够影响选民偏好

---

① 陈振明.加强对公共服务提供机制与方式的研究[J].东南学术,2007(2).

② 贾康,孙洁.农村公共产品与服务提供机制的研究[J].管理世界,2006(12).

③ 奥利弗·E.威廉姆森.资本主义经济制度:论企业签约与市场签约[M].段毅才,王伟,译.北京:商务印书馆,2002:538.

④ ARGYRES N S, LIEBESKIND J P.Governance inseparability and the evolution of US biotechnology industry[J].Journal of economic behavior & organization, 2002(2):197-219.

的社会组织通常可以获得外包合同,因此政治选举及其制度安排影响了合同外包的选择及其交易成本的形成。[①] 理查德·菲沃克(Richard C.Feiock)指出,公共服务合同外包中的交易成本不仅取决于公共服务的特性,政治制度属性、领导者更替、公共服务市场化水平、公平正义价值的追求等都与合同外包中交易成本的形成相关。[②] 句华在评述公共服务合同外包的适用范围时指出,经济学中的交易成本理论提供了公共服务合同外包的核心分析框架,在交易成本理论框架下,公共服务是否合同外包需要权衡的就是组织内部生产成本和市场购买交易成本的差异。[③] 黄锦荣基于交易成本理论和中国基层政府的激励结构,解释了公共服务"逆向合同承包"的制度选择逻辑。[④] 此外,还有一些文献涉及了对公共服务合同外包及其交易成本问题的分析。[⑤] 这些文献丰富和发展了公共服务合同外包中应用交易成本理论的认识,对于理解合同外包中交易成本的成因与影响因素具有重要价值。本书基于交易成本经济学理论,厘清公共服务合同外包中交易成本的构成,阐明交易成本的成因和治理机制,从而探究公共服务合同外包的决定性因素,深化对公共服务合同外包的本质及其治理机制的理解。

4.5.1 交易成本的构成

交易成本经济学是 20 世纪 70 年代中后期逐渐形成和发展起来的一门经济学科,它以交易为基本分析单位,是新制度经济学的重要组成部分。交易成本是交易成本经济学的核心概念,交易成本的思想最早来自罗纳德·科斯。1937年,在其发表的经典论文《企业的性质》中,科斯指出市场交易是有代价的,因为"利用价格机制是有成本的。通过价格机制'组织'生产的最明显的成本就是所有发现相对价格的工作"。此外,"市场上发生的每一笔交易的谈判和签约的费用也必须考虑在内"。[⑥] 但是科斯并没有提出交易成本的概念。第一个使用"交易成本"这一术语的是肯尼斯·阿罗(Kenneth J. Arrow)。阿罗将交易成本定

①　MARWELL N. Privatizing the welfare state: nonprofit community based organizations as political actors[J].American sociological review,2004(2):265-291.

②　FEIOCK R C,JANG H S. Nonprofit as local government service contractors[J]. Public administration review,2009(4):668-680.

③　句华.公共服务合同外包的适用范围:理论与实践的反差[J].中国行政管理,2010(4).

④　黄锦荣,叶林.公共服务"逆向合同承包"的制度选择逻辑[J].公共行政评论,2011(5).

⑤　WALSH K.Public services and market mechanisms:competition,contracting and the new public management[M].Macmillan press LTD,1995;BROWN T L,POTOSKI M. Contract-management capacity in municipal and county governments[J].Public administration review,2003(2):77.

⑥　罗纳德·科斯.企业、市场与法律[M].盛洪,陈郁,译.上海:上海三联书店,1994:5-6.

义为"利用经济制度的成本"。① 由此交易成本开始被置于制度分析的中心
地位。

沿着阿罗的思路,奥利弗·威廉姆森进一步界定了交易成本的内涵。在威
廉姆森看来,交易成本不同于生产成本,生产成本属于新古典经济学的分析范
畴,交易成本是经济系统运转所要付出的代价或费用,其真实含义相当于物理学
的摩擦力。交易成本包括事前交易成本和事后交易成本。事前交易成本是指草
拟合同、就合同内容进行谈判以及确保合同得以履行所付出的成本;事后交易成
本则指签订合同后为解决合同与客观环境的冲突,从改变合同条款到退出合同
所花费的各项成本。事后交易成本包括:(1)不适应成本,即交易行为偏离合作
方向,造成交易双方互不适应的成本;(2)讨价还价成本,即如果交易双方想纠正
事后不合作的现象,需要讨价还价所造成的成本;(3)建立及运转成本,即为了解
决合同纠纷而建立治理结构(往往不是法庭)并保持其运转需要付出的成本;(4)
保证成本,即为了确保合同中各种承诺得以兑现所需付出的成本。②

从交易成本经济学的角度看,公共服务合同外包是在政府付费的情况下引
入市场机制供给公共服务的制度安排。合同存在的根本原因在于信息的不完全
性及市场的不完全性。"合同的目的就是通过发展处理不可预见的事件机制,以
及通过建立社会关系和交往的模式使未来更可驾驭。"③在公共服务合同外包
中,合同不仅意味着单纯的交换,它还塑造一种关系:规划如何做事情,并塑造运
营关系。④ 合同外包使公共服务的安排者和生产者分离,在这种形式下,公共服务
确定是一个政治过程,政治机制起作用,而合同签订后,公共服务生产就进入了经
济过程,市场机制起主导作用。政府公共服务是否合同外包,取决于合同外包过程
所产生的交易成本。按照威廉姆森的看法,可以把公共服务合同外包中的交易成
本看作是公共服务市场供给产生的"摩擦力",这种"摩擦力"会阻碍合同外包的实
施。为了降低市场供给公共服务的交易成本,有必要对公共服务合同外包中的交
易成本进行分类,因为"有意义的分类有助于交易成本的测量和政策设计"。⑤

① 迈克尔·迪屈奇.交易成本经济学[M].王铁生,葛立成,译.北京:经济科学出版社,
1999:25.

② 奥利弗·E.威廉姆森.资本主义经济制度:论企业签约与市场签约[M].段毅才,王
伟,译.北京:商务印书馆,2002:35.

③ WALSH K, DEAKIN N, SMITH P, et al. Contracting for change[M].Melbourne:
Oxford university press,1997:34.

④ MACNEIL L R. The new social contract: an inquiry into modern contractual
relations[M].New Haven: Yale university press,1980:220.

⑤ MCCANN L, COLBY B, EASTER K,et al.Transaction cost measurement for evalu-
ating environmental policies[J].Ecological economics, 2005(4):527-542.

1. 信息成本

信息成本是指在生产、使用和传递信息过程中所支付的成本。公共服务合同外包必须寻找合适的承包商，而寻找适合的交易对象就必须搜寻和获得这一领域与行业的信息，对其中的承包商进行考察，评估其是否符合合同外包的要求。在这一搜寻和获得信息的过程中，由于环境的不确定性和人的有限理性以及机会主义倾向，信息存在不确定性和不完全性，公共部门收集、加工、分析、利用、转换信息并不是无偿的，需要付出一定的代价，因此公共服务合同外包中的信息成本是指在市场上辨认、接触、评估能够提供公共服务的市场主体（承包商），测试他们的信用、资格、条件以及对其进行考察、筛选和确定的成本。这种成本是交易成本的重要组成部分，由于"信息作为一种资源是稀缺的，而人们接受信息的能力又是有限的。因此，信息成本包括个体本身的投入和大量不可逆的资本设备投入"[①]。

2. 谈判与决策成本

谈判是公共服务合同外包前的重要工作。信息收集、处理、转换完成之后，公共部门作为委托人必须同市场中的潜在代理人（承包商）进行沟通和接洽，双方讨价还价确定合适的承包商。因此，谈判成本是指合同外包的交易双方为达成交易达成共识所支付的成本，即在谈判过程中交易双方所投入的人力、物力、财力和时间。在谈判完成之后，公共服务合同外包的交易成本还包括决策成本，即进行相关决策与签订合同所需的成本，包括合同的编制、撰写、人事协商、公共服务的转移成本等。在公共服务合同外包中，参与谈判的承包商数量越多，承担供给公共服务的水平差异越大，讨价还价达成协议的难度越大，由此衍生的谈判成本也越高。

3. 争议成本

受生产技术的复杂性、市场需求的多重性、未来的不确定性等诸多因素的限制，公共部门与企业（承包商）签订的服务合同内容是不完备的，从而会导致逆向选择与道德风险问题，使合同外包存在着交易风险和纠纷。当根据合同无法解决纠纷时，交易行为就会逐渐偏离合作的方向，造成交易双方互相的不适应。交易双方为了解决交易纠纷，必然会针对合同的价格、质量等进行重新谈判。当交易双方通过谈判无法解决争议时，也可能诉诸仲裁或法律，因此争议成本是公共服务合同外包实施过程中的交易成本。由于通过审计等非市场手段了解信息的能力是有限的，公共部门通常在合同外包的实施过程中处于信息弱势地位，企业不可能把它所知道的信息全部告知政府（公共部门），甚至可能提供虚假信息。信息不对称性不仅在一定程度上影响了市场交易效率，政企之间的博弈也进一

[①] 符刚，刘春华，林万祥. 信息成本：国内外研究现状及述评[J]. 情报杂志，2007(11).

步增加了合同外包中的争议成本。

4. 监督成本

从契约关系的角度上看,公共服务合同外包的本质是一种委托代理关系,公共部门是委托人,承包商是代理人。根据委托代理理论,委托人和代理人通常具有各自的利益,可能存在利益冲突。因为受到某些条件的限制,委托人需要将某些权力授权给代理人,以实现自身利益最大化。但是代理人也是效用最大化者,代理人有滥用委托权力谋取私利的可能,委托代理问题随之产生。由于合同外包中代理人与委托人相比有更大的信息优势,信息不对称加大了代理人为谋取自身利益而行动的可能性。为了限制代理人的行为偏差,委托人必须加强对代理人的监督,保证公共服务的质量,维护公共利益,或者与代理人达成某种分成安排,向代理人提供足够份额的经济剩余或租金,使代理人能够真实地公开其掌握的信息。但是在公共服务合同外包的实践中,由于外包项目的复杂性和专业性,代理人往往占有信息优势,即便支付了监督成本,委托人对代理人的监督也并不一定有效。

5. 寻租成本

"寻租是为了获得人为创造的收入转移支付而造成的稀缺性资源的耗费。"[1]公共服务合同外包使公共服务供给"从官僚制到市场的转变可能意味着产生腐败的风险"。[2] 因为合同外包密切了公共部门(政府)与私营部门(企业)的关系,为了在合同承包中处于优势地位,私营部门就可能通过各种合法或非法的途径获得承包经营权。获得承包合同后,在提供公共服务过程中,如果发现存在服务质量问题,为了避免承担责任,企业也有可能向相关部门(官员)行贿。在合同即将到期时,为了能够继续获得外包权,企业仍有可能会向政府官员行贿。因此,寻租成本可能发生在从招标阶段一直到履约完毕的整个过程中,这种包括寻租者为寻找租金付出的人力、物力和财力,也包括政府反寻租行为付出的代价。寻租成本影响了公共服务合同外包的效益和质量,它引致经济资源配置的扭曲,使本来可以用于生产性活动的资源浪费在对社会无益的活动上。

6. 违约与转换成本

公共服务合同外包的交易过程中,存在交易一方违反合同退出交易的风险。当承包商在提供公共服务过程中违约,公共部门不仅增加了寻求下一个合适承包商的成本,而且也面临着如何处理与原承包商的关系,以及如何避免内部信息

① TOLLISON R D.Rent seeking: a survey [J].Kyklos, wiley blackwell,1982(4):575-602.

② 欧文·休斯.公共管理导论[M].张成福,王学栋,韩兆柱,等译.北京:中国人民大学出版社,2001:87.

泄露的风险,而当公共部门违反合同退出交易时,承包商则面临一系列沉淀成本,即在外包过程中所进行的固定资产投资、生产工具投资、人力资本投资都将会因交易的终结而转化为沉淀成本。此外,公共服务合同外包由于政府的专用性资产投资及承包商的市场垄断,还会产生相应的转换成本,即承包商锁定的成本。也就是说,当承包商获得外包权后,便垄断了该项公共服务的提供权力,如果政府在外包过程中进行资产投资,那么承包商便处于优势地位,政府处于被动地位,从而易使投资转变成为成本。由于在公共服务合同外包中,公共部门与企业的目标不同以及信息不对称和合约的不完全性都会加剧承包商锁定的成本。[①]

4.5.2 交易成本的成因

作为公共服务供给的制度安排,合同外包是公共部门根据公共服务性质的差异在"内部生产"与"市场购买"之间进行权衡的选择,作为公共部门与私人部门之间的交易活动,必然存在着交易成本。[②] 如果按照威廉姆森的说法,可以把交易成本比作物理学中的"摩擦力",那么公共服务合同外包中的"摩擦力"就与有限理性、机会主义、资产专用性、不确定性和交易频率有关。

1. 有限理性

有限理性指的是"有限认知能力为条件的有意识的行为"。[③] 有限理性意味着:一是人们获取和处理信息的高昂成本所产生的后果;二是指能力有限,即人类科学知识存量有限或人类推理能力有限;三是指人类理解或思维中存在系统性的扭曲。[④] 在公共服务合同外包中,有限理性的存在使得交易双方不可能具有完全辨认和获得正确而有效信息的能力,无法搜寻或掌握交易的所有信息。在有限理性的约束下,人们只具备处理和分析信息的有限能力,交易双方都可能会遇到自己所难以预见的事情,交易的合同也难以做到"天衣无缝",即交易双方不可能签订到一个预见到一切可能性的完全合同,在这种情况下,交易双方都可能被对方"算计",而如果出现了这种状况,或者是为了防止这种状况的发生,即为了能够协调交易双方在将来可能出现的争议和分歧,就必须进行适当的协商和安排,从而必然形成相应的交易成本。正如威廉姆森所说"理性有限是一个

---

① 徐姝.政府公共服务外包中的风险管理研究[J].中国行政管理,2011(6).

② 明燕飞,盛琼瑶.公共服务合同外包中的交易成本及其控制[J].财经管理与实践,2010(6).

③ 埃里克·弗鲁博顿,鲁道夫·芮切特.新制度经济学:一个交易费用分析范式[M].姜建强,罗长远,译.上海:上海三联书店,上海人民出版社,2006:577.

④ SCOTT K E. Bounded rationality and social norms:concluding comment[J].Journal of institutional and theoretical economics,1994(1):315-319.

无法回避的现实,因此就需要正视为此所付出的各种成本,包括计划成本、适应成本,以及对交易实施监督所付出的成本"。[1]

2. 机会主义

机会主义是指人们利用不正当的手段谋取自身利益的行为倾向,包括有目的、有策略地利用信息,如说谎、欺骗、违背对未来行动或责任的承诺,以及钻契约、规则、规定的空子等,其目的在于使自身利益或效用最大化。公共服务合同外包中的机会主义指的是参与公共服务合同外包的交易双方,为寻求自身利益而采取的"一种机敏的欺骗,既包括主动去骗人,也包括不得已去骗人,还有事前及事后骗人"[2]的行为。机会主义的出现增加了经济交易成本,因为在机会主义的驱动下,合同外包的交易双方可能利用现实制度环境的弱点,以违背对未来行动的承诺等不合法手段来追求自身利益。由于机会主义行为产生的成本已成为合同交易成本中的主要部分,机会主义是以有限理性为前提的。由于理性有限是交易双方不可能对复杂和不确定的环境一览无余,不可能获得关于环境现在和将来变化的所有信息,在这种情况下,就可以利用某种信息条件,如信息不对称通过说谎和欺骗,或者利用某种有利的讨价还价地位背信弃义。虽然并不是交易双方在所有时间内都会以机会主义的方式行事,但总有一些人在有些时候采取这种行为方式。问题在于,事先很难知道什么人在什么时候,以什么具体的形式采取机会主义行为。

3. 资产专用性

资产专用性是指"在不牺牲生产价值的前提下,某项资产能够被重新配置于其他替代用途或是被替代使用者重新调配使用的程度。这与沉淀成本的概念有关"[3]。资产专用性包括场地专用性、物质资产专用性、人力资产专用性、专项资产、品牌资本与临时专用性等类型。威廉姆森认为,资产专用性是为支持某项特殊交易而进行的耐久性投资,当特定资源依赖于其他协作性资源投入时,就会出现相互依赖性或相互套牢现象,如果初始交易夭折,该投资在另一最好用途上或由其他人使用时的机会成本要低得多。可以说,一项资产的专用性程度越高,就越难从一种用途转向另一种用途,从而使一笔交易的完成要花费搜寻价格以及合适交易对象的高额成本。因此,在公共服务合同外包中,如果交易的一方拥有

---

① 奥利弗·E.威廉姆森.资本主义经济制度:论企业签约与市场签约[M].段毅才,王伟,译.北京:商务印书馆,2002:70.

② 奥利弗·E.威廉姆森.资本主义经济制度:论企业签约与市场签约[M].段毅才,王伟,译.北京:商务印书馆,2002:72.

③ 奥利弗·E.威廉姆森.治理机制[M].王健,方世建,等译.北京:中国社会科学出版社,2001:51.

较多的专用性资产时,则另一方就可能会以退出交易相威胁,这时资产专用性就会阻碍交易的顺利进行,增加交易成本。更进一步说,对于承包商而言,为有效提供公共服务进行的专用性投资一旦遭遇合同关系提前终结,那么承包商将遭受重大损失。但是,当政府没有其他公共服务替代提供者时,承包商也可能会对专用性资产要求过高的价格。对于政府来说,承包商也可能利用政府在外包中的专用性资产作为续签合同时的一种讨价还价优势,因为政府如果与新的承包商建立新的外包关系必将重复同样的投资。因此,外包中的资产专用性在某种程度上代表了机会主义的范围,它不仅使政府难以从承包商处获取服务质量的改善,还增加了外包交易成本。但是,也必须看到,专用性资产价值越大、数量越多、企业(承包商)越有谋求长远利益、放弃短期机会主义行为的激励。因此,在交易投入了专用资产的情况下,契约关系的连续性就具有重要意义,因为一旦交易变动或提前终止就会造成一方或双方资产净价值的极大损失。

4. 不确定性

不确定性是指事物属性、状态的不稳定性或可变性。不确定性意味着人们"缺乏有关过去、现在、将来或假想事件的过程的确切知识。就一项具体决策而言,不确定性可能在强度、相关性以及可排除性上存在着差异"。[①] 具体说来,不确定性是人们对未来可能发生的事件和结果不知道或不完全知道,或者不知道或不确切知道其发生的时间和概率。不确定性具体包括:(1)公众需求和偏好的可变性;(2)信息不对称性;(3)合同的不确定性;(4)影响外部性的各种可能性等。在公共服务合同外包中,不确定性无处不在。受到有限理性的约束,交易双方不能全面认知复杂的交易环境从而获得对称的交易信息,信息不对称性增加了机会主义的可能性。更重要的是,在不确定的交易环境中,交易双方不可能获得全面准确的信息从而签订没有缺口的完全合同,而不完全的合同内含着交易的风险,从而增加了双方争议和讨价还价的成本。此外,不确定性增加了搜寻信息的难度和成本,当公共服务合同外包的任务复杂性越高时,由此产生的机会主义倾向就越高,为了防止机会主义行为,必须强化合同管理和加大监管的力度,这也增加了公共服务合同外包的监督成本。

5. 交易频率

交易频率是指交易发生的次数,它并不会影响交易成本的绝对值,而只影响各种交易方式的相对成本。[②] 依据交易的频率,可以将交易分为偶然性的交易

---

① 　DOMBERGER S. The contracting organization: a strategic guide to outsourcing[M]. Melbourne: Oxford university press,2002.

② 　奥利弗·E.威廉姆森.治理机制[M].王健,方世建,等译.北京:中国社会科学出版社,2001:51.

(包括一次性交易)和重复性的交易。如果一项服务的重复性很高,那么机会主义行为将会得到抑制,同时交易成本也随着交易的次数不断被分摊;而偶然性的交易虽然不会增加交易成本的绝对值,但是合同签订后,会带来更大的投机风险。[1] 由此可见,公共服务合同外包中的交易成本与交易频率密切相关。对于承包商来说,偶然性交易提高了机会主义的倾向,而重复交易提供了完善内部组织的激励,因为交易双方的合同关系为长期契约关系而非短期契约关系,这种模式可以更容易地实现专业治理结构,从而节约交易成本。[2] 对于公共部门来说,一次性交易更有可能受到没有预计到的外部环境的变化影响,较大的不确定性会增加谈判成本履约成本,而重复交易建立的标准化作业具有规模经济效应,交易双方都有维持合约的内在动力——承包商获得稳定的收益,政府获得稳定的公共服务供给,合同的稳定性降低了交易成本。

4.5.3 交易成本的治理

公共服务合同外包中的交易成本决定了合同外包的可能性与可行性。因为高昂的交易成本会使公共服务的市场供给不符合成本收益的原则,所以必须寻找节约交易成本的方法。"很明显,节约交易成本具有潜在的收益。规则和制度应该而且确实应该为服务于这一目的而发展。"[3] 如果能够找到节约交易成本的方法,那么公共服务合同外包的各方都可以从交易中获利,就像人们能够通过节约生产资料成本而在经济交易中获得共同的收益一样。

1. 提高合同外包的管理能力

公共服务合同外包中,政府移交的是服务项目的提供,而不是服务责任。为了防止承包商的机会主义行为,承担公共服务的社会责任,降低合同外包的交易成本,作为委托人的政府必须提高合同外包的管理能力。(1)公共服务合同外包不同于市场中纯粹的商品买卖,承包商在追求利润的同时应承担相应的社会责任,因此政府需要成为精明的购买者,学会寻找行业中具有较好社会责任的承包商,这类承包商大多拥有良好的信誉,它可以为公众提供更好的公共服务,如非营利组织是政府公共服务合同外包比较合适的承包者。(2)公共服务合同外包中,政府必须设立专门的监督机构对外包服务实施监管,既要防止过于松散的监督可能会导致服务质量的下降,也要预防过于严苛的监督又可能着眼于微观管理,因此政府可聘用有

---

① 安东尼·唐斯.民主的经济理论[M].姚洋,邢予青,赖平耀,译.上海:上海人民出版社,2005:71.

② 袁庆明,刘洋.威廉姆森交易成本决定因素理论评析[J].财经理论与实践,2004(5).

③ 阿维纳什·迪克西特.经济政策的制定:交易成本政治学的视角[M].刘元春,译.北京:中国人民大学出版社,2004:44,45.

技术和业务专长的雇员进行合同外包监督,并借助社会监督的作用,因为社会公众是公共服务的最终享有者,最能切实体会外包公共服务的质量。(3)为保证公共服务质量,政府必须对承包商的外包服务实行全面有效的绩效评估,评估外包服务的目标实现情况、成本效益、公众满意度等是否与合同所约定的要求相一致,如果不符合合同标准,政府应与承包商沟通或是终止合同并要求赔偿,对承包商进行惩罚。(4)公共服务合同外包并不意味着政府完全退出公共服务提供领域,不是完全将公共服务推向市场,政府还必须具备一定的生产能力。因为当承包商不能履行合同,不能按照合同的要求提供公共服务,而政府又不能迅速找到替代者的情况下,政府就必须提供公共服务,所以在政府把公共服务外包之后,不能把外包当作推卸责任的手段,还必须保留一定的生产能力。

2. 建立合同外包的风险机制

公共服务合同外包具有不确定性风险,风险的存在会转换成交易成本,规避风险是减少交易成本、提高公共服务外包成功的重要保障,因此,必须建立风险防范和分担机制。(1)建立风险防范机制。即在外包决策前,要进行外包的可行性分析,关注外包可能造成的风险,估计其可能产生的结果,从而减少外包风险带来的损失,并在此基础上建立监控机制,即对外包过程进行全程动态监控,对外包成果进行及时评估。(2)建立风险分担机制。即要在公共部门与承包商之间建立一种符合双方利益的公平合理的风险分担的激励约束机制。公共部门主要承担由宏观方面引起的风险,如国家政策风险、法律风险、通货膨胀风险等,承包商则主要承担由微观因素引起的风险,如运营风险、建设风险、评估风险等,而对于政府和承包商都无法有效控制的风险,应由双方共担。具体说来,风险分担方案可以分为公共部门与承包商独立承担、共同承担、优先承担和具体分析等多种情况。同时,风险分担的具体情况必须写入外包合同中,作为界定双方责任和分配利益的法律文件。(3)除了风险分担和防范机制,在公共服务合同外包中,信誉(声誉)的建立也可以降低不确定性,因此在合同外包过程中,应建立和完善信用档案制度,公开承包商的诚信记录,这可以有效地防止交易双方的机会主义行为,降低交易成本。但是,信誉的形成、维持和消亡取决于重复博弈、不完全信息等,也取决于特定社会的文化道德观念和历史传统。信誉一旦建立起来,对一个社会来说就成了一种有价值的社会资本。"信誉是社会系统赖以运行的主要润滑剂,它非常有效,它省去了许多麻烦,使人们可以对他人的话给予一定的信赖。信誉及类似的价值观,忠诚、讲真话等等都是商品,它们具有真正的经济价值,它们提高制度的运行效率,从而使人们能够生产更多的产品或任何人都重视的东西。"①

3. 健全合同外包的管理规范

合同外包是政府引入市场机制供给公共服务制度安排,可以借鉴企业业务外包的管理模式,建立健全公共服务合同外包的管理规范。(1)引入结果导向的管理。把结果管理引入公共服务合同外包既有重要的意义,通过设立一定的时间底线、目标绩效、服务数量质量指标、违约责任等,然后把公共服务充分外包给承包商,通过采用结果来衡量服务内容,不仅可以减少合同实施过程中所引发的各种成本(如机会主义引发的成本、监督成本、协商成本、隐藏的过渡与管理成本等),也有利于保证服务的质量和效益。如果承包商提供的服务结果满足合同的要求,政府就可以给其相应的报酬,而如果承包商未实行合同要求,政府就可以采取相应的惩罚措施。(2)建造科学的流程管理。由于结果管理在一个超常的任务指标压力和环境的不确定性下容易出现"腐败成本""沉没成本"等,在引入结果管理的同时注重过程的科学管理,建立公共服务合同外包的基本流程规范管理制度,通过明确外包的时间、外包项目、外包负责部门、如何寻找承包商、承包商选择、如何撰写合同、谈判争议的解决、如何监督和检验外包服务产品等过程,建立一个工作流程规范,指导不同时期的外包活动。在具体的外包过程中,政府部门也应建立具体的实施细则,建立权威工作的组织领导机构,负责公共服务的外包工作。在外包过程中,可考虑设立仲裁机构,目的在于处理好外包过程中发生的突发事件或紧急情况,从而减少交易过程中的成本。(3)重视合同本身的管理。虽然有限理性和不确定性使得交易双方不可能签订完美无缺的合同,但是政府在合同招标过程中,对于外包公共服务的对象、方式、步骤、时限、申请人的资质等相关信息的公开透明,可以有效抑制寻租行为的产生。因为信息的公开透明使得有能力的潜在承包商都能够具有平等的机会竞争,有利于公共服务合同外包获得最佳承包商。与此同时,应科学制定招标合同细则,明确合同的有效期、公共服务的数量、质量标准以及交易双方的违约赔偿责任,对于由于有限理性和环境的不确定性影响而暂时不能详细规定的部分可在附件中加以说明。这有利于减少由于环境的不确定性而修订合同所引发的相关管理与法律费用,减少争议和冲突的概率。

4. 完善合同外包的法律法规

单纯依靠建立合同外包的管理规范不足以有效降低服务外包的交易成本,完善法律法规是降低合同外包交易成本的有效途径。因为良好的法治环境提供

---

① ARROW K J.Limited Knowledge and Economic Analysis[J].The American economic review,1974(1):1-10.

了公共服务合同外包得以实施的重要保障。① 因此,应从公共服务合同外包的决策阶段,到外包合同招标阶段,再到外包服务的监管阶段,整个外包活动需要严格按照法定程序进行,遵循公开、公正、公平的原则,保证竞标者的合法权益。要在明确规定公共服务合同外包中交易双方的权利和义务基础上,明确划分详细而具体的违反法律规定所要承担的责任,这便于公共服务合同外包中行政部门依法行政,用法律规范责任,防止以效率代替公平。更为关键的是,法律规范的建立尤其是有关行政诉讼法和程序法的建立,可以完善对政府非法干预的诉讼途径,防止权力的滥用、错用,防止公务员借用权力"寻租",减少官员腐败。通过完善法律法规规范交易双方行为,约束承包方的机会主义,减少交易风险,从而降低交易成本,提高公共资源配置效率,维系社会公正。

　　5. 推动合同外包的技术发展

　　信息技术的发展有助于减少公共服务合同外包过程中的交易成本。可以这么说,交易成本的主要内容就是处理信息的成本。因为在信息不对称的情况下,拥有信息优势的一方容易产生机会主义行为,这将导致交易成本增加。所以,推进信息技术的发展将利于降低交易成本。首先,信息技术发展能够减少交易双方搜寻信息的成本。便捷的信息传播网络能使交易双方在极短的时间内快速完成对信息的收集、加工、处理和分析,从而减少交易双方的信息不对称,减少搜寻信息的成本。其次,信息技术的发展能够减少公共服务合同外包中交易双方的签约和决策成本。因为在信息技术时代,交易双方可以通过先进的网络技术简化外包交易程序,对外包行为进行及时准确的统计分析,从而作出较为科学的决策。最后,信息技术的发展能够减少交易双方的谈判与争议成本。由于信息的提取、传递、分析和储存都非常便利,交易双方可以通过互联网来传递资料、文件等相关信息,交易双方的沟通、协调、谈判变得非常便利,这有利于减少公共服务合同外包双方进行交易的中间环节和中间成本。

　　6. 促进合同外包的市场竞争

　　公共服务合同外包的成功取决于多种因素,其中最重要的是是否存在竞争性的市场。因为交易成本的一个重要维度是市场的竞争性,高度的市场竞争是获得最佳承包商的基础。而如果市场缺乏竞争,一旦承包商垄断(控制)了公共服务供给就会失去责任心,因为承包商追逐利润最大化的行为容易导致机会主义的产生,所以必须促进合同外包的市场竞争,给予企业以竞争压力提高生产效率和经营效率的正面诱因。为此应该减少政府干预,打破行政壁垒,政府应为各类市场主体提供平等的竞争机会,做到信息公开透明,简化外包投标招标程序,从而使市场力量不断发展壮大。有了强大的市场力量,政府在对某项或某些公

---

　　① 　杨桦,刘权.政府公共服务外包:价值、风险及其法律规制[J].学术研究,2011(4).

共服务进行外包招标时,才会吸引更多的承包商,从而防止外包垄断,减少机会主义成本和转换成本。同时,政府可以把大型公共服务项目分解为若干个小型项目,与多个承包商签订均等业务量的外包合同,这有利于减少合同锁定成本与风险,而政府选择多个承包商,也有利于营造承包商之间的竞争来对其实施相应的监督控制,增强在外包关系中的讨价还价能力。

7. 形成合同外包的长期关系

在公共服务合同外包中,政府是委托人,企业(承包商)是代理人,委托人和代理人之间的关系是一种契约关系,在这种契约关系中,交易双方地位平等,政府不是居高临下的领导者,要使得公共服务合同外包顺利进行,交易双方应相互尊重,相互倾听,相互理解,平等协商,充分考虑对方的利益和诉求,从而达成共识,树立目标一致的双赢合作理念,建立长期稳定的合作关系。如果政府与承包商在公共服务合同外包上能够签订长期稳定契约,重复交易可以使政府和承包商的目标函数更容易趋近,从而降低交易成本。因为稳定的长期合作不仅可以降低交易的发生次数,减少不确定性,从而降低交易成本,而且长期稳定的合作可以为政府节省搜寻信息成本、谈判成本、签订合同等一系列成本。长期稳定的合作也能够防止承包商的机会主义行为,使他们与政府部门结成利益共同体,在合同的履行过程中根据合同规范行事,避免讨价还价,降低交易成本,从而保证外包的顺利进行。但是必须明确,合同外包的重复交易并不意味着降低了政府责任,在外包过程中政府仍应担负起核心责任,承包商在追求效益的同时也应该承担起相应责任和社会责任。

第 5 章

外部效应与公共规制

外部效应是与公共物品密切相关的一种经济现象。"外部效应是无法在价格中得以反映的市场交易成本或收益。当外部效应出现时,买卖双方之外的第三方将受到某种产品的生产和消费的影响。无论这一产品是买者还是卖者(这一产品的生产和使用导致了外部性)都不会考虑第三方(指某一家庭或某一企业)的收益或成本。"①广义地说,公共部门经济学曾经面临和正在面临的问题都是外部效应问题。它们贯穿于社会经济发展过程之中,并对企业生产和居民生活产生了重要影响。本章探讨外部效应的起源与分类,区分正负外部效应及其对资源配置效率的影响,分析了为了弥补市场失灵,增进市场效率和社会福利,促进外部效应内部化,政府对微观经济主体进行的规范与制约——公共规制的内容,权衡公共规制的成本与收益,探究放松规制和激励规制的理论与方法。

5.1 外部效应的起源与分类

最早论及外部效应的是马歇尔,在《经济学原理》中,他用"外部经济"一词来指一个产品部门内部各厂商之间相互产生的一种积极的刺激和影响,而这些刺激和影响在生产成本中反映不出来,是外在于单个厂商的生产活动的,所以称之为"外部经济"。在马歇尔思想的基础上,庇古进一步阐述了外部效应理论。庇古认为,生产厂商的边际私人净产值和边际社会净产值的不一致现象,就是生产的外部效应。第二次世界大战后,尤其是 20 世纪 80 年代以来,随着人类社会经济活动领域的扩大,经济学家越来越关注外部效应问题的研究,并取得了丰富的理论成果。

那么,为什么会产生外部效应? 换言之,外部效应是如何起源的? 对此经济学家有不同的看法,主要有两种观点:市场机制论与所有制论。市场机制论认为,外部效应的产生源于市场机制自身。市场经济的特征:私有财产权极大地刺激人们为自身利益而从事各种经济活动;在私人经济活动中,厂商和消费者都是

---

① 大卫·海曼.公共财政:现代理论在政策中的应用[M].章彤,译.北京:中国财政经济出版社,2001:87.

理性的经济人,以利润最大化或效用最大化为目标。厂商和消费者作出经济决策的依据是市场价格,而市场价格形成的基础往往是私人边际成本或私人边际收益,无论厂商还是消费者,都不会主动地站在社会边际成本或社会边际收益的高度作出经济决策,或者技术上无法将生产和消费过程中产生的副作用纳入成本或收益之中。于是,当私人边际成本与社会边际成本不一致时,就会产生负外部效应;当私人边际收益和社会边际收益不一致时,就会产生正外部效应。所有制论认为,外部效应的产生源于产权的不明晰。这就是所谓"公地的悲剧"问题,即如果一种资源的所有权没有排他功能,那么就会导致公共资源的过度使用,最终使全体成员的利益受损,即产生负外部效应。所有制论强调,成本和收益的内部化必须以产权的确定为基础,如果产权不清晰,就会促使人们尽可能地无偿地得益。[①]

在西方经济学理论中,有关外部效应的定义颇多。布坎南和斯塔布尔宾(W. C. Stubblebine)1962 年合作发表了一篇题为《外部效应》的论文。在这篇论文中,他们给外部效应下了一个定义:只要某一个人的效用函数(或某一厂商的生产函数)所包含的变量是在另一个人(或厂商)的控制之下,即存在外部效应。可用公式表示为:

$$U^A = U^B(X_1, X_2, X_3, \cdots, X_n, Y_1)$$

这就是说,如果某一个人 A 的效用,不仅受其所控制的活动 X_1、X_2、X_3,$\cdots$,X_n 的影响,而且也受到其他活动 Y_1 的影响,而 Y_1 又在第二个人 B 的控制之下,就发生了外部效应。因此,简言之,所谓外部效应就是未在价格中得以反映的经济交易成本或收益。当存在外部效应时,人们在进行经济活动决策中所依据的价格,既不能精确反映其全部的社会边际效益,也不能精确地反映其全部的社会边际成本。其原因在于,某种经济活动的外部效应的存在,使得除交易双方之外的第三者(个人或厂商)受到了影响,而该第三者因此而获得的收益或付出的成本在交易双方的决策中未予考虑。其后果在于,依据失真的价格信号所作出的经济活动决策,会使得社会资源配置发生错误达不到帕累托效率所要求的最佳状态。

现实经济生活中,外部效应的表现形式是多种多样的。对此,可以依照不同的标准来分类。[②] 例如,外部效应的承受者,可能是消费者,也可能是生产者。于是,按照外部效应的承受者的不同,可将外部效应区分为对消费者的外部效应和对生产者的外部效应。

---

① 朱柏铭.公共经济学[M].杭州:浙江大学出版社,2002:111,112.

② 王传纶,高培勇.当代西方财政经济理论[M].北京:商务印书馆,1998:34,35.

外部效应的发起者,可能是生产单位,也可能是消费单位。于是,按照外部效应发起者的不同,将外部效应区分为生产活动的外部效应和消费活动的外部效应。

外部效应可能对承受者有利,也可能对承受者不利。于是,还可以按照外部效应结果的不同,将外部效应区分为外部正效应(外部效益)和外部负效应(外部成本)。

据此,外部效应可能有下述八种排列:

第一,消费活动产生正的消费外部效应——某个人或家庭因别人或家庭的消费活动而受益,如 A 的邻居 B 拥有一个美丽的花园,A 也会因此而享受到该花园的效益。此即为正的消费外部效应。

第二,消费活动产生正的生产外部效应——某厂商因某个人或家庭的消费活动而受益。如购买者偏好的变化增加了对厂商的产品的需求。

第三,消费活动产生负的消费外部效应——某个人或家庭因别人或家庭的消费活动而受损。如 A 嫉妒 B 的较高生活水平,他会因此而遭受负的消费外部效应。

第四,消费活动产生负的生产外部效应——某厂商因某个人或家庭的消费活动而受损。如购买者偏好的改变减少了对厂商的产品的需求。

第五,生产活动产生正的消费外部效应——某个人或家庭因某厂商的生产活动而受益。如由于采用新的技术,企业在追求最大利润时,以较低的价格出售质量较好的产品,消费者就会因此而受到正的外部效应。

第六,生产活动产生正的生产外部效应——某厂商因别的厂商的生产活动而受益。如一个养蜂者接近苹果园,他的养蜂活动便会有益于苹果园的主人。反过来,苹果园的扩大,也会给养蜂者带来好处。

第七,生产活动产生负的消费外部效应——某个人或家庭因某厂商生产活动而受损。如厂商的活动造成了污染,便会给附近居民的健康带来有害影响。

第八,生产活动产生负的生产外部效应——某厂商因别的厂商的生产活动而受损。如设在湖边上的纺织厂排出的污水,便有害于养鱼者的活动。

在存在外部效应的情况下,私人成本就会与社会成本发生偏离,私人受益与社会受益也会发生偏离。当某一个人给社会提供的受益大于从社会得到的受益时,他就会减少以至停止该项活动;反之,他的活动将会增加。如图 5-1 所示,C_0 表示某人增加活动的边际成本曲线,C_1 表示外部效应导致外部经济(即外部正效应)时的社会边际成本曲线,C_2 表示外部效应导致外部不经济(即外部负效应)时的社会边际成本曲线。图 5-1 中,$C_0 > C_1$,意味着私人活动给社会带来的福利大于成本,从而导致社会成本低于私人成本,根据这时的供求关系,C_1 与 D 线相交所确定的 Q_1 是社会的最佳产出。如果私人边际成本是私人活动的效率准则,那么,当社会成本低于私人成本时,即存在外部经济条件下,他所提供的活动不能满足社会的要求,其差距为 Q_1-Q_0。同样,当社会成本高于私人成本,也就是存在外部不经济的条件下,他的活动超过了社会的均衡状态,其超过部分为 Q_0-Q_2。

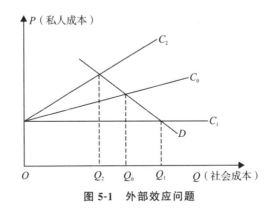

图 5-1　外部效应问题

5.2 外部正效应与外部负效应

尽管对外部效应可以从不同的角度作不同的分类,但是经济学家强调,从外部效应与经济效率的关系来看,最基本的还是依靠外部效应的结果来分类,即正的外部效应和负的外部效应。

外部正效应,亦称为外部效益或外部经济,指的是对交易双方之外的第三者所带来的未在价格中得以反映的经济效益,或者是指某些产品的社会效益大于其使用者价值的现象。在存在外部经济的情况下,无论是产品的买者,还是产品的卖者,都未在其决策中意识到他们之间的交易会给其他人或厂商带来益处。关于外部正效应的一个最突出的例子是消防设备的交易。很明显,一笔消防设备的交易,除了买卖双方可以从中得益,其他人也可以从火灾蔓延减小中得到好处(至少是临近的人或厂商)。但消防设备买卖双方并未意识到这一点。他们的买卖决策并未加入其交易会减低第三者的财产损失风险这样一个因素。如果加入了这一因素,也就是说将外部效应考虑在内,在不能向第三者收取相应报偿的情况下,消防设备的消费量将肯定会因此而出现不足。

在西方国家,典型的外部正效应的另一个例子是私人花园。对私人花园的所有者来说,它提供了一个令人赏心悦目的环境,除此之外,社会其他人也因此而受益。因为每个私人花园实际上就是个绿化地,它净化了空气,调节了地区的小气候。因此,除个人获益,社会也获得了利益。正外部效应有时也表现为生产过程中的产业互补性。由于现代社会实行社会化大生产,一个企业部门的发展会给其他部门创造相应的发展条件,这样一来,就产生了一种企业以外的社会效益。此外,外部正效应也表现在大多数的公共物品上。例如,某地政府修建了公路,交通条件的改善使得商品的运输更为方便,从而促进了该地区的发展。对于公路附近的居民来说,直接获得的利益是土地使用价值提高,租金变贵。一般地说,纯公共物品和准公共物品都存在外部正效应,正是由于这样,一些原来属于私人物品的行业才被社会转为公共部门,由过去的私人管理转为政府管理。

外部负效应,亦称为外部成本或外部不经济,指的是对交易双方之外的第三者所带来的未在价格中得以反映的成本费用,或者说是指某一产品的社会成本大于生产者私人成本的现象。工业污染对人及其财产所带来的损害,是关于外部负效应的一个最突出的例子。工业污染在损害人们的身体健康、降低人们的财产以及资源的价值上的负效用,已成为现代社会的共识。但是与带来工业污染有关的产品的生产者和购买者,显然是不会在其生产决策和消费决策中考虑那些因此而受损害的人们的利益的。也正因为如此,这类产品的生产往往是过多的。

外部负效应有时也表现在产品的假冒以及资源的开采利用上。由于某些资源,如土地、矿产等具有不可再生性,其实际成本是很高的,但从其生产者来说,他们是按开采的成本来付费的,这样就形成了外部成本。这种外部成本,也表现为对森林产品等资源开发上。此外,由于生产假冒产品的成本较低、受益高,在政府不加干预的前提下,许多企业会相继生产和销售假冒伪劣产品。图 5-2 说明了具有外部成本的情形。在图 5-2 中,D 为需求曲线,S 为生产者边际成本曲线,S' 为该产品的社会边际成本曲线,S' 与 S 之间的垂直距离表示该产品的外部边际成本。

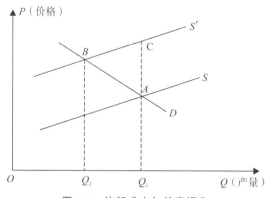

图 5-2　外部成本与效率损失

按说,生产者价格的供求均衡点应为 A,相应的生产数量为 Q_1。但从整个社会来看,该产品的最佳供求平衡点应当为 B,相应的需求量为 Q_2。因此,$Q_1 - Q_2$ 部分的产量是无效率的,由此而造成的效率损失为 $\triangle ABC$。所以说,在不加干预的条件下,对于那些有外部成本的产品而言,私人企业的竞争将会带来效率的损失。

当然,有必要指出的是,并非所有对交易双方之外的第三者所带来的影响都可称作外部效应。那些对第三者所造成的可以通过价格或可以在价格中得以反映的影响,就不是外部效应。例如,如果一个人增加了摄影的爱好,那么这一爱好本身肯定会增加摄影器材的市场需求,从而抬高摄影器材的市场价格。毫无疑问,其他摄影爱好者会因摄影器材价格上扬而受损。但不能因此说由于这个人的摄影爱好的增加而给第三者带来了负的外部效应。产品价格上扬,仅仅说明这样一个事实,即该物品相对于人们的现实需求来说变得稀缺了。价格上扬的结果是一部分收入从购买者手中转移给生产者,并增加了生产该种产品的动力。同时,从资源配置的角度看,价格的提高也使得现有的产量处于合理状态。很明显,这样的影响不会导致资源配置的扭曲,当然也不在政府要采取措施加以矫正的效应范围之列。

5.3 公共规制的理由与目标

由于在存在外部效应的情况下,私人的边际效益和边际成本会同社会的边际效益和边际成本发生偏离,而决定个人或厂商的经济选择的是私人边际效益和边际成本,不是社会边际效益和边际成本,因此,当个人或厂商仅从自身利益出发,完全忽略外部效应带给他人或厂商的效益和成本时,其所作出的决策很可能会使资源配置发生错误。[①]

5.3.1 公共规制理由

虽然科斯定理认为,存在外部效应时,在交易成本为零的世界里,不论权利的初始安排如何,政府不干预,有关各方之间的自愿谈判仍然可以解决外部性问题,都会达到资源的有效配置。[②] 但是科斯定理至少包含了三个假定:(1)产权是明晰的,因此外部性所造成的后果是确定的。(2)产权可以自由交易。产权是作为一种特殊商品进入流通,按照自愿原则进行交易。(3)交易成本为零。但在现实世界中,不仅存在交易成本,而且成本很高,以致不能达到交易。"为了进行市场交易,有必要发现谁希望进行交易,有必要告诉人们交易的愿望和方式,以

---

① 王传纶,高培勇.当代西方财政经济理论[M].北京:商务印书馆,1998:37-44.

② 新制度经济学的代表人物 R.科斯认为外部效应并非一定导致市场失灵,因为在产权明晰和交易成本为零的情况下,市场机制就能解决外部效应问题。即有关当事人可以通过谈判和协商来消除有害的外部效应,实现资源的有效配置。换言之,只要交易成本为零,那么无论交易的哪一方拥有产权,都能通过双方之间的谈判使资源配置达到帕累托最优状态,这就是科斯定理。

及通过讨价还价的谈判缔结契约,督促契约条款的严格履行,等等。这些工作常常是成本很高的,而任何一定比率的成本都足以使许多在无需成本的定价制度中可以进行的交易化为泡影。……一旦考虑到进行市场交易的成本……合法权利的初始界定会对经济制度的运行效率产生影响。"①因此在存在外部效应时,产权交易能否发生,要取决于产权的一种安排是否比其他安排产生更多的产值。若产权调整和重组后的产值增加量远远小于产权交易所产生的成本,那么这种产权调整就不会发生。此时,就需要政府通过强制手段进行规制,以实现资源的有效配置。换言之,外部效应的存在,需要通过政府公共规制的方式促进外部效应内部化。但是公共规制的理由不仅是外部效应,还有自然垄断、信息不对称、消费偏好等。

1. 自然垄断

垄断会造成效率损失。公共规制有助于消除自然垄断带来的效率损失。自然垄断是指某种经济技术特征所决定的,某一产业部门由单个企业生产产品或提供服务成本最低的现象。自然垄断产业的一个显著特点是具有成本弱增性,由一家或极少数企业提供特定的产品和服务能使成本极小化。但由于企业实行垄断经营,垄断企业就会本能地追求自身利益最大化。这就使以追求社会整体经济效率(特别是分配效率),实现社会福利最大化为导向的政府规制成为必要。换言之,自然垄断产生了对政府规制的需求:抑制企业制定垄断价格,维护社会分配效率;防止破坏性竞争,保证社会生产效率和供应稳定。这是因为自然垄断产业投资巨大,回报期长,资产专用性强,规模经济显著,如果不存在政府规制,在信息不完全的情况下,许多企业就会盲目进入自然垄断产业,进行重复投资,过度竞争,一种可能的结果是竞争失败的企业退出市场,投资得不到回报,专用性强的资产闲置,造成社会资源的浪费。另一种结果是势均力敌的几家企业互不相让,最后有损无益,在生产能力严重过剩的情况下,互相争夺市场份额,从而造成生产效率低下。为了防止破坏性竞争,需要政府对自然垄断产业实行规制,通过控制进入壁垒,抑制企业过度进入,以保证社会生产效率。② 与此同时,自然垄断产业提供的产品或服务往往是社会必需品,也是大多数企业必需的投入要素,因此,也需要对自然垄断产业实行政府规制,设置退出壁垒,以保证特定社会产品或服务供应的稳定性。

---

① R.科斯,A.阿尔钦,D.诺斯,等.财产权利与制度变迁[M].刘守英,等译.上海:上海三联书店,上海人民出版社,1994:20.

② BURGESS G H.The economics of regulation and antitrust[M]. New York:Harper collins college publishers,1995:43,44.

2. 信息不对称

传统的经济学理论假定:在完全竞争市场上,信息是内含于市场活动之中的,即经济主体在进行市场活动之前,对市场已经充分认知,生产者和消费者都拥有充分信息,所有与产品有关的信息都是完全公开的,生产者和消费者可据此作出正确的决策。但在现实生活中,完全信息公开是不存在的,大量存在的是市场交易者之间的信息不对称现象。信息不对称的基本特征:有关交易的信息在交易者之间的分布是不对称的,即一方比另一方占有较多的相关信息,处于信息优势地位,另一方则处于信息劣势地位。这种信息不对称问题是普遍存在的。现实生活中,由于产品、服务、医疗、广告、作业场所等方面出现的质量问题或交易中的坑蒙诈骗行为,而对交易另一方(消费者、劳动者)造成了伤害,资源配置偏离帕累托效率的市场失灵问题,经济学家一直认为,其原因在于现实的市场并非像理论假定的那样信息是完全的,而是不完全的,而且双方所掌握的信息不对称,于是,有信息优势的交易者一方如企业就有积极性通过损害另一方的利益来谋利。史普博把这种由于信息不全和不对称所引起的市场失灵问题概括为内部性(internalities),而与外部性(externalities)概念对应起来。他认为,所谓内部性,是指虽经交易但交易一方使另一方承担或获得了未在交易合同中反映的成本或收益。[1] 内部性也分为负内部性和正内部性两种:前者如劣质产品给消费者造成的损害并没有在交易合同中反映,后者如职工培训而从中得到的好处也没能在劳动合同中反映出来。

从经济角度来看,信息不对称导致效率损失的情况主要有逆向选择和道德风险两类。“逆向选择”通常是指在信息不对称的状态下,接受合约的人一般拥有私人信息并且利用另一方信息缺乏的特点而使对方不利,从而使市场交易的过程偏离信息缺乏者的愿望。[2] 由于这种交易如果达成则对一方有利,另一方受损,从而不能满足帕累托效率原则,使交易双方共同得到剩余的条件。道德风险一般是指交易双方达成一项合同或契约后,交易一方在单纯追求自身利益时作出对另一方不利的行动。[3] “道德风险”来源于经济活动中一方的信息优势。比如工人的努力,雇主无法不付代价就可监督,投保人采取预防措施以降低发生事故和遭受损失的可能性,承保人也不可能无代价地进行监察。一般来说,每个人都会作出实现自身利益最大化的理性选择,所以任何人在拥有个人独占的私人信息时,均会采取有利于自己而可能损害他人的行为,道德风险就会出现。从

---

① 丹尼尔·F.史普博.管制与市场[M].余晖,何帆,钱家骏,等译.上海:上海三联书店,上海人民出版社,2003:64.

② 王冰,黄岱.信息不对称与内部性:政府管制失败及对策研究[J].江海学刊,2005(2).

③ 王俊豪.政府管制经济学导论[M].北京:商务印书馆,2001:357.

本质上讲,道德风险属于经济环境中的外生不确定性,它的存在,将破坏市场均衡或导致市场均衡的低效,难以达到最优的资源配置。

信息不对称引发的逆向选择和道德风险会严重影响公平交易,造成市场低效率,因此,要减少逆向选择和道德风险现象,就要从根本上缓解交易双方的信息不对称问题。而缓解信息不对称的途径主要有两个方面:一是利用市场机制本身缓解信息不对称问题;二是通过公共规制缓解信息不对称问题,政府以法律、法规、行政命令的形式对信息传递加以规范。

3. 消费偏好

在竞争性市场机制条件下,资源的配置是有效率的。但是竞争性市场机制依照社会道德伦理规范,也存在着一些其不希望产生的结果。因为在现实市场中,并不是每个人的要求、愿望都是合理的。可能某种产品给个人带来的福利较大,但消费者本人并未意识到这一点,只是给予它较低的评价,即只有在低廉的价格下才愿购买,我们把这类消费者的评价低于合理评价的物品称为"优值品"(merit goods),也称功德物品,可以列入此类物品范围的有安全预防物品(如汽车安全带、建筑抗震技术)、强制性义务教育和强制性保险计划等。[①] 相反,某种物品给人们带来的好处并不大,甚至有害无益,但消费者却给予较高的评价,愿意以高价购买。比如吸烟、吸毒、核武器竞争等。这类消费者评价高于合理评价的物品被称为"劣值品"(dismerit goods),也称"非价值性物品"(植草益)。按照社会普遍承认的价值评判标准,"优值品"和"劣值品"均属于个人偏好不合理的问题,它会给消费者个人进而给整个社会带来福利损失,社会有必要纠正这些产品的消费。

个人偏好不合理导致"优值品"和"劣值品"的出现,如果不纠正这些产品的消费与生产,任由其按市场规律进行配置,就会出现一些社会不希望产生的结果。比如对于毒品,如果没有规制,它可以形成自由市场,并在完全竞争的市场中达到资源配置的效率。但是,这样的结果对社会总福利有害无益。与此相反,对于教育和保险,按照普通的价值标准,它们对于一个人的发展和保障是有益的,理应在资源配置中达到一个较高的消费水平,但由于许多人轻视其价值,如果任由消费者根据自己的偏好去购买,市场提供的这些优质品的数量必然低于资源配置的最佳水平,从而造成资源配置不足的效率损失。这些情况都要求借助政府的力量,即需要政府出面进行规制。这样,纠正市场缺陷成为政府进行公共规制的最佳理由,由政府扮演着社会管理者的角色。

---

　　① 夏大慰,史东辉,等.政府规制:理论、经验与中国的改革[M].北京:经济科学出版社,2003:31.

5.3.2 公共规制的目标

那么,公共规制的目标是什么?经济学家们从不同的角度进行了分析,从而形成了各种公共规制理论。归纳起来主要有两种,即公共利益理论与部门利益理论。

1. 公共利益理论

公共利益理论主张公共规制是对市场失灵的回应。它在一个很长的时期内一直以正统的理论在规制经济学中居于统治地位。这一理论假定公共规制的目的,是通过提高资源配置效率,以增进社会福利,并且假定规制者专一地追求这一目标。这一理论把公共规制看作是政府对公共需要的反应,它或明或暗地包含着这样一个前提,即市场是脆弱的,如果放任自流,就会导致不公正或低效率。

公共规制是对社会公正和效率需求所作的无代价、有效和仁慈的反应。所以,公共规制是针对私人行为的公共政策,是从公共利益出发而制定的规则,目的是控制受规制的企业对价格进行垄断或者对消费者滥用权力,具体表现为控制进入、决定价格、确定服务条件和质量及规定在合理的条件下服务所有客户时的应尽义务等,并假定在这一过程中,政府可以代表公众对市场作出一定理性的计算,使这一规制过程符合帕累托最优原则。这样不仅能在经济上富有成效,而且能促进整个社会的完善。随着公共规制范围的扩大——从经济性规制扩大到社会性规制,公共利益理论几乎被用来解释所有的公共规制问题。

无论是厄顿(M. L. Utton)、布雷耶尔(Stephen Breyer)、植草益(Masu Uekusa),还是韦登鲍姆(M.L.Weidenbaum),都把公共规制看作是对市场失灵的反应。他们通过对市场失灵的分析,表明市场失灵会导致资源的误置,那么根据公共利益理论,政府应通过实施规制规则采取行动矫正失灵。在他们看来,公共规制是政府在存在市场失灵的领域的直接干预,以防止无效率的资源配置的发生和确保需要者的公平为主要目的的。也就是说,公共规制是从公共利益出发,以纠正在市场失灵下发生的资源配置的非效率性和分配的不公正性,以及维护社会秩序和社会稳定为目的的。所以,哪里有市场失灵,公共利益理论就主张在哪里实施相应的政府干预,以矫正市场缺陷。由于竞争市场的条件很难达到,市场失灵不可避免。

按照公共利益理论,公共规制的潜在范围几乎是无边界的。对于公共利益理论最大的批评,是作为一种经济规制理论,公共利益理论本身是不完善的,这一理论无法解释清楚市场失灵一旦出现,是通过什么成为修正性政策的对象的。而且,公共规制的实践表明,由于政府行为目标的偏差和特殊利益集团对规制的寻求,人们很难认为把影响产业绩效的规制政策与市场失灵相联系是为了公共利益,相反在许多的规制结构下,规制的相关部门在牺牲消费者利益的基础上获利不小。

2. 部门利益理论

公共规制的部门利益理论是施蒂格勒(G. J. Stigler)首先提出的,随后由佩尔兹曼(S. Peltzman)和波斯纳(R. A. Posner)予以发展的。这一理论是与公共利益理论完全相左的。它认为,确立公共规制的立法机关或规制机构仅仅代表某一特殊利益集团的利益,而非公共利益。公共规制的部门利益理论是建立在以下假设基础之上的:政府的基本资源是权力,各利益集团能够说服政府运用其权力为本集团利益服务;规制者是理性的,能选择使其效用最大化的行动。在这样的假设基础上得到推论,公共规制是为了适应利益集团最大化其收益需要的产物,一个特定的利益集团能够通过说服政府实施有利于自己的规制政策而把社会其他成员的福利转移到自己手中。

施蒂格勒通过大量的案例研究,证明规制通常是产业自己争取来的,规制的设计与实施主要是为受规制的产业服务的。1976 年,在《走向更一般的规制理论》一文中,佩尔兹曼进一步发展了这一理论。他将利益集团简化成企业和消费者,规制者简化为立法者;利益集团和立法者都是经济人,企业追求利润最大化,消费者追求消费剩余最大化,规制者寻求最广泛的政治支持,进一步体现为追求选票数量最大化;利益集团以提供他们对规制者的政治支持作为获取有利于他们自己的规制立法的交换条件。在这样的假定下,一个规范的政治均衡就由规制者选票数量的无差异曲线和利润曲线的切点给出。规制的最优价格介于完全竞争价格和完全垄断价格之间,表明现实中最有可能受规制的产业是接近完全竞争或接近完全垄断的产业,因为从完全竞争价格和完全垄断价格向规制价格移动,对规制者来说,能产生更大的政治支持。

佩尔兹曼的贡献在于揭示出了这样一条规律,即规制是被利益集团和规制者所共同喜好的一种制度,并表明,规制易于使组织得更好的利益集团受益,因为组织得更好的利益集团能够提供更大的政治支持,并能从中获得更多的收益。部门利益理论的一个直接派生物是政府规制俘虏理论。它认为,俘虏政府规制即促使政府进行规制的,或是规制对象本身,或者是其他可能从中获益的人,政府规制与其说是为了社会公共利益,毋宁说是特殊的利益集团寻租的结果。也许在某些时候,政府规制会给一般公众带来有益的后果,但这并非政府规制实际的初衷,它充其量不过是规制的意外结果而已。政府规制俘虏理论的总体影响是增强了反政府规制的倾向。

5.4 公共规制的成本与收益

公共规制是有成本的,同时也为社会带来一定的收益,对公共规制的成本与收益进行分析,有助于权衡公共规制的利弊得失,从而为政府决定对哪些领域应该实行规制、对哪些领域不应该采取规制提供理论依据。

公共规制的成本包括以下几个部分：

（1）微观规制制度的运作成本，包括规制政策的制定成本和规制机构的运行成本。规制政策的制定成本是指政府机构对有关信息的收集成本、分析成本和规制政策的制定费用，而规制机构的运行成本则由两类成本构成，即规制文件的处理成本、行政裁决成本等，也称事中成本，以及建立与维持规制机构正常运转所花费的成本。据霍普金斯的估计，1996 年美国政府为建立和管理有关规制的规章制度形成了总量达 140 亿美元的支出。

（2）公共规制的实施影响经济效率产生的相关费用。主要有如下几种：效率成本、转移成本、反腐败成本等。效率成本是指生产者剩余和消费者剩余的净损失，它表明了一项规制政策偏离其预期轨迹所造成的经济效率损失；转移成本指的是获益从一方转移到另一方，它反映了规制实施或规制改变时获益者和受损者的情况，实际上是社会财富在不同社会成员间的重新分配；反腐败成本则是政府为了防止和查处规制制定与实施过程中的寻租、设租行为而付出的费用，包括事前的防范成本、事中的监督成本和事后的处理成本。

（3）规制的机会成本。政府规制的机会成本可以通过下述方法进行测度：通过对各项规制政策的效果比较来测度；由规制前后经济效率的比较来测度；通过放松规制前后经济效率的比较来测度，反映实行某项规制所带来的效率损失或不实行某项规制后本来应有的效率水平。

（4）公共规制的寻租成本。这是特殊利益集团出于各种目的贿赂政府，或企图影响政府的规制政策，或为了联络感情、打通关节，以便该集团能够得到政府的帮助或特许所形成的成本。只要存在着政府规制，寻租成本就不可避免。

作为对资源的再配置，公共规制定然会产生相应的收益。施蒂格勒运用福利经济学理论对此进行了分析，认为可以用"垄断者在原来的产出上的所失恰被消费者所得抵消"来衡量，即"……加总消费者剩余和生产者剩余的变化量，减去规制成本。如果规制成本小于消费者剩余增量与生产者剩余增量之和，则规制增加了福利"。① 由于公共规制在一定程度上改变了资源的配置状况，衡量政府规制收益的大小，可以将规制前后的资源配置效率进行对照比较，而资源配置效率又可以用消费者剩余和生产者剩余的净增量来衡量。因此，可以把政府规制的收益定义为政府规制实行后给当事人及社会福利带来的利益增量。如实行价格规制后，遏制了垄断高价，给消费者带来了实惠；实行环境规制，净化了环境，提高了社会福利水平。

---

① 周光斌，蔡翔.电信政策与管制[M].北京：北京邮电大学出版社，2001：57.

5.5 放松规制与激励规制

20 世纪 80 年代以来,随着博弈论、信息经济学和机制设计理论等微观经济学前沿理论与分析方法被引入产业经济学的研究,一种新的公共规制理论——新规制经济学(New Regulatory Economics)应运而生。新规制经济学的理论主题主要包括两个方面的内容:为西方各国规制改革实践服务的放松规制理论和以提高规制效益为目的的激励规制理论。新规制经济学的出现,使得公共规制的理论基础和思维方式发生了根本性的变革。

5.5.1 放松规制理论

由于对自然垄断产业运营效率的不满,从 20 世纪 70 年代末起,在英、美等西方国家,相继出现了以放松规制为特征的规制改革运动。在这一运动中,传统公共规制的理论基础受到前所未有的质疑和批判。规制实践的变化促进了规制理论的发展,适应公共规制改革的需要,经济学家提出了一系列支持规制放松的理论主张。

1. 新自然垄断理论

由于存在着资源稀缺性和规模经济效益,提供单一产品和服务的企业或联合起来提供多数产品和服务的企业形成一家公司(垄断)或极少数企业的概率很高,这种由技术原因或特定经济原因而形成的垄断,被称为自然垄断,基础设施产业大都具有自然垄断的性质。传统规制经济学认为,从社会利益出发,政府必须对自然垄断产业进行规制,因为自然垄断企业的平均成本随产量的增加而持续下降,如果把某种产品的全部生产交给一家企业来生产,对全社会来说总成本最小。因此,需要政府对市场准入进行规制。而且根据微观经济学的基本理论,只有当价格等于边际成本时社会的总福利最大。但是在自然垄断产业,当价格等于边际成本时,企业会亏损。因为平均成本下降时,边际成本低于平均成本,而市场定价原则是边际成本等于边际收入,如果按照这一原则定价,企业就会亏损。这称之为自然垄断企业定价的基本矛盾。这一矛盾要求由政府对自然垄断产业的价格进行规制,在社会利益和企业利益之间进行取舍。

新规制经济学认为,传统自然垄断理论是建立在单一产品假设基础上的,而现实中企业的产品结构往往是多元的。因此,对于自然垄断的定义必须建立在成本的弱可加性(subadditivity)而不是规模经济的基础上。假设有 M 个企业,N 种产品,任何一个企业可以生产任何一种或多种产品。如果一个企业生产所有产品的总成本小于多个企业分别生产这些产品的成本之和,企业的成本方程就具有弱可加性。如果在所有相关的生产上,企业的成本都具有弱可加性,该产业就可以看作是自然垄断产业。当一个企业的总成本低于多个企业的成本之和时,单一企业的平均成本可能下降,也可能上升。前者条件下的自然垄断称为强自然垄断,后者条件下的自然垄断称为弱自然垄断。在弱自然垄断条件下,边际成本价格使社会福利最大化的同时又使企业营利,边际成本定价的矛盾不复存在。因为在弱自然垄断下,企业按边际成本定价,产量由需求曲线和边际成本曲线的交点决定。当平均成本处于弱可加性时,边际成本大于平均成本,企业营利。新规制经济学认为,根据自然垄断的这种新理论,对自然垄断产业的规制,就需要视自然垄断的强弱、进入市场有无障碍和企业的承受力分别采取不同的对策。在强自然垄断下,如果进入无障碍,企业也有承受力,则不需要政府规制,承受力的存在保证垄断企业不致被挤出市场,潜在竞争者的威胁恰好代行规制职能,迫使企业制定一个不高于盈亏相抵的价格。在弱自然垄断条件下,当进入无障碍,企业有承受力时,也不需要政府规制,因为潜在竞争者的威胁会迫使垄断企业制定边际成本价格,从而实现社会福利最大化,企业营利。这表明,自然垄断与竞争之间存在着替代性,自然垄断产业的定价矛盾可以部分化解。"因此,用成本的弱可加性定义自然垄断,在一定程度上拓展了自然垄断的范围……从而为自然垄断产业的放松规制提供了理论依据。"[1]

2. 可竞争市场理论

所谓可竞争市场是指来自潜在进入者的竞争压力对市场上的供给者的行为构成很强约束的市场。鲍莫尔(Baumol)、帕恩查(Panzar)、威利格(Willig)在《可竞争市场与产业结构理论》一书中,系统地阐述了这一理论。可竞争市场理论的假设条件:(1)企业进入和退出市场是完全自由的,相对于现有企业,潜在进入者在生产技术、产品质量、成本等方面不存在劣势;(2)潜在进入者能够根据现有企业的价格水平评价进入市场的营利性;(3)潜在进入者能够采取"打了就跑"(hit and run)的策略,即潜在进入者具有快速进出市场的能力,在撤出市场时也不存在沉淀成本,所以不存在退出市场的障碍。

以上述一系列假设为前提,可竞争市场理论的核心内容包括:(1)在可竞争市场上不存在超额利润。因为任何超额利润都会吸引潜在进入者以同样的成本跟垄断企业分割市场份额与利润,潜在进入者即使制定比现有企业更低的价格也能获得正常利润,甚至部分超额利润。在垄断企业作出价格下降的反应前,消费者会因潜在竞争者提供较低的价格而购买其产品。因此,垄断企业只能制定超额利润为零的"可维持性价格",以防止潜在进入者与其发生竞争。换言之,垄断不阻碍市场的竞争性,潜在的竞争决定了垄断企业的定价原则会从获取垄断利润为目标的高价原则,转化为可维持性定价原则。(2)在可竞争市场上不存在任何形式的生产和管理上的低效率。因为生产和管理上的低效率会增加不必要的成本,这些非正

---

① 李建琴.政府俘房理论与管制改革思路[J].经济学动态,2002(7).

常成本会吸引效率较高的潜在竞争者进入市场。因此,虽然从短期看,现有企业可能存在低效率现象,但从长期看,潜在进入者的威胁会迫使现有企业消除生产和管理上的低效率问题。可竞争市场理论为探索产业组织和政府规制提供了一种分析工具,它考虑到决定市场结构的外部因素,突出了沉淀成本的重要性,并强调了潜在竞争对促进产业效率的积极作用。在可竞争市场理论看来,即使是自然垄断产业,只要市场是可竞争的,政府规制就没有存在的必要,规制机构所要做的不是限制进入,而应降低产业的进入壁垒,创造可竞争的市场环境。只要存在潜在进入者的压力,市场中的现有企业无须政府规制也不可能获得垄断超额利润,而只能将价格定在超额利润为零的水平,从而实现资源配置的优化。

3. 公共规制失灵理论

公共规制的俘虏理论意味着规制存在失灵的可能。新规制经济学分析了规制失灵的政治和经济原因。从经济上看,政府规制失灵导源于以下几个方面:(1)公共部门不存在指导资源配置的价格,没有传递市场信息的渠道,政府决策者受到信息不对称的困扰,难以准确地了解企业的成本和需求信息。(2)规制者通过审计等非市场手段了解信息的能力是有限的,没有精力审计所有的企业以掌握真实成本,更何况还可能被收买与企业合谋。(3)企业不会把它所知道的信息告知政府,甚至可能提供虚假信息。政企之间的博弈加重了政府的信息不完全性和决策失误的可能性。(4)由于缺乏有效的激励,规制者不一定有积极性去获取有关的信息,"不完善信息和不完全市场作为市场失灵的一个来源在公共部门里是普遍存在的"。[①] 从政治上看,规制失灵的原因有以下几个方面:(1)政府的公共性与政府行为目标之间的差异和矛盾。从理论上说,政府规制必须代表公共利益,然而现实中的政府是由具体的人和机构组成的,他们的利益和行为目标并不必然和社会公共利益相一致。当二者发生矛盾时,就有可能出现政府官员为追求自身利益而作出有害公共利益的决策。(2)政府的强制性和普遍同质性,使得规制可能引起再分配上的不公平和寻租的产生。而寻租的产生,使规制的实际效果与社会公共目标进一步产生偏差。(3)规制者是垄断者,其行为难以监督,没人能保证运用行政垄断权来纠正经济垄断就能代表社会利益,提高经济效率。(4)规制机构设置不合理,缺乏完善的、透明的规制程序。(5)政府规制行为具有内在扩张性,规制者有动力推动规制膨胀,这就进一步强化了政府的过度规制,导致规制失灵。

4. X—低效率理论

X—低效率是莱宾斯坦(Harvey Leibenstein)于 1966 年提出来的,用以反映企业内部效率低下状态的基本概念。莱宾斯坦认为,以往对企业行为的假设

---

① 斯蒂格利茨.政府为什么干预经济[M].郑秉文,译.北京:中国物资出版社,1998:79.

都是成本最小化的,厂商有效率地购买和利用了全部投入要素,而 X—低效率的主旨就是要说明,免受竞争压力保护的垄断企业不但会产生市场配置低效率,还会产生另外一种类型的低效率,即垄断企业存在着超额的单位生产成本。因为这种类型的低效率的性质当时尚不明了了,所以称作 X—低效率。[1] 后来,罗杰·弗朗茨(Roger S. Frantz)在《X 效率:理论、论据和应用》一书中对 X—低效率作了全面阐述。就市场结构而言,垄断的存在,使企业免受竞争压力,垄断企业对价格、产出和成本的控制,是造成这种状况的原因。如果可接受的利润水平不必达到成本最小化就能实现,那么成本最小化就不是垄断企业的典型行为。另外,垄断企业的管理者和所有者的目标不尽一致,所有者追求利润最大化,而管理者追求销售收入规模最大化,使垄断企业难以形成利润最大化和成本最小化的共同行为,结果导致企业利润费用化,企业生产经营成本增加。换句话说,X—低效率意味着垄断企业在高于它的理论成本曲线上生产经营,垄断结构下的企业产量较低,价格较高,并由此造成社会福利的损失。有经济学家估计,在美国,由于垄断所引致的社会福利损失大致占国民生产总值的 0.5%~2%。[2]

新规制经济学在 X—低效率理论的基础上,阐明了政府规制增加企业 X—低效率的理由。其核心思想:政府规制会通过报酬率规制(即政府规制允许受规制企业利用产品或服务收费回收总成本,并允许企业有一个合理的资本报酬率)使低效率的企业留在行业内,因为规制者允许低效率企业通过以较高的价格把低效率转嫁给消费者以取得利润,由此企业缺乏降低成本的激励。更为严重的是,允许被规制企业以合理的资本投资回报率作为定价标准,从而不可避免会产生以下问题:什么是合理的投资回报率?怎样确定投资回报率的资本基数?企业是否会通过投资决策影响和企业定价与利润直接相关的资本基数,从而产生低效的投资结果?尤其突出的是,这种规制方式使受规制企业面临一个扭曲的要素价格比率,这一比率会引发企业尽可能地扩大资本基数,从而达到在确定的投资回报率下,得到尽可能多的绝对利润,即发生所谓阿弗奇—约翰逊效应(Averch-Johnson Effect,简称 A—J 效应),在美国和其他西方国家,这被认为是自然垄断企业运营效率低下的主要原因。

5.5.2 激励规制理论

放松规制理论虽然为自然垄断产业的规制改革提供了理论依据,但是放松

---

[1] 罗杰·弗朗茨.X 效率:理论、论据和应用[M].费方城,等译.上海:上海译文出版社,1993:3.

[2] SCHERER F M, ROSS D. Industrial market structure and economic performance [M].3rd ed.MA:Houghton-Mifflin,1990:667.

规制不等于全部取消规制。为了对保留的规制进行改革,提高受规制企业的效率,降低规制成本,激励规制应运而生。激励规制就是在保持原有规制结构的条件下,给予受规制企业以提高内部效率的刺激,即给予企业以竞争压力提高生产效率和经营效率的正面诱因。激励规制理论的主要内容包括以下四个方面:

1. 特许投标制理论

特许投标制最初是由德姆塞茨引入政府规制研究领域的,其后又由波斯纳提出具有可操作性的政策建议。这一理论的基本观点:在政府规制中引进竞争机制,通过拍卖的形式,让多家企业竞争在某产业或业务领域中的独家经营权(即特许经营权),在一定的质量要求下,由报价最低的企业取得特许经营权。因此,可以把特许经营权看作是对愿意以最低价格提供产品或服务的企业的一种奖励。采用这种方式,如果在投标阶段有比较充分的竞争,那么价格可望达到平均成本水平,获得特许经营权的企业也只能得到正常利润。而且,由于特许经营权通常设有规定的年限,在潜在竞争压力下,获得特许经营权的企业为防止在下一经营期限中丧失经营权,而只能不断地降低成本,改善质量,提高效率。可见,特许投标制是用"市场的竞争"代替"市场内的竞争",它提高了垄断性市场的可竞争性,减少了毁灭性竞争的范围和不良后果,通过投标者的竞争提高了效率,减轻了规制者的负担。企业对垄断经营权的竞争,也消除了传统规制难以解决的信息不对称,是竞争决定价格而不是规制者决定价格。因此,特许投标制是一种很有吸引力的规制方法,在发达国家的规制改革中得到了普遍的运用,也取得了良好的效果。[①]

但是,特许投标制并不适用于所有产业,在实际运用中,采用这种方法会遇到竞争不充分、资产转让、特许合同的款项与管理等具体问题。换言之,特许投标制也存在着明显的缺陷:(1)存在投标企业之间妥协、合谋的可能性。参与投标的企业越少,这种可能性越大。这样投标过程也就并不必然会存在有效竞争,特别是在规模经济和范围经济较为显著、投资周期较长、投资规模较大的产业。(2)如果特许经营企业竞争新一轮的特许经营权失败,其资产届时又不能全部折旧,那就产生了如何处置原有经营企业的资产问题。即便其资产可以转让给新进入企业,因受技术差距和资产专用性的限制,不可避免地会造成资产的损失。(3)在企业通过竞争获得特许经营权之后,受生产技术的复杂性、市场需求的多重性、未来的不确定性等诸多因素的限制,规制者与企业签订的特许经营合同的内容显然是不完备的,从而会导致逆向选择与道德风险问题,因此,在技术和需求的不确定性很大、投资规模庞大、资产专用性较强的产业(如电力)中,实际上

---

① BAILEY S J. Public sector economics: theory, policy and practice[M]. Macmillan: Macmillan Press LTD,1995:369.

很难采用特许投标制。

2. 区域间比较竞争理论

区域间比较竞争理论,也称区域间标尺竞争理论,是由雪理佛(A.Shleifer)1985 年在《标尺竞争理论》一文中提出来的。区域间比较竞争理论的基本思路,是以独立于本区域的其他区域中与本区域受规制垄断企业生产技术相同、面临需求相似的垄断企业的生产成本为参照,制定本区域垄断厂商的价格和服务水准,以刺激垄断企业提高内部效率、降低成本、改善服务。[①] 区域间比较竞争理论的运行机理可以描述为:假定一个全国性垄断企业被分割为南北地区两个企业,分别以 S 和 N 表示,每个企业在其区域内具有垄断性,而且这两个地区的成本和需求状况十分类似。虽然规制者可能不知道在各个地区降低成本的可能范围,但下面的规制机制能使 S 和 N 这两个企业相互竞争:在一定时期内,S 能够制定的价格水平取决于 N 的实际成本水平,反过来,S 的价格水平也就是 N 被允许制定的价格水平。只要 S 和 N 面临类似的外部状况,它们之间不存在任何的合谋行为,那么这一规制方法就能促进企业提高内部生产效率和分配效率,避免企业在生产效率和分配效率之间存在两难选择。因为 S 的价格和 N 的实际成本相联系,从而会促进 S 不断降低成本,所以这为企业生产效率的改进提供了良好的刺激。如果企业之间可以类比,由于生产价格与生产成本保持一致,这就保证了分配效率。

区域间比较竞争理论提供了在信息不对称的情况下,规制机构了解受规制企业真实成本信息的参考,它为规制者促进地区性垄断企业间的竞争,刺激经济效率提供了理论依据。在西方国家的规制改革中,这一理论在两个领域中得到充分的运用:一是市场空间严格受到地域限制而原本就有多个不存在替代关系的区域市场的产业,如城市供水、供气和短途运输服务等领域。二是将全国性垄断企业分拆为多个区域性的企业(领域),政府就是通过区域间比较竞争规制垄断企业的价格的。但是,由于区域间比较竞争并不是处在特定市场中的企业之间相互直接的竞争,而是区域性垄断企业之间的间接竞争,加上区域性垄断企业的生产技术、市场需求、外部自然环境和经营环境差异较大,各区域性垄断企业还可能通过合谋,使规制机构获得失真的信息,这导致区域间比较竞争理论虽然在规制改革中应用不少,但并不总能实现规制机构所预期的目标。

3. 价格上限规制理论

价格上限规制理论是李特查尔德设计的一个价格规制模型,目的是寻求一个能合理控制垄断企业价格、节约规制费用,同时能给予受规制企业提高内部效

---

① SHLEIFER A. A theory of yardstick competition[J]. Rand journal of economics,1985,16(3):319-327.

率激励的规制方法。价格上限规制一般采取 $RPI-X$ 模型,RPI 表示零售价格指数(retail price index),即通货膨胀率;X 是由规制者确定的,在一定时期内生产效率增长的百分比。如果某年的通货膨胀率是 5%(即 $RPI=5\%$),X 固定为 3%(即 $X=3\%$)那么企业提价的最高幅度是 2%。这个规制模型意味着,企业在任何一年中制定的名义价格取决于 RPI 和 X 的相对值。如果 $RPI-X$ 是一个负数,则企业必须降价,其幅度是 $RPI-X$ 的绝对值。这样,如果企业本期的价格为 P_t,则下期的规制价格 $P_{t+1}=P_t(1+RPI-X)$。价格上限规制之所以能够激励企业降低成本、提高生产率,是因为在企业生产率增量中,规制机构预先设定的 X 归消费者所有,超过 X 的部分为企业所保留。也就是说,企业生产率的实际增量超过规制机构预先设定增量(X)的部分越大,企业的成本就越低,企业可获得的利润就越多,只要不超过平均价格上限,企业就能够在限定范围内自由变动其产品或服务的价格。因此,价格上限规制实际上是一种固定价格机制,是一种存在道德风险时的剩余索取合同。当规制机构与受规制企业之间存在着信息不对称时,赋予垄断企业更多利润支配权的方式使其在一定程度上得到信息租金,以换取提高生产效率的激励,同时赋予受规制企业不超过价格上限的情况下自由调整个别价格的灵活定价权,以提高社会配置效率。

价格上限规制理论在英、美等国的自然垄断产业的规制改革中得到广泛的运用,并取得了良好的效果。但是,价格上限规制在实施过程中也暴露出一些问题:(1)规则常常被变革,并且规则的更改时间或 X 的设定,往往以企业的利润为基础,这就影响了激励效率。(2)价格上限通常是在某个有限的时间内定义的,对合同的动态问题(如新服务的出现等)的处理尚不完善。(3)对于不确定条件下的价格权重难以估计。完全信息条件下的价格上限的权重等于实际产出数量,但在成本、市场需求和竞争对市场份额影响不确定时,就很难对权重作出符合社会最优的估计。(4)它忽视了对非线性价格的处理。理论上人们只把线性价格包括在价格上限中,而实践中存在许多非线性定价的情况。为便于监督价格上限的执行,规制机构往往忽视这些情况。[①]

4. 社会契约制度理论

社会契约制度理论也称成本调整合同理论,是指规制机构通过与受规制的企业签订合同的方式,就与产品价格和成本有关的一系列指标作出约定,并视企业执行约定的情况由规制机构采取相应的奖励和惩罚措施,从而鼓励企业降低成本,节约能源、保护环境和提高服务水平。社会契约制度理论的具体内容,可以美国亚利桑那州旨在提高发电企业设备运转效率的改革为例说明。按照该州电力规制机构与发电企业签订的合同,规定以设备运转率 60%~75% 为基准:

[①] 杜传忠.激励规制理论研究综述[J].经济学动态,2003(2).

(1)设备运转率在这一基准范围内不予奖励或惩罚;(2)设备运转率达到75％～85％时,则将由此节约的燃料费的50％奖励给企业,其余50％返还给消费者;(3)设备运转率超过85％时,将全部由此而节约的燃料费奖励给企业;(4)设备运转率在50％～60％时,由此增加的燃料费的50％由企业负担;(5)设备运转率只达到35％～50％时,企业则负担由此增加的全部燃料费;(6)若设备运转率未达到35％时,规制机构则将在下一合同期内重新考虑这一基数。[①]

　　由于社会契约制度理论强调规制机构通过合同的方式规制企业,这种规制方式既拥有法定的约束力,又比法律具有更大的灵活性。因此在西方国家的电力规制改革中得到广泛运用。但是,由于规制机构与企业之间存在信息不对称,规制机构与受规制企业的目标也存在差异,规制机构要关注社会福利最大化(至少理论上如此),而企业要追求自身利润的最大化。在信息不对称和目标不一致的情况下,规制合同的设计将面临合同的激励强度与企业所得超额利润(信息租金)之间的权衡关系,即提高合同的激励强度将产生大量的归企业所有的信息租金,而要减少企业的信息租金,则必须降低合同的激励强度。换言之,规制合同的设计面临着提高激励强度与企业信息租金获取之间的两难选择。根据信息经济学和机制设计理论,面临这样的两难选择时,激励规制合同的设计需考虑两个基本约束:参与约束与激励相容。前者意味着规制机构所设计的合同必须能够保证受规制企业得到的最低效用不能少于其保留效用或机会收益;后者则意味着规制者所设计的合同必须能够有效地甄别受规制企业的不同成本类型,使谎报成本者无利可图,这要求规制者必须给予说真话的企业一定量的信息租金作为补偿。

---

　　① 植草益.微观规制经济学[M].朱绍文,胡欣欣,等译.北京:中国发展出版社,1992:159.

第 6 章

公共资源与公共企业

资源具有稀缺性,公共资源有别于私人资源,公共资源的有效管理直接关系着公共利益与社会利益的实现。21 世纪以来,人口结构的转变、产业结构的转型与升级、经济社会的可持续发展,对公共资源管理提出了新的要求和挑战。提高公共资源利用效率,构建符合经济发展需求的公共资源配置模式,是公共经济管理的应有之义。本章阐明公共资源的内涵与构成,厘清公共资源管理的主要内容,分析公共企业的功能与效率,阐明公共企业改革的路径与争议。

6.1 资源与公共资源

有关"资源"的概念表述,不同领域有不同的界定,有代表性的观点如下:

第一,《辞海》对"资源"定义的表述为:"生产资料或生活资料的来源"。《韦氏新通用词典》(*Webster's New Universal Unabridged Dictionary*)对"资源"(resource)的定义为:"(1)一种供应、支持或者援助的来源,尤其是作为一种储备而存在;(2)一个国家的集体财富或者生产财富的方式;(3)通常包括物力、资金或者可以转化为资金和资产的所有权。"

第二,在学术领域,"资源是受一定时间定义域与一定空间定义域约束的经济发展不可或缺的生产要素的集合(即资源集),或者说,凡是直接影响经济发展的物质与非物质的因素,都可以统称为资源;资源的外延可以是有形的自然资源、人力资源,也可以是资产、资金等财政金融资源,也可以是制度安排或文化传统等非物质因素"①。彼得·蒙德尔(Peter Maunder)等人把资源界定为:"生产过程中所使用的投入,当资源是生产性的,则它们典型地被称为生产要素,并且把资源划分为自然资源、人力资源和加工资源。"②

第三,在法律法规领域,并没有对"资源"这一概念作出明确的定义,而是直

---

① 胡跃龙.资源博弈:工业化与城市化经济发展资源支撑研究[M].北京:中国发展出版社,2015:12.

② 彼得·蒙德尔,丹尼·迈尔斯,南希·沃尔,等.经济学解说[M].北京:经济科学出版社,2000:4.

143

接把"资源"当成一种锚定的后缀名词使用,例如,《中华人民共和国矿产资源法》以及《中华人民共和国环境保护法》中与"环境"界定对应的"影响人类生存和发展的各种天然的经过人工改造的自然因素的总体,包括大气、水、海洋、土地、矿藏、森林、草原、湿地、野生动物、自然遗迹、人文遗迹、自然保护区、风景名胜区等、城市和农村"都可默认归为资源。

"资源"的本质是一种"生产或生活要素",它既包括自然存在的部分,也包括人类社会创造的内容,它可以是有形的实体存在物,也可以是无形的虚拟权力域。因此,可以把"资源"界定为:自然界和人类社会中客观存在或者人类社会创造的一切能够推动人类社会建构的、有形或无形的生产要素集合。按照属性划分,资源可分为自然资源与社会资源;按照形态划分,资源可分为物质资源与非物质资源;按照所有权划分,资源可分为私有资源与公共资源。

"公共资源"概念范畴较"资源"的范畴小。在学术领域,国内外学者分别从不同的视角对"公共资源"进行了解读,主要包括以下几种视角:

6.1.1 经济学视角

资源稀缺性是经济学研究的基本假设,公共资源的优化配置也是经济学领域关注的主要命题之一。较早的有关"公共资源"的代表性界定,主要有哈丁在《公地的悲剧》提出的观点,即公共资源是一切被人们共同分享的资源,例如空气和饮用水就来自公共资源。在世界很多地区,可供开垦的土地、放牧的草原、大海的鱼类、用于建房和取暖的木材都属于公共资源[1]。埃莉诺·奥斯特罗姆(Elinor Ostrom)把"公共池塘资源"(common pool resources)界定为,"一种人们共同使用整个资源系统但分别享用资源单位的公共资源"[2],其实质上可以理解为一种小规模的集体资源。巴泽尔(Y.Barzel)指出,公共资源的范围与两个方面有着密切关系:一是公共资源价值属性的多样性;二是公共资源产权界定成本[3]。

也有学者把公共资源作为一种资产进行界定,认为我国语境下的公共资源可分为广义和狭义两种。狭义的公共资源是指国家和集体所有的自然资源,主要是指土地、矿产、海域、森林等为代表的公有制范畴的各种物质财富。广义的公共资源是指国家和集体所有的各类资产,包括自然状态的资源性资产(如土

---

① HARDIN G. The tragedy of the commons[J].Science,1968(12):1243-1248.

② 埃莉诺·奥斯特罗姆.公共事物的治理之道[M].余逊达,陈旭东,译.上海:上海三联书店,2000:中文版译序5.

③ Y.巴泽尔.产权的经济分析[M].费方域,段毅才,译.上海:上海人民出版社,1997:1-36.

地、矿产)、经营性资产(如国企)、非经营性资产(如公立医院及学校)、国有金融资产(如银行资产、证券资产、外汇)等①。还有将公共资源界定为一种虚拟的资产,是为了公共事业更好地满足生产和生活需要而依一定的方式拟制出来的财产利益,在实践中表现为政府所拥有或须经政府有关部门许可使用的有形资产和无形资产的总称。

此外,还有部分学者从经济属性出发,概括了公共资源的内在特性。公共资源是主要由政府代表公众所拥有、控制和支配的资源。公共资源既包括有形的公共设施,也包括能够为大多数人所共享的公共政策和权力。它具有如下特征:第一,共用性。全体人民可以共同使用,社会公众的受益程度或者说受益的是不是最广大人民,应该是评价公共资源管理价值取向的重要标准。第二,稀缺性。这种资源在特定的时期具有量的确定性,所以人们在使用公共资源的时候容易出现"竞价"问题。由于公共资源的稀缺性,所以必须强调政府能够也必须在公共资源的分配、控制和使用过程中扮演关键的或决定性的角色。② 换言之,公共资源是自然生成或自然存在的资源,它能为人类提供生存、发展、享受的自然物质与自然条件,这些资源的所有权由全体社会成员共同享有,是人类社会经济发展共同所有的基础条件,包括空气资源、水资源、土地资源、森林资源、草地资源、湿地资源、矿产资源、海洋资源等。如韩方彦认为国内公共资源一般是指具有公共产品性质的自然资源。③

应该指出的是,还有部分学者认为公共资源主要是指产权界定不清晰,使用上具有排他性,具有共享特征的自然资源。公共资源具有以下的特征:第一,资源的公共性和共享性。公共资源是人类共同的宝贵财富,任何国家、组织、单位、个人不拥有对这些资源的垄断性的产权。第二,具有非排他性,公共资源在一定区域和一定时间内对其所有成员来说都可以使用,不能因为某人使用而不让其他人使用。第三,有正负两方面的效益。公共资源的效益是经济、社会和生态三者效益的综合体,公共资源维护得好,产生效益的效果会成倍增加,如果维护得不好则会产生负效益。第四,产权的复杂性,公共资源的产权复杂性表现为产权主体多元化,公共资源的利用超出了资源的承受能力,则会加重社会成员的其他代价,形成外部效果或外部性。过多的资源使用者则会造成拥挤,对资源和使用者形成损害。

---

①　刘尚希,吉富星.公共产权制度:公共资源收益全民共享的基本条件[J].中共中央党校学报,2014(5).

②　李蔬君,彭颖.由"公地悲剧"看政府对公共资源的管理[J].阜阳师范学院学报(社会科学版),2005(1).

③　韩方彦.中国公共资源管理存在的问题及对策[J].理论月刊,2009(5).

由于学者们的研究视角的不同,对公共资源的认识也不相同。第一,从公共资源覆盖的领域来看,将公共资源等同为自然资源。第二,从公共资源的所有权来看,公共资源不属于任何社会组织,它属于社会公共所有。第三,从公共资源的利用来看,它具有稀缺性,从而在消费上具有竞争性。从本质上来说,经济学上的公共资源应当是指具有稀缺性与使用价值的自然资源,以及自然资源与人的劳动因素结合在一起而形成的公共资源。

6.1.2 法学视角

产权是经济所有制关系的法律表现形式,它包括财产的所有权、占有权、支配权、使用权、收益权和处置权,因此,法学领域对公共资源的界定主要是从"产权"维度作为切入点。有部分学者认为,公共资源属全体人员所共同享有,适当时所有权和经营权可以分离。一个物品是公共资源,必须有以下几个特点:一是公共性,物品的所有权不属于某个人,而是属于部分成员和全体成员所有;二是资源的不可分性,具有整体性;三是公共资源价值具有社会性和间接性;四是公共资源具有一定的外部性;五是公共资源有非排他性,一个使用者使用公共资源不会引起另一个使用者的效用的减少。①

也有学者指出,公共资源属于国家和社会共有,具有公共性,而且范围广泛,并且根据现行法律制度的规定,公共资源主要包括工程建设招标项目和政府采购项目所使用的财政资金或国有资金,国有产权交易中的国有资产、国有土地使用权和采矿、探矿权,还包括市政公用事业及设施的冠名权、特许经营权、承包经营权等。② 此外,还有学者将公共资源定义为政府掌握和控制的经济资源,包括政府支出、政府投资形成的资产及由于社会管理形成的专有权益③,因此公共资源是一种虚拟的资产,是为了公共事业更好地满足生产和生活需要而依一定的方式拟制出来的财产利益,从实践中的角度将公共资源定义为政府所拥有或必须经政府有关部门许可使用的有形资产和无形资产的总称。

6.1.3 公共管理学视角

在公共管理学领域对公共资源的界定多是从"公共物品"或"公共产品"维度进行区分,偏向于强调其属性中"公共性"特征。公共资源是指在消费或使用上不可能完全排他的一切能够产生价值以提高人类当前和未来福祉的自然和社会

---

① 楼惠新,王黎明.论我国公共资源安全问题[J].安全与环境学报,2002(6).
② 蔡小慎,刘存亮.公共资源交易领域利益冲突及防治[J].学术界,2012(3).
③ 马壮昌.建立统一规范的公共资源交易市场[J].价格理论与实践,2011(6).

物品,其主要形式包括公共自然资源、公共社会资源和公共福利资源。① 公共资源是公共物品的一种,具有公共物品的非排他属性,即它一旦被提供,便有众多的消费者共同对其进行消费,很难将其中的任何人排斥在外。另外,由于公共资源存量的有限性,一旦对该资源的消费程度超过了它所能承受的范围,便会诱发消费者之间的竞争,其结果必然是公共资源因被过度消费而陷入耗竭性退化的"公地悲剧"②。

然而,也有学者提出了公共资源与公共产品的区别,即公共资源虽然和公共产品一样,具有收益的非排他性和效用的不可分割性,但它与公共产品却有着本质的区别——即消费的竞争性与非竞争性。公共产品的消费具有非竞争性,即任何人消费公共产品不影响其他人对同一公共产品的使用。典型的如国防、基础教育、基础设施等。而在公共资源的消费上则存在竞争性,一部分人对公共资源的消费必然造成资源数量的减少,在资源未得到再生或没有替代的情况下,会直接影响到他人的使用,如水、空气、森林、能源等③。

通过以上对"资源"与"公共资源"概念的概括归纳不难看出,"资源"概念是一种广义上的宏观要素集合,"公共资源"是"资源"领域的子领域。公共资源是指由政府机构、事业单位、国有企业及其他被授权组织所占有、支配、管理的公有性、公益性资源,或者尚不具备排他性和专用性的资源,需要转化为具有排他性和专用性的个人或者集体资源时,应该按照公平、公开、公正的市场化机制给予配置的资源。由于资源具有潜在性特征,在公共利益导向下,政府以社会代理人的角色行使公共管理职能,随着社会经济的发展变化,获得授权的公共资源的形态和数量会产生发展变化。当前公共资源主要包括自然性资源、行政性资源与资产性资源等类别。

自然性资源主要指土地、矿藏、水流、森林、海域、滩涂等自然形态要素,及其资源开发使用过程中所形成的各类产权[所有权、使用权、经营(开发)权、收益权等]。④

行政性资源主要是指政府依法履行经济调节、市场监管、社会管理和公共服务职能的过程中,由行政特许的程序控制形成的稀缺资源,这些资源通过市场配置可以成为特定的民事主体拥有的排他性和专用性财产权利。主要包括:(1)经济性规制的特许经营权:为防止竞争的无序和社会资源损失,需要对某一行业的

① 杨红伟.代理悖论与多元共治:传统公共资源管理的缺陷及矫正机制[J].经济研究导刊,2014(32).

② 唐兵.论公共资源网络治理中的信任机制[J].理论导刊,2011(1).

③ 屈锡华、陈芳.从水资源短缺看政府对公共资源的管理[J].中国行政管理,2004(12).

④ 我国的公有制主体下,大部分自然资源国家行使永久所有权,可交易性的公共资源主要是由这些所有权分离出的使用权、经营权、开发权和收益权等形式的产权。但一些自然资源可能以物质形态(所有权)作为公共资源受让和交易,例如景观岩石、水体等。

准入和价格实行管制,民事主体需通过市场机制获得该领域的排他性经营权;(2)社会性规制形成的特许经营权:为了实现环境和社会目标,需要对某一行业实行技术水平的准入控制,民事主体也需通过市场机制获得准入控制所产生的排他性经营权;(3)市政设施特许经营形成的公共资源:行政事业单位依法授权管理的市政公共设施,针对那些具有较强稀缺性和排他性的资源(含其占有权、使用权、经营权、收益权),在提升公共管理绩效和公共利益取向上应为有偿使用的公共资源。从性质上讲,行政性资源是一种行政权的延伸,是一种能产生特殊经济效益的权力的授予。

资产性资源主要指由行政事业单位和国有企业管理或占有使用的、在法律上确认为国家所有、能以货币计量的各种经济资源的总称,是政府履行社会管理职能、提供公共服务、促进事业发展的重要物质基础。其中有行政事业单位专用的资产①,在公共管理效能要求下可以通过出租或出让进行盘活;国有企业的资产,虽然具有专用性,为了防止公共利益的流失,在生产经营中需要处置的资产,应作为公共资源进入专门的公共资源处置交易平台(国有资产产权交易中心)。国有企业资产与政府资产的边界划分主要体现在:国有独资企业的资产属于政府资产,而国家控股的国有企业资产与政府资产的边界主要取决于政府在国有企业中的控股比例。

6.2 公共资源管理的内容

公共资源管理是公共部门的重要职责,但由于公共资源的管理问题牵扯范围广,涉及领域多,一直以来都是公共管理中的一大难题。不管是对于资源使用者还是社会管理者,公共资源的管理问题从来都是一个难以彻底解决的问题。随着经济社会的发展,公共资源管理问题越来越成为公共经济学理论核心内容之一。

6.2.1 产权界定

由于公共资源非排他的特性,"搭便车"的激励一直存在,维护资源的集体行动往往难以形成。同时又由于公共资源在消费中的竞争性,对资源的过度和无序使用容易导致资源退化和租金散失。上述的资源治理困境,都指向一个关键问题,即公共资源的产权模糊。根据《新帕尔格雷夫经济学大辞典》的解释,社会中的个体会为使用不充足的公共资源而相互竞争,必须由法律、规章、习惯或等级地位予以确立财产权来解决这一冲突。因此,对于公共资源的管理配置,首要步骤便是明晰产权,界定资源所有者。产权结构可以是包括从私人产权到公共

---

① 政府的资产包括不动产、实物资产和无形资产。

产权的各种形式。

系统的产权概念起源于西方,主要代表是马克思的产权理论和新制度经济学的产权理论。马克思的产权理论认为,产权关系最初是一种人对物的某种排他性的占有关系,这种占有关系确定物的归属主体。在出现阶级和国家以后,私有产权便用国家法律的形式加以确认和维护。因此,产权关系不仅是对物的归属和占有关系,更主要的是它反映了一种对物的占有关系所形成的人与人之间的物质利益关系或经济关系。①

制度经济学对产权理论的研究则始于 20 世纪 60 年代,核心分析工具是罗纳德·科斯所提出的"交易成本"。科斯指出"权利的清晰界定是市场交易的基本前提",张五常认为这便是对"科斯定理"的最佳解释。②

6.2.2 资源定价

公共资源由于其非排他性而无法对实际使用者进行收费,或应由政府免费提供并通过税收来弥补生产和经营成本。③ 一旦公共资源的产权界定成为现实,便有进行资源定价并交易的可能性。公共资源定价属于广义公共定价的一部分,公共定价则是指公共部门运用强制性权力规定某些行业产品或劳务的交易价格。④

如何进行公共资源定价,是一个非常复杂的问题。从兼顾效率、社会公正和成本完全补偿考量出发,递增阶梯定价机制具有最优性。⑤ 即在每个数量区段内的边际价格固定,在上下区段之间的边际价格递增,同时需确定阶梯(或等级数)、分割点和各等级上的边际价格。王舒曼等也总结了三种定价思路,即影子价格法、机会成本法和边际社会成本定价法。影子价格是根据资源稀缺程度对现行资源市场价格的修正,反映了资源利用的社会总效益和损失;机会成本法强调在无市场价格的情况下,资源使用的成本可以用所牺牲的替代用途的收入来估算;边际社会成本所决定的自然资源价格是凝结在自然资源之上人类劳动价值和自然资源生态经济价值的综合反映。⑥ 此外,包括诸如收益现值法、人力资本法、旅行费用法等在内的市场估价法也较为常见。其主要是考虑到自然资源的开发利用将具有

① 吕天奇.马克思与西方学者产权理论的观点综述与分析[J].西南民族大学学报(人文社科版),2004(3).

② COASE R H. The federal communications commission[J].The journal of law & economics,1959(2):1-40.

③ 高丽峰,田雪欣.准公共产品定价的经济学分析[J].商业时代,2007(9).

④ 余斌.公共定价的经济学分析[J].当代经济研究,2014(12).

⑤ 方燕,张昕竹.递增阶梯定价:一个综述[J].经济评论,2011(5).

⑥ 王舒曼,王玉栋.自然资源定价方法研究[J].生态经济,2000(5).

正负两面的效应,因此运用一系列估值方法对自然资源产生的正负效应所产生的正负经济效益进行估价,从而估算出自然资源的市场价值。[①]

总体上看,公共资源的定价方式可以归纳为三种:市场调节价、政府指导价和政府定价。市场调节价是指由经营者自主制定,通过市场竞争形成的价格;政府指导价是指政府价格主管部门或者其他有关部门,按照定价权限和范围规定基准价及其浮动幅度,经营者在这两个要素的限制下,根据具体行情制定的价格;政府定价是由政府价格主管部门或者其他有关部门,按照定价权限和范围直接制定的价格。公共资源主要分为自然性资源、行政性资源与资产性资源三种类别。具体每一种类别所具体包含的公共资源项目千差万别,在实践中,针对每一类具体的公共资源项目并不能运用单一的定价方式,而是应该根据具体的公共资源项目综合运用市场调节价、政府指导价与政府定价相结合的定价方式。公共资源定价应充分发挥市场机制的决定性作用,同时政府部门也需要发挥其本身的规制职能,主要体现在以下三个方面:

一是促进公平竞争。定价方式是以成本加成为原则,在合理健全的市场准入制度下,政府不光应该适当鼓励民营资本以及国外资本进入,形成公共资源生产主体多样化,更需要通过一些手段去促进公平竞争,激发民营企业去产出更高的效益,例如 PPP 项目、租赁、外包等方式。此外,政府还可以制定相关奖励机制,例如监管部门服务水平目标奖励机制等,或者给予补助去刺激提供准公共产品的企业,提高它们的服务水平、生产效率和产品质量。

二是防止公共资源从行政垄断到私人垄断。首先,不能笼统地对整个垄断行业都进行私有化改革。其次,在政企分离后政府更需要加强管制措施。对公共资源,尤其是像自来水这种具有天然垄断性特征的公共资源,企业可以通过制定垄断价格,或者价格不变但降低产品质量的做法来获取更多的经济利益,因此政府必须加强对质量和价格的管制。

三是改变传统定价中的政府主体地位。很多公共资源的价格在调整或制定时被质疑没能满足大众的社会利益,导致这种情况出现的根源,在于当价格调整和制定时,真正的使用方即社会大众并没有参与进环节中。因此,必须改变传统定价中的主体地位,才能真正做到公共资源价格的合理,如通过建立定价委员会引入相关利益主体,以及定期举行定价听证会。

6.2.3 交易监管

产权界定和资源定价为公共资源的市场化配置提供了可能性前提,当公共

---

①　TRICE A H,WOOD S E. Measurement of recreation benefits[J].Land economics,1958,34(3):195-207.

资源满足一定条件时便会进入交易环节。但如果在产权界定和资源定价环节,公共资源未得到妥善处置,那么在交易环节就容易滋生腐败和出现无序乱象,造成公共资源的退化和公共财富的损失。对于公共资源配置过程中滋生的腐败行为,外因方面在于国家经济高速增长、政府规模迅速膨胀以及政府支配权力逐渐加强导致公共资源集中,由此产生垄断、滋生腐败行为;内因方面则主要是行业准入机制的不完善,且作为主导者的政府机关会因部门利益而设置不同的行业准入标准进行寻租。因此,对公共资源交易的监管也是其管理配置的重要内容。

在我国公共资源管理的实践中,现行监管模式不适应市场经济发展的要求,造成了公共资源市场化配置过程中的腐败和不公平竞争。在比较了部门分散监管、统一监管和部门监管相结合,统一、独立、专职监管等三种模式的基础上,徐天柱提出我国应当实行统一、独立、专职监管模式,即构建统一的市场化配置平台,建立统一、独立综合的监管机构,制定严格的市场化交易规则,加强统一的公共服务体系建设[①]。侯水平等则主张发挥行业自律组织的作用,形成行政监管、司法监管及其他方式监管与市场自律相结合的多元化监管模式,使行政监管与市场自律协调运行,在监管过程中综合运用市场手段、法律手段和必要的适度的行政手段及纪检监察措施,形成一个全社会参与的多层次、立体化、有机的公共资源监管体系。[②]

6.2.4 收益分配

公共资源收益的分配可以分为两种方式:一种方式是先收后支,国家作为公共资源的所有者出让公共资源的所有权或经营权而从受让者手中获得收益后,再以财政预算的方式进行支出和分配,具有显性化特征;另一种方式则更为隐蔽,即类似国有资产这类公共资源的定价。[③] 公共资源定价本身也决定了公共资源收益初次分配,定价的高低直接决定了资源使用者利润水平的高低。

但是,公共资源收益共享不会自发地实现,需要一系列的制度安排,其中最为基础性的是产权制度。所有权明确不等于产权改革完成,更不意味着构建了公共产权制度,而国家所有也不等于全民共享。实现公共资源收益全民共享,就必须构建现代公共产权制度,关键在于合理地确定中央政府、地方政府和当地居民三者所占收益的比例,加强公共资源收益形成和分配的法治化管理,并将其纳

① 徐天柱.公共资源市场化配置监管模式创新及制度构建[J].行政论坛,2014(2).
② 侯水平,周中举.构建我国公共资源市场化配置监管体制[J].西南民族大学学报(人文社科版),2007(4).
③ 曾力.公共资源出让收益合理分配机制研究[J].金融经济学研究,2013(6).

入预算管理体制和制度的调节范畴。[①] 肖泽晟指出,还应采取公共资源收益权和行政执法权"两权分离"的模式,原则上将收益权向上级政府倾斜,执法权向下级政府倾斜,并由上级政府保障下级政府的执法经费。[②]

6.3 公共企业的特征与功能

公共企业(public enterprise)具有悠久的历史,是公共资源管理的重要部门,但并不是所有的公共企业都是因公共资源管理而存在的。在古希腊,政府拥有矿产。在公元前,中国就有了对食盐和铁的政府垄断。罗马帝国拥有一大批处理诸如娱乐、防卫之类多种活动的公共企业。一个更现代的例子是邮政服务的供给,如今几乎所有的国家都是由一个公共企业经营。[③] 公共部门经济学研究公共企业的原因:一是政府如何通过公共企业弥补市场失灵;二是公共企业这一特殊经济实体如何高效率地营运。[④]

公共企业是指"如下类型的企业:它的资产大部分是由政府所有的,因此政府对它既实施内部控制,又实施外部控制"。[⑤] 外部控制是对将企业与外部人——消费者(对价格、质量、产品选择等的规制)、竞争者(对进入、定价等的规制)、纳税人或者缴费者(成本审计)——联系起来的所有变量的控制。内部控制指的是对企业的投入和成本最小化过程的控制,包括通过激励机制对企业管理者投入的影响,以及对雇佣、投资水平、投资地点、投资类型和借贷决策的干预。

6.3.1 公共企业的特征

公共企业和私人企业的最大不同在于,在受公共规制的私人企业中,所有权属于私人部门,私人部门对企业的管理拥有剩余权。因此政府只拥有外部控制权,股东则实施内部控制权。不受规制的私人企业则既不受到政府的外部控制,也不受到政府的内部控制。公共企业的基本特性可归结为公共性和企业性双重性质。[⑥] 这种双重性是理解公共企业性质的基础,而两者内在的对立性又成为

① 刘尚希,吉富星.公共产权制度:公共资源收益全民共享的基本条件[J].中共中央党校学报,2014(5).

② 肖泽晟.论遏制公共资源流失的执法保障机制:以公共资源收益权和行政执法权的纵向配置为视角[J].法商研究,2014(5).

③ W.吉帕·维斯库斯,约翰·M.弗农,小约瑟夫·E.哈林顿.反垄断与管制经济学[M].陈甫军,等译.北京:机械工业出版社,2004:257.

④ 朱柏铭.公共经济学[M].杭州:浙江大学出版社,2002:404.

⑤ 让-雅克·拉丰,让·梯若尔.政府采购与规制中的激励理论[M].石磊,王永钦,译.上海:上海三联书店,上海人民出版社,2004:544.

⑥ 罗伯特·韦德.驾驭市场[M].吕行建,等译.北京:企业管理出版社,1994:216.

理解公共企业改革的关键。①

公共企业的公共性,是指由于公共企业处于政府规制之下,它具有与政府一般活动近似的性质。公共企业的公共性,使得它容易遭受政府的过分干预。这种特性,又往往导致企业本身的官僚作风和经营亏损,使政府财政背上包袱,并引起公众的不满。这是当代各国对公共企业进行改革的主要动因。

公共企业的企业性,是指由于公共企业需要通过提供商品和服务确保一定的收入,并在经营管理方面有一定的自主性,有努力提高企业内部效率的义务,从而在这一意义上它又具有与私人企业相近的性质。由于公共企业可通过提供"市场性物品"来确保其收入,公共企业与政府一般活动有所不同,企业必须尽可能实现独立核算性。由于公共企业承担着实现经营管理组织及生产、销售体制的效率化(企业内部组织的效率化)和提高生产率的义务,为使企业能够尽可能履行其义务,公共企业往往被赋予经营上的自主性。因此,"经营自主性"及"企业内部效率性"是其企业性的必不可少的因素。

公共企业的主要特征表现为物品的公共性与行业的垄断性、法人的企业性与经营的营利性、政府的规制性与公众的参与性。②

1. 物品的公共性与行业的垄断性

公共企业的主要业务是生产经营公共物品,而不是私人物品。这些物品既可能是由消费者直接付费的准公共物品,也可能是不需要消费者直接付费,而由公共部门集中付费的纯公共物品。公共企业产品和服务的公共性,与企业的产权结构是否包括公有股份没有必然联系。从经济学的角度看,市场不是万能的,有些不具有竞争性和排他性的产品,是私人部门不愿承办或无力承办的。但是,全部公共物品都由政府直接承担和经营,则会严重影响资源配置效率,这是因为:(1)政府是一种政治实体,依靠财政拨款维持正常运转,这一性质的规定性使它只能向社会公众免费提供公共物品,而不能像企业那样通过市场直接从事商品和劳务的生产经营。换言之,就是要政企分开。设立公共企业之后,就可能以经济实体这样一种组织形式从事生产经营活动,即以厂商的身份与社会公众发生关系,从而消除政企不分的诸多弊端。(2)由于公共企业生产经营公共物品,尤其是准公共物品,其价格的高低必然受到市场机制的影响,并在原料采购、财产处置、人事配备等方面拥有一定的自主权。因此,相对于政府而言,以公共企业的形式从事经济活动更有利于提高资源配置效率。(3)在公共物品的生产经营中,必然存在着行业垄断性问题。相当一部分准公共物品的生产经营之所以难以实现市场竞争性,其原因就是存在规模报酬递增规律。在这种情况下,实现

---

① 金鑫.中国公企业的性质、功能和目标[J].经济评论,2004(4).

② 罗辉.试论公共企业的性质[J].经济研究参考,2006(48).

经济效率要求企业的数量不能太多,以至于在一定范围内,只有一家企业在运营。这样的行业就是自然垄断行业。显然,不少公共企业就是具有自然垄断性的行业,如供水、供电、有线电视和天然气供应等。在这些企业的成本结构中,管道或线路网络成本是产品供给的主要成本。一旦管道或线路安装好了,向一个使用者供给产品所增加的额外成本相对来说无足轻重。

2. 法人的企业性与经营的营利性

作为生产经营公共物品、具有企业法人地位的经济组织,公共企业不是政府部门。从经济法的角度看,法人是指具有民事权利能力和民事行为能力,依法独立享有民事权利和承担民事义务的组织。一个组织要成为法人,必须经过一定的法律程序,要有独立的财产或经费,要有自己的名称、场所、组织机构,还要有独立承担民事责任的能力。法人有企业法人和事业法人之分,作为企业法人,必须以营利为目的从事商品或劳务的生产经营活动。这就是说,在公共物品的供给领域,公共企业与政府部门不同,前者的经营活动具有营利性,而后者则没有营利性。这种营利性主要体现在公共企业与其他企业一样,既是具有企业法人地位的经济组织,又是追求一定营利目标的经济组织。正因为如此,公共企业与私人企业之间既有相同之处,也有不同之处。一方面,它们都具有企业法人的地位,都有追求利润的经营目标。另一方面,生产私人产品的私人企业的产品定价机制是市场而不是企业,其经济效益目标的实现,是在市场机制的基础上追求长期利润最大化。而公共企业所生产经营的公共物品的定价机制则不同,需要在公共企业契约"三者"之间共同协商的基础上,最终由政府部门来决定。政府部门作为"受托人",对公共企业经营决策的监管,不同于对一般企业的干预。公共企业除必须遵循政府对经济活动间接管理的相关政策法规,还必须接受政府部门的生产许可和产品定价等特殊管理。因此,公共企业对利润的追求,不是在市场机制基础上的长期利润最大化,而是在政府定价基础上的长期利润最大化。

3. 政府的规制性与公众的参与性

政府的主要职责就是提供公共物品。这并不意味着所有的公共物品都由政府独家供给,否则,就会造成投资渠道单一、财政支付紧张、资源配置效率低下等问题。为了解决矛盾,可以采取政府负责、社会与企业提供,或政府与企业合作提供等多种方式。但是,不论哪种公共产品供给方式,政府对公共物品供给都负有相应的规制责任。政府规制的手段包括保护权益、颁布禁令、颁发许可证、制定价格、限制数量、颁布标准、发放补贴、提供信息。公共企业之所以需要政府规制是因为相当一部分公共企业所在的行业,都具有自然垄断性。在自然垄断的情况下,垄断者凭借自身的垄断优势,常常使产品和服务的价格与产出水平偏离社会资源最优配置的要求,从而影响市场机制自发调节经济的作用,降低了资源的配置效率。因此,为提高社会资源的配置效率和公共物品的供给效率,维护消费者的正当权益,政府部门必须代表广大消费群体对这些行业的生产经营活动实行强有力的规制。在政府实施规制的过程中,信息的充分性与透明度,对规制机构、消费者与企业之间维护各自的权益非常重要。因此,政府必须注意运用契约机制,促进公共物品供给的信息公开,让广大消费者掌握必要的信息,并参与公共企业必要的经营管理活动。从宏观上讲,强调公众对公共企业的生产经营和政府规制过程的必要参与,有助于保证公共企业的效率与公共物品供给的公平,形成对公共企业和政府部门的激励与约束。从微观上讲,消费者向公共企业投资了"消费资本",与企业的物质资本和人力资本一样,拥有维护自身权益的权利。社会公众有权利参与公共企业相关规则的制定,直接或间接通过"用手投票"的方式表达自己的消费意愿,促进公共企业的公共物品的供给生产合法、质量合格、价格合理与服务合情。

6.3.2 公共企业的功能

在市场经济条件下,公共企业既有作为市场竞争主体的一般企业的共性,不排斥利润目标,又有不同于一般企业的特性,承担政府赋予的职能,为实现政府的政策目标服务。在市场经济中,公共企业的功能主要体现在以下几个方面:[①]

1. 宏观调控功能

市场竞争使市场主体的技术与制度创新不断,产品生命周期演变以及广泛信用关系使经济呈现出繁荣、膨胀和萧条、紧缩的商业周期现象,经济在波动中前进。因此,政府必须引导公共企业在总需求与总供给方面发挥宏观调控功能,在税收、投资政策和货币信贷供给政策方面发挥调节作用。在产业政策中体现促进产业部门平衡和地区发展平衡的倾向。对公共企业的政策服务和直接的投资安排,应利于协调复杂多变的宏观利益关系和宏观经济走向,为各微观市场主体提供一个良好的宏观经济环境。[②] 公共企业在市场中的宏观调控职能表现在三个方面:(1)稳定产业基础。基础设施和基础工业部门,往往建设投资规模大,资金回收期长,难以保证投资收益,私人资本无力或不愿经营,因而国家必须通过设立公共企业,履行其稳定产业基础的功能。(2)优化经济结构。公共企业的设立实际上是资源配置的一种手段。公共企业在市场经济中的优化结构功能:一是通过公共企业在发展支柱产业,推进产业重组和合理化方面的作用,优化产业结构;二是通过在落后地区发展公共企业,优化地区结构。(3)缓解经济波动。市场经济的周期波动会导致效率损失,设立公共企业可以缓解经济周期波动。

---

① 金鑫.中国公企业的性质、功能和目标[J].经济评论,2004(4).

② 叶常林.公共企业:涵义、特征和功能[J].中国行政管理,2005(10).

2. 微观规制功能

在市场经济条件下,政府不仅要运用财政、金融等手段对经济结构、周期波动等进行宏观调控,还要对企业活动、市场行为、价格机制等进行微观规制。主要表现:(1)推进技术进步。克服一般私人企业在技术进步与技术开发方面的局限性,承担大型技术开发,传播和推广高新技术,加强重大科技项目的研发,承担推进社会科技进步的功能。(2)扶助私人企业。政府通过设立公共企业,可以为私人企业提供必要的基础设施和公共服务,使私人资本得以顺利转入发展前景看好的新兴产业部门。(3)限制私人垄断。在自然垄断领域设立公共企业,以国家垄断取代私人垄断,可以限制和防止私人资本在自然垄断领域的控制或过度竞争导致的效率损失。(4)抑制通货膨胀。政府拥有公共企业的定价权,可以直接使公共企业的产品和服务的价格控制在可以接受的限度之内,这势必会对整个物价上涨趋势起到一定的缓冲作用,又不至于导致整个经济发展的停滞和萧条。此外,公共企业在政府所执行的紧缩性财政金融政策中也可发挥抑制通货膨胀的重要作用。

3. 公共物品供给功能

公共企业是公共产品和公共服务领域的投资主体,可以提供私人企业不愿供给或供给不足的公共产品和服务。公共企业提供的公共物品包括:(1)基础产业和公共基础设施。包括铁路、公路和城市公共交通系统,邮电通信系统,宇航事业,国家重点开发的钢铁、煤炭、石油能源基地,农牧渔业基地等。(2)重大科学技术的理论研究和应用,基础教育和社会教育设施,高等教育、专业教育和继续教育。基础理论的研究投资大收益小,一般都由政府经营。高等教育和专业教育,政府可以作为准公共物品来经营,但不排斥私人投资和经营。继续教育可以纳入准公共物品的范围,但应提倡企业和私人办学。(3)社会保障体系,包括退休、工伤、生育、医疗卫生保健及保险服务。(4)公共资源和公共环境的保护和治理。(5)维护社会安定。公共企业可以提供大量的就业机会,承担发展社会公益和社会福利事业的责任,缓解社会矛盾,调节收入分配,促进社会公平,保障社会的稳定。

4. 对外调节功能

市场经济是开放经济,为增强本国企业和产品的国际竞争能力,防止外国资本对某些重要产业部门的控制,公共企业可发挥不可低估的作用。(1)强化国际竞争。通过发挥公共企业在开发先进技术方面的特有作用,可以缩小在生产技术和产品质量上与先进国家的差距;通过直接参与对外投资和对外援助活动,可以带动本国产品的输出。(2)防止外来控制。对一些重要的竞争性部门,当其受到外资控制和垄断的威胁时,国家可对一些处于不利地位的私营企业进行公有化,以增强其与外国企业的竞争能力,从而保护这些产业部门不被外国资本所控制。(3)维护国家经济主权。交通运输、电力、电信、公用事业等基础设施及关键性经济部门,投资规模大,建设周期长,资金回收慢,私人资本无力也无兴趣问津,而这些企业对拉动经济增长、维护经济主权是必要的。所以,无论是在发展中国家还是在市场经济发达国家,各国在这些领域中的公共企业,弥补了本国私人企业竞争实力的不足,维护了国家经济主权。

6.4 公共企业的管理与效率

虽然"所有权与控制权的分离以及对管理者行为的不完全监督,是大多数主要私有企业与公有企业的特点"[1],但是公共企业的管理者和私人企业的管理者并不会面临"一个同样的惩罚力量",即劳动力市场竞争形成的解雇的威胁,因为公共企业的管理者并非完全通过市场化的途径选择的。那么公共企业管理与私人企业相比较有什么不同呢?[2]

6.4.1 公共企业的管理

在公共企业中,政府作为企业的股东或其股东之一,承担作为企业股东所必须履行的应尽义务,享有相应的权利。与此同时,从社会角度看,政府作为干预和调控整个社会经济活动的权力机构,又不能只是考虑和关心公共企业本身的财产增值及其发展与资本收益问题,而是需要全面考虑国家经济与社会发展的总体战略目标,包括经济增长、就业、可持续发展等。为使政府作为公共企业股东和作为国家经济活动调控者的双重身份及其作用得以有效地融合与协调,政府在管理公共企业和协调公共企业同其他部门的相互关系,确保公共企业及整个经济的可持续发展进程中,应该坚持和遵照以下目标或原则:(1)规定并确立公共企业应尽的社会义务及责任,促进公共企业通过各种方式及途径完成其应尽的义务及责任,确保公众都能够公平地得到来自公共企业所提供的产品和服务。(2)尊重、落实公共企业的经营自主权,关注企业的财产、财务状况以及企业资本的应得收益,引导企业按照国家预期的目标战略方向经营与发展。(3)推动公共企业建设,增强公共企业可持续发展的能力,使之适应国内外市场竞争环境。(4)促使企业按照管理公开、经营透明的基本原则,按时公开企业财产、财务及经营收益状况等信息,以便于政府、公众、股东等利益相关者对公共企业经营与发展状况的了解与监督。

基于这些目标及原则,政府对公共企业的管理主要涉及以下几个方面的内容及措施:

---

① W.吉帕·维斯库斯,约翰·M.弗农,小约瑟夫·E.哈林顿.反垄断与管制经济学[M].陈甬军,等译.北京:机械工业出版社,2004:254.

② 周淑景.法国公共企业管理及其启示[J].东北财经大学学报,2003(5).

1. 指导与促进企业制定发展战略

根据实际情况指导与促进公共企业制定和实施合理的发展战略,不仅能够为企业自身带来好处及利益,而且对于整个社会经济来说也是非常必要的。政府指导和促进企业制定发展战略的途径体现在两个方面:一是政府合同。政府与公共企业签订的合同分为计划合同和目标合同两种类型,可以根据公共企业的类别及属性进行选择并最终确定。合同一般为期几年或数年(如 3～5 年)。合同的内容应明确规定政府和企业的资金财务关系,双方的权利和义务,确立企业的战略方针和发展目标,阐明政府和企业的优先发展项目,政府期待企业在社会和经济方面应达到的有关目标(如就业、研发、出口、节能等)。二是引导公共企业的中期投资战略及其计划。为确保企业投资战略及其计划的有效实现,应依据政府财政政策、金融市场和有关企业的状况,在确保资金大体平衡的基础上,对公共企业的投资计划和资金计划作出审查。

2. 完善企业董事会的组成及运行办法

董事会是公共企业最为重要的决策机构。虽然不同的公共企业对董事会的要求不尽相同,但是一个强而有力、广泛参与、保持独立的董事会能够为企业带来长期效益。因此,在公共企业的管理中,应高度重视并关注其董事会的建设、发展和完善。可以采取的方法有:(1)明确规定公共企业董事会的人员组成及其产生办法。政府可以通过相关规定,明确大型公共企业董事会由政府代表、专家代表、雇员代表和用户及消费者代表所组成,其中政府代表和专家代表通过法令任命,雇员代表由雇员选举产生。对于没有子公司的中小公共企业,其董事会由政府代表和雇员代表两方人士所组成。(2)规范政府代表和专家代表的产生办法及其任职资格。其中政府代表必须具有包括技术、经济和金融方面的必备能力以及丰富的企业经营或经济实践方面的经验,专家代表必须具有某个方面的实际才能或其经济和社会利益的代表性,以便使公共企业的活动更具战略眼光,并保证对企业管理层的有效控制。(3)以法律形式规定董事会的职责和权利及其运作方式。公共企业董事会负责决定企业的发展战略及大政方针,如企业的经营方针、战略目标、财政收支计划、市场营销决策、研究与开发、与政府签订合同等,未经董事会事先审议和批准,任何部门或个人均不得作出任何有关企业经济、财政和技术方面的重大战略方针及其生效的决定。

3. 在企业管理层之外设立专门委员会

在企业管理层之外设立专门委员会,能够使董事会的职能和权力得以全面、高效、规范地行使并运行。例如,法国的公共企业大多设有审查、战略、管理发展和薪酬等专门委员会。审查委员会的主要任务是负责对企业的内部监管和企业风险的监控状况进行审计、核查并作出评价与判断。审查委员会定期召开会议,研究、审查企业的财务及其管理和可能的风险问题,促进董事会对外公开和发布有关企业财务信息,向董事会提交审查工作报告等。战略委员会对企业发展所面临的内、外部环境及其变化作出分析、预测和判断,以此为基础提出适合于本企业的战略计划及其备选方案,同时对企业的长期发展实施监测并作出评价。管理发展和薪酬委员会负责关键管理资源的顺利到位,考核评估高级管理层的管理业绩和以业绩为基础批准管理者的薪酬,保持同股东及其他利益相关方的有效沟通等活动事宜,负责制定一些关键性的管理流程等。

4. 重视对政府代表的选派与能力培养

公共企业中的政府代表在确保企业董事会的良好运行和企业按预期目标顺利发展的过程中负有特别重要的责任,是公共企业管理与发展的带头人。公共企业中的政府代表必须具有高度的责任感,良好的情操,熟悉其权利及义务,掌握完成其职责的技能。(1)挑选具有经济、技术和企业管理的必备能力及实际经验的合格人选担任公共企业的政府代表,严格政府代表的选派关。(2)重视对政府代表的培训及其能力的培养与提高。可以由经济、财政和工业管理部门对派往公共企业的政府代表实施专门的职务培训,制定并广泛出版发行政府代表指南,为派驻公共企业的政府代表提供全面的导入方案和其任职期间持续教育的良好教材。(3)提供熟悉的工作环境,同一人选可以被委派出任同一行业多个企业的政府代表,或赋予政府代表可以出席同行业其他企业董事会议的特殊职责,以便了解、掌握同行业中其他企业的运行情况,从而更好地履行其职责。

5. 强化对公共企业的监督

政府对公共企业的监督应是全方位的,包括行政监督、立法监督和司法监督等多种方式及类型。其中的行政监督是由政府实施的监督,包括财政监督、技术监督和专门目标监督等具体形式,主要通过经济和财政部、技术主管部门和各种专门委员会实施,以事前监督为主。司法监督即审计监督,由审计部门负责,是对公共企业经营结果的稽核、检查和评估,这是一种事后监督。立法监督是由立法机构对公共企业所实施的一种监督,其监督的内容与途径包括审核和表决企业财务预算,关注和评价公共企业的经营管理情况,成立调查或监督委员会,负责收集或检查公共企业某个方面的情况事实,听取有关部门对公共企业经营活动所作出的说明或汇报……对公共企业所进行的有效监督,可以形成一套多途径、多渠道、多领域、多环节严密而完备的监督体制,在一定程度上保证政府对公共企业发展进而对整个国家经济生活运行的有效控制。

6. 完善公共企业的治理结构

公共企业的治理结构来自公司治理结构的演绎。公司治理结构又称法人治理结构或企业治理机制。这里的“结构”应当理解为兼具“机构”(institutions)、“体系”(systems)和“控制机制”(control mechanism)等多重含义。公共企业的治理结构,是指在公共企业所有权与管理权分离的条件下关于公共企业组织方式、控制机制、利益分配的所有法律、机构、文化和制度安排。^① 完善公共企业的治理结构重在三个方面:(1)合理调整政府股权结构,实现公共企业出资多元化,形成合理的股权结构和高效的经营机制。(2)完善董事会、监事会、总经理"三权分立、内部制衡"的企业法人结构,控制内部人控制,降低代理成本。(3)建构合理的激励和约束机制,规范企业治理结构中不同权利主体(股东、董事、经营者)和企业内部不同机构的权力、责任和治理行为,形成企业内部激励约束的制度安排。

7. 建立公共企业绩效评估机制

公共企业绩效可以定义为公共企业在履行公共责任的过程中,在讲求内部管理与外部效应、数量与质量、经济因素与政治因素、刚性规范与柔性机制相统一的基础上,获得的公共产出最大化。它包括经济绩效、社会绩效和政治绩效三个维度。由于公共企业产出的特殊性,公共企业具有社会效益,难以科学、恰当地确定哪些因素可以构成绩效评估的标准和指标,同时,公共企业的产出也具有垄断性和非营利性,这种垄断和非营利性使其产出进入市场的交易体系时,很难甚至于不可能形成一个反映其生产机会成本的货币价格,这使其缺乏确定性和可度量性,使公共企业绩效评估的客观指标难以确定。可以说,评估指标的难确定性,是导致公共企业绩效评估较难进行的一个重要因素。但是,公共企业本质上是一个经济组织,在参与市场经济的过程中,其投入、生产、管理和产出都可以由货币来量化,对其投资获益率、资金周转率、市场占有率等都可以制定清晰的量化标准,因而对其进行绩效评估的客观指标也较容易确定,这为公共企业绩效评估提供了直接和直观的基础,提供了进行比较的平台。因此,可以建立公共企业绩效评估机制,对公共企业的投入产出、效率质量、满意程度等作出相应的评价,以提高公共企业的管理水平。^②

6.4.2 公共企业的效率

从规范的角度看,公共企业应该追求社会福利最大化。但是,在所有权与控制权分离以及对管理者行为不完全监督的情况下,公共企业能够实现社会福利最大化吗?

由于以下原因,对于公共企业能否实现社会利益最大化,当代西方经济学是存在争议的:(1)不像利润指标,社会福利指标难以度量。采用一个不完善的指标就会为管理者按自己的利益行动而不是按社会福利提供机会。(2)通过资本市场而形成的像对私有企业管理者的约束力(管理的企业业绩差,管制者会受到

---

① 祁光华,罗丽华. 我国公共企业治理结构缺失分析[J].中国行政管理,2004(6).
② 陈胜涛.构建公共企业的绩效评估方法探讨[J].管理观察,2008(12).

解雇的威胁)不存在。约束力的缺乏使得公共企业管理者在行动中有更大的自由处置权。(3)缺乏转让公共企业所有权的可行机制。一个公共企业的所有者只有通过转移到另一个辖区才能放弃他的股权,因而缺乏像私有企业在资本市场中出现的集中所有权机制,公共企业的所有者把他的所有权转给另一个辖区作为对差业绩的反应,事实上是不可能的。所有权不可转移使得公共企业管制者在追求个人利益方面比私有企业中的管理者具有大得多的自由处置权。"为了使自己的工作环境更加舒适,管理者会提供选择提供更高的工资的方式来使得劳工斗争最小化。同样地,他会选择对生产能力的过度投资来避免潜在的短缺和消费者的抱怨。它也表明管理者将选择更简单的价格表,并且比一个私有企业的管理者更少频繁地调整价格。"①这些行为都趋向于增加管理者自己个人效用最大化,而不是社会福利最大化。

与对公共企业是否追求社会福利最大化争议相伴随的是对公共企业的效率高低的更大争议。托马斯·玻切丁·维纳·W.鲍莫瑞纳和弗里德里希·施耐德在《比较公私企业的生产效率:来自五国的证据》中指出,从总体上看,私有企业的成本低于相应的公共企业,但是这种比较要么忽略了私人生产所造成的公共成本,要么没有把较高的公共成本与公共企业的额外产品与目标联系起来,因而总体来说,这些比较并没有证明"向更多的市场和较少的政府"方向转移是有道理的。罗伯特·密尔沃德(Robert Millward)在《公有制和私有制的绩效比较》中指出,一些公共企业的单位生产成本低于同类私有企业,而且规模、投入价格、产业性质、是否存在竞争等条件,比所有制对效率的影响更大。② 丹尼斯·缪勒则在综述了航空、银行、电力、公共交通等自然垄断产业"约 50 项研究发现,只有在两项研究中(服务质量包产不变),发现公共企业比私人企业更有效率。在 40 多项研究中,发现公共企业显著地不如提供同一种服务的私人企业有效率"。因此,"由公共企业提供某种服务会降低这种服务供给的效率的论断,有非常充足的证据"。③

经济学理论通常认为,一个有效率的企业必须满足以下几个条件:(1)企业购买生产要素时,其价格达到生产要素市场中通过竞争所实现的水平,也就是说,投入成本要求竞争性;(2)在现有技术条件下,实现生产要素的最优组合,也

---

① W.吉帕·维斯库斯,约翰·M.弗农,小约瑟夫·E.哈林顿.反垄断与管制经济学[M].陈甫军,等译.北京:机械工业出版社,2004:257.

② 休·史卓顿,莱昂内尔·奥查尔.公共物品、公共企业和公共选择[M].费朝晖,徐济旺,易定红,译.北京:经济科学出版社,2000:101-102.

③ 丹尼斯·C.缪勒.公共选择理论[M].杨春学,等译.北京:中国社会科学出版社,1999:321-325.

就是要使用最可能的先进技术;(3)以最优的生产规模进行生产所带来的生产效率;(4)以费用最低的销售渠道进行销售所带来的配送效率;(5)在劳务、人事、财务方面不存在"经营上的松懈和怠惰"。就上述几个方面看,一般认为公共企业的整体效率不如私人企业高。① 主要原因包括:(1)公共企业的产权界定不清,弱化了企业的激励约束机制,而政府充分监督代理人的费用却极其高昂。(2)公共企业的预算约束软化,"不受破产程序的约束,因为在它困难时,政府总会将它拯救出来"。②而竞争和破产是淘汰低效率企业的自动调节器。(3)公共企业的预期目标多元化,"政府目标的多样性、模糊性和多变性加剧了经理控制问题"③。(4)公共企业的管理者追求政治支持最大化,以此提高收入和延长任职期限,这导致公共企业在产品可靠性方面过度投资以赢得消费者——选民的支持。

但是,1994 年,在经验研究的基础上,休·史卓顿(Hugh Stretton)和莱昂内尔·奥查德(Lionel Orchard)在其出版的《公共物品、公共企业和公共选择》一书中指出,对公共企业和私人企业谁的效率更高这个问题实际上很难给出答案。这是因为,公共企业和私人企业往往生产的不是同一种产品或服务,生产的条件也不一样,所以难以进行准确比较,即便作了比较,结果也相去甚远,难以作出令人信服的结论。因为"如果公共汽车能够为每个人提供服务,私营企业服务成本较低且有利润,但却没有给地点偏僻的居民提供服务。那么这两者谁的效率更高呢?"换句话说,用什么标准来判断效率? 成本低就是效率高吗? 因此,"没有普遍性证据可以证明,公共企业效率低下"。④

休·史卓顿和莱昂内尔·奥查德指出,公共企业与私人企业的效率问题是与企业的激励机制密切相关的。传统经济理论认为,公共企业的激励机制不如私营企业有效,原因在于:第一,公共企业的管理者不必像私营企业主那样追逐利润或害怕亏损,可以懒惰、不思进取,正是因为他们可以这样做,其中有些人就会这样做;第二,公共企业的雇员可以讨价还价,少干活多拿钱,而由纳税人付出代价,因为他们干活多少与挣钱多少没有必然的联系。私营企业的员工必须通过谈判来获得销售收入的一定份额,而销售收入在一定程度上又取决于他们的工作成效。因此,他们不仅有努力工作的内在动力,而且所得也受到市场的限

---

① 朱柏铭.公共经济学[M].杭州:浙江大学出版社,2002:413.

② 让-雅克·拉丰,让·梯若尔.政府采购与规制中的激励理论[M].石磊,王永钦,译.上海:上海三联书店,上海人民出版社,2004:546.

③ 让-雅克·拉丰,让·梯若尔.政府采购与规制中的激励理论[M].石磊,王永钦,译.上海:上海三联书店,上海人民出版社,2004:546.

④ 休·史卓顿,莱昂内尔·奥查德.公共物品、公共企业和公共选择[M].费朝晖,徐济旺,易定红,译.北京:经济科学出版社,2000:102.

制。休·史卓顿和莱昂内尔·奥查德认为,公共企业确实存在着激励机制方面的问题及其所导致的恶劣表现,公共政策的决策者和管理人员应该设计制度以最大限度地减少这些问题,并采取各种可行的预防措施。但是"激励问题的存在并没有理由导出对公共企业的普遍不信任"①。因为激励问题只存在于公共企业的部分活动之中,公共企业的多数活动和私人企业一样好,有些活动只有公共企业才搞得最好。而且,公共企业的激励问题并非不能解决,一些原来经营状况不好的公共企业后来成为同行业的优秀企业就是例子。更何况,工作的动力问题是一个复杂的问题,它随着文化、产业和工作性质的不同而不同。企业雇员的行为除了受物质利益的驱动,还受社会和企业的主流文化、个人的性格、企业的规模以及行政协调、工作的难易程度及有趣与否、工作中的人际关系、管理水平以及其他条件的影响。而就经营者的激励而言,公共企业的经理和私营企业的经理越来越成为同一类人,或者就是同一个人——公共企业从私营部门招聘管理人员,私营公司也越来越多地从公共服务领域招聘管理人员。"在竞争高职高薪和使自己脱颖而出的雄心方面,对两个部门中的管理人员而言,都是共同的。在公私激励之间,只有两个普遍的差异。这些差异产生于某些公共企业目标的多重性以及公共企业经理与政府的特殊关系。"②

6.5 公共企业的改革与争议

自 20 世纪 70 年代末以来,发达资本主义国家纷纷开始改革公共企业,这种改革并非随心所欲,它是各种因素发展变化的必然结果。③(1)20 世纪 70 年代资本主义经济危机第一次表现出了经济停滞与通货膨胀并存的特点,资本主义国家经济的持续"滞胀"使人们重新审视凯恩斯主义,开始探索如何掌握和运用政府干预的力度、形式和手段。公共企业作为政府干预经济最直接的手段,新的形势使人们不得不对其功能重新加以思考。(2)客观形势的变化使原有的公共企业出现了诸多不适应性。这同一些本来很有效的抗生素在病菌变异情况下功效大打折扣一样,公共企业作为医治市场失灵的有效处方,在新的形势下越来越不灵验。因为技术进步使一些本来具有自然垄断特点的行业越来越成为竞争性行业,无须再由政府直接经营以谋求强化竞争和社会公平。(3)1980 年代"新公共管理模式"的行政改革浪潮席卷了西方发达国家。新公共管理模式强调引进

---

① 休·史卓顿,莱昂内尔·奥查德.公共物品、公共企业和公共选择[M].费朝晖,徐济旺,易定红,译.北京:经济科学出版社,2000:115.

② 休·史卓顿,莱昂内尔·奥查德.公共物品、公共企业和公共选择[M].费朝晖,徐济旺,易定红,译.北京:经济科学出版社,2000:129.

③ 戎殿新,罗红波.西欧公共企业改革及其对中国的启示[J].经济研究参考,2000(10).

私人企业的管理方法和经验,提高公共部门的工作效率。公共企业作为公共部门的组成部分,在新公共管理模式改革的驱动下,开始引入市场竞争机制,通过"顾客主权"形成的压力,迫使公共企业提高服务质量,为吸引更多的顾客展开激烈的竞争。(4)"第三条道路"思潮的兴起,对西方国家公共企业改革起到推波助澜的作用。20世纪90年代"第三条道路"思潮在欧洲、北美兴起,"第三条道路"反对政府对经济的过度控制和福利国家思想,也反对完全取消政府的有效干预,它企图在传统资本主义与改良资本主义之间开辟一条折中的路线。对公共企业实行有周密安排、有配套措施、保有有效监控手段的改革是第三条道路的一项重要政策主张。90年代以来,西方各国的公共企业改革很难说与第三条道路思潮没有内在联系。

除了以上宏观因素,公共企业本身存在的弊端,也是催生西方各国推进公共企业改革的动因。[①] (1)所有权人不明确,责权利归属混乱。所有权人明确,负责人的权利明晰,这是治理结构有效、企业运行有序的基本保障。而公共企业则不是这样。从理论上说,公共企业的所有者是全体公民,但由于过于分散,所有者对企业的控制能力几乎为零。公共企业实际上并不是"公共"的,而是政治的。在公共企业中,财产权利是由国家选定的代理人来行使的,但这些代理人对权利的使用与转让、最后成果的分配都不具有充分的权能,这就使其对社会成员监督的激励降低,而国家充分监督代理人的费用却极其高昂。此外,国家在选择代理人的时候,也具有从政治利益而非从经济利益考虑的倾向,所以公共企业的产权也有很强的外部性,其经济绩效不理想。(2)公共企业领导层的任期受制于政治因素,具有很大的不稳定性。公共企业领导层的上任和卸任与政界联系紧密,甚至经常出现这种情况,今天是政府官员,明天成了公共企业的管理者,今天是公共企业的管理者,明天则成了政府官员。企业领导人的任免通常和政府官员一样频繁。公共企业管理者并不认真研究企业的经营状况。(3)公共企业内部滋生的腐败司空见惯,在这种情况下,如果公共企业仍充满活力才是不可思议的事情。在一些国家(如意大利)公共企业甚至成为政党分肥和政客谋私的一块政治乐土。在公共企业中,裁员计划难以推行,导致公共企业人员超编,工资偏高。由于有政府担保,公共企业获得贷款比较容易,资金利用效率不高。(4)公共企业依赖思想严重,认为一旦遇到困难,政府不会不管,因而缺乏忧患意识,没有破产威胁和压力。一些公共企业的经营情况并不好,但自恃背后有政府支持,盲目扩张经营领域,扩大经营规模。

在内外压力下,市场经济发达国家的公共企业走上了改革的道路。虽然各国的国情不同,公共企业的规模相异,所遭遇的问题也不完全一致,但是西方各

---

① 罗红波.西班牙公共企业改革[J].欧洲,2000(2).

国公共企业改革的总体路径选择却是一致的:公共企业私有化。从企业层面看,私有化是指下面两种情况:一是要素使用的控制权从政府向私人管理者的转移;二是管理者和私人投资者对收入流和利润的所有权的增加。^① "私有化打破了公共领域和私有领域之间的平衡,并使公有领域向私有领域急剧转化。"^②

公共企业私有化的领域从基础设施、自然资源、环境保护到文化传媒、医疗卫生、邮政电信、科技教育等各个层面,具体的私有化形式更是多种多样。例如,在改变所有权的形式下,有的全部出售所有权,有的则部分出售所有权;有的一次性出售,有的则分期、分块地分割出售;有的和一般股份公司一样上市运作,有的则有条件地向公众和本企业职工实行优惠出售;有的出售部分所有权而不放弃控股权,有的则根本不考虑保留控股权;有的既不掌握控股权也不保留实际控制手段,有的则通过金股("特殊股份"或"预先行政授权制")在必要时对企业有损国家利益的决策进行干预……在不改变所有权的形式下,有的公共企业只是出让管理权和经营权,或者只是引进私人企业的经营方式和竞争机制;有的则通过承包由私人经营,或由私人租赁经营;有的引入私人资本,以增强企业活力;有的则放开公共企业的资本、出售股份减少企业亏损、减轻政府财政负担。

魏伯乐(Ernst Ulrich Von Weizsacker)、奥兰·扬(Oran R.Young)、马塞厄斯·芬格(Matthias Finger)"通过发生在世界上不同地方、不同部门私有化结果的一系列证据,对私有化作了全面的概览"后指出,"在某些条件下,私有化产生了积极的效果,而在另外一些条件下,则是消极的效果"。^③ 按照他们的归纳,私有化的积极效果表现在:(1)私有化增加了对发展基础设施的投资;(2)私有化之后服务质量有了很大提高;(3)私有化提高了经济效率;(4)私有化推动了公共企业的创新和能力建设。但是,显而易见,私有化也伴随着令人不满意的结果:(1)政府部门缺乏对私有化的有效治理能力;(2)竞争不充分导致私营垄断;(3)私有化使穷人和富人享有的公共服务质量有很大差别;(4)私有化导致利用稀缺的政府资源保证私人企业获利;(5)私有化将一些提供必需公共服务企业推向崩溃的边缘;(6)私有化的过程存在大量的欺诈和腐败行为;(7)私有化增加了消费安全的隐患;(8)私有化削弱了公众参与公共服务的民主权利;(9)私有化的公共物品供给具有潜在的危险。

① 阿伦·德雷泽.宏观经济学中的政治经济学[M].杜两省,史永东,等译.北京:经济科学出版社,2003:626.
② 魏伯乐,奥兰·扬,马塞厄斯·芬格.私有化的局限[M].王小卫,周缨,译.上海:上海三联书店,上海人民出版社,2006:前言1.
③ 魏伯乐,奥兰·扬,马塞厄斯·芬格.私有化的局限[M].王小卫,周缨,译.上海:上海三联书店,上海人民出版社,2006:533.

　　私有化存在的积极和消极效应表明,私有化并非灵丹妙药,必须重视私有化存在的局限性。"在有些情形下,私有化也许是最好的选择,但是在另外一些情形下,对公共部门进行改革也许反而是更好的选择。""对私有化的局限要有一个健康的认识,而不是无条件地拥护或拒绝。为了使两方面都达到最好,我们需要强大的私营企业和能干的政府机构成为合作伙伴,共同协作。"①魏伯乐、奥兰·扬、马塞厄斯·芬格总结了私有化的经验教训:(1)必须逐步形成有效的治理、强有力的管制和监管制度;(2)不要对公共部门仍可以做的领域进行私有化;(3)绝不能出于意识形态的原因进行私有化;(4)必须确保对监管体制的有效控制,使政府在私有化遭到问题时能够撤销私有化;(5)必须壮大公共部门和私人部门之间的第三部门,即基金会、慈善机构、市民社会。

---

　　① 魏伯乐,奥兰·扬,马塞厄斯·芬格.私有化的局限[M].王小卫,周缨,译.上海:上海三联书店,上海人民出版社,2006:译者序4.

第 7 章

收入分配与社会保障

收入分配问题既是一个经济问题,更是一个政治问题。因为收入分配不平等会导致政治不稳定,而政治不稳定会导致投资缩减并威胁到产权的稳定。为了实现政治稳定政府必须重视收入分配改革,随着收入分配改革中的系统化,市场经济中的稳定器和安全阀——社会保障的建立健全,每个人都能体面和有尊严地生活下去,国家稳定基础的夯实将会进一步助推经济社会的可持续发展。本章考察收入差距、经济增长与分配公平的关系,政府与市场在收入分配中的作用,建构橄榄型收入分配格局,作为收入再分配的社会保障以及建立健全中国特色的社会保障制度。

7.1 收入差距、经济增长与分配公平

收入分配问题是经济理论探索的传统问题。古典和新古典经济学家从生产要素角度研究国民收入的分配规律,形成了生产要素分配理论。20 世纪 50 年代,库兹涅茨(Simon Smith Kuznets)提出了收入分配不平等与经济增长之间的倒 U 形关系理论。20 世纪 70 年代,随着理性预期理论的兴起,经济学家开始广泛使用代表性个人假定,抽象掉个体的行为差异以及个体间的收入差异,在此环境下,经济理论淡化了对收入分配的研究。20 世纪 80 年代中后期,新增长理论的崛起使收入分配研究得到复兴,90 年代以来,经济学家对收入分配和收入差距的研究表现了极大的兴趣,众多收入分配理论研究和经验研究文献试图解释收入分配不平等的成因、收入分配与经济增长的关系和政府政策能否遏制收入分配不公平。

7.1.1 影响收入分配和收入差距的因素

在 19 世纪和 20 世纪的工业化进程中,西方国家尤其是美国、英国的收入分配和财富集中发生了巨大的变化。理论研究和经验检验均证明,从 19 世纪开始,英国、美国的收入分配不平等的确在扩大,到 20 世纪初,收入差距逐步缩小,这一变化过程恰好验证了库兹涅茨假说。但是 20 世纪 80 年代以来,收入不平等在美国日益扩大,在英国则更加严重,同一时期的法国、意大利等却变化不大。而在德国和日本,1990 年以来收入差距的扩大则变得较缓慢,库兹涅茨假说遭

到了质疑,经济学家试图从不同层面对收入分配不平等问题作出解释。

1. 资本存量、初始财富与收入分配

通过运用外生和内生经济增长模型分析个人财富拥有量和资本存量的关系,相关研究讨论了生产函数为规模报酬不变、规模报酬递增、规模报酬递减的情况下,收入分配的动态变化情况。[①] 结果显示,在生产函数为规模报酬递减的情况下,当初始状态的总资本存量低于经济稳态下的资本存量时,收入分配状况随着时间的推移将不断改善;相反,当初始状态的总资本存量高于经济稳态下的总资本存量时,收入分配状况随着时间的推移将不断恶化。在生产函数为规模报酬不变的情况下,个人的财富拥有量与总资本存量存在一定的比例关系,收入分配状况保持不变。但是,当模型中加入外生变量时,个人的财富拥有水平与总资本存量之间的关系是不确定的,由此可以推论,当生产函数是凸的,收入分配水平随着经济扩张将不断恶化。在上述研究的基础上,龚六堂分析了个人财富拥有量与总的资本存量的关系以及收入分配状况与生产结构的关系。得到的结论是即使生产函数是凸的,随着时间的推移,收入分配状况也将得到改善。据此可以认为,在特定条件下,不管生产函数是内生的还是外生的,收入分配状况都将持续改善。[②]

除了资本存量影响收入分配,班纳吉(A.V.Banerjee)和纽曼(A.F.Newman)通过设定合理的参数结构,探讨了初始财富的分布情况对收入分配的影响。通过将人口分为穷人、中产阶级和富人三个阶层,他们比较了两个初始富人阶级都比较小的经济体 A 和 B:前者中产阶级比重较大,后者穷人的比重较大。由于经济体 A 的中产阶级较多,富人相对较少,从中产阶级升入富人阶层的人数将超过从富人阶层落入中产阶级的人数,由此导致的结果是,随着工资上升,穷人逐步升入中产阶级,收入分配最终收敛至平等的状态。在经济体 B 中,由于中产阶级比例较小,穷人阶层的比例较高,穷人的工资收入始终维持在较低水平,富人的利润收入维持在较高水平,因而在经济体中存在着显著的收入不平等。[③]

2. 技术进步与跨国收入差距

早期的经济增长理论将技术进步当成是外生的,如索洛(Robert M. Solow)等在外生技术进步的条件下研究跨国收入差距。[④] 罗默(Paul M. Romer)、阿格

① LI H, XIE D, ZOU H. Dynamics of income distribution[J]. Canadian journal of economics,2000,33(4):937-961.

② GONG L. Comments on "dynamics of income distribution" [J].Canadian journal of economics,2003,36(4):1026-1033.

③ BANERJEE A V, NEWMAN A F. Occupational choice and the process of development[J].Journal of political economy,1993,101(2):274-298.

④ SOLOW R M. A contribution to the theory of economic growth[J].Quarterly journal of economics,1956(7):65-94.

因(Philippe Aghion)和豪伊特(Peter Howitt)等人提出的内生技术变迁理论将技术进步的内涵逐渐丰富和发展起来,并在内生技术进步框架下研究跨国收入差距。[①] 近年来,阿西莫格鲁(Daron Acemoglu)所提出的技术进步偏向性理论为跨国收入差距及其变化研究提供了新思路。阿西莫格鲁在内生技术变迁的经济增长模型中将技术变迁的相对选择方向内生化,认为价格效应和市场规模效应是影响技术偏向性的主要因素,两者分别导致了技术创新偏向于稀缺要素和丰富要素,其影响效应的大小由要素的替代弹性所决定。如果要素替代弹性足够大,其相对边际生产力会呈上升趋势,国际贸易的增加会导致技能偏向性的技术变迁,进而影响国家间的收入差距。[②] 阿格因进一步指出技能偏好型的技术进步可能造成收入差距,但是一般技术的扩散才是造成不同国家间内部收入差距的主要因素。而皮凯蒂(T. Piketty)和塞斯(E. Saez)则对技能偏向性技术进步理论提出质疑,认为该理论并不能对美国在不同时间的收入差距作出解释,因为收入差距的扩大并不是简单地由技术进步或受过良好教育的工人劳动供给所决定的,收入增长和财富集中主要偏向于最高收入者,而他们的收入来源并不是工资收入。[③] 针对 20 世纪最后 20 年美国和其他发达国家的收入差距不断扩大,低技能工人的真实工资急剧下降和高技能工人工资大幅度上升的趋势,研究表明,20 世纪 90 年代,美国 20% 的最低收入工人的工资下降了 25%,比 1973 年的真实工资水平还低,而 1963—1989 年间,最低技能工人的平均真实工资下降幅度为 5%,技能工人的工资提高幅度达 40%。[④] 1978—1992 年间,英国无论是技能型工人之间的工资差距还是技能型与非技能型工人之间的工资差距都明显扩大,这是由于在最高水平的工资分配上有一个相对工资增长,而在最低水平

① ROMER P M. Endogenous technological change[J]. Journal of political economy, 1990,98:71-102; AGHION P, HOWITT P. A model of growth through creative destruction [J]. Econometrica,1992(2):323-351.

② ACEMOGLU D. Why do new technologies complement skills? directed technical change and wage inequality[J]. Quarterly journal of economics,1998(4):1055-1090; ACEMO-GLU D. Directed technical change[J]. Review of economic studies,2002(4):781-810; ACE-MOGLU D. Patterns of skill premia[J]. Review of economic studies,2003(2):199-230; ACE-MOGLU D. Labor and capital augmenting technical change[J]. Journal of the European economic association,2003(1):1-40; ACEMOGLU D. Equilibrium bias of technology[J]. Econometrica,2007,75(5):1371-1409.

③ PIKETTY T, SAEZ E. Income inequality in the United States,1993-1998[J]. Quarterly journal of economics,2003,118(1):1-39.

④ JUHN C, MURPHY K M. Unemployment, non-employment, and wages: why has natural rate increased through time[J]. Brookings papers on economic activity,1991(2):75-142.

的工资分配上则有一个相对工资下降。① 学者总结了造成收入差距扩大的三个原因:一是人们进入高等学校日益多元化;二是能力的回报日益增加;三是高校学生的平均工资水平与高校在教育方面的支出水平的关联性日益增强。②

此外,还有一些学者从纯技术发展角度解释收入差距扩大的原因,包括利用一般技术革命、具体技术变化分别解释组间和组内收入分配不平等。阿格因和豪伊特提出了一般技术革命的"社会学习理论",认为大多数企业应用的新技术并非全靠自主创新,而是从其他相同性质的企业中学习和吸取经验,努力寻求一个成功的样板,然后进行模仿。但是,这种"样板"并不是与新技术突破同时产生的,需要一个对新技术革命的社会学习过程。经过一段时期的学习后,新技术的应用"样板"逐渐明朗,达到一定程度后,新技术将被同行所认识,此时会出现新技术的爆炸性应用与对新技术相匹配的人力资本需求的爆炸性增长,这必然导致组间(熟练劳动与原始劳动间)工资收入不平等的扩大。怀仁特则用具体技术变化解释组内收入分配差距的扩大,认为不同企业的不同设备中所包含的具体技术不同,劳动者进入不同企业后,与设备的相匹配具有随机性。在任一时段上,劳动者有两个选择:一是选择继续原来的工作,通过边干边学机制改善原有设备的具体技术;二是当他们损失原有具体技术时,跳槽到新企业,与新设备结合积累新的具体技术。随着时间的推移,具有事前同质性的劳动者由于不同的选择以及不同的工作环境和历程,逐渐变得异质化。如果技术变化使得新具体技术的生产率比原有具体技术高,工资收入的差距就会逐渐扩大。

3. 国际贸易、贸易自由化与收入差距

20世纪90年代以来,世界贸易、投资和金融扩张深刻地影响了世界各国及其国民,经济相互依存将个人的、国家的和国际的繁荣纠缠到一起。全球化是一个现实。很多学者开始关注自由贸易、贸易自由化对收入分配的影响。林默(E. Leamer)和伍德(A. Wood)指出,自由贸易使发达国家(北方)和欠发达国家(南方)之间的劳动力市场存在替代关系,这种关系造成北方非技能型工人工资的下降以及南方非技能型工人工资的上升,使南北方的技术分布和工人的收入分配发生改变。另外一些学者持相反的观点。③ 也有学者利用美国1967—1995年的数据分析发现,国际贸易通过最终产品的相对价格和要素的相对供给对技能型和非技能型工人之间的工资

① MACHIN S. Wage inequality in the UK[J]. Oxford review of economic policy, 1996 (12):47-64.

② HOXBY C, TERRY B. Explaining rising income and wage inequality among the college educated[R]. NBER Working Paper, 1999.

③ LEAMER E. Wage effects of a US-Mexican free trade agreement[M]//GARBER P. The Mexico-U.S. free trade agreement, Cambridge, MA: MIT Press, 1993. WOOD A. North-South trade, employment and inequality[M]. Oxford: Clarendon press, 1995.

不平等水平产生影响,发达国家和欠发达国家间贸易的日益增加不是扩大技能型和非技能型工人工资不平等的主要原因,但是贸易能促使技能偏好型的技术进步,导致工资结构出现显著变化。[①]

另外,两部门模型也被用于探讨自由贸易对收入差距的影响。在该模型下,发达国家在技术密集型产品中占有相对优势,根据斯托尔帕-萨缪尔森定理(The Stolper-Samuelson Theorem),非技术密集型产品的相对价格将下降,因此在自由贸易下,发达国家非技能型工人的工资将减少,技能型工人的工资将增加。然而,这并不能说明技能型工人内部的不平等状况以及自由贸易对技术分布的影响。学者们试图解释自由贸易对技能型工人内部收入差距以及技能型与非技能型两组间的收入差距的影响。他们认为,如果技能型工人的工资由讨价还价机制决定,非技能型工人的工资由自由竞争机制决定,在两组工人劳动供给是固定的,不考虑自由贸易对国家技术分布的影响时,假设欠发达国家的工人全部是非技能型的情况下,自由贸易会缩小发达国家技能型工人内部的收入差距。[②] 但是,如果把多数投票机制引入模型,可以证明发达国家是反对自由贸易的,在每个人都赋予技能和非技能的劳动力,并且消费异质性产品的前提下,技术分布是内生的,收入差距与初始的技术分布成比例关系。

在上述研究的基础上,在技能型和非技能型劳动力市场都是竞争性的假设下,通过引入个人潜能的横向分化和允许个人接受能力培训,工人可以通过自我选择决定是否获得内生性技能时,研究了自由贸易和技能偏好的内生性技术变革对收入差距以及技术分布的影响。研究结论表明,在均衡条件下,南北方非技能型工人的工资率是平等的,但是技能型工人的工资率却没有达到平等。这导致了非技能型工人的工资水平在北方较低,在南方较高。因此,自由贸易将扩大北方技能型工人内部的收入不平等以及技能型与非技能型之间的收入不平等,在南方情况则相反。[③] 与这一研究结论相违背的是,通过分析 16 个国家 20 世纪的面板数据,也有学者发现贸易开放度对收入分配并未产生明显的影响。

① HARRIGAN J. International trade and American wages in general equilibrium,1967-1995[M]//FEENSTRA R.The impact of international trade on wages Chicago:University of Chicago press,2000. ACEMOGLU D. Directed technical change[J]. Review of economic studies,2002(4):781-810

② ABDEL-RAHMAN H M,NORMAN G,WANG P. Skill differentiation and wage disparity in a decentralized matching model of North-South trade[J]. Canadian journal of economics,2002,35(4):854-878.

③ ABDEL-RAHMAN H M. Skill distribution and income disparity in a North-South trade model[J]. Canadian journal of economics,2005,38(4):1298-1326.

4. 政治因素与收入分配

由于政治因素对收入分配也会产生影响,学者们讨论了美国最低工资标准对地区工资结构的影响,以及地区间工资结构的变动对收入分配的影响。研究结论证明,最低工资标准和工会组织的存在有利于收入分配的公平性,低收入地区的最低工资标准能有效地消除区域间的收入差距,但近些年美国这些制度的弱化是加深收入分配不公的重要原因。[①]

通过比较美国、欧洲大陆和日本的收入情况,学者们还发现 1970 年欧洲大陆或日本收入分配不平等的加剧程度要比美国弱很多。这是因为欧洲和美国收入分配的相关制度不尽相同。欧洲传统的社团联合谈判约束了经理人报酬的过度增长,强势的工会组织和国家制定最低工资制度限制了高收入者财富的膨胀。而在美国,股票期权制度已相当成熟,进入 90 年代后,股票市场营利率和利润收益的提高导致了股票期权经理人报酬份额的急剧增长。[②] 此外,皮凯蒂和塞斯认为,政治体制和社会规范的变化也是解释近期美国、英国和加拿大等国家财富向高收入者集中以及收入不平等差距不断扩大的原因。[③]

最近几年,关于世界大战对收入分配的影响引起了学者们的关注。阿特金森和皮凯蒂的研究表明,1914—1945 年间,资本拥有者的资本受到包括来自通货膨胀、金融战争、破产的巨大冲击,战争和大萧条导致大多数国家资本收入下降以及收入集中度降低。[④] 也有学者通过分析日本的情况认为,二战期间日本收入和财富集中度下降的主要原因是战争破坏和通货膨胀所导致的资本收入的减少。除了资本收入的减少,收入平等化机制对收入差距的缩小亦起到了重要作用。[⑤] 高尔丁和塞斯的研究指出,20 世纪 40 年代,美国为了摆脱战争带来的经济萧条,实施缩减薪资政策,其效果亦非常明显,失业率降低,工资结构趋于平等,从而缩小了收入差距。加拿大在战争期间亦有此举措,并取得了较好的成效。

由战争导致的政治制度的变化对收入分配亦有一定的影响,特别是在德国、

① MACHIN S. Wage inequality in the UK[J]. Oxford review of economic policy,1996 (12):47-64. LEVIN-WALDMAN O M. The minimum wage and regional wage structure:implications for income distribution[J]. Journal of economic issues,2002,36(3):635-657.

② DEW-BECKER G. Controversies about the rise of American inequality:a survey[R]. NBER working paper,2008.

③ PIKETTY T,SAEZ E. Income inequality in the United States,1993-1998[J].Quarterly journal of economics,2003,118(1):1-39.

④ ATKINSON A B,PIKETTY T. Top incomes over the twentieth century[M]. Melbourne: Oxford university press,2006.

⑤ MORIGUCHI C,SAEZ E. The evolution of income concentration in Japan,1885-2002[R].NBER working paper,2005.

葡萄牙和西班牙等独裁体制中表现得较为明显。学者的研究发现,葡萄牙在1970 年后,高收入者财富份额显著下降,这是因为受到独裁统治末期和非洲殖民地丧失的影响,以及 1974 年后的左翼运动和国有化的进程对收入分配平等化起到了一定的作用。而在西班牙,在弗朗哥统治的前十年,高收入者的财富份额有所下降,但是,从独裁统治到民主国家的转变过程中,高收入者的财富份额并未有显著变化。[1]

5. 影响收入分配公平的其他因素

布兰科·米兰诺维克(Branko Milanovic)研究了 1988—1993 年世界范围内个人收入分配的情况,并且对国家间的购买力平价差异进行调整,其数据来源于91 个国家的家庭问卷调查数据,覆盖了世界上 84% 的人口,统计了世界 93% 的GDP,这种做法在学术界属首次。以基尼系数来衡量,不平等状况在 1988—1993 年间有显著上升,每年的基尼系数增长 0.6,其增速非常惊人,超过了 20 世纪最后 20 年美国和英国基尼系数的增长速度。研究结论表明,导致世界收入不平等的主要原因是国家间平均收入的差异,75%～88% 的不公平是由其造成的。特别是中国城乡间收入差距的扩大,以及人口稠密的南亚国家(印度、孟加拉国)与 OECD 国家间的收入增长差距是世界收入不公的主要贡献因素。[2]

也有学者考虑了父母能在公立学校和私立学校间进行选择的动态演化的经济体,并且父母能通过投票决定为公立教育投入资金的那部分税率。通过使用美国的数据进行计算和模拟,研究了在该经济体中收入分配与内生性增长的关系。结果显示,低收入家庭偏好公共教育与较高税率,高收入家庭偏好私人教育与较低税率。公共教育学生与私人教育学生均经历了内生增长,但是两者的机制不同。私人教育学生通过典型的线性动力学实现内生增长,而公共教育学生则是从私人教育学生得到溢出效应实现内生增长。基于教育选择的收入分配出现了内在的分离,非常贫穷的家庭倾向选择公共教育并经历了较高的收入增长。公共教育学生收敛到一个低收入的平衡,私人教育学生则经历内生性增长,从而实现较高收入。同时,混合型教育体系有利于减少缓解收入不公平,提高人均收入水平。[3]

7.1.2 收入分配不平等对经济增长的影响

在探讨影响收入分配和收入差距因素的基础上,学者们研究了收入分配对

①　ALVAREDO F, SAEZ E. Income and wealth concentration in Spain in a historical and fiscal perspective[J]. Journal of the European economic association,2009(5):1140-1167.

②　MILANOVIC B. True world income distribution, 1988 and 1993: first calculation based on household surveys alone[J]. The economic journal,2002,112(476):51-92.

③　CARDAK B A. Education choice,endogenous growth and income distribution[J]. Economica,2002,71(281):57-81.

经济增长的反向效应,分析了收入分配不平等通过对创新动机机制,经济、政治均衡机制和教育—生育决策机制的影响进而作用于经济增长的途径。

1. 创新动机机制

通过把非同位参数选择纳入一个包含创新的经济增长模型,学者们分析收入和财富分配不平等如何影响经济增长。他们假设消费者根据需求等级来满足自己的消费,即首先满足基本物品的消费,然后才考虑消费奢侈物品。换言之,只有富裕的家庭可以消费新产品,较穷的家庭只能支付得起非奢侈品。在这个假设下,收入分配对新产品市场的演化和营利具有重要影响,其中的影响机制是公司在成功进行产品创新后,需求和营利的动态演进。在初始阶段,创新产品市场非常小,只有富人能够支付得起,随着收入的增加,创新产品的市场将不断扩大,公司获得更高的利润。利润的增长来源于两个方面:集约边际(intensive margin)和外延边际(extensive margin)。前者是指同一消费者为创新产品愿意支付的更高价格,后者是指新的消费者在相同价格上愿意购买的水平。如此,在经济增长路径上,收入分配通过形成和改变创新者的需求曲线影响创新的价值。[①]

学者们也讨论了收入不公如何影响创新动机。假定一个两阶级社会由两个参数构成影响收入分配的因素:富裕阶层与穷人阶层的相对收入和相对人口规模。当富裕阶层和穷人阶层间的相对收入水平较低时,收入不公平的程度较低,此时有两个相反方向的力量影响创新动机:一方面,只要创新产品是专门销售给富裕阶层的,缩小两阶层间收入不公的再分配会降低富裕家庭支付给创新者的动机;另一方面,缩小两阶层间收入不公的再分配会使得穷人阶层的环境变得更好,从而能够支付得起更多产品,这一因素有利于提高创新者的利润水平,因为这会促使新产品市场更快地扩展成为大众市场。然而,以上两种力量的净效应是前者的影响效应往往超过了后者。这是因为产品利润后期集中,在产品的整个生命周期中,降低创新产品利润的因素超过了提高利润的因素,因此富人阶层与穷人阶层的相对收入水平较低,对创新动机的影响是负效应。但是,当两阶层的收入分配不公程度加深时,收入分配会通过市场规模效应和价格效应的力量影响创新动机。市场规模对利润的影响效应是正的,因为一旦新产品市场建立起来,就有更多的人购买,利润提高;价格效应对利润的影响效应是负的,因为富人财富拥有量减少会使购买新产品的需求降低。

不难看出,这些研究侧重考虑偏好的异质性而不是从供给方面出发,研究收入分配对创新动机影响作用的大小进而影响经济增长。这不同于其他学者对

[①] FOELLMI R,ZWEIMULLER J. Income distribution and demand induced innovations[J]. Review of economic studies,2006,73(4):941-960.

"有指导的"技术变革所作的研究。① 这些研究把重点放在相对要素价格对采取特殊技术的动机影响，以及选择这些技术对生产要素间的收入分配的作用结果。此外，也有很多学者的研究视角不同。例如，如果考虑一个消费者对消费和遗产具有非同位偏好的模型，则收入分配不公可能有助于经济增长。因为在经济发展的初始阶段，富人较高的储蓄率会促进物质资本积累。格林伍德等研究了收入分配对创新动机的影响程度，假设在收入不公平的消费者间，初次购买创新产品的时间不同，他们研究的关注点在于，耐用品专利者选择创新研发的最佳时间的局部均衡。② 也有学者研究了需求增长和收入分配的关系，分析了经济增长扩大或降低收入分配不公情况时，价格弹性和收入弹性必须满足的条件，它要说明的是在要素价格和增长率都是内生决定的时候，收入分配不公如何影响经济增长。③

2. 经济、政治均衡机制

分析经济、政治均衡状态下的收入分配是研究收入分配对经济增长影响的重要途径，主要包括政府财政支出和税收渠道这两种途径。在经济、政治均衡下税率是由不同的机制决定的，不同的税率对经济增长有不同的影响。在经济均衡状态下，运用优化模型分析收入和财富不同的个人所偏好的最优税率，进而研究税率对经济增长的影响；在政治均衡中，通过少数服从多数的决策机制和中间投票人规则，社会税率由政治均衡确定，亦即中间投票人所偏好的税率。但是，不同的收入分配格局下中间投票人的收入和财富状况不同，偏好的税率亦不相同，进而导致不同的社会税率和不同的经济增长率。

阿尔贝托·阿莱西纳（A. Alesina）和佩罗蒂（R. Perotti）在劳动和资本作为基本生产要素的内生经济增长模型的框架下，通过税率这一途径研究收入分配对经济增长的影响。在模型中，假定私人生产需要政府提供诸如法律秩序等公共服务，因而其生产函数中包括资本、劳动和政府生产性支出等要素，财政支出具有生产性并且完全进入生产函数，政府的收入来自资本税。收入不平等体现于个人间初始劳动—资本禀赋比率的差异上。首先，他们对经济均衡下（即个人

① ACEMOGLU D. Why do new technologies complement skills? directed technical change and wage inequality[J].Quarterly journal of economics，1998(4)：1055-1090. ACEMOGLU D.Directed technical change[J]. Review of economic studies，2002(4)：781-810. ACEMOGLU D，ZILIBOTTI F. productivity differences[J].Quarterly journal of economics，2001，116(2)：563-606.

② GREENWOOD J，MUKOYAMA T. The effect of income distribution on the timing of new product introductions[R].Mimeo，University of rochester，2001.

③ BOURGUIGNON F. Growth and inequality in the dual model of development：the role of demand factors[J]. Review of economic studies，1990(57)：215-228.

效用最大化)经济增长率及其与税率的关系进行研究。由于市场是完全竞争的,个人的劳动供给和资本收入由边际生产率决定,在此条件下确定的个人预算约束为总收入(劳动收入加上资本收入)扣除消费后的水平。个人在预算约束条件下最大化其终生贴现效用可得到个人的消费增长率和资产增长率函数,是资本税率的减函数,与个人相对禀赋无关。因而个人的积累率均相同,相对要素份额不会随时间变化而变动,收入分配格局是稳定的。接着,阿莱西纳和罗德里克利用政治均衡确定税率的大小。假设个人是政策决定者,分析在最优的资本和消费增长率约束条件下选择偏好的税率并使其效用最大化,从而得到个人偏好的税率与相对禀赋比例的函数。研究结论表明,个人的劳动份额愈大,其偏好的税率就愈大,根据中间投票人定理得出,收入分配愈不平等,资本税率愈高,进而降低经济增长率。[①]

得到相同结论的还有皮尔森和塔贝里尼。他们运用 OLG(overlapping generations,世代交叠)模型研究在纯粹财政中进行再分配的前提下收入分配对经济增长的影响。他们假定个人的寿命分为两期:年轻期和老年期,每个人只关心自己的消费,不关心后代的效用水平。各个人只在年轻时获得收入,其水平由全社会的平均禀赋或"基本素质"和个人的禀赋水平决定,即收入不平等体现在个人能力或禀赋上,能力或禀赋愈高的人获得的收入亦愈高。储蓄一部分用于老年时的消费,但其消费水平受到财政转移支付的影响,政府的财政转移支付政策将个人储蓄超过平均水平的那部分收入转移给储蓄水平低于平均水平的其他人。在这一假设条件下研究经济均衡和政治均衡。研究结论表明,在经济均衡中,给定转移支付率、所有个人的消费—储蓄决策都是最优的,当使用一次齐次的效用函数得到的转移支付率愈小时,增长率就愈高。在政治均衡中,投票人按照少数服从多数的原则确定转移支付率,具有中位数禀赋个人的偏好决定再分配政策,若中间投票人的禀赋水平愈低,转移支付率就愈高。综合考虑经济均衡和政治均衡,皮尔森和塔贝里尼认为,收入分配(初始禀赋分布)不平等在有利于提高转移支付率的同时,会降低经济增长率。[②]

3. 教育—生育决策机制

目前,把教育—生育决策问题引入经济增长模型中研究收入分配与经济增长的关系引起了经济学家的关注。如果把代表性个人视为一个家族,就可以利用这些模型研究家族的初始财富与人力资本投资、生育决策间的关系。佩罗蒂

① ALESINA A, PEROTTI R. Income distribution, political instability and investment [J]. European economic review, 1999(6): 1203-1228.

② PERSSON T, TABELLINI G. Is inequality harmful for growth? [J]. The American economic review, 1994, 84(3): 600-621.

指出,受财富水平的影响和信贷市场的不完善性,富有家庭的人力资本投资较高,穷人家庭的人力资本投资较低,富有家庭和穷人家庭的教育决策不同。生育决策是父母权衡对小孩的人力资本投资的机会成本和抚养小孩的直接成本的结果。人力资本投资高的父母抚养子女的机会成本较大,教育子女的成本较大,对子女数量的需求较小;反之,人力资本投资低的父母抚养子女的机会成本较小,教育子女的成本也较小,对子女数量的需求较大。如此,在收入不平等的经济中若穷人的比例较高,那么人力资本投资较低,人口出生率亦较高。这样,收入分配不平等与人口出生率正相关、与人力资本投资和经济增长负相关。若中产阶级的收入比重愈大,人口出生率愈低,经济增长率就愈高。[①]

奥摩尔·莫胡(Omer Moav)在以往研究的基础上,继续加强了通过不完善的资本市场研究收入分配与经济增长的关系。[②] 以往的研究通常是通过分析不完善的资本市场研究收入分配与经济增长的关系,认为只要人力资本生产技术或者最终产出是非凸的,收入不平等将影响长期经济发展。研究表明,信贷约束与投资门槛阻碍了穷人进行人力资本或物质资本投资,进而导致了持续的贫困。奥摩尔·莫胡假设遗赠给下一代的储蓄是收入的凸函数,而不是技术的非凸性,建立了一个开放的经济模型,在这一模型中,贫穷的经济体(收入低于门槛水平)将收敛到一个低的收入均衡状态,而富裕的经济体(收入高于门槛水平)将收敛到一个高的收入均衡状态。如果初始平均收入高于门槛水平,那么在比较平等的社会,更多个体的收入水平高于门槛水平,经济体趋于高收入均衡状态。但是,在贫穷的经济体中,平均收入水平低于门槛水平,收入不平等对经济发展的影响效应是正的。有趣的是,凸性储蓄的机制导致了收入不平等对经济发展的负效应,同时导致了收入不平等对产出的正效应,这取决于收入不平等对总储蓄的正的影响效应。因此,收入不平等将提高总储蓄水平和低的产出水平,因为资本市场的不完善使得资本不能在个体间进行有效的分配。

沃尔克·格罗斯曼(Volker Grossmann)进一步认为,由于对人力资本风险进行保险的市场存在缺失,通过人力资本积累,家庭财富的初始分配对经济发展起着重要的作用。对先进国家的经验研究表明,在缺乏信贷约束下,较高收入不平等程度倾向于增加人力资本总存量水平和人均收入水平。此外,由于受到借款的约束,在贫穷国家,收入不平等将阻碍人力资本投资。这表明收入不平等与经济发展之间呈现非线性关系,在经济发展初期,初始收入的不平等将降低经济

①　PEROTTI R. Growth, income distribution and democracy: what the data say[J]. Journal of economic growth,1996,1(2):149-187.

②　MOAV O. Income distribution and macroeconomics: the persistence of inequality in a convex technology framework[J]. Economics letters,2002(75):187-192.

增长,当经济发展进入成熟阶段,收入不平等对经济增长的影响是正的。[①]

7.1.3 促进收入分配公平的路径选择

针对收入不平等日益加剧和收入差距不断扩大的趋势,经济学家就如何促进收入分配公平进行了深入研究。学者们指出,政府政策在促进收入分配公平方面具有不确定性,在不同条件下,经济和政治基础相似的国家,税收、社会保险、公共财政、教育支出等对不同收入阶层的收入再分配效果是不一样的。

1. 制度设计、政策工具与收入公平

莫里斯·阿尔特曼(Morris Altman)认为,促进收入分配公平的因素与导致较高经济增长率和较高的单位资本产出的贡献因素保持一致,更多的收入公平不会损害其他人的利益,因为更多的收入平等不是通过收入再分配过程实现的。诸如最低工资水平、工会以及劳工市场政策等制度性因素不仅可以减少工资收入不公,而且可以使得经济更有效率。莫里斯·阿尔特曼通过建立行为科学模型证明,工资和收入不公不仅是由内嵌于传统生产函数的技术性参数决定的,而且还受到制度变量的影响。一定程度上的效率或技术改变应从改善工人的福利水平出发,政策制定应多鼓励这些改善,特别是促进效率和技术变革效应的实现。例如,最低工资制度和工会组织可以改善工人的福利水平和提高公司的生产率。[②]

也有学者讨论了欧洲财政联邦主义的制度设计和政策工具对收入分配的影响。对欧盟内的各国政府来说,经济分权化的财政联邦主义对政策制定具有重要的激励性,如果把收入再分配与公共物品供给作为一个政策工具问题,可以看到每个国家的政府通过一般所得税以及提供公共物品的方式,实现了收入在地区间的再分配,但是,一个值得关注的问题是,在国家层面上,面临所得税使用和支出政策的影响时,欧盟各个成员国的政府能否有效地执行再分配政策是一个需要重视的问题。[③]

还有一些学者通过分析养老金制度的改革研究了不同养老保险制度对促进收入平等的作用。他们在持久收入模型的框架下分析了现收现付制的养老金制度对收入不平等以及财富不平等状况的影响,基本思想是,个人收入的不平等与

---

① GROSSMANN V. Risky human capital investment,income distribution, and macro-economic dynamics[J]. Journal of macroeconomics,2008,(30):19-42.

② ALTMAN M.Economic growth and income equality:implications of a behavioural model of economic[J]. Canadian public policy,2003(29):87-118.

③ ARONSSON T. Optimal income taxation and decentralized fiscal federalism[J]. Regional science and urban economics,2010(40):187-195.

财富的不平等来源于个人收入与资产收益的不确定性,这种由不确定性导致的差异随着时间的流逝而积累,个人之间收入及财富的差别就会越来越大,不平等的情况就会越来越严重。如此,任何在个人之间分摊风险的机制都会改善个人分配状况,养老金制度正是通过这种方式改善收入分配的。通过改变模型中缴纳的社保税和个人账户的比例,他们进一步分析了养老金制度改革后的收入再分配效应,研究结果表明,在个人账户式的基金制养老保险制度下,个人养老金由个人账户的储蓄支付,个人的收益与贡献紧密相连。在这种体系下,养老金的代内收入再分配功能大大下降了。[①]

2. 税收、公共支出与收入公平

吉尔吉奥·贝尔蒂尼(Giorgio Bellettini)和卡洛特·切洛尼(Carlotta Berti Ceroni)分析了收入不公与收入再分配政策之间的关系,并提供了一个对其如何进行经验检验的方法。他们构造了一个两期模型,在该模型中,资本市场是不完善的,政府部门运行一个公共项目,为所有人平等地提供公共物品或服务,该项目的资金来源于现行的收入税,不论是现在还是将来,该项目都会对生产力和收入产生影响。公共项目包括公立学校和对基础设施的公共投资。个人通过投票方式决定税收的多少为再分配政策提供资金。如果税收与收入是成比例的,那么公共支出具有再分配的效应,因为穷人对该项目的贡献比较小。关键的投票者不一定是收入处于中间值的群体,因为个人面临着具有约束的融资条件,现行税收的提高将减少他们的可支配收入和消费。因此,更容易受流动性约束的穷人可能与富人结盟从而投票选择低的再分配水平。在这种情况下,不是所有的行为人都选择高水平的再分配政策,穷人和富人选择低水平的再分配,中产阶级选择高水平的再分配。因而,收入不公的增长对再分配水平的影响效应取决于收入不公的增长是否集中在穷人或中产阶级。同时,他们对 22 个 OECD 国家面板数据的经验检验为理论分析提供了初步的证据。[②]

3. 教育支出与收入公平

有学者使用劳动力调查数据,把数据分成教育组和就业组,从教育程度和就业程度两个层次研究了新加坡收入差距的发展趋势,分析了新加坡政府为缓解收入不平等所实施的政策。研究结论表明,新加坡的收入不平等程度非常高,一

① DEATON A, GOURINCHAS P O, PAXSON C. Social security and inequality over life cycle[EB/OL].[2021-11-20].https://www.nber.org/papers/w7570. FELDSTEIN M, LIEBMAN J.The distributional aspects of social security and social security reform[M]. University of chicago press,2002.

② BELLETTINI G, CERONI C B. Income distribution,borrowing constraints and re-distributive policies [J]. European economic review,2007(51):625-645.

个原因是新加坡政府的选择性移民政策。有趣的是,来自教育组的收入差距并不是收入不公的主要因素,来自就业组的收入差距对整个收入不平等具有重要影响。因为新加坡的外国劳动力由两部分组成:一是外国有才能的人,他们的收入水平处于上层;二是外国补充劳动力,诸如建设工人和家庭女佣等,他们的收入水平处于底层。这两个极端的收入水平是扩大收入差距的重要因素。为缓解收入不平等,新加坡政府在经济增长过程中加大了教育支出,其主要目标是要使得每个人都处于平等地位。但是,优秀学生奖学金和助学金制度倾向于扩大不平等。因为最优秀的学生拥有较好的学习环境,他们的父母具有较好的教育背景,富裕家庭和中产阶级家庭成为奖学金制度的受益者,每个学生的教育支出随着教育水平的增加而增加,父母的教育背景与学生的才能存在一定的关系,这导致教育资源分配公平。[①]

除了对单个国家收入分配政策的分析,很多学者还就不同国家间的收入分配状况及收入政策进行了研究。张雷对不同国家收入分配状况呈现持续不同的状态提供了一个政治经济学的解释。针对以往的研究重心放在公共教育总支出上,张雷研究了公共教育支出在不同教育水平上的分配问题。检验研究表明,不同教育水平上的公共支出与收入分配的关系是不同的,不同教育水平的支出在不同的社会经济中具有普遍的针对性。因为利益集团可能进行游说影响教育政策的制定,而游说是内生的,具有不同收入分配群体的游说能力不同,富裕群体总是倾向于进行游说。当有不同的游说时,公共教育政策也就不同,一定时间后,收入分配将随着不同的路径演化。[②]

4. 社会契约理论、个体偏好与收入公平

罗兰·贝纳布(Roland Benabou)通过阐述不平等和社会契约理论,试图解释为什么在经济和政治基础都相似的国家,如美国和西欧,收入再分配政策的效果会不同。罗兰·贝纳布认为,不平等和社会契约是建立在两个运行机制的基础上,该运行机制自然产生于完全没有保险和信贷市场的情况下。首先,能提高事前福利水平的再分配在不平等社会要比在平等社会掌握较少的政治支持。相反,由于财富被限制投资于人力资本或物质资本,较低的再分配率将加剧未来收入的不平等程度。这导致两个稳定状态(美国和西欧):一个是高不平等状态伴随着低再分配水平,另一个是低不平等状态伴随着高再分配水平。这两种社会

---

① MUKHOPADHAYA P.Trends in income disparity and equality enhancing education policies in the development stages of Singapore[J]. International journal of educational development,2003(23):37-56.

② ZHANG L. Political economy of income distribution dynamics[J]. Journal of development economics,2008(87):119-139.

状态并非帕累托可排列状态,哪种社会状态具有更高的收入增长取决于某种平衡,即税收扭曲和投资资源的高生产率之间的平衡,该投资资源应重新分配于受到更大信贷约束的领域,特别是教育。在信贷和保险市场不完善的情况下,一些再分配政策可以改善事前福利水平。相反,在信贷约束的条件下,低水平的再分配将转化为更持久的不平等。①

也有学者利用第四波世界价值观调查的微观数据(1999—2001 年),分析了西班牙人对收入平等和再分配政策的偏好。研究结论表明,在西班牙各个地区层面上,较高的收入不平等水平更加偏好收入趋于平等。政府试图增加地区总的公共支出导致了地区偏好较低的平等状况,以及满足于现在的收入分配状况。地区间差异意味着具有民族主义的地区政府偏好较低的收入平等水平。社会人口统计因素(年龄、性别)对模型中的因变量的作用较小,相反,经济状况、教育、政治利益、意识形态、对机构的信任以及对个人公平问题的看法对模型中的因变量有较大的影响。例如,受过良好教育的个人在收入再分配和降低收入不平等方面的偏好较小,具有较好组织的利益团体倾向于促进收入公平,正确的政治方向以及对政府和议会的信任与对促进收入公平负相关,有宗教教派的个人比没有宗教教派的个人更倾向于改善收入不平等状况。

7.2 市场与政府在收入分配中的作用

市场作为资源配置的一种有效方式,主要在初次分配中发挥作用。在收入分配的整个过程中,市场的作用贯穿始终,市场不仅通过生产过程创造了收入分配的国民收入来源,也通过价格机制驱使着国民收入在国民中的分配,更通过竞争机制提高了收入分配的效率,并反过来促进了国民经济的发展和市场生产效率的提高。市场对收入分配格局的形成起着最重要的基础性作用,在市场对收入分配的作用下,形成了国民收入的初次分配阶段。

7.2.1 市场在收入分配中的作用

首先,市场生产提供了收入分配的物质来源。要进行收入分配就必须先获得可供分配的物质资料。在市场经济中,资源配置是靠市场来实现的,市场的资源配置作用,引导着物质资料的生产,为收入分配提供了物质来源。市场对物质资料生产的调节以生产要素所有制为基础,通过市场经济的供求机制、价格机制共同作用来实现。这种市场对资源配置的作用,使国民生产过程生产了最大效应的国民收入,从而提供了收入分配格局中供国民进行分配的物质资料,由此可

① BENABOU R.Unequal societies:income distribution and the social contract[J]. The American economic review,2000,90(1):96-129.

以看出,正是市场的资源配置作用,通过最高效率、最优组合、最多数量为收入分配过程提供了物质基础,在某种程度上也可以把市场配置生产的过程视为收入分配过程的起点。

其次,市场决定了收入分配的要素分布。在物质资料产生之后,国民收入从市场中分配到每一个个体手中还必须有一定的依据,这种依据也是由市场提供的。市场主体在市场的资源配置作用下进行生产,并产生了可供收入分配的物质资料,在市场调节下,物质资料在市场主体之间需要按照拥有的要素不同进行分配,收入分配中不同要素的构成也是由市场来决定的。在市场经济中,生产要素分布在不同市场主体手中,不同的市场主体投入自己拥有的生产要素进行生产,并凭借生产要素的多少进行分配,决定生产要素在市场主体之间分布的力量就是市场。由于市场中的竞争机制,不同市场主体拥有的要素数量也存在差别,在竞争的市场环境中,生产要素受供求机制的影响在市场流动,最终形成了生产要素在市场主体之间的分布。

再次,市场推动了收入分配的传递过程。在市场决定了每个市场主体所拥有的生产要素数量的基础上,市场机制决定了收入分配的具体传递过程。在市场经济条件下,价格决定单位要素的报酬,并和市场要素所有制一起决定生产要素所有者的收入水平。[①] 由于生产要素在不同产业、不同行业、不同地区之间分布不同,不同产业、不同行业、不同地区之间生产要素必然通过生产要素市场进行流动,生产要素流动的结果就是产生了要素所有者的供给和需求。供给和需求在市场上的反映就是价格。由于生产者和消费者之间的信息不对称、信息滞后等障碍,理想的均衡价格在真实的市场中是不存在的,生产者所生产的产品与消费者所需求的产品总是面临着供给和需求的不平衡,当供给大于需求时,价格低于均衡水平,生产者面临的价格较低;当供给小于需求时,价格高于市场均衡水平,生产者获得的价格较高。每个生产要素所有者就是通过这一市场机制,获得最后的要素价格。价格与拥有生产要素的多少是衡量生产要素所有者所获得最终收入的指标。当拥有的生产要素数量一定时,市场价格越高,就代表单位生产要素所获得的报酬越高,要素所有者最终的收入水平也就越高;当市场价格一定时,要素所有者拥有的生产要素越多就代表单位市场价格的价值越高,最终的收入水平也就越高。通过市场机制所获得的物质资料就是收入分配过程中每个市场主体所获得的收入,也就是一般意义上收入初次分配过程的结果。

最后,市场激励提高了收入分配的分配效率。市场通过供求机制和价格机制的灵敏反应,配置生产要素的流向,使资源合理地流向不同的产业、地区和不同的生产企业内部,并决定生产要素在这些生产单位的实际流量,使国民经济能够创造

---

① 赵学清.论我国收入初次分配中市场和政府的作用[J].河南社会科学,2015(1).

更多的物质资料,从而提高了收入分配资源的总量。市场的竞争机制和价格机制也提高了收入分配过程的效率。各市场主体为了获得更多的资源以参与市场竞争,不得不在收入分配过程中争取更多的物质资料的分配,同时,价格机制作为一种反映资源配置方向的灵敏机制,可以使生产要素自发地在市场中进行流动,使生产要素流入不同市场主体手中,也使得生产要素能够更高效率地在市场主体间进行分配。更重要的是,市场调节收入分配的结果也对每一个参与者具有激励作用。在通过市场作用的收入分配格局下,每个人所获得的收入水平是不同的,收入水平较低的市场主体会受到收入差距的激励,提高自身的生产效率,改进技术,增强自身的竞争优势,这一过程进一步促进了市场经济的发展。

7.2.2 政府在收入分配中的作用

政府作为一种政治上具有强制力、经济上掌握极大资源配置权力的主体,具有参与市场运行和调控收入分配的能力。为了维护政治稳定、促进经济发展以及提高公共福利的目的,政府对收入分配进行调节也有其必要性。相较于市场对于收入分配形成的潜移默化的作用,政府在收入分配形成中的作用更易为大众所感知。

一是政府维护了收入分配中市场作用的环境。发挥市场对收入分配格局形成的基础性作用,一个重要的前提就是市场环境的健康、稳定,也就是对市场中产权的明确界定。经济学家所假设的完全理想化的市场在现实社会中是不存在的,由于各种现实因素的影响以及市场自身的各种缺陷,市场环境中总是充满了各种不稳定因素,破坏正常的市场秩序。政府对市场运行的干预一定程度上可以弥补市场的不足,为收入分配中市场作用的发挥创造一个公平的环境。[①] 政府可以通过建立健全市场运行的法律法规,对市场运行中的不法行为进行打击以及为市场运行中的纠纷进行仲裁调解,维护收入分配的正常秩序。政府通过对市场秩序的维护,保证了市场主体行为的公平性,可以实现生产要素回报公平公正地配置到每个市场参与者手中,也就维护了市场对收入分配的公平合理。

二是政府调节了市场作用下的要素配置失衡。由于市场作用发挥的方式是对微观个体行为的影响,难以从宏观上对资源进行优化配置。由于个体对要素回报的追求,会导致生产要素在高回报的地区、产业集聚,造成经济的宏观发展不平衡,这种缺陷依靠市场自身是无法克服的,而政府对宏观经济的调控可以弥补这一缺陷。政府可以通过产业政策、地区优惠政策等政策方式对资源的要素配置进行调控。政府也可以通过转移支付的方式对资源的要素配置进行调控,达到要素资源在不同行业、产业、地区间的流动,实现资源合理配置和经济平衡

---

① 徐平华.政府与市场:看得见的手和看不见的手[M].北京:新华出版社,2014:17.

发展的目的,也就调节了国民收入在不同行业、产业、地区之间分配的不平衡,实现了对收入分配的宏观调控。

三是政府缩小了收入初次分配下的过大差距。由于市场自身的缺陷,市场无法缩小收入分配差距,会导致收入分配差距不断扩大。政府可以通过对收入的再分配调节收入分配的差距。政府可以利用个人所得税、企业所得税等手段对初次分配中的收入差距进行调节,缩小初次分配中的收入差距;政府也可以利用财产税、资本利得税等手段对个人之间要素禀赋的差异进行调节,减小收入存量的差距;政府还可以利用遗产税等手段对收入在代际流动进行调节,缩小代际收入差距。与此同时,政府可以利用转移支付手段对收入分配进行调节。政府把通过税收等手段获得的资源在社会上进行重新分配,通过对社会保障的支出,保障低收入群体的收入水平,避免这些群体陷入收入过低的境地,通过财政补贴等支出,对地区间、个体间进行一定程度的补贴,提高低收入地区、低收入群体的收入,缩小收入分配的差距。

四是政府补充了市场作用下要素的结构缺陷。在市场向社会提供收入分配产品时,由于市场机制的缺陷,一些对社会公众具有重要作用的产品供给不足,而另一些具有负面效应的产品过度供给,带来了收入分配的结构缺陷。这种缺陷表现在公共物品的供给不足和环境污染、环境破坏。这种结构缺陷也需要依靠政府的补充。政府可以通过强制性、公益性的手段提供公共物品。利用税收手段的强制性、无偿性特征,政府可以吸收市场所生产的一部分资源,获得资金,从而为市场供给公共物品提供物质来源。由于政府行为的非营利性,政府可以克服市场追逐利益所带来的局限性,主动提供公共物品,从而弥补市场生产中公共物品供给不足的缺陷,在收入分配中实现分配结构的优化,提高收入分配的真实福利。

7.3 建构橄榄型的收入分配格局

收入分配格局是指一个国家或地区的政府、企业和居民三者在国民收入初次分配和再分配中的分配比例关系。收入分配格局是否合理,对一个国家或地区投资消费比例、协调统筹发展、效率和公平认知等具有重要影响。改革开放以来,我国经济发展取得了举世瞩目的成就,居民收入水平显著提高,但与此同时,收入分配差距扩大,居民收入在国民收入分配中的比重持续下降,收入分配秩序不规范,宏观收入分配格局失衡。《中共中央关于全面深化改革若干重大问题的决定》指出,必须以促进社会公平正义、增进人民福祉为出发点和落脚点,加快社会事业改革,解决好人民最关心最直接最现实的利益问题,努力缩小城乡、区域、行业收入分配差距,逐步形成橄榄型分配格局,实现发展成果更多更公平惠及全体人民。[1] 这为我国完善收入分配制度、形成合理有序的分配格局明确了方向。

7.3.1 坚持共享发展与构建橄榄型分配格局

坚持共享发展是构建橄榄型分配格局的理念指导。党的十八届五中全会提出创新、协调、绿色、开放、共享的新发展理念,集中体现了今后我国的发展思路、发展方向、发展着力点,是我国经济社会发展必须长期坚持的重要遵循。共享发展要求"发展为了人民、发展依靠人民、发展成果由人民共享,作出更有效的制度安排,使全体人民在共建共享发展中有更多获得感,增强发展动力,增进人民团结,朝着共同富裕方向稳步前进"[2],这也是构建橄榄型分配格局所必须坚持的理论指导。橄榄型分配格局是指低收入者和高收入者相对较少,中等收入者占多数的收入分配结构。构建橄榄型分配格局,应扩大中等收入者的比重,增加低收入者的收入,使低收入群体通过共享发展成果实现向上流动,上升为中等收入群体,这是构建橄榄型分配格局的关键环节,也是落实共享发展理念所必须坚持的政策取向。毋庸讳言,之所以提出共享发展成果,是因为我国现阶段的诸多社会矛盾和冲突,在很大程度上由未能实现发展成果由人民共享所致。2000 年我国的基尼系数就已超过 0.40 的警戒线,2016 年国家统计局发布的数据显示,2015 年我国基尼系数已达 0.462。[3] 如果不能有效地解决收入差距问题,实现发展成果由人民共享,社会风险将因积累而不断放大。因此缩小差距、协调利益分配、促进社会和谐发展,必须充分认识坚持共享发展的战略意义。只有坚持共享发展,才能找到促进合理有序分配格局形成的良方;只有让全体国民共享国家改革开放的成果,才能逐步建立健全的橄榄型分配格局。

构建橄榄型分配格局是坚持共享发展的必然要求。党的十八大报告明确提出:"实现发展成果由人民共享,必须深化收入分配制度改革。"[4]在橄榄型分配格局中,低收入阶层在社会安全网的支持下改善消费状况,接近中等收入阶层的生活;高收入阶层在一系列再分配政策调控下,缩小其与其他阶层之间的收入差距。[5] 从经济分析的角度看,发展成果共享体现了公平分配社会物质财富、形成合理有序的分配格局、逐步消除贫富差距、最终实现共同富裕的物质追求。构建橄榄型分配格局的目标,就是要合理分配社会财富,扶持低收入、限制过高收入、

---

①　中共中央关于全面深化改革若干重大问题的决定[N].人民日报,2013-11-16.

②　中共十八届五中全会在京举行[N].人民日报,2015-10-30.

③　基尼系数降至 13 年来最低[N].第一财经日报,2016-01-20.

④　胡锦涛.坚定不移沿着中国特色社会主义道路前进,为全面建成小康社会而奋斗[N].人民日报,2012-11-09.

⑤　李培林,张翼.建成橄榄型分配格局问题研究[J].江苏社会科学,2014(5).

取缔非正常收入,促进社会阶层良性流动。一个由全体人民共享发展成果的社会,能够激励社会成员发展生产、创造财富的热情。如果发展成果共享不足,就会削弱人们创造财富的积极性。改革开放以来,我国经济持续增长,财富不断累积,但是经济高速发展的成果还没有完全实现全体人民共享,收入差距的扩大与实现社会主义共同富裕的目标不相符合,必须加大再分配调节力度,使发展成果更多更公平惠及全体人民,建立合理有序的橄榄型分配格局。

总的来说,坚持共享发展与构建橄榄型分配格局是内在一致的。不能实现人民共享发展成果,就谈不上构建橄榄型分配格局。这是因为发展成果共享意味着收入差距合理,社会和谐稳定。在市场经济条件下,收入差距是不可避免的,然而差距过大则易引发社会不满。强调共享发展,实质是对发展成果进行更加公平的分配,使每一个劳动者都能够享有与自己贡献相应的回报。通过构建橄榄型分配格局,消除城乡、区域、行业之间的收入差距,实现发展成果更多更公平地惠及全体人民,可以把个体利益与整体利益有机地结合起来,建立一种新型的利益协调分配机制,鼓励每一个个体在共享发展成果中努力追求自己的经济社会利益,使每一个劳动者充分发挥自己的聪明才智,从而促进经济不断增长和国民财富增加。

7.3.2 构建橄榄型分配格局面临的深层次问题

收入分配格局调整涉及重大的利益关系变革。从初次分配来看,需要破除垄断对收入分配的影响,调整资本与劳动的基本利益关系;从再分配来看,需要调整政府、企业和居民的分配关系。在坚持共享发展的理念下构建橄榄型分配格局,实质上是基本利益关系格局的调整,这需要处理好劳动与资本、城市与农村、政府与市场等重大关系,推动相关领域改革向纵深发展,这也必然会受到既得利益的阻碍和干扰,因此必须对制约收入分配格局调整的各种因素或障碍进行深入分析,厘清构建橄榄型分配格局所面对的深层次矛盾和问题。

一是城乡二元经济结构。计划经济时期形成的户籍制度人为地将城市和农村分割开来,阻碍了劳动力的自由流动,造成劳动力市场的分割。改革开放以后,尽管户籍制度改革有所推进,农民可以进入城市寻找工作,但户籍制度所形成的许多障碍并未消除,农民工在与城市居民的竞争中处于不利地位,大部分农民工只能从事城市居民不愿意从事的脏累险工作且收入微薄。即便农民工与城市居民从事同样的工作也同工不同酬,农民工的工资及福利待遇远低于城市居民。因为相关的就业、社会保障、教育等政策都是建立在户籍制度的基础上,具有明显的城乡二元特征,城乡居民享受的基本公共服务不均等,导致城乡居民之间的收入差距呈累积性扩大趋势。与此同时,国家积极扶持城市发展,对于农村农业虽然也很重视,但投入相对不足。为了转化农业剩余,价格"剪刀差"曾经成为政府经常使用的手段,这实质上是一种不等价交换,使得工农产品在交换过程中,工业品价格高于其价值,农产品价格低于其价值。① 在此情况下,农产品难以在市场交易中反映出其应有的价值,农民难以从农产品中获取较高利润,这就严重制约了农业的发展。因此实现发展成果共享,构建橄榄型分配格局,必然要求城乡居民享有同等的待遇,为破除城乡二元体制作出合理的制度安排。

二是要素市场的缺陷。完善的要素市场可以促进资源配置依据市场规则、市场价格、市场竞争实现效率最大化和效益最优化,但是经济体制改革至今,我国的要素市场依然不完善。在要素市场中,劳动力是最基本的生产要素,但是劳动力市场不健全,劳资关系尚未完全理顺,劳动收入占比在初次分配中的比重持续下降。与此同时,企业也未建立职工工资正常增长机制,压低、拖欠工人工资的情况时有发生。从资本市场来看,居民财产性收入偏低,这与利率管制、资本市场监管不力密切相关,因为我国居民财产性收入主要来源于利息收入和房产收入。就利息收入而言,较高的存贷利差使银行可以轻易地集聚大量资本,但也意味着社会其他资本收益会相应减少。从房产收入上看,居民的房产收入获得并不稳定,房地产市场波动较大,通过房产获得收入的群体只是少部分人。此外,我国资本市场中上市公司的治理结构尚未形成完整的法律规范,侵害中小股东利益的现象并不少见,居民难以通过资本市场获得更多的财产性收入。② 偏低的资源定价不能反映市场供求关系与资源稀缺程度,导致要素价格的扭曲和低效率使用。尤其是在土地资源的定价中,在不完全的土地交易市场和不明晰的产权制度下,农民无法分享土地非农化的增值收益,土地财产收益被侵蚀。

三是行政性垄断的存在。改革开放以来,在计划经济体制向市场经济体制转轨的进程中,行政权力介入经济资源配置导致了行政性垄断的产生,政府依靠行政手段和行政组织对宏观经济变量和微观经济活动加以控制。这种行政性垄断主要源自相关行业依据行政权力,通过各种市场准入规则及国家法律对劳动力定价施加影响,并对劳动力市场均衡产生影响。③ 20 世纪 90 年代以来,电信、电力、金融、保险、民航、铁路等行业,由于存在行政垄断而获取了高额利润。行政性垄断的收入分配效应加剧和固化收入分配的不公平。垄断行业拥有有利的市场优势,使得其在价格制定上享有绝对控制权,出于企业利益最大化的考虑,垄断行业往往通过提价来获取超额利润,进而将成本转嫁给消费者。

四是税制结构的问题。税收不仅是财政收入的主要形式,在收入分配方面也发挥着重要的调节作用。但是我国税制结构不合理,致使税收在调节收入分

---

① 于国安.我国现阶段收入分配问题研究[M].北京:中国财政经济出版社,2010:112.
② 余斌,陈昌盛.国民收入分配:困境与出路[M].北京:中国发展出版社,2011:76.
③ 崔友平.行业行政垄断对收入分配的影响及对策[J].中共中央党校学报,2015(6).

配方面的力度受到限制。我国现行税制结构主要以间接税为主,直接税的比重较小。但是一般来说,在调节收入分配方面,直接税能发挥更大效用,间接税则在增加财政收入方面的效用比较突出。与发达国家相比,我国直接税的占比过低,间接税占比过高,导致整体税制调节收入分配的效果较差。我国的个人所得税虽然是直接税的典型税种,但调节收入差距的效果甚微,从表面上看,高收入阶层缴纳的个税绝对数额相对较高,但其所得税税率却并不是很高。[①] 在个人所得税之外,绝大多数间接税并没有调节收入差距的能力,甚至扩大了收入差距,因为间接税更容易转嫁给低收入人群[②],使得他们的间接税税率相对较高,加上我国目前尚未开征遗产税、财产税等,个人所得税仅能调节收入增量,不能调节财富存量。如果个人所得税的费用扣除标准不合理,没有很好地考虑到纳税人的住房、养老、婚姻状况、健康状况等因素,那么个人所得税调节分配公平的作用将会进一步降低。

五是财政支出作用有限。近年来,虽然政府对教育、医疗卫生和社会保障等方面的支出保持较快增长,但这些支出占财政总支出的比重并没有发生太大的变化,这说明财政支出还难以有效发挥调节收入分配的职能。[③] 更重要的是,现阶段我国各级政府之间财权与事权划分不对称,进一步制约了财政支出在调节收入分配方面的作用。在中央财力集中的同时,地方各级也逐次对基层政府进行财力集中,省级政府通过分税增量分成、地方税按比例集中等形式,对市县和乡镇既得财力进行集中,而社会管理和公共服务责任却逐级下放,基层政府的财政收支矛盾日益突出,基层财政负债快速上升。[④] 财权和事权的不匹配导致公共服务供给扭曲,公共服务不均等化进一步加剧了收入分配的不公平,不能保障人民共享经济发展带来的成果。此外,财政转移支付制度不健全,专项转移支付规模过大、种类繁多、透明性差、分配公式不完善、资金投向分散等问题,也在一定程度上扩大地区间收入水平和公共服务水平差距。[⑤]

六是收入分配秩序不规范。改革开放以来,在按劳分配与按要素分配相结合的收入分配政策作用下,人们的收入趋向多元化,除了劳动收入、货币收入、财产性收入,还包括金融资产以及各种其他经营性财产收入、保障性收入、转移性收入。但是在收入来源多元化的同时,收入分配秩序的不规范也形成了一些不

① 谷成.财政分权与中国税制改革研究[M].北京:北京师范大学出版社,2012:120.

② 徐建炜,马光荣,李实.个人所得税改善中国收入分配了吗:基于对1997—2011年微观数据的动态评估[J].中国社会科学,2013(6).

③ 余斌,陈昌盛.国民收入分配:困境与出路[M].北京:中国发展出版社,2011:66.

④ 谷成.财政分权与中国税制改革研究[M].北京:北京师范大学出版社,2012:72.

⑤ 于国安.我国现阶段收入分配问题研究[M].北京:中国财政经济出版社,2010:113.

合理不透明的非法收入,以及由权力寻租、腐败滋生等非市场因素产生的隐性收入和灰色收入(非正常收入)。非法收入是指在现行法律条件规定下不合法但利用制度不完善获取的收入;非正常收入是指表面合法但不合理的收入,如集团消费转化为个人消费、回扣等。[①] 收入分配秩序的不规范导致了收入差距的非正常扩大,在收入分配初次环节存在不公平的情况下,这就进一步制约了再分配的调节功能。因为税收作为再分配领域重要调节工具,只能对合法收入差距起到调控作用,对于非法和非正常收入则是无能为力。换言之,非法和非正常收入的存在使得初次分配不均,再次分配失效,收入分配差距进一步扩大。

7.3.3 构建橄榄型分配格局的路径

在共享发展的理念指导下构建橄榄型分配格局,需要改善初次分配结构,提高劳动报酬在分配中的比重;需要调整政府、企业、居民在国民收入中的分配关系,提高居民收入在国民收入中的比重;需要加快垄断行业改革,完善以税收、社会保障、转移支付为主要手段的再分配调节机制,规范收入分配秩序。

第一,提高劳动报酬在初次分配中的比重。从理论上说,在市场主导的初次分配中,劳动者作为独立的经济主体,其收入的多寡应由市场决定,而不应由政府干预。但是劳动报酬较为特殊,其高低不仅是简单的经济问题,更是影响收入分配差距的深层次社会问题。马克思主义认为,劳动报酬的保障需要在初次分配中得到强化,因为生产要素收益与劳动报酬支付的关系,是最基本的初次分配关系,收入分配改革要不断提高劳动报酬在初次分配中的比重。[②] 一要健全企业职工收入保障机制,进一步完善由最低工资标准、最低福利津贴以及社保缴费等构成的企业职工收入保障机制,根据国家经济发展、企业利润增加、人民生活水平的提高相应提升最低工资的标准,提高劳动者劳动保障和福利待遇水平,扭转劳动报酬偏低、初次分配比重失衡的格局。二要形成合理的工资增长机制,使工资增长幅度与企业经济效益、劳动生产率以及物价水平相吻合,尤其是要加大力度解决中小企业劳动者的工资收入及增长问题,建立进城务工人员工资增长机制,保障企业退休职工的收入水平,对于落实工资增长机制的企业给予相应的税收减免,形成劳资双方共创、共享企业财富的新模式。三要探索建立劳动者利益协调机制,构建由政府、工会、职工组成的三方谈判机制,为劳资双方提供利益诉求途径,解决职工工资、福利和社保等利益协调问题,通过制度化的协商,最大限度地满足各方基本利益,使劳动者通过合理、合法的途径提高劳动报酬。四要

---

① 陈宗胜,周云波.非法非正常收入对居民收入差别的影响及其经济学解释[J].经济研究.2001(4).

② 厉以宁.收入分配制度改革应以初次分配改革为重点[J].经济研究,2013(4).

健全劳动者职业技能培训制度,因为提高劳动者的职业技能是提高劳动生产率的重要途径,劳动生产率提高了,劳动报酬自然水涨船高,因此政府要创设条件,制定优惠政策,支持并促进社会力量办学,大力发展职业培训学校,积极推动就业创业培训,逐步形成"市场引导培训,培训促进就业"的良性机制。

第二,提高居民收入在国民收入中的比重。20 世纪 90 年代中期以来,政府、企业和居民的收入分配比例关系中,居民收入持续下降,因此实现发展成果共享,构建橄榄型分配格局,必须调整政府、企业与居民之间的分配关系。要着力改革财政税收体制,从收支两方面调整政府和居民的收入分配关系。在政府收入上,要取消不合理收费,把国有企业上缴利润、土地出让金收入等纳入财政预算收入。在政府支出上,要建立公共服务型预算,逐步提高用于社会保障和其他民生建设的额度与比例,加强对党政公务和行政性管理支出的控制。① 鉴于初次分配利益关系复杂,推进改革要积极稳妥、统筹处理和平衡各方面利益关系。在此基础上,要积极发展和建立健全土地、资本、劳动力、资源等要素市场,从广度和深度上推进要素市场化改革,大幅度减少政府对资源的直接配置,发挥市场在资源配置中的决定性作用,促使要素价格的形成趋于合理。与此同时,要拓宽投资渠道,创造条件让更多群众拥有财产性收入。在农村,必须积极探索建立土地、林权、房产等资产要素市场化的机制,推进农村金融和土地管理制度的改革创新,增加农民的资产性收入,并通过培育农民新型合作经济组织,积极拓宽富民渠道,鼓励集体经济组织和农民投资标准厂房和物业,推进宅基地流转、置换方式创新,努力增加农民财富积累。在城镇,关键是要深化金融体系改革,加快建立健全多层次金融市场,积极开展财富管理活动,扩展居民金融投资渠道,提高居民的股息、利息、红利、土地租金等财产性收入。

第三,完善税收、社会保障、转移支付等再分配调节机制。收入再分配作为宏观调控的主要手段,是深化收入分配改革的重点,对于实现发展成果共享和构建橄榄型分配格局具有重要意义。必须完善以税收、社会保障、转移支付为主要手段的再分配调节机制。其一,加大税种改革力度,增强税收调节收入分配功能。税收在收入分配调节中具有不可替代的作用,构建橄榄型分配格局,必须建立分类所得与综合所得相结合的个人所得税制,将工资薪金所得、财产性收入、金融资产所得等各种收入统筹考虑。必须建立健全财产税体系,根据实际情况稳步推进房产税,择机开征遗产税和赠与税。必须调整消费税征收范围,取消对部分生活必需品的征税,扩展奢侈消费品或高档服务的税基,适当增设新税目,考虑将高档别墅、私人飞机等超越大众生活水平高消费项目列入增税范围,在完善现有税种的基础上,建立包括收入、消费、财产等多环节全方位的税制体系。其二,完善社会保障制度,建立

---

① 苏海南.收入分配之我见[M].北京:中国财政经济出版社,2011:47.

健全社会安全网。社会保障制度不健全已成为低收入阶层共享发展成果的一个瓶颈,也成为阻碍阶层流动的一个重要原因。实现发展成果共享必须加大社会保障投入,建设覆盖城乡居民的社会保障体系,在完善"补救型"模式的基础上,逐渐向"普救型"模式转变,建立人人享有的社会保障制度,扩展保障内容,逐步建立有利于提升公众能力的社会福利制度,形成相对公平的养老保险制度、医疗保障制度和城乡一体化的社会救助制度。其三,完善财政转移支付制度,促进基本公共服务均等化。应尽快出台《财政转移支付法》,以法制化保障转移支付的科学性和有效性,逐步形成以一般性转移支付为主的财政转移支付模式,将部分财力性转移支付和专项转移支付整合归并到一般性转移支付中,从而增强基层政府统筹安排财力、提供公共服务的能力。为确保转移支付的公正合理,可以考虑设立专门的财政转移支付机构,在中央政府和地方政府之间设置一个缓冲区,赋予该机构一定的管理职责,提高转移支付资金的使用效率。

第四,建立不合理不合法收入的限制性机制。规范收入分配秩序,形成合理有序的橄榄型分配格局,实现发展成果共享还必须建立对不合理不合法收入的限制性机制,通过制度建设规范收入分配秩序。限制性机制主要体现在两个方面:一是限制过高的不合理收入;二是规范政府权力,削弱行政权力对经济活动的干预和对资源的垄断与控制,抑制权力寻租,形成公开透明、公正合理的收入分配秩序。从限制过高收入上看,必须深化垄断行业改革,切断垄断企业与政府部门的特殊联系,消除行政性垄断的体制基础,规范市场准入条件,强化竞争机制,完善企业法人治理结构,促进垄断行业竞争机制的建立。对于垄断行业的高收入来源于垄断利润和对所有者剩余的占用,必须提高资源税税率和垄断企业上缴利润的比例,通过上调垄断利润和加大税收征管力度,限制行政性垄断行业的过高收入,政府应统一核定垄断行业的工资总额和工资水平,实行分级分类管理,加强对企业财务和收入分配的审计和监督检查,规范垄断行业薪酬制度。[①]从抑制非法收入上看,必须控制权力寻租,因为寻租会导致资源配置扭曲。权力寻租在世界各国都是一个严重的社会问题,我国由于法律尚不健全,制度仍未完备,权力寻租现象仍然突出,我国收入分配的各种问题背后,似乎都有权力运行不规范的因素。[②] 因此,抑制权力寻租,取缔非法收入,是我国收入分配改革的一项重要任务。从根本上而言,必须通过制度创新,加大寻租成本,降低寻租收益,寻租者不愿为、不敢为、不能为,必须全面深化经济体制和行政体制改革,创造公平、开放、透明的市场竞争环境,清理不必要的行政审批,消除租金存在的土

---

①　王琳,宋守信.新常态下收入分配制度改革的价值取向与对策[J].山东社会科学,2016(2).

②　陈龙.中国收入分配改革深层破冰[M].昆明:云南教育出版社,2013:52.

壤,通过健全和完善法律法规,惩治和预防寻租行为,维护正常的分配秩序。

7.4 作为收入再分配的社会保障

社会保障一词最早出现在美国 1935 年颁布的《社会保障法》中。[①] 贝弗里奇(Sir William Beveridge)认为社会保险、国民救助和自愿保险构成了国家的社会保障。他认为社会保障是以国家为主体的公共福利计划,是国民收入再分配的措施,应该遵循普遍性和分类性原则,对全体国民实施"从摇篮到坟墓"的全面保障,目标是消除贫困,保障公民在失业、生病、受伤、老年、家庭收入急剧下降、生活贫困时的基本生活。[②]

7.4.1 社会保障的主要构成

为了确保公民都能享受相应的福利,维护社会的公平及稳定,社会保障应覆盖所有公民,是一种让每个公民都有生活安全感的社会机制,具体而言,社会保障是国家和社会依法建立的系统,具有社会化及经济福利性的特征,最重要的是,社会保障的责任主体是政府。社会保障主要包括:

1. 社会保险

社会保险以劳动工人为保护对象,并以年老、疾病、残疾、失业和死亡等特殊事件为保护内容。它强调保证的权利和义务的结合,并采取受益人和雇主的共同负担方式,以实施该政策,用于消除工人的担忧,维护社会的稳定。在社会保障中,最主要的组成部分就是社会保险,占据核心地位,对社会保障起着基本纲领性作用。具体表现在四个方面:第一,保障受益人的基本生活需求,是其保险的根本目的;第二,法律范围内的所有社会工作者,是其保险的对象;第三,弥补工人收入损失,是其基本特征;第四,社会保险基金主要来自雇主、业主,而工人或者员工将会依照国家的法律法规按比例交纳部分保险金额。总体而言,我国已经形成以养老、医疗、工伤、失业、生育社会保险为核心的社会保险体系[③],并不断优化提高。

2. 社会福利

社会福利是实现社会保障根本目标,也是最高纲领、最高层次的保障,其目的就是通过社会福利的调节,提高国民的物质文化生活质量和水平,让社会保障能够更上一个新台阶,而国家和社会群体是社会福利基金的主要来源。作为最

---

① 聂勇钢.对社会保障的认识[J].劳动保障世界,2019(9).

② 贝弗里奇.贝弗里奇报告[M].劳动和社会保障部社会保险研究所,译.北京:中国劳动社会保障出版社,2008:22-34.

③ 侯志阳.社会保险能否让我们更幸福?:基于阶层认同的中介作用和公共服务绩效满意度的调节作用[J].公共行政评论,2018(6).

高水平的社会保障,一个国家会通过社会福利来改善国民的生活质量和水平,实现社会保障的最高目标,从而造福群众,让群众切实感受到来自国家的福利。所有的社会成员在享受国家福利的同时,也会为社会福利基金作出应有的贡献。

3. 社会救助

社会救助也称社会救济,是社会保障最低纲领和目标,也是最低层次的社会保障。能够为被救助者提供最低生活保障,满足被救助者的基本生活需求;失业者或遭到不幸者,则是社会救助的对象;扶贫是其基本特征;国家和社会群体则是此类基金的主要来源。脱贫攻坚战的工作重点便是社会救助,对没有劳动收入来源,或者收入水平过低的弱势群体,如鳏寡孤独群体等进行资助。社会救济的具体形式,多以类似我国的"最低生活保障制度"的模式出现,除了针对贫困人口的救济,也包括对自然灾害受灾人口的各种必要的救济措施。所以,社会救济在社会保障中居于一种"第一道防线"的地位(也有人认为是"最后一道防线")。一个国家社会救助水平的高低,能够体现国家对社会成员最基本的保护,为被救助对象提供社会救助,能够让被救助对象渡过难关,重新融入社会生活中,体现了社会文明的进步。

4. 社会优抚

社会优抚是一种特殊的社会保障,作为一种社会保障措施,是通过法律法规对特殊群体实施社会优抚安置,安置的主体则是政府,比如对特殊贡献的人及其家属进行优待、赈恤等。社会优抚是指国家和社会依照法律、法规给予优抚对象物质照顾和精神抚慰的一项特殊社会保障制度。社会优抚的对象包括:现役军人、伤残军人、退伍军人、革命烈士家属因公牺牲军人家属、病故军人家属、现役军人家属等。社会优抚的具体项目包括:国家抚恤、国家补助、群众优待、优抚事业、拥军优属、褒扬革命烈士。国家抚恤是指国家依法发给烈士家属,牺牲、病故现役军人家属和革命残疾军人一定标准的抚恤金。国家补助指国家为生活困难的优抚对象提供的基本生活需求保障。群众优待指国家和社会依法筹集专项资金,保证优抚对象特别是农村义务兵及其家属一定的生活水平和生活质量。优抚事业是把优抚对象中一部分无依无靠、生活困难较大的孤老病残人员集中起来,由国家提供设施和条件,更好地保障他们的生活。拥军优属指国家和社会通过群众性的活动,为优抚对象提供各种服务,从精神上鼓舞、激励和抚慰优抚对象。褒扬革命烈士是国家和社会依法采取各种方式,褒扬革命烈士的高尚精神,抚慰烈士家属。

7.4.2 改革开放以来社会保障建设的成就

1993 年十四届三中全会通过的《关于建立社会主义市场经济体制若干问题的决定》,首次提出我国要建立多层次社会保障体系;党的十七大提出,要加快建立覆盖城乡居民的社会保障体系。党的十八大提出,要坚持全覆盖、保基本、多层次、可持续方针,以增强公平性、适应流动性、保证可持续性为重点,全面建成覆盖城乡居民的社会保障体系,并且第一次将社会保障纳入基本公共服务范畴,作为政府的职责。随着我国社会基本矛盾的转变,党的十九大报告提出,必须按照兜底线、织密网、建机制的要求,全面建成覆盖全民、城乡统筹、权责清晰、保障适度、可持续的多层次社会保障体系。党的十九届四中全会进一步提出,坚持和完善统筹城乡的民生保障制度,满足人民日益增长的美好生活需要,必须健全幼有所育、学有所教、劳有所得、病有所医、老有所养、住有所居、弱有所扶等方面国家基本公共服务制度体系,尽力而为,量力而行,注重加强普惠性、基础性、兜底性民生建设,保障群众基本生活。党的二十大报告提出,社会保障体系是人民生活的安全网和社会运行的稳定器。健全覆盖全民、统筹城乡、公平统一、可持续的多层次社会保障体系。可见,我国社会保障体系建设的方向日益明晰,不断强化社会保障的公平性、可及性、兜底性,追求社会保障的多层次、持续性、生命全周期保障。

一是基本建立多层次社会保障体系。社会保障体系以社会救助、社会优抚、社会福利及社会保险为基础,以基本养老、基本医疗和最低生活保障制度为重点,以慈善事业、商业保险作为补充,多维度多层次社会保障制度框架基本成熟。以养老保险和基本医疗保险制度为例,我国已经形成了多层次养老保险体系,其中第一层次为强制性城镇职工养老保险和具有政府补贴的城乡居民养老保险,第二层次为自愿参加的企业年金或职业年金,第三层次为个人商业养老保险。2014年《国务院关于建立统一的城乡居民基本养老保险制度的意见》的出台,将新型农村社会养老保险和城镇居民社会养老保险合并实施,建立了全国统一的城乡居民基本养老保险制度,为"十三五"时期全国各地推进城乡居民公平享有相同的基本养老保险制度奠定了基础。在2015年出台的《国务院关于机关事业单位工作人员养老保险制度改革的决定》的基础上,实现了机关事业单位和企业养老保险的制度并轨,缩小了机关事业单位和企业职工养老保险制度结构和养老金待遇方面的差距。2017年,国务院发布《关于加快发展商业养老保险的若干意见》,鼓励发展商业养老保险,加快了构建多层次养老保险体系的进程。2017年出台的《划转部分国有资本充实社保基金实施方案》,为解决企业职工基本养老保险基金的阶段性缺口和基本养老金的可持续运行提供了有力支撑。2018年,《国务院关于建立企业职工基本养老保险基金中央调剂制度的通知》出台,为企业职工基本养老保险基金走向全国统筹提供了坚实的基础。2019年,国务院发布《关于印发降低社会保险费率综合方案的通知》,主导推进企业社会保险缴费负担的实质性下降,适应了经济新常态的发展趋势。与此同时,逐渐建立起了责任分担机制,形成国家、企业和个人三方缴费形式,在社会福利和社会救助领域,呈现责任主体和资金来源的多元化,在政府主导下市场、社会组织和个人都成为资金的主要来源。这种制度转变实质上重构了社会保障的权利义务关系,呈现的是政府主导、社会参与、集体分担的多元化多层次国家—社会—集体(单位)的体制特征[①],实现了从国家—单位保障制到国家—社会保障制的转型[②]。更为重要的是,为促进社会公平,统筹城乡发展,国家加大了对农村地区的建设,先后于 2003 年、2007 年、2009 年,分别建立新型农村合作医疗保险制度、农村最低生活保障制度、新型农村社会养老保险,这意味着占据中国主要人群的农民有了基本保障。

二是初步建成世界上规模最大的社会保障体系。截至 2019 年年底,全国参加基本养老保险人数为 9.6754 亿人,比 2018 年末增加 2461 万人;失业保险人数为 20543 万人,比上年末增加 899 万人;工伤保险人数 25478 万人,比上年末增加 1604 万人;基本医疗保险为 135436 万人,参保覆盖面稳定在 95% 以上。2019 年,全民医保目标基本实现,生育保险人数为 21432 万人,比上年底增加 997 万人。截至 2020 年 10 月底,全国基本养老、失业、工伤保险参保人数分别为 9.92 亿人、2.14 亿人、2.64 亿人,均提前完成"十三五"规划目标。共有 5949 万建档立卡贫困人口参加基本养老保险,参保率超过 99.99%,基本实现应保尽保。目前,我国养老保险参保人数已占全球养老保障总人数的 1/3,是世界上覆盖人数最多的养老保险制度。为了推进全民参保计划,我国开展了社会保障历史上规模最大、范围最广的全民参保登记工作,基本摸清了参保底数,建立了覆盖 13.9 亿人基础数据的全民参保数据库,精准推进重点群体参保,各项社会保险覆盖范围不断扩大。基本建立了从中央到省、市、县、乡镇(街道)五级社会保障管理服务体系和庞大的信息管理系统,针对数十亿参保对象开展登记、待遇支付、政策咨询等一系列服务。2019 年基本养老保险、失业保险、工伤保险三项社会保险基金收入合计 59130 亿元,比上年增加 2040 亿元,增长 3.6%;基金支出合计 54492 亿元,比上年增加 5285 亿元,增长 10.7%。全年基本医疗保险基金总收入、总支出分别为 23334.87 亿元、19945.73 亿元,年末累计结存 26912.11 亿元。2019 年生育保险基金收入 861.36 亿元,同比增长 10.28%;支出 792.07 亿元,同比增长 3.90%;年末累计结存 619.29 亿元。

三是救助对象更加广泛,社会救助体系更加完善。党和政府重视弱势群体和特殊群体的救助和保障问题,不断提高社会救助水平。"十二五"时期我国基本建立了综合型的社会救助制度,"十三五"时期我国由政府负责并面向低收入人群群体的综合型社会救助制度更加成熟、更加定型,保障性住房建设、养老服

---

① 王寒,孙堂厚.新中国社会保障制度的变迁与启示[J].学术前沿,2020(12).

② 郑功成.中国社会保障改革与经济发展:回顾与展望[J].中国人民大学学报,2018(1).

务、残疾人保障、儿童福利、退役军人权益保障等福利制度在不断平稳推进。2020 年 8 月,国务院出台的《关于改革完善社会救助制度的意见》指出,必须健全分层分类、城乡统筹的中国特色社会救助体系,加快构建政府主导、社会参与、制度健全、政策衔接、兜底有力的综合救助格局。社会保障在从被动地应对贫困的体系转化为主动地将国家经济发展成果重新分配给有需要的人并惠及全民的过程中,事实上已经成为全体人民共享国家发展成果的基本途径与制度保障①。为了应对老龄化日益严重的趋势,个别城市探索长期护理险,满足失智失能人群的照护需求。2019 年末全国共有 861 万人享受城市最低生活保障,3456 万人享受农村最低生活保障,439 万人享受农村特困人员救助供养,全年临时救助 918 万人次。2019 年全年资助 7782 万人参加基本医疗保险,实施门诊和住院救助 6180 万人次,全年国家抚恤、补助退役军人和其他优抚对象 861 万人。

四是社会保障机构权责划分明确,专项服务能力大幅提高。2018 年我国社会保障管理体制进行重组,组建了退役军人事务部和国家医疗保障局。国家医疗保障局统管全国医疗保障事务及相关工作,此次改革将人力资源和社会保障部的城镇职工和城镇居民基本医疗保险与生育保险及试点中的护理保险管理职责、国家卫生和计划生育委员会的新型农村合作医疗管理职责、国家发展和改革委员会的药品和医疗服务价格管理职责、民政部的医疗救助管理职责整合在一起,实现了全国医疗保障事务集中统一监管的目标。实践表明,集中统一的医疗保障管理体制因消除了部门之间的掣肘而加快了医保制度的整合与优化步伐,极大地节约了行政成本与业务经办成本,还实现了对医药价格与医疗行为更加有效的直接管治。因此,国家医保局的成立是新时代提升医疗保障管理能力和促进医疗保障治理体系现代化的重要举措,它构成了推动我国医疗保障制度改革全面走向深化,进而实现基本成熟、定型目标的组织基础。②

五是社会保障数字化治理成效显著,信息化水平不断提升。由于我国社会保障数据规模为世界之最,存在转移接续过程复杂、重复参保、漏报、骗保、社会保障管理机构工作量人、公众实时查询困难等问题。③ 随着大数据时代的到来,社会保障改革向数字化治理转型的机遇到来,社会保障各相关部门逐渐培养大数据思维,注重便民、快捷、高效的原则,不断改进和完善社会保障服务流程,推广"最多跑一次"。同时,政府深入推进"互联网＋政务服务",利用大数据、云计

---

① 郑功成.中国社会保障改革与经济发展:回顾与展望[J].中国人民大学学报,2018(1).

② 郑功成."十四五"时期中国医疗保障制度的发展思路与重点任务[J].中国人民大学学报,2020(5).

③ 向运华,王晓慧.大数据在社会保障领域的应用:一个研究综述[J].社会保障研究,2019(4).

算等各种现代化技术手段,以提高服务质量和监管水平。[①] 2019 年发布的《关于建立全国统一的社会保险公共服务平台的指导意见》指出,必须整合经办机构职能,规范经办机构名称,各地区信息平台与国家社会保险公共服务平台应接尽接、网上服务事项应上尽上,平台核心的组织架构体系、技术支撑体系、标准规范体系、协同管理体系、风险防控体系应不断完善,全国统一的社会保险公共服务平台基本建成。在信息化建设方面,包含公共服务、经办管理、智能监控、宏观决策四大类 14 个子系统的信息平台建设工程项目已进入了实施阶段。在标准化建设方面,按照"统一规划、统一分类、统一编码、统一发布、统一管理"的总体要求,完成了 15 项医保信息业务编码标准制定工作,全国统一的医保信息业务编码平台基本建立,为提升我国医疗保障治理能力,推进医保高质量发展提供了技术支撑。截至 2020 年,全国社保卡持卡人数已达到 13.29 亿人,覆盖 94.9% 人口。

在取得成就的同时也必须看到我国社会保障建设存在的不足。其一,筹资主体的责任失衡。[②] 以职工医疗保险为例,现行制度下的单位缴费率是 6%、个人仅为 2%,个人缴费全部划入个人账户中,而企业缴费的 30% 也划入个人账户中,可以看出企业承担了主要的筹资责任,造成了用人单位较大的负担。其二,社会保障的法治化程度有待提高。除了 2010 年颁布的《社会保险法》,大多依靠从国务院到县级政府发布的大量政策性文件,法治化程度不高导致运行存在很多漏洞。此外,在社会救助领域也只有《社会救助暂行办法》,这部低阶法律每章平均条款不到 6 条,法律的可操作性较差。其三,社会保障的公平性有待提高。主要体现在城乡待遇差异和统筹共济上,各个地区都是按照当地的标准,在群体上存在着较大的待遇差距。在统筹区域上也存在差距,医疗保险大多集中在市县级统筹层次,不同的统筹地区之间的医保待遇执行标准存在较大差距。其四,城镇社会保障的门槛过高。我国职工社会保险制度最初是作为国企改革的配套措施加以推进的,注重与传统保障制度下的待遇保持衔接,这也造成制度的参保门槛较高。现行职工基本养老、医疗和失业三项保险,个人缴费率达到 11% 左右。然而,农民工因受教育水平不高、缺乏职业技能,收入普遍偏低。[③] 2019 年农民工总量达到 29077 万人,月均收入 3962 元,低于城镇职工单位就业人员月均 5169 元,难以承受职工社会保险制度较高的缴费要求。第六次全国人口普查数据显示,我国农村 60 岁以上人口所占比例已达 14.98%,比全国 13.31% 的平

---

①　何文炯.改革开放以来社会保障制度的演变逻辑[J].经济研究参考,2019(2).

②　陈宝.改革职工基本医疗保险个人账户的几条建议[J].人力资源,2020(10).

③　国家统计局.2019 年农民工监测调查报告[EB/OL].[2021-10-16].http://www.stats.gov.cn/tjsj/zxfb/202004/t20200430_1742724.html.

均水平高出 1.67 个百分点。随着城镇化程度的不断加深和人口流动的加速,老龄化的程度进一步加剧,由于养老、医疗、救助等社会保障支出的重点是老年人,这也必将给社会保障事业的发展带来更大的压力。

7.5 建立健全中国特色的社会保障制度

随着中国特色社会主义进入新时代,社会主要矛盾已经转化为人民日益增长的美好生活需要和不平衡不充分发展之间的矛盾。社会矛盾转变对社会保障建设提出了新的更高的要求。建立健全中国特色的社会保障制度的目标:健全覆盖全民、统筹城乡、公平统一、可持续的多层次社会保障体系,在幼有所育、学有所教、劳有所得、病有所医、老有所养、住有所居、弱有所扶方面持续取得新进展,满足城乡居民对高质量、多样化的社会保障待遇和服务的需要。

1. 深化医疗保险制度改革

通过制度优化与创新重点解决失衡的利益关系,解决利益固有化问题,特别是对城乡之间、统筹区域之间、群体之间的利益失衡与公平性缺失问题发力。(1)提升统筹层次:从省区市统筹逐步向全国统筹过度。医疗保障制度城乡分割、地区分割等问题必然与我国依靠医疗保障制度提高共济水平的理念不符。目前,只有企业职工养老保险制度实现了省级统筹,其他社会保险制度基本停留在市县级统筹,基金抵御支付风险的能力不强。[1] 应当建立真实统一的医保目录,全面做实法定医疗保险市级统筹,基本实现省级统筹的目标。(2)转化医疗保障理念:从病后报销向健康管理转变。健康服务是民生领域的重要组成部分,也是人民群众向往美好生活的重要维度。加强健康管理和疾病预防,符合"治未病"的积极理念,应该努力实现医疗保障理念的转变,从强调疾病治疗走向注重健康保障,通过深入推进"医疗、医药、医保"三医联动综合改革,提高健康保障治理现代化水平。(3)加快医疗保障法治化。应当推动制定《医疗保障法(2021年6月征求意见稿)》,启动《社会保险法》实质性修改,2013 年出台《城镇职工基本医疗保险条例》《医疗救助条例》《商业健康保险条例》《慈善医疗条例》,2021 年5 月 1 日施行《医疗保障基金使用监督管理条例》等行政法规,构建起医保法治化的基本法律框架。

2. 健全社会救助制度

应该扩大社会救助制度对象,调整社会救助的标准,提高社会救助水平,尤其是要优化社会救助的管理,中央政府应进一步加强方向引导、加强底线要求和加大制度供给。地方政府应更好地发挥积极性、主动性和创新性,理顺基层服务

---

[1] 郑功成."十四五"时期中国医疗保障制度的发展思路与重点任务[J].中国人民大学学报,2020(5).

管理体制,鼓励基层建立政府购买服务的民政经办服务机构,建立长期稳定和全面均衡的专业化救助服务体系。与此同时,针对我国社会救助形式较为单一,基本上采用现金补助或者米面粮油派发等方式提供救助,是"输血式"救助而不是"造血式"救助。更重要的是,救助对象人为地划分为城市居民和农村居民,无法应对人口迁移与流动后的人口实际生活情况;偏向于各部门独自分担一个项目开展分别救助,而较少地将各个部门整合起来协同救助;偏向于以部门或机构为中心,根据部门或机构的设置、职能开展救助,而较少地以救助对象为中心进行综合救助,为其提供救助方式。必须完善社会救助制度,除简单的物质输送,要加大"输血式"救助,因为对于救助对象来说,他的基本需求往往是综合的、多样的,引发其贫困的因素是多维度的而不是单一的,需要综合考虑。与此同时,要完善社会救助的法律法规,根据社会救助项目的不同属性,单项分类推进社会救助立法。[①] 具体而言,一要整合相似的社会救助项目,以法律的形式确立公民在具体社会救助项目的权利;二要推进专项社会救助项目进入社会保障项目立法,解决专项社会救助问题;三要给临时性、应急性救助项目则以行政法规方式规范其工作的开展,尤其是应该加快确立突发性重大事件导致人民需要救助时的处理方式、原则等。

3. 完善养老保险制度

人口老龄化已经成为我国当前和今后一个时期内的重要国情之一,我国的人口老龄化具有速度快、高龄化、城乡倒置、地区不平衡、未富先老等特征。随着人口老龄化进程的加快和人口预期寿命的延长,高龄人口数量也随之快速增长。人口的快速老龄化与社会的快速转型和变迁,会向社会提出更多的养老服务和医疗等方面的需求,同时对社会保障资金的可持续性、医疗服务和养老服务的供给数量与质量、社会活力等造成深远影响。为积极应对老龄化,必须全面推进养老保险制度改革。(1)尽快实现养老保险全国统筹。目前我国养老保险尚未完全实现省级统收统支,养老基金地区间两极分化明显,且地区之间的互助共济的渠道不通畅,养老保险的互助共济性质有所削弱。因此建立全国统一的基本养老保险制度是迫切之举,养老保险全国统筹是指中央政府直接运营、直接承担保障全体老年人基本生活的安全[②],包括统一缴费比例、缴费基数核定办法、待遇计发和调整办法,以增强养老保险制度的公平性、可持续性和效率。目前实现全国统筹的核心问题是如何将经济富余地区顺畅地统筹进来。[③] (2)制定和推进

---

① 　杨立雄."一揽子"打包,还是单项分类推进?:社会救助立法的路径选择[J].社会保障评论,2020(2).

② 　何文炯.论社会保障的互助共济性[J].社会保障评论,2017(1).

③ 　王新梅.论养老金全国统筹的基本理念[J].社会保障评论,2019(4).

延迟退休方案。延迟退休是积极应对老龄化的重要措施之一,关键是要稳步实现退休年龄和社会养老保险缴费年限的延长,并且做好延长领取养老金时间的研究和制度建设。推迟退休会延长缴费年数及在一定程度上缩短领取养老金的年限,对于预期寿命不同、收入层次不同的居民认同感不同,政策出台必然会对一部分人造成冲击,政策制定时要充分考虑到居民的预期寿命和民众的心理接受能力。(3)稳步推进长期护理保险制度。人口老龄化必然伴随着失能老人人数的攀升,失能老年人口对专业机构的专业护理需求扩大,医疗护理费用上涨,个人及家庭往往支持能力有限,无法满足失能老人长期护理的财务需要,造成因家庭剩余人力供给困难使失能老人得不到足够的护理,出现"家庭失灵"的现象。[①] 建立长期护理险制度(long term care insurance,LTCI)是完善社会保障制度建设的重要内容。为了稳步推进长期护理保险制度,需要发展服务供给市场、完善服务内容,鼓励社会资本参与长期护理服务输送,通过政府购买服务的方式,引导市场力量流向社区居家服务领域,形成包括医疗照护、生活照料、康复保健、临终关怀等在内的完整的服务内容体系,满足不同护理需求等级人群的个性化需求。政府要制定相关的法律法规,设立失能评估、护理需求认定和护理服务等标准体系和管理办法,监督养老市场健康运行。

4. 完善退役军人权益保障制度

退役军人保障主要在于医疗保障、残疾军人福利补偿和退役军人再就业保障。国家要有步骤、分阶段加大对退役军人的医疗保障支出,扩张医疗服务项目,涵盖心理健康和创伤治疗、牙科医疗、眼科医疗、养老院建设、辅助生活和家庭保健、女性退役军人健康服务、配偶和家属及照料者的医疗保健等方面,使得退役军人能够享受较为优质的医疗服务。尤其是需要加强退役军人的心理评估,及时发现他们的心理问题,进行医疗救治,使他们能够心理健康地转业。对伤残人士,国家需要采取一次性支付与定期发放补偿金相结合的补偿模式。在此基础上,根据伤残军人的不同经历与伤残程度提供额外补贴,配套相关医疗优惠、交通补贴、就业帮助等。具体而言,要制定针对残疾退役军人的职业康复计划,通过对参加计划的退役残疾军人的兴趣、职业选择和能力进行全面评估,帮助退役残疾军人恢复原来职业,匹配新职业,帮助自雇就业。对于残疾情况严重的退役军人,政府为其提供长期培训直至找到合适工作。对于生活无法自理的残疾退役军人,帮助制订职业康复计划,使其尽可能实现独立生活,成为一个能够正常生活的人。要及时跟踪退役军人的就业情况,针对性地开展就业培训、求职指导、困难帮扶等工作,掌握退役军人就业问题的供需底数,实现退役军人和空余岗位的合理匹配,解决供需矛盾。

---

① 曹信邦.中国长期护理保险制度构建的理论逻辑和现实路径[J].社会保障评论,2018(4).

5. 建立城乡一体化的社会保障制度

为此应加快户籍制度的改革。城乡二元户籍制度改革主要是利益的重新分配。对城乡户籍制度带来的弊病应该高度重视,国家相关部门应该有针对性地制定向农民工倾斜的政策,尽可能地减少城乡户籍差异带来的不公平差距,最终实现城乡无差距。首先应该实现人口的自由流动。可以进行人口登记取代户籍迁移,健全人口登记服务。其次,剥离户籍制度附带的福利。目前大多的优惠政策和相关利益都是和户籍相挂钩,没有实现各项福利的公平享有,特别是教育和公共服务。只有将各项福利与户籍制度相剥离,才能扫除户籍制度改革的阻碍。最后,考虑到不同地区的经济发展状况,应该因地制宜地实施户籍制度改革,全面开放中心城市的户籍制度是不太现实的,必然会受到当地的强烈反对。因此,应该对部分高学历、高技术的人才实行有条件的开放,提供更多的准入机会。中小城市在吸收农民工还可进一步放开,不仅有足够的空间可以容纳,还可以推动中小城市的发展,可以通过放开户籍制度的方式进一步吸纳更多的农民。

第 8 章

公共财政与国家治理

公共财政是建立在市场经济基础之上,并与市场经济体制相适应的一种财政类型。它指市场经济中由政府提供公共物品的分配活动或分配关系的政府收支模式,公共支出、公共收入、公共预算构成一个国家公共财政的三个核心领域。公共财政反映着政府介入经济生活和社会生活的规模与深度。本章讨论公共支出增长、公共收入类型以及公共预算改革,并在此基础上,讨论公共财政改革与国家治理现代化转型。

8.1 公共支出及其增长的理论解释

公共支出指政府为履行其职能而支出的一切费用的总和。在政府工作中,按照预算分类,将公共支出主要划分为行政管理支出、国家防卫支出、教育事业支出、卫生事业支出、科技事业支出、社会保障支出、支农支出、环境保护和污染治理支出、财政补贴支出和中央政府对地方政府的转移支付等。

公共支出政策是政府宏观经济政策的重要组成部分,它反映了一定时期内政府的政策取向,也反映了一定时期内公共部门各项工作轻重缓急的顺序。在20世纪20—30年代资本主义世界的经济大危机后,随着凯恩斯主义经济理论取代古典经济理论的正统地位,政府对经济运行的干预取代了传统的自由放任政策,政府干预的广度和深度远远超出了古典经济理论所能认可的范围,在这样的背景下,公共支出政策已经成为各国政府都乐意采用的政策工具,对政府施政和政策绩效产生了广泛而持久的影响。

一般地说,公共支出政策可以分为两大类:总量型公共支出政策和结构型公共支出政策。总量型公共支出政策指通过调整公共支出总量来实现社会供求总量基本平衡的政策。公共支出总量政策的基本运作方式是通过对公共支出规模的调整来影响社会总需求和总供给的关系,进而实现预定的政策目标。具体而言,公共支出的总量政策可以分为扩张性公共支出政策、紧缩性公共支出政策和平衡性公共支出政策。在市场经济体制下,各国政府公共支出政策的基本目标:维持宏观经济稳定、优化资源配置和合理收入分配。

公共支出不断增长是一种全球经济现象。统计资料表明,无论从绝对量还是从相对量(公共支出占 GNP 的比重)来看,公共支出在各国都呈上升趋势。公共支出不断增长,已严重影响了经济持续增长,成为发达国家和发展中国家面临的共同难题。关于公共支出增长的理论解释流派众多,其中有代表性的学说包括以下几大类:

8.1.1　政府活动扩张法则

瓦格纳是 19 世纪德国的一位经济学家,他的公共支出理论可以说是经济学家最熟悉的。在考察当时几个工业先进国家(英、美、法、德、日)的公共支出记载后,瓦格纳认为他发现了政府职能不断扩大以及政府活动持续增加的规律,并将其命名为"政府活动扩张法则"。对此,他的解释:

首先,随着社会的发展,工业化经济所引起的社会组织形态变革以及公私行政活动的集中化管理,会产生社会和经济制度的非人性化与劳动的高度专业化,从而使经济和社会的复杂性与相互依赖性增加,由此产生的各种摩擦因素也会不断增多。对于这一切,私人部门无法处理和协调,唯有政府制定法律,增设一定的机构以维持社会秩序,才能解决这些由工业化本身所带来的社会经济问题。

其次,随着工业化经济的发展,经济不完全竞争状况会日益加剧,整个社会的资源不可能完全通过市场机制得到最适当的配置,因而有必要由政府干预经济,对资源进行再配置以实现配置最优化。而且,对那些具有极大外部经济效益的行业,由于规模与技术要求等方面的原因,私人企业不愿或不能进行生产经营,也要求政府接管进行直接的生产经营。

最后,随着工业化进程的加快,政府提供的公共物品的范围越来越大,数量越来越多。诸如交通、银行、文化、卫生与福利等项目,如果交由私人部门经营,则很容易因私人垄断或供给不足导致社会不安定。所以政府将这些物品纳入其职能范围,是一件必然的事情。

据此,瓦格纳得出结论:随着经济发展过程的发生,政府支出必定比产出以更快的比率增加;政府活动不断扩张所带来的公共支出不断增长,是社会经济发展的一个客观规律。

8.1.2　梯度渐进增长理论

皮考克(Peacock)和魏斯曼(Wiseman)在对英国 1890—1955 年间的公共支出增长情况作了开拓性研究后,于 1961 年提出了公共支出的梯度渐进增长论:在正常年间公共支出呈现一种渐进的上升趋势,只有当社会经历"激变"时(这一激变可以是战争、经济大危机或其他灾害等),公共支出才会急剧上升,而过了这个激变期,支出水平就会下降,但一般不会再回到原来的水平。因此,在政府支出的统计曲线上,呈现出一种梯度渐进增长的特征。皮考克和魏斯曼将导致公共支出梯度渐进增长的因素归结为两类：

一是内在因素。在税率不变的税收制度下，随着经济的发展和国民收入的增加，政府所征得的税收收入必然呈不断增长趋势。而追求政治权力最大化的政府是喜欢多支出的。除非既有的公共收入水平构成对其扩大支出欲望的约束，否则，政府的公共支出的上升必然会同 GNP 的增加以及由此而来的公共收入的增加呈线性关系。这就是说，随着社会的发展，国民生产总值的增加，在不改变整个社会平均税率的前提下，税收水平会随国民收入的增加而自动增加，而且由于具有累进性的所得税在整个税收中所占比重较大，使得税收的增长水平往往高于国民生产总值的增长水平，并且在正常年份，由于没有任何激变因素，这一状况将一直维持，整个公共支出便呈现一种渐进的增长趋势。

二是外在因素。除了公共支出随着收入的增加而渐进增长这种内在因素，还有一种外在因素也会导致公共支出的增长趋势。这就是，社会发展过程中总会遇上动荡的激变时期，如战争、饥荒及别的社会灾难。当社会发生激变时，公共支出的渐进增长趋势就会被打破。由于应付战争、饥荒或经济危机的需要，政府会被迫提高税率或增加新税，不愿多交税的公众也会被迫接受提高了的税率和新增的税种。换言之，激变时期，纳税人有可能接受较重的税收负担，私人的税收容忍水平将会提高，政府的支出也就有可能较大地增加，从而使整个公共支出在渐进的过程中呈现一个上升的台阶。当社会激变时期过去后，公共支出水平就会下降，但政府不会轻易容许已经上升的税收容忍水平降到原有的状况，有些新税还会继续存在，因此，公共支出水平虽然会下降，但不会降到原有的水平。

8.1.3 公共支出增长的发展模型

与前面的两种解释不同，马斯格雷夫和罗斯托（Walt W. Rostow）倾向于用经济发展阶段论来解释公共支出增长的原因。在对不同国家不同经济发展阶段的支出状况进行了大量的比较研究后，他们从公共支出作用变化的角度对公共支出增长进行了深入的分析。在他们看来，在经济发展的不同阶段，导致公共支出增长的原因是不同的：

在经济发展的早期阶段，由于交通、通信、水利等基础设施落后，直接影响到私人部门生产性投资的效益，从而间接影响整个经济的发展。而这类经济基础设施的投资往往投资大、周期长、收益小，私人部门不愿投资或没有能力投资，但这些经济基础设施的投资又是具有较大外部经济效益的。因此，需要政府提供，以克服经济发展中的瓶颈效应，为经济起飞创造一个良好的外部环境。此外，在经济发展的早期阶段由于私人资本积累是有限的，这就使得某些资本品必须公共生产，即使这些资本品的利益是内在的，不具有外部经济效益，也要求通过政府预算提供。所以，这一阶段公共资本的作用很大，公共支出必然增长。

当经济发展进入中期阶段后,私人产业部门业已兴旺,资本存量不断扩增,私人企业和农业的资本份额增大,那些需要由政府提供的具有较大外部经济效益的基础设施已基本建成,此时私人资本积累开始上升,公共积累支出的增长率就会下降,从而政府投资便开始转向对私人投资起补充作用,公共支出在整个社会支出中所占的比重就可能下降。但是,由于这一时期,市场失灵的问题日益突出,成为阻碍经济发展进入成熟阶段的关键因素,从而要求政府部门加强对经济的干预。而对经济的干预显然要以公共支出的增加为前提。

随着经济发展由中期进入成熟阶段,公共支出的结构会发生相应的变化。从以基础设施投资为主的支出阶段,逐步转向以教育、保健和社会福利为主的支出结构。这是因为随着人均收入进一步增长,人们对生活的质量提出了更高的要求,私人消费形式发生变化,从而预算形式也要发生变化。而这些旨在进行福利再分配的政策性支出的增长会大大超过其他项目的公共支出的增长,这又进一步使得公共支出的增长速度加快,甚至快于国民生产总值的增长速度。

8.1.4 福利经济学派的公共支出增长理论

福利经济学是经济学的一个分支,它是以一定的伦理价值判断为前提,对经济体系的运行进行社会评价,以便确定经济体系的运行是否符合增进社会福利这一既定目标的规范经济学。这一经济学流派对公共支出不断增长的问题解释,主要是在一系列假设条件下,从微观经济角度进行研究的。根据其有关理论,福利经济学派将市场有效供应原理运用到政府公共物品的供应中,通过效用最大化的分析方法,研究影响公共物品供应和需求的各种因素。认为这些因素正是影响公共支出增长的主要变量,包括对公共物品的需求、提供公共物品的生产组织形式、公共物品的质量、公共部门投入价格等。

第一,需求对公共支出的影响。福利经济学指出,尽管通常人们认为公共物品供给的收入需求弹性高,而价格需求弹性低,然而分析表明,虽然不能从公共物品的供给收入需求弹性推知公共物品的需求值,但如果公共支出的收入弹性大于1,则公共支出相对于 GNP 的比重将上升。这是因为中间投票人(即对公共物品需求量持中间立场的人)收入增加时,公共物品的需求曲线会右移,而且如果这种收入增加是整个经济中总收入增加的一个部分,则随着总收入的提高,劳动力成本也将增加,平均成本曲线将上升。

第二,生产组织形式对公共支出的影响。福利经济学认为提供公共物品的生产组织形式将随着环境的变化而变化,而环境的变化会引起公共支出增加。这里所说的"环境"是指影响提供某一公共产出水平所需资源的社会、经济及地理因素的组合。以政府提供公共安全服务为例,当社会治安状况恶化时,要想恢复原有的治安水平,提供服务的总成本将会上升。

第三,公共物品质量对公共支出的影响。如果中间投票人对质高价贵的产品有较大的需求,那么公共支出就会增加。因此,随着产品质量的变化,公共支出也会变化。此外,个人愿意对发生质量变化的产品支付更高的价格,就会对供应者形成提供新产品的刺激,公共支出也就会因此而增加。

第四,人口因素对公共支出的影响。人口增长是公共支出增加的一个重要原因,因为人口增加促使各方面的公共服务的需求总量增加,如对司法、警察、教育、就业培训、保健设施、住房建设,以及社区建设、文化活动和社会福利等要求都有不同程度的提高。政府行政管理和社会管理所需的费用也会不断增长,这些都促使公共支出增加。

第五,公共部门投入的价格效应。公共支出增长也导源于公共部门生产函数中投入价格的提高。这是因为公共部门平均劳动生产率偏低,生产率偏低不仅致使其产品的单位成本不断上扬,而且要维持生产率偏低的部门的产品产量在整个国民经济中的比重,必须使劳动力不断涌入该部门,从而导致政府规模越来越大,公共支出不断增长。

8.1.5 公共选择学派的公共支出增长理论

公共选择学派是西方经济学中以经济学分析方法研究政治问题的一个重要理论流派,它在解释西方国家公共支出不断增长的形成机制的原因时,引入了对制度、政治决策过程的效应分析,认为导致公共支出增长的主要因素存在于以下几个方面:[①]

一是政府作为公共物品的提供者导致公共支出增长。公共选择学派认为,政府是为了提供公共物品,并消除或减轻外在效应而存在的。随着对公共物品需求的不断增长,加上公共物品的成本难以精确计量,这势必导致财政预算增加,公共支出增长。

二是政府作为收入和财富的再分配者导致公共支出增长。一方面,随着市场经济的不断发展,社会收入分配不公平的问题日益严重,另一方面,由于民主化进程的不断加强,公民的选举权日益扩大,在多数投票原则下,为了在选举中获胜,政党往往向收入处于中等及以下的广大选民许诺实行收入再分配政策,以改善这种不公平。但是为了调节收入分配使之趋向于公平和平等,就要增加税收和补贴,加强教育培训增加就业机会,这势必使政府职能扩大,公共部门扩张,公共支出增长。

三是利益集团的存在导致公共支出增长。利益集团是现行政治结构的必然

---

① 丹尼斯・C.缪勒.公共选择理论[M].杨春学,等译.北京:中国社会科学出版社,1999:293-413.

产物,在实行多数投票原则的情况下,公共选择学派认为,利益集团的大量存在,直接促使了政府预算规模的扩张,这是因为在各自谋求自身利益最大化的前提下,利益集团、官僚、政治家会结成利益联盟,力争增进某一方面的预算支出,这必然会扩大政府的公共支出规模。

四是官僚的存在导致公共支出增长。公共选择学派认为,官僚和市场经济中的任何人一样,都是企图利用现存制度实现自己的利益最大化。但是在市场取向的私人部门中,个人为了获得成功,必须使他的公司获得尽可能多的利润,当公司的利润增加之后,个人的收入也会增加。而对于官僚们来说,类似于私人企业中所拥有的增加收入的机会是很小的,因此,他们更关心的是额外的津贴、荣誉和权力等。然而,所有这些目标都是与官僚的预算规模正相关的,如果官僚们预算最大化的目标能够获得成功,那么政府部门规模就会扩大,公共支出将不断增长。

五是财政幻觉的存在导致公共支出增长。财政幻觉指个人在作出财政选择时必定介入的制度会发生引起幻觉的影响,这些影响可能足以改变个人的行为。在公共选择学派看来,以下几种情况的存在会产生政府增加收入,扩大支出的财政幻觉:(1)隐瞒公共支出中个人机会成本的份额;(2)在纳税人认为可能有利的时期或活动中征税;(3)在重大的或令人愉快的活动时征收直接的名义服务费;(4)进行威胁式的吓唬战术制造影响个人反应的财政幻觉;(5)将个人的总税负分成若干部分,使纳税人面对许多小额征收而不是少数的大额征收制造财政幻觉;(6)在个人不能真正明白谁最终支付的情形下征税;(7)利用公众对社会问题态度的转移作为征税的基础。此外,政府还可以从另外两个方面制造幻觉以使政府公共支出扩大:其一,政府向公众隐瞒预算项目的规模及其真实性;其二,使预算条款显示出把较大的数额用于更为大众化的项目。总之,正是由于财政幻觉的存在,政府支出超过公众的意愿而扩大,政府制造财政幻觉是促使公共支出不断增长的因素。

以上对西方主要的公共支出增长理论进行分析,不难看出,这些理论主要是从不同的角度对发达国家公共支出增长现象的描述。瓦格纳的政府活动扩张法则,皮考克和魏斯曼的梯度渐进增长理论,马斯格雷夫和罗斯托公共支出增长的发展模型主要是从宏观的角度,对公共支出增长现象的一种长期描述。福利经济学派的公共支出增长理论,则以福利经济学的有关理论为基础,通过一系列假设,对影响公共物品供给和需求的主要因素进行了分析。公共选择学派的公共支出增长理论,则在对公共支出增长的分析中,引入了制度、政治决策过程等因素对公共支出增长的影响。

瓦格纳的政府活动扩张法则,最早系统地阐述了公共支出增长的长期趋势,有着广泛的影响。他的预言也已得到许多发达国家与发展中国家公共支出实践的验证,所验证的结果都与他所推测的总的关系大致相符合。但是瓦格纳并没有很好地解释为什么公共支出增长的现象会如此普遍地存在,也没有在正在提高的人均收入和政府公共支出份额增加之间建立起明确的函数关系,他也忽略了政治制度、文化背景以及时间形态对一国公共支出的影响。

皮考克和魏斯曼的梯度渐进增长理论,主要是通过考察公共支出增长趋势中具有特定意义的时间形态,从这些特定的时间形态中来寻找政府支出增长的主要原因。这一研究是瓦格纳考察公共支出长期趋势后的一个进步。而就其理论阐述的内容来看,它已初步融入了公共选择学派的思想。在他们看来,公共支出增长要受到纳税人租税容忍水平的制约,因为在民主政体中,纳税人的选票可以影响政治制度的投票结果。从某种意义上说,他们所认定的公共支出水平也是由政治制度中的多数投票原则所决定的水平——这一点与公共选择论的观点具有相似之处,从而在一定程度上把公共支出与政治过程结合起来了,这是前人未曾尝试过的。但是这一理论是建立在统计分析基础之上的,许多国家的公共支出也或多或少地验证了该理论的正确性,如 1929—1933 年的大萧条以及二战时期,均显示出公共支出增长的渐进梯度性。然而,这一理论并未对为什么公众的租税容忍限度比政府的支出增长愿望更有可能影响政府支出规模作更深入的阐述,并且这一问题仅靠统计分析是无法解答的。因此,它离最终的目的还相差甚远。

马斯格雷夫和罗斯托对经济发展过程中,公共支出作用的变化所引起的支出结构的增长变化作了比较透彻的分析,而对总的公共支出增长状况涉及较少。尽管如此,马斯格雷夫和罗斯托关于经济发展各阶段公共支出及其结构变化的独到见解,对考察一国公共支出增长状况,尤其是发展中国家的公共支出增长状况具有一定的参考价值。

福利经济学派的公共支出增长理论,以福利经济学的理论为基础,在一系列简化的假设下,建立起了分析影响公共支出增长的微观经济模型,其分析方法有其先进性,模型对各因素与公共支出增长关系的分析有自己独到的见解和深刻性。但由于其限制条件的严格,加之模型本身的局限性,它不可能把所有影响公共支出增长的因素都纳入模型中,并给予充分的说明,这就使得该模型的结果缺乏必要的现实性。如模型假设官僚是中性的、没有利益集团的作用、财政幻觉不存在等,这些在现实中都必须经受检验。

公共选择学派的公共支出增长理论,引入了对制度及政治决策过程的分析,作为一种从全新的角度来研究公共支出增长问题的理论,有其独到的见解。公共支出是政府的行为,制度及政治决策过程必然对公共支出产生影响,在分析公共支出增长时,当然不应忽视这一重要因素,尤其是在西方社会,随着现代资本主义的发展,滋生了大量的利益集团,在西方式的所谓民主政体下,往往对政府公共支出决策施加各种影响,导致公共支出不断增长。该理论还认为,官僚也是人,他们也同样关心个人利益最大化,正是这一因素,导致他们不断追求预算的最大化。另外,该理论对财政幻觉的分析,认为政府通过制造种种财政幻觉以达到增加收入、扩大支出的目的等,都是非常深刻的。

8.2 公共收入及其主要类型

公共收入指公共部门为履行其职能而筹集的一切资金的总和。历史上,公共收入经历了劳役、实物和货币三种形式的演变,现代公共收入一般都采取货币形式。在市场经济条件下,公共收入是公共部门筹集资金满足社会公共需要和提高人民生活水平的重要途径,也是政府部门调节生产、引导消费、控制市场波动的重要调控手段。

公共收入通常包括两大类:税收收入和非税收收入。非税收收入主要有以下几种形式:债务收入(指政府通过发行公债取得的收入)、规费收入(指政府部门为公民或单位提供某种服务时所收取的手续费和工本费)、捐赠收入(指来自个人、企业或外国政府与国际组织的捐款收入)、使用费(指政府对特定公共设施的使用者收取的费用)以及政府引致的通货膨胀和公共企业收入等。

8.2.1 公共收入的主要形式:税收

税收是公共收入的主要来源,是由公共部门实行不直接偿还的强制性征收。《新大英百科全书》认为:"在现代经济中,税收是国家公共收入最重要的来源。税收是强制的和固定的征收;它通常被认为是对政府公共收入的捐献,用以满足政府开支的需要,而并不表明是为了某一特定的目的。税收是无偿的,它不是通过交换来取得。这一点与政府的其他收入大不相同,如出售公共财产或发行公债等等。税收总是为了全体纳税人的福利而征收,每一纳税人在不受任何利益支配的情况下承担了纳税义务。"[1]与其他公共收入形式相比,税收具有以下几个特征:(1)税收是依据课税权进行的,它具有强制性;(2)税收是不存在直接返还性的特殊课征;(3)税收以取得公共收入为主要目的;(4)税收负担应与国民的承受能力相适应;(5)税收一般以货币形式课征。

1. 税收原则

税收原则就是政府在税收制度的设计和实施方面所应遵循的基本指导思想。从现代经济学理论看,税收原则可以归结为三个主要方面:一是效率原则,税收应能促进资源的有效配置;二是公平原则,税收应由所有社会成员共同承担,并有助于缩小贫富差距;三是经济稳定和增长的原则,即税收应能促进生产水平、价格水平的稳定以及生产力的发展。而且,在现代市场经济条件下,公平和效率问题,作为税收的原则,在理论上得到了更为详尽的论证。

---

① 王传纶,高培勇.当代西方财政经济理论[M].北京:商务印书馆,1998:159.

一是效率原则。一个社会的资源配置是否达到最优状况,取决于消耗既定数量的生产资源所能提供的社会福利是否达到最大化。税收作为政府调节经济的有力工具之一,应有助于效率状态的实现,这就是税收的效率原则。为实现这一目标,税收应满足下述要求:

(1)充分且具有弹性。充分指税收应能为政府活动提供充裕的资金,保证政府实现其职能的需要。如果某种税收政策不能为政府实现其职能提供必需的资金,那么政府的作用就得不到充分的发挥。但是,充分原则并不意味着税收所提供的收入越多越好,而应以整个社会的利益为准,因此对充分原则的理解,应从公共部门和私人部门的整体角度作出判断。由于税收主要是为政府提供公共物品筹集资金,税收的充分与否取决于它是否能满足提供适当规模的公共物品的需要。有弹性指税收应能使税收收入随着国民经济的增长而增长,以满足长期的公共物品与私人物品组合效率的要求。因为在给定的资源和技术条件下,公共物品和私人物品两种物品之间总有一个适当的比例满足物品组合效率。从短期看,现有的资源和技术是给定的,但从长期看,可使用的资源和技术水平都将发生变化,从而使生产可能性曲线向右上方移动,适当的公共物品提供规模也会随之发生变化。随着生产的发展,社会所需的公共物品数量将逐步增加,能够满足这一变化要求的税收是具有弹性的税收,这种税收能随着生产的发展而满足公共物品和私人物品之间有效率配置的要求。但是,税收的弹性不仅指要满足公共支出增长的要求,还应在宏观经济中起到促进经济稳定的作用。这就是说,税收的弹性原则还意味着税收收入能根据经济周期政策的需要而变动,起到自动稳定器功能。即在经济扩张时期,税收收入因课税对象的增加而自动增加,从而抑制总需求扩张和通货膨胀;在经济紧缩时期,税收收入因课税对象减少而自动下降,从而扩大总需求使经济紧缩得到控制。即使在经济扩张或紧缩时期税率不变,税款收入的自动增减在某种程度上也会使经济自动趋于缓和,从而避免过量需求造成的通货膨胀和生产萎缩造成的资源闲置,有利于宏观经济的稳定。

(2)节约与便利。税收是通过强制性手段将一部分资源从私人部门转移到公共部门,这种转移不可避免地会造成资源的耗费。从政府方面来说,税收的课征需要设立一定的机构,耗费一定的人力、物力和财力,这部分资源耗费称为"征管成本"。所谓节约就是要求税收尽可能地减少征管成本。从纳税人方面看,为履行其纳税义务,需要保持一定的簿记记录,需要进行法律和税务方面的咨询,需要花一定的精力并按时足额交税。这部分资源耗费称为"缴纳成本"。便利即要求税收制度能方便纳税人,尽可能减少缴纳成本。作为税收效率原则中的一项要求,节约与便利要以社会的福利为准则,并与其他各项原则相权衡。如少征税可以节约税收的征管成本,也可以减少纳税人的缴纳成本,但与税收的充分原则相矛盾,这时就需要权衡。

（3）中性与矫正性。税收的中性指对不同的产品或服务、不同的生产要素收入、不同性质的生产者课征应采取不偏不倚、不抑不扬的税收政策,使不同产品、服务、生产要素的相对价格能反映其相对成本,保持市场自发调节所能达到的资源配置效率状态。因为如果税收改变了相对价格,就会在取得公共收入的同时,改变消费者和生产者的选择,使已经处于效率状态的资源配置变得无效率。如果税收能够保持中性,不改变各种产品和要素的相对价格,那么税收仅仅为政府筹集收入,不会使产品与要素因税收而处在相对有利或不利的境况,使产品或要素的均衡组合因税收而发生变化。与此同时,私人物品在市场上能够实现资源的有效配置的先决条件是这些产品不具有外部效应,消费者的偏好是正确的,生产者之间能相互竞争。倘若有些私人物品不能满足这些条件,那么市场的自发结果就不会符合效率原则,这就需要通过税收对这些产品的资源配置进行矫正,税收对某些私人物品进行特别的课征,以矫正市场缺陷即为税收的矫正性。与中性税收一视同仁的要求相反,税收的矫正性要求区别对待,例如对有外部成本的产品课征额外的税收,或对具有外部效益的产品给予税收优惠或补贴,使外部效应内在化。总之,要使税收有助于实现效率目标,关键在于合理地划定中性原则与矫正性原则的适当范围,保证市场对资源的配置效率。

二是公平原则。所谓税收的公平原则,简言之,就是纳税的平等。这种平等可分为横向公平和纵向公平。横向公平指税收应使相同境遇的人承担相同的税负。纵向公平指税收应使境遇不同的人承担不同的税负。为此,公平原则也可具体为受益原则和能力原则。

（1）受益原则。受益原则认为个人所承担的税负应与他从政府公共服务活动中获得的利益相一致。根据受益原则,横向公平可以解释为从政府公共服务活动中获益相同的人应承担相同的税负,纵向公平可以解释为受益多的人应承担较多的税负,每个社会成员所承担的税负应与他从政府活动中获得的利益相等。显然,受益原则强调的是政府所提供的物品或劳务成本费用的分配,应与社会成员享有政府所提供的物品或劳务的效益相联系。从这一原则出发,规费和使用费成为公共收入的一种形式,可以较好地满足将社会成员的缴纳与享有政府提供的物品或劳务效益挂钩的要求。然而,对于政府提供的大部分具有联合消费或受益性质的物品或劳务,就很难确定简单的收益对等关系。于是,必须强调支付能力原则。

（2）能力原则。能力原则就是根据个人的纳税能力的大小来确定个人应承担的税收。根据能力原则,横向公平可以解释为具有相同纳税能力的人应承担同等的税负,纵向公平可以解释为具有不同纳税能力的人应承担不同的税负,能力大的人多纳税。由此可见,支付能力原则强调的是政府所提供的物品或劳务成本费用的分摊,与社会成员获得的效益无关,而只能依据社会成员的支付能力征收,对社会成员实行有差别的税收征收制度,收入能力强的社会成员比收入能力弱的社会成员负担更多的税收。

2. 税收制度的构成要素

作为一种强制、无偿、数额确定的征收,税收以政府的政治权力为凭借。为了使这种政治权力的行使有章可循,也为了保证纳税人的合法权利不受侵犯,国家必须通过立法程序确定税法,将征纳双方的权利义务法律化、制度化。由税法所制约的、由一系列具体规定所构成的整套课税办法,就是税收制度。税收制度由各种税收要素构成。税收要素指的是构成税收制度的基本因素,它说明谁征税、向谁征、征多少以及如何征的问题。税收制度的要素包括以下几个方面的内容:

一是课税权主体。课税权主体指通过行政权力取得税收收入的各级政府及其征税机构,它说明谁征税。一般地说,不论何种税收,其课税权主体总是政府及其课税机构,但具体地说,不同的税有不同的课税权主体。按照课税权主体的不同,税收可划分成以下两类:(1)本国税与外国税。本国税是本国政府开征的各种税收,外国税是外国政府开征的各种税收。因为税收是凭借政治权力进行的课征,一国的课税权在客观上不能不受这个国家本身政治权力所能达到的范围的制约。一般说来,一个主权国家的政治权力所能达到的范围,地域的概念指这个主权国家所管辖的全部领域,包括领土、领海和领空,人员的概念指一个国家的全部公民和居民。按照属地原则建立起来的税收管辖权下的本国税,其课税权领域包括领土、领海和领空;同时,按照属人原则建立起来的税收管辖权下的本国税,其课税权可能因外国公民或居民的跨国经济行为而不仅包括居住本国的公民和居民,还扩展到外国公民和居民,当然,它也可能因本国公民或居民的跨国经济行为而扩展到外国境内的课税标物,这时,一国境内可能同时存在本国税和外国税。(2)中央税和地方税。在实行分税制的国家里,存在着中央税和地方税之别。中央税是中央政府为课税权主体的税收,一般由国家立法机关立法,中央税务机关进行管理,为中央政府财政提供资金来源的税收。地方税是地方各级政府为课税权主体的税收,由地方立法机关立法,地方税务机关征收管理,为地方政府财政提供资金来源。

二是课税主体。课税主体,亦称"纳税人",指税法规定的直接负有纳税义务的单位和个人。纳税人既可以是自然人,也可以是法人。自然人指在法律上作为一个权利和义务的主体的普通人,他以个人身份来承担法律所规定的纳税义务。法人是自然人的对称,指依法成立并能独立行使法定民事权利和承担法定民事义务的社会组织,如企业、社团、事业单位等。按照纳税人的不同,税收可以分为以下两类:(1)个人税和法人税。个人税课征于个人或家庭,例如向个人或家庭课征的个人所得税、遗产税等。法人税的纳税人为具有法人资格,能独立承担责任,行使权利的经济实体。例如公司所得税、销售税、增值税等。(2)买方税和卖方税。在商品和要素市场上，纳税人不是处于交易的买方就是处于交易的卖方。根据纳税人在交易中所处的位置，税收可分为课征于卖方的税收（卖方税）和课征于买方的税收（买方税）。卖方税指纳税人在交易过程中处于出售方地位的税收。例如在商品市场上，向销售方的课征属于卖方税；在要素市场上，向资本所有者、劳动力所有者及土地所有者的利润、工资和地租的课征也属于卖方税。买方税指向在交易过程中处于购买者地位的纳税人课征的税收。例如，向商品消费者的支出课征的税即为买方税。对商品和生产要素的课税可以向其销售者征收，也可以向其购买者征收。但从征收管理的难度上看，课征于买方还是卖方会有显著的不同。

三是课税客体。课税客体，也称"课税对象"，指对什么东西或什么行为征税，即课税的目的物。课税对象是税收制度中的核心要素。这是因为它体现着不同税种课税的基本界限。税收的课税对象可分为三类：所得、商品和财产。所谓所得税，就是以所得为课税对象，向取得所得的纳税人课征的税收。所得税通常按累进税率课征。这一课税体系，主要包括个人所得税、公司所得税和社会保险税（工薪税）。所谓商品税，指以商品和劳务的流转额为课税对象的税收。在国际上统称为"商品和劳务税"。它主要包括消费税、销售税、增值税和关税。所谓财产税，就是以一定的财产额为课税对象，向应有财产或转让财产的纳税人课征的税收。这一课税体系主要包括对财产所有者所拥有的全部财产课征的一般财产税，特别选定某类或某几类财产分别课征的特种财产税和对发生转让的财产课征的财产转让税（如遗产税和赠与税）。

四是税率。税率指税额占课税对象的比例。在其他相关条件一定的情况下，税率的高低，直接关系到纳税人缴纳税额的大小和税负的轻重，直接关系到国家公共收入的规模和政府财政税收政策的作用。税率通常用百分比的形式表示。由于计算的方法不同，税率一般有比例税率、累进税率、定额税率三种。比例税率即不论课税对象数额大小，均按相同比例课税的税率，也称比例税制。比例税率的显著特点是计算简便，比较适合对流转额的课征，其缺点是对收入的调节效果欠佳。累进税率指税率随课税对象数额的增加而逐级提高的税率。一般按课税对象数额的大小，规定不同等级的税率，课税对象数额越大，税率越高。累进税率对于纳税人的收入调节效果比较好，因此，它比较适合于对所得的课税。定额税率又称固定税额，是按单位课征对象直接规定固定税额的一种税率形式，一般适用于从量定额征收。

五是计税单位。计税单位是课税对象的计量单位。课税对象的计量单位无非两种：其一，以货币单位为标准；其二，以实物单位为标准。不论课税对象是所得、商品还是财产，都可以用货币单位或实物单位来作为衡量课税对象的计量单位。按照课税对象的计税单位，税收可分为从价税和从量税。在实践中，所得税通常采用货币单位来计算课税对象,财产税和商品税两种方式兼而有之,但以从价计征为主。

六是课税环节。课税环节是税法规定的纳税人履行纳税义务的环节,它规定了纳税行为在什么阶段(时候)发生。确定在哪个环节或哪几个环节课税是税收制度中十分重要的问题,它关系到税款的及时入库和税收杠杆作用的正确发挥。课税环节可以有多种选择,例如,所得税的课征可以是在所得形成之时,也可以在所得分配之时;流转税的课征可以在产制环节、批发环节以及零售环节。根据税收环节的分布,税收又可以分为单一环节的税收和多环节的税收。(1)单一环节的税收。它指在商品和收入的循环中只在某一课税环节上进行课征的税收。例如,商品在生产和流通过程需经过产制、批发、零售等环节。如果商品流转税的课征仅选择其中一个环节而在其他环节不予征收,这种商品税就称为单一环节的税收。再如,对所得课征可以在利润形成时课征企业所得税,也可以在利润分配给股东时征收个人所得税,如果只选择其中一个环节进行征税,这种所得税就是一种单一环节的所得税。(2)多环节的税收。它指在商品流转或收入形成和分配过程中对两个或两个以上的环节进行课征的税收。典型的多环节商品流转税的例子是增值税。二者都在商品流转的每一个销售环节上进行课征。另外,对所得税也可以采取多环节的课征方式,例如在企业取得利润时课征企业所得税,在利润分配到股东时再征收个人所得税。多环节的税收容易造成重复课税,即对同一课征对象课征两次或两次以上的税收,如何避免重复课税就成为税收政策设计时必须考虑的重要课题。

3. 税收的效应分析

税收效应指的是税收对经济的影响。政府对某一商品、所得、财产、行为课税,不仅会减少纳税人的收入,进而影响其生产工作的积极性,也影响生产和消费商品的选择,而且还可影响经济的增长、稳定和公平。税收效应分析所要揭示的就是税收对整个经济运行的影响。

第一,税收对经济增长的影响。

经济增长是经济发展的首要条件。经济增长通常用一定时期的总产出即国内生产总值或国民收入增长率来表示。因此分析税收对经济增长的影响,实际上是分析税收对国内生产总值或国民收入的影响。一般而言,税收对经济增长产生的影响可能来自税收的课征数量即宏观税负的高低,也可能来自特定税收课征数量下的具体税制结构。

宏观税负的高低与经济增长速度的快慢一直是经济学家关注的问题,不同的经济学派对此有不同的见解和回答。古典经济学派认为,市场机制能够促使经济行为主体合理、高效、充分地使用资源。在古典经济学家看来,影响经济增长的首要因素是资本积累的大小,而资本积累的大小取决于资本家的意愿投资,而意愿投资又取决于利润的预期,即现在的投资环境和未来的实际利润。为了给投资者提供一个宽松的投资环境和较高的实际利润,应实行轻税政策。古典经济学家的代表人物亚当·斯密就认为,一切税收都会减少各阶级的收入从而影响资本积累或直接减少资本,所以税收是发展资本主义经济的障碍。

19 世纪下半叶到 20 世纪初,针对资本主义经济从自由竞争阶段发展到垄断资本主义阶段,社会矛盾激化,为了保证资本主义经济的持续增长,以阿道夫·瓦格纳为代表的经济学家,主张谋求通过国家政策矫正收入分配不公平,承认国家对经济活动具有积极的干预作用,从而赋予了税收调节宏观经济的职能。但是明确提出利用财税政策来调节宏观经济以实现经济稳定增长目标的,是 20 世纪 30 年代的"凯恩斯革命"。凯恩斯学派认为,资本主义经济危机的根源在于有效需求不足,即消费需求和投资需求不足。因此政府必须干预经济运行,实施需求管理政策,且应以财税政策为主要工具。该学派的代表人物之一汉森(Alvin Hansen)认为,税收是政府调节经济、避免经济危机、保证经济稳定发展的有效手段,并认为,税收的作用将取代过去利率曾经起过的作用;在经济不景气时,一方面可以通过缩小税基、降低税率或事实税收优惠来刺激经济增长,另一方面税收制度中的"内在稳定器"能够起到稳定经济的作用。

20 世纪 70 年代后,因石油危机引发的资本主义经济滞胀现象暴露了凯恩斯学派固有的缺陷。在其后提出的各种解决滞胀的经济学理论中,供给学派最为引人注目。该学派认为,只有解决资本和劳动的投入数量与质量及其使用效率等总供给问题,才能使资本主义经济恢复活力。而减税政策是增加社会储蓄、投资和劳动供给的有效工具,因此,应全面减税,以刺激经济增长。

综上所述,在一般情况下,税负大小与经济增长高低呈负相关。这一点已被世界银行的经济学家凯恩·马斯顿所做的定量分析证实。马斯顿的结论是一国实行低税率对提高本国的经济增长率具有积极的促进作用。但是这并不意味着一国的税负越低越好,低税固然有利于促进经济增长,但是不适当的低税也会制约经济发展,这是因为低税本身虽会对经济增长起直接的促进作用,但不适当的低税难以保证政府取得实现其职能所需要的足够的财政收入,会影响政府职能的完成。而政府职能难以实现对经济增长的阻碍作用将大于私人支出对经济增长的积极作用。因此,税负偏低也会对经济增长产生消极影响,当政府职能的实现严重受挫时,还会造成巨大的消极后果。

在特定的税收课征数量下,具体的税制结构也会对经济增长产生影响。20 世纪 70 年代以来,相当多的文献研究表明,税制结构与一国的经济增长有着某种相关性。一般认为,在税制结构中,进口税对一国经济增长的负面效应是较为明显的。这是因为对从外国进口的货物和商品征收进口关税尽管可以增加一国的公共收入,但是它保护落后,妨碍竞争,不利于提高本国产品在国际市场上的竞争力,也不利于本国参与国际分工。因此,不断降低进口关税,消除关税壁垒是一个普遍的趋势。

直接税和间接税的特点,也决定了它们对经济增长方面的不同影响。直接税的特点是税负不能转嫁,纳税人即负税人,直接税税率的高低变化对纳税人的影响是直接的。间接税主要以商品价值流转额作为课税基础,纳税人很可能通过提高商品价格或压低收购价格使税款转嫁给他人,因而征收间接税对当事人的影响可能比较小。因此,与直接税相比,间接税在促进经济增长方面的效率要比直接税好。这是因为:(1)获得一定数量的公共收入,采用间接税较容易,因为间接税的课税范围和税基较广,因而纳税主体的税收负担较轻。(2)对从事生产经营活动者来说,间接税负在一定程度上是可以转嫁的,因而并不严重影响企业的积极性。而对于被转嫁的消费者而言,由于税额被包含在货物或劳务的价格中,且被大量的物品或劳务分担,再加上消费者对商品有选择能力,消费者对税负的感受也是非直接的,这将对消费者的消费积极性影响较小。(3)间接税对商品和劳务课税后会使价格上涨,从而在一定程度上抑制消费、减少消费支出,尤其对那些有损健康和社会利益的消费品(烟酒等)施以较高的间接税,既可以增加公共收入,又可以抑制消费增加储蓄。(4)对私人而言,其储蓄和投资的增减取决于预期收益率的高低,间接税因为对储蓄和投资的收益不征税,因而不影响私人的储蓄行为和投资行为。而直接税会直接大幅度地减少私人的储蓄和投资收益,使储蓄和投资的收益率降低,从而抑制私人的储蓄或投资。总之,在利用税收筹集公共收入数量一定的情况下,开征间接税要比开征直接税对经济增长的负面影响小得多。反过来说,降低直接税税率要比降低间接税税率对经济增长的促进作用大。更进一步说,削减直接税对国民经济的扩张效果要优于间接税。削减公司所得税将使公司拥有更多的税后利润,并向市场发出利好信息,有利于刺激投资;个人所得税的削减会增加个人劳动要素投入的积极性,在刺激一部分消费的同时也能增加企业生产。因此,当税制结构中直接税比重较大时,减税的经济效果会比较明显。

第二,税收对经济稳定的影响。

经济增长必须在一个稳定的经济环境中进行,经济稳定以充分就业和物价水平稳定为主要内容,集中地表现为总供给和总需求平衡关系。在市场机制的自发作用下,充分就业和物价稳定并不能自动出现,为了避免经济活动水平大幅度波动,政府需要针对市场机制不能充分发挥作用而采取相应的宏观调控政策,而其中税收则是促进经济稳定可资利用的重要措施。根据不同时期的经济形势,政府可以运用税收政策,有意识地调整经济活动水平,消除经济活动中的不稳定因素。

当需求不足时,为了防止衰退和停滞,可采取减税的办法,或扩大政府预算规模,以刺激总需求的增加。一般而言,减税会使国内投资支出和消费支出增加,扩大总需求,使国民收入以税收乘数增加。不过不同税种的减税,其引起的扩张效应是不同的。扩大政府预算规模包括两个方面:增加税收和增加政府支出。增加税收具有紧缩效应,而增加政府支出具有扩张效应。根据预算平衡原理,"税收的紧缩效应小于增加等量政府支出的扩张效应"。① 因此,在预算平衡条件下,预算规模的扩大,总体上具有扩张效应,能够刺激总需求。当需求过热,甚至发生通货膨胀时,为了抑制物价水平的进一步上升,可以采取增税的办法,或缩小政府预算规模以抑制经济过热。

此外,在经济发展过程中,税收还具有自动稳定器的作用。这是因为税收和国民收入(或国内生产总值)之间呈递增的函数关系,即税收的收入弹性为正值。当国民收入减少时,税收会自动减少而使总需求增加;当国民收入增加时,税收会自动增加而抑制总需求。但是,由于不同税种采取不同的税率模式,例如直接税特别是个人所得税,往往采用累进税率,这样他们的税收收入弹性之间存在着较大的差异,不同的税制结构条件下,税收的自动稳定器作用也是不同的。一般来说,税制结构中直接税所占的比重越大,税收的自动稳定作用就越强;反之,间接税所占比重越大,税收的自动稳定作用就越弱。考虑到发达国家和发展中国家税制结构中直接税与间接税各自所占比例不同,税收收入弹性不同,可以这样认为,发展中国家税收的内在自动稳定作用远不及发达国家。

第三,税收对社会公平的影响。

个人收入存在较大的差异所引发的公平问题是市场经济中一个比较突出的问题。这个问题一旦严重,就会给经济的稳定发展带来巨大的负面影响。由于收入分配的差距是市场机制本身使然,需要政府运用税收和转移支付手段,对个人收入分配进行调节和矫正,为经济稳定增长提供基础。

通过税收来调节收入分配,缩小个人之间的差距,实现收入分配的尽可能公平,可以从两个方面发挥作用:一是从收入来源方面减少个人的可支配收入。例如利用个人所得税就可以直接调节个人的可支配收入,如果这一税种设计合理,征管得力,就能够较好地起到收入再分配的作用。二是个人可支配收入的使用方面减少货币的实际购买力,例如商品销售税就可以发挥这一作用。另外,由于在市场经济体制下,个人拥有的资本等生产要素可以参加收益分配,开征财产税和遗产税(赠与税),也可以在一定程度上调节收入分配的差距,缓解分配上的不公平。

需要强调的是,由于造成收入分配不公的原因是多方面的,仅仅依靠税收手段来调节收入分配是不够的,尤其是税收只能减少高收入者的收入,而对低收入

---

①　袁振宇,等.税收经济学[M].北京:中国人民大学出版社,1999:80.

者或无收入者,税收并不能增加其收入。因此,税收手段还必须与转移支付等其他手段相配合,才能较好地实现收入分配的公平。

第四,税收对劳动供给的影响。

从理论上分析税收对劳动供给的影响,是对微观经济学中价格理论的应用,即劳动力在劳动者预算约束下,在劳动和闲暇之间进行选择而使其效用最大化的过程。对劳动征收工资所得税直接导致劳动者净工资率的下降,从而产生两种效应:(1)收入效应,即受税收的影响,个人可支配收入下降,为维持原有的收入和消费水平,迫使人们增加劳动,减少闲暇。(2)替代效应。即政府课税使闲暇与劳动的相对价格发生变化,劳动收入下降而使闲暇的相对效用增加,从而引起个人以闲暇替代的行为。另外,劳动者所取得的收入中,除工资,还有其他资本类收入。这类收入的取得并不是通过直接的劳动供给得到的,然而,其大小也影响着劳动者在劳动和闲暇之间的选择,对资本类所得征税或不征税,也会产生替代效应,从而间接影响劳动供给量的大小。因此,在课征所得税时,这三种效应是同时存在的,结果如何,要看这些效应对劳动供给量的综合效果。

从国外的研究成果看,如果劳动供给曲线是向坐标系的右上方伸展的,那么所得税对劳动供给有抑制作用,因此提高劳动所得的所得税税率就会使劳动供给减少,降低所得税税率就可以促进劳动供给上升;如果劳动供给曲线是向后弯曲的,那么税收的收入效应要比替代效应强得多,因而会引起劳动供给随税收的提高而增加。

第五,税收对储蓄的影响。

由于税收会影响个人现时和未来消费的相对价格,在消费—储蓄关系方面也会产生收入效应和替代效应。进一步的分析表明,税收对储蓄的影响存在两个收入效应和一个替代效应。其原因在于:一方面,税收直接对储蓄利息征税,直接减少个人的可支配收入,从而产生了第一个收入效应;另一方面,对利息所得征税,提高了未来消费的相对价格,个人的实际收入(或购买力)下降,这样储蓄者就会用既定的收入减少现时的或未来的消费。而税收对储蓄的替代效应,则指征税会减少纳税人的实际税后收益,降低储蓄对纳税人的吸引力,从而引起纳税人以消费替代储蓄。

一般地说,税收对储蓄的收入效应的大小取决于所得税的平均税率水平,而其替代效应的大小取决于所得税的边际税率的高低。由于高收入者面临的边际税率比较高,并且他们的边际储蓄倾向一般较高,对高收入者征税会阻碍储蓄的增加。正因为所得税直接减少个人可支配收入和储蓄收益率,所以,许多经济学家认为,在与所得税产生同样多的税收收入的情况下,间接税可能更有利于提高家庭的储蓄比率。

尽管税收在一定程度上可以改变各经济主体的储蓄行为,但从国民储蓄总量来看,税收的作用不像人们想象的那么大。因为导致私人储蓄减少的税收可能是政府储蓄增加,从而使整个国民储蓄不增不减或减少甚微。关于政府储蓄和私人储蓄之间的相互替代性很高的研究结论充分地证明了这一点。[①] 同时,税收制度内部各税种对储蓄的影响作用有积极的,也有消极的,其综合效果如何并不确定。尤其是一国储蓄比率的高低,不仅受税收的影响,还受其他因素,如收入增长率高低、退休与否和社会保障制度健全状况等的影响。

第六,税收对投资的影响。

投资活动是实际资本形成的先决条件,对经济增长具有重大影响。税收对投资活动的影响主要表现为公司所得税对民间投资意愿的影响,具体通过对资本成本和投资收益率的影响而实现的。增加公司所得税,就会增加企业的资本成本,从而对企业投资产生抑制作用。反之,减少公司所得税,例如在税收制度中安排免税期、加速折旧、投资税抵免等,就能产生刺激投资的作用。这一作用的发挥在企业有利润的情况下更具有效果。当然,从短期看,政府损失的税收收入也就越多,而从长期看则不然,因为投资的增长可以带动经济的增长,使税源充裕,政府的税收收入也就会相应增加。

第七,税收对技术进步的影响。

资本、劳动和技术进步是经济增长的主要源泉,因此提高技术进步对国民产出的贡献率,是国民经济持续增长的关键。总的来看,社会取得技术进步的途径主要有两个方面:一是发明与创造;二是人力资本投资。讨论税收对技术进步的影响,就是通过讨论税收对发明创造活动和人力资本投资的影响进行的。

发明与创造是一种高风险的行为,因此,人们常常把对发明与创造的投入称为风险投资。同时,技术进步与高素质的劳动力使用先进的生产设备是分不开的,因此,资本投资和技术进步是共生的,对资本投资进行刺激和鼓励的税收制度在一定程度上也能促进技术进步。相反,对资本投资产生抑制或阻碍的税收制度则会影响技术进步。从世界各国的实践看,在各国的税收制度中,在促进研究开发活动支出及促进风险投资方面所采取的主要方法有税收抵免、纳税扣除、加速折旧和降低税率。通过这些措施,税收减少了与预期收入相联系的风险,因为政府实际上成为企业或个人在发明与创造时隐形的合伙人,所以对于投资者而言,税收促进了发明与创造的冒险活动。

税收对人力资本投资的影响,是通过对人力资本投资的预期净收益的影响来实现的。人们之所以进行人力资本投资,关键是他们预期到该资本的投入所带来的收益的增加超过投资成本。如果税收制度对企业或个人的人力资本投资

---

① 马尔科姆·吉利斯,德怀特·H.帕金斯,迈克尔·罗默,等.发展经济学[M].李荣昌,等译.北京:经济科学出版社,1989:35.

给予纳税扣除,那么就会提高人力资本投资的预期净收益,结果会刺激企业或个人增加人力资本的投资。反之,如果对人力资本的投资不给予任何扣除,单从人力资本投资本身来看,税收制度是中性的,但考虑到其他投资具有折旧等纳税扣除,相对而言,税收对人力资本投资带有歧视性质,这样就会相对减少预期的净收益率,从而会抑制人力资本投资。

第八,税收对产业结构的影响。

一个国家产业结构的变动与经济增长密切关联,产业结构的优化可以导致更高的经济增长率。一般地说,在经济方面制约产业结构的基本因素可分为需求和供给两个方面:(1)从需求方面看,产业结构的变动是受社会对各产业部门产品需求差别引起的。税收的课征会引起市场上课税商品的相对价格上涨,从而导致消费者在选购商品时,减少对课税商品的购买量。因此,政府可以通过增税或减税,使商品之间的相对价格发生变动,从而改变社会对产品的需求量。(2)从供给方面看,税收也可以引起产业结构的变化。从理论上说,税收调节产业结构的机制有二:一是实行差别税率或通过税率变动影响相对价格,相对价格的变动影响投资结构,进而引起产业结构的变化;二是通过税收优惠的激励措施调节税后投资收益,进而影响投资结构和技术状况来达到调节产业结构的目的。

8.2.2 有偿性的公共收入形式:公债

公债就是政府以债务人的身份,按照国家法律的规定或合同的约定,同有关各方发生的特定的权利和义务关系。一个国家的政府在组织公共收入时,一方面可以凭借政治权力,采取无偿的形式来进行(征税);另一方面还可以依据信用原则,采取有偿的形式来进行,如发行公债。这就是说,公债是政府取得公共收入的一种有偿形式。公债作为一种公共收入形式出现,在历史时序上要比税收晚得多。它是在政府职能不断扩大,支出日益增加,仅靠税收已不能满足公共支出需要的情况下产生的。也就是说,公债本身就是与财政赤字相联系的公共收入形式,是作为弥补公共收支差额的来源而产生的。弥补财政赤字是公债最基本的功能。当然,这并不意味着公债不能有其他方面的用途。事实上,在许多国家政府的资本性支出中,就有许多是以发行公债作为财源的。

1. 公债的经济效应和影响

公债作为公共部门经济行为的直接体现,它不仅是政府筹集资金的手段,而且是政府调节经济的重要工具。公债的发行实际上是政府对 GDP 的再分配和对社会资源配置态势的调整,公债的收入及其使用,将对社会经济领域产生诸多的影响和效应。

第一,公债的货币供给效应。

公债对货币供给的效应主要体现在两个方面:公债的发行引起的信用扩张

效应和公债流通产生的货币扩张效应。首先是公债的信用扩张效应。公债是以国家税收为其经济担保,向社会和公众负债的行为,只要国家存在就不会存在偿还危机,而且其收益率一般不会低于社会平均水平。这使公债具备了几乎与货币一样的信用水平。因而公债的债权人在失去原有的货币资金使用权后,又可以用公债作担保或抵押取得银行贷款或向其他主体拆借资金,这样公债就成为一种极其重要的信用工具,被广泛用于一般的金融信贷之中,其结果是加速了资金的周转,导致信贷规模扩张。与此同时,公债的发行和增长,某种状态下还会突破金融系统原有的信贷平衡标准。因为为了吸引足够多的人购买公债,除了在特殊情况下使用强制手段,公债一般都是以其较高的信用水平和利率水平来吸引投资者。由于高利率和高信用的吸引,一部分未来要存入银行的资金势必会转而流向公债,甚至会将原有银行存款取出购买公债,其结果是银行的存款规模相对萎缩,原有的平衡状况受到破坏。

其次是公债的货币扩张效应。货币作为一般等价物的功能,由国家的强制担保赋予了公债券。因此,只有当国家明令禁止,而且可以完全禁止公债流通的条件下,才能保证公债的发行不导致货币扩张,然而,要完全禁止公债流通,在一般条件下是极难做到的。例如,在 1988 年以前,我国的公债券既不允许上市交易,也不准流通使用,可实际上仍然有不少人用国库券买东西。显然,在这种情况下,公债在相应的货币之外充当了流通工具和支付手段,事实上增加了流通中的货币量。这种情况不仅造成公债的流通成本较高,如果出现经济波动,人们的通货膨胀预期也会提高,所以,公债规模越大,一旦出现通货膨胀,对国家调控能力的影响就越大。

第二,公债的投资扩张效应。

政府通过发行公债所筹集的资金,除了用于弥补一般性支出不足,一般用于需要重点发展的产业部门的投资支出,也就是说,发行公债的初衷,是企图通过利率诱导,将社会闲散资金,特别是国家产业政策需要限制的行业和部门的资金集中到财政上来,然后通过财政投资促进滞后产业发展,以保证国民经济协调发展,实现社会供求在总量和结构上的平衡。但是公债用于投资,由于投资的扩张,必然导致需求的膨胀和供给的扩张,从而推动经济发展。然而,需要注意的是,公债用于投资拉动经济增长存在潜在的副作用,过度的公债投资会使财政支出高速增长,从而迫使财政进一步发行公债,其结果又会导致新的信贷增长和投资扩张,如此循环下去,就可能使国家陷入债务无限膨胀的怪圈之中。

第三,公债对证券市场的影响。

公债对证券市场的影响集中在公债回购交易中,它直接影响了证券市场资金的有效供给。公债回购是将证券市场与其他市场予以有效连接的桥梁纽带,是保证证券经纪承销公债能力的必要方式。不可否认,公债回购具有融通资金的功能,正是这一功能,将证券市场与其外围的货币资金市场有效连接起来,这对于证券金融机构的发展乃至整个证券市场的发展是至关重要的,因为要想发展证券市场,就离不开对证券金融机构的培育和发展,唯有一批素质好,具有一定竞争力的中介机构,市场运行才能有比较坚实的基础。尤其对于发展中国家而言,这具有特别的意义。例如,我国公债发行机制改革的一个重要目标就是将相当一部分公债证券金融机构作为市场上的中介组织,但是其本身并没有多少自有资本,如果仅仅靠其自有资本应付每年大量的公债、股票及其他有价证券的承销工作,是很难想象的,所以只有给证券金融机构一个有效健康的资金融通空间,才能保持活力,促进证券一、二级市场业务的有效开展。在我国目前银行不能向证券机构贷款的情况下,这一点显得更为重要。公债回购在某种程度上成为满足要求的一种方式,使证券中介机构充分发挥持有国库券的作用,并提高它们购买且持有公债的积极性。

第四,公债对宏观经济的影响。

公债发行对宏观经济的影响是通过银行体系起作用的。首先是中央银行,然后是众多的商业银行。在货币发行必须有公债做抵押时,中央银行卖出公债就可回笼货币,减少市场资金的供给。相反,买入公债就能投放货币,增加市场的资金供给。如果公债是中央银行的主要资产构成,中央银行就有足够的力量来操作货币、外汇和银行同业资金市场,克服短期的金融波动。商业银行是中央银行操作货币政策的基本对象,也是公债市场的主要参与者。商业银行把公债当作流动性仅次于现金和银行同业存款的金融资产,很多发达国家的商业银行经常持有不低于总资产 25% 的流动资产,其中约有一半是公债,因此中央银行的公开市场业务才能十分有效地调节商业银行的资金,进而影响商业银行的贷款和投资。在资金有高度流动性的市场经济中,货币、外汇、债券和股票等各个市场之间有着紧密的联系,通过投资者在不同市场之间的金融资产替代,可以把政策效果引导到其他市场。例如,外汇大量流入冲击货币发行时,或者股市价格暴涨风险剧增时,中央银行卖出公债以影响市场资金供给,就能在一定程度上抵消市场的变化,保持市场的稳定。因为外汇大量流入虽然可以立即引起债券和股票市场的暴涨,不同市场间联动存在的时间差,使得投资者利用这种时间差进行市场操作可以获益,但是在中央银行介入后,随着市场敏感度的提高,不同市场因时间差的收益率会随之缩小。

然而,需要指出的是,中央银行在公债二级市场操作时对宏观经济的影响具有短期性质,主要作用是作为对冲的手段,平抑国民经济的季节性波动对各类金融机构的冲击。随着市场经济在中国的进一步发展和对外开放的扩大,特别是随着市场经济中各类资源配置的流动性不断增大,这种短期的货币政策调控手段对稳定市场和保持宏观经济的正常运行日益重要,但也因此对中央银行正确履行职责提出了很高的专业技能和政策经验的要求。

第五,公债的挤出效应。

公债的挤出效应指政府发行公债所引起的民间消费或投资降低的作用。当政府实行一项支出方案,无论是采取税收还是采取公债的方式筹集资金,都会把经济资源从私人部门转移给公共部门使用。一般认为,在采取税收方式时,转移的生产性资源主要来自私人消费的减少,而在采取公债的方式时,政府和需要借款的私人企业争夺借贷资金,因此公债主要对民间投资发生影响,造成资本形成的减少,在西方财政理论中称之为公债的挤出效应。

公债的挤出效应是近年来西方财政学界引起广泛讨论的问题,经济学家的基本观点是,在货币供应量不变的情况下,政府发行公债吸引市场借贷资金引起利率上升,将挤掉一部分民间的投资。但是利率上升会造成储蓄和借贷资金的增加,因而民间投资减少的数额小于政府举债所吸收借贷资金的数额,政府举债支出比征税支出仍有扩大社会需求的作用。

按照西方财政学的理论,利率表示储蓄者贷款的收益率,也是借款的价格,因此,利率越高,储蓄的数额越大,而愿意借款的数额则越小。如果政府进行赤字支出,对接借贷资金的需求将按照预算赤字的数额增加,所造成对借贷资金的超额需求,由于借款者之间的竞争,将导致利率提高,有些借款者势必减少他们愿意借款的数额,这种借款数额减少的过程将持续到对借贷资金的超额需求消除为止。

2. 公债的适度规模

公债适度规模指的是公债在国民经济这一大参照系下的最满意或最合理的数量界限。这一数量界限是一个合理的区间而不是一个具体的数值,公债适度规模是公债运动的警戒线。在适度规模之内,公债的效益能够得到较好的发挥。一般地说,公债适度规模具有两方面的特征:(1)规模效益性。即在一定的公债规模下能使公债运动得到最佳整体效益。经济发展过程中所产生的公债需求量总是带有“量”的特征,若政府举债规模太小,则无法形成足够的推动经济发展的力量;若政府的举债规模太大,便会增加人们及政府自身的负担,而且会造成资金的巨大浪费,最终降低公债资金的使用效益。(2)成本适中性。成本指进行某项经济活动所付出的代价。公债作为一项经济活动同样要耗费成本。公债的运行包含两种成本:直接成本(发行成本和使用成本)和间接成本(指公债对经济的负效,即公债给社会带来的额外负担)。一般来说,公债规模越小,成本越小,规模越大,成本越大。但这种相关关系并不是线形的,相对不同的规模其边际成本是不相等的。从理论上说,当公债边际成本大于公债边际收益(包括经济效益和社会效益)时,公债发行规模越大,国民经济的损失就越多。只有当公债的边际成本等于公债边际收益时,由此确定的公债规模才是最适度的,此时的公债成本也是最低的。

影响债务规模的因素很多,主要包括以下几个方面:(1)经济发展水平。经济发展水平是影响公债规模的主要因素。经济发展水平较低时,社会所创造的物质财富较少,政府从社会举债也不可能是大规模的。随着经济的发展,社会财富的增加,政府举债的规模也会随之增大,因此,经济发展水平决定了政府举债的规模。这可以从两个方面具体分析:一是对于政府这个债务人来说,经济发展水平越高,意味着社会所创造的财富越多,政府从社会所创造的国民收入中能够筹集到的税收就越多,这无疑会提高政府的偿债能力。二是对于社会上的债权人来说,经济发展水平越高,意味着他们的收入水平越高,从而手中的闲置资金也就越多,而这些闲置资金的存在正是公债(国内公债)收入的来源。(2)特定的政治背景。在同样的经济发展水平下,不同的政治背景决定着不同的公债发行限量。一般来说,当政治背景允许进行强制性发行公债时,公债的规模就相对大些,例如在西方国家,战时强制发行了远比平时规模大得多的公债。(3)政府的职能范围。这是决定公债适度规模的首要原因。政府职能范围的大小在某种程度上决定了一国财政赤字的规模,而财政赤字的存在则是公债产生的最初动因,也就是说,公债最初是作为一种弥补财政赤字的手段而产生的。19世纪以前,政府预算都未区分为经常费用和临时费用,各种临时费用发生的预算支出虽然一般都通过公债融资来解决,但以经常收入支付一切经常开支的均衡财政被视为健全财政的标准。到19世纪末,瓦格纳在总结德国预算支出逐渐增长的基础上提出了经费膨胀规律。产生这一规律的直接原因来自两个方面:一是由扩充和加强政府职能内容的经费增加引起内涵性经费膨胀;二是由政府新职能的产生而导致外延性经费膨胀,既然经费膨胀不可避免,租税收入不足以支付经费开支,发行公债也就在所难免。(4)财政政策选择。如果一个国家在一定时期实行紧缩性财政政策,财政赤字的缺口就小,公债规模也会相应减少。但倘若实行扩张性的财政政策,拉动总需求必然要以较大规模的公债发行为代价。(5)金融市场状况。公债作为货币政策的一种工具,主要是通过公开市场业务来操作的,而公开市场业务能否顺利进行有赖于金融市场的发育状况。中央银行开展公开市场业务要以公债的适度规模为条件。当市场货币供应量过多时,中央银行可以卖出公债,回笼货币,紧缩银根;当经济处于萧条状态,市场货币供应量偏紧,中央银行可以迈进公债,扩大市场货币供应量。但是如果金融市场发育不良,公开市场业务的操作将难以进行。(6)公债管理水平。如果政府的债务管理水平很高,即公债的发行费用低,种类结构、利率结构、期限结构合理,公债使用效益较高,那么较小的公债规模就能带来较高的经济效益和社会效益,反之,如果政府的公债管理水平较差,需要较大量的公债规模才能产生相同的效益。

国际上衡量公债适度规模的相对量指标主要有四个:公债依存度、公债负担率、借债率和偿债率。(1)公债依存度。公债依存度指一国当年的公债收入与财政支出的比例关系。其计算公式:公债依存度＝(当年公债收入额÷当年财政支出额)×100％。公债的依存度反映了一个国家的财政支出有多少是依赖发行公债来实现的。当公债的发行量过大,公债依存度过高时,表明财政支出过分依赖公债收入,财政处于脆弱状态,并对财政的未来发展构成潜在威胁。国际上有一个公认的控制线(或安全线),即国家财政的公债依存度是 15％～20％,中央财政的债务依存度是 25％～30％。(2)公债负担率。公债负担率衡量的是一定时期的公债累积额占同期国内生产总值(GDP)的比重情况。可用公式表述为:公债负担率＝(当年公债余额÷GDP)×100％。这是衡量公债规模最为重要的一个指标,因为它是从国民经济的总体和全局,而不是仅从财政收支上来考察和把握公债的数量界限。根据世界各国的经验,发达国家的公债累积额最多不能超过当年 GDP 的 45％,因为发达国家财政收入占国内生产总值的比重较高,一般为 45％左右,所以公债累积额大体上相当于当年的财政收入总额,这是公认的公债最高警戒线。(3)借债率。借债率指一个国家当年公债发行额与当年 GDP 的比率。可用公式表示为:借债率＝(当年公债发行额÷当年 GDP)×100％。借债率反映了当年增量 GDP 对当年公债增量的利用程度,反映当期的债务状况。指标越高,说明一国当年对公债的利用程度越高,但也说明国民的负担越重。发达国家的经验表明,这一指标一般位于 3％～10％,最高不能超过 10％。(4)偿债率。偿债率指一年的公债还本付息与财政收入的比例关系。可用公式表述为:公债偿债率＝(当年公债还本付息额÷当年财政收入总额)×100％。该指标越高反映当年该国政府偿还债务支出较多,相反指标低则反映了当年该国政府偿还债务的支出较少。关于这一指标的数量界限,学者们主张应控制在 8％～10％。

3. 公债市场的风险与监管

公债市场指以公债为交易对象而形成的供求关系的总和,它是整个金融(证券)市场不可分割的重要组成部分。而风险指在一定条件下和一定时期内可能发生的各种结果的变动程度。公债市场中的风险涉及公债现货市场、公债期货市场和公债期权市场等金融市场的风险。从总体上看,公债市场的风险主要来自两个方面:金融风险和非金融风险。按照导致损失发生的各种不同因素,可以把公债市场的风险分为市场风险、信用风险、流动性风险和操作性风险。

公债市场中的市场风险主要体现在公债市场整体风险和公债产品流通性两个方面:(1)公债市场整体风险。公债市场整体风险是一个市场系统风险的概念范畴,即这种风险是不能通过投资组合来降低或消除的。市场整体风险的主要影响因素有市场的发育程度、市场规模、市场组织和国家宏观政治经济状况。(2)公债产品流通性。公债产品流通性是影响市场风险的另一个主要因素。公债是由政府发行的,一般而言,它具有较强的信用,投资风险较小。但是,公债作为一种金融产品具有特殊性质,它对于政府管理层的公债市场政策非常敏感,如果管理层对公债市场的流通性进行限制,就会导致无法回避的市场风险。但是需要指出的是,不同公债产品的市场风险是不相同的,尤其是公债期货和公债期权,原始公债金融产品价格的不同变化,会直接影响交易双方的盈亏,存在很大的试产风险。公债期权对于期权的买方来说,盈亏是有限的,收益是无限的,因此,公债期权的市场风险是单方面的,主要由期权的卖方承担。此外,不同的公债交易者所面临的市场风险也是不同的。对于公债套期保值者来说,市场风险相对较小,这是因为他交易的目的就是避免市场风险。但是对于公债投机者来说,则市场风险较大,这是因为其交易的目的就是通过承担市场风险来获取利润的。

信用风险指由于交易方在结算日或以后的时点上,均不能足额履行支付或交割义务而给另一方带来的风险。信用风险产生的主要原因:由于钱款支付和证券交割存在时差,已经履约的一方有收不到证券或钱款的风险;由于一方违约交易未实现,另一方重新进行该项交易而可能遭受的市场价格变化的风险。前一种风险叫作本金风险,后者叫作重置风险。但是在不同场所交易的公债产品,信用风险不大相同。一般地说,在交易所交易的产品信用风险较小,这是由于交易所有降低信用风险的严格的、特殊的制度安排。例如,交易所实行会员制,有着严格的会员资格审查制度,从而保证了进行交易的交易商一般都具有较好的信用。与此同时,交易所存在的备付金制度、保证金制度、追加保证金制度、持仓限额制度和强行平仓制度(如公债期货交易所),进一步降低了信用风险。但是,对于场外交易的公债产品(如远期、互换)来说,信用风险则要大得多。场外交易产品既没有保证金的要求,也没有集中的清算制度,因此,到期是否履约,完全取决于交易对手的履约能力和意愿,这就使得交易双方都存在较大的信用风险。

流动性风险是指由于交易一方不是在结算日而是在结算日后的某个时点上足额履行支付或交割义务而带来的风险。流动性风险主要包括三类:(1)市场流动性风险。这是指由于在从事公债衍生工具交易(如公债期货)过程中,因缺乏合约对手而无法变现或平仓的风险。一个与公债市场流动性风险相类似的事例是,1994 年,美国加利福尼亚州奥兰治县政府及其财政资金,因从事衍生产品的交易而陷入困境。在该基金急需卖出高达 50 亿美元的证券组合投资以偿还到期债务时,因找不到买主而不得不向法院申请破产保护。(2)资金流动性风险。这是指交易双方因为流动资金的不足,合约到期时无法履行支付义务,被迫申请破产,或者无法按合约要求追加保证金从而被迫平仓,遭受巨额亏损的风险。例如,1998 年 10 月,美国对冲基金为了偿还日元债务,大量抛售美元、购买日元以增加流动性,导致巨额亏损和日元的大幅升值。这是与公债市场的资金流动性风险相类似的一个实例。(3)技术性风险。这是由证券交易系统的资金清算效率低下而导致的风险。由于证券交易一般是通过银行的支付系统进行结算的，建立并维护高效率的资金系统是降低这一风险的有效措施。

公债市场中的操作性风险可以分为两类:客观性操作风险和主观性操作风险。(1)客观性操作风险。这指在日常经营过程中，由于各种自然灾害或意外事故，如火灾、抢劫或盗窃、通信线路故障、计算机系统故障、高级管理人员人身意外事故以及职员的日常工作差错等原因延迟结算，从而造成损失的风险。(2)主观性操作风险。这是指经营管理上的漏洞，使交易员交易决策出现故意的错误或非故意的失误，而清算银行不能准确地获得结算信息而作出错误判断，从而带来损失的风险。在公债市场中，既存在客观性操作风险，也存在主观性操作风险。但是客观性操作风险并不能够为经营机构带来收益，属于一种纯粹风险，一般能够通过保险等方式进行转嫁。而主观性操作风险则属于一种投机风险，不能通过保险等方式进行转嫁，并往往给经营机构带来巨大风险。因此，巴林银行倒闭事件后，人们对金融机构的管理体制、市场约束机制尤其是机构中的操作人员的道德风险更加重视。

由于公债市场存在着上述的种种风险，经常会给投资者甚至整个公债市场带来巨大的损失，从防范金融风险、规范公债市场秩序、保护投资者和国家利益的意义上来说，对公债市场进行有效的监管是十分必要的。从市场经济发达国家公债监管的制度安排上看，一个有效的公债市场监管制度至少应该包括以下几个方面的内容:

一是建立统一的监管体系。由于公债的市场监管是指包括公债市场监督和管制以及公债市场政策在内的监管活动，统一的公债市场监管体系具备的基本特征:(1)具有以法律法规为监管主线和监管标准的管理体系。法律法规的作用贯穿于整个监管体系的各个层次，各种是非判断都应以法律法规为标准，并且要体现出法律法规的硬性约束，防止人治现象干扰市场秩序，为公债市场的监管创造一个良好的制度环境。(2)实行明确的统一管理。统一管理是指将公债市场监管的权限和责任集中到一个专门的政府机构，由该机构制定统一的规则，对包括公债市场在内的各种金融市场实行统一的监管和管理，难免政出多门，对市场监管造成政令不一的局面。(3)实行统一规范的金融市场交易程序、交易方式和结算手段等。颁布一系列合理、公正、完善、可行的市场交易准则，防止金融市场中的市场垄断、假冒、欺诈以及不公平竞争。

二是完善监管工具。监管工具是实现监管目标的手段，因此健全公债市场的监管制度，必须完善监管工具。公债市场中的监管工具主要有以下几种形式:(1)法律法规及交易规则。由于法律法规和交易规则为公债市场的交易提供了一个良好的制度基础，保证各类交易能够以最小的交易成本顺利进行，完善的法律法规和交易规则体系,是世界各国对公债市场乃至整个金融市场进行监管的必要组成部分。(2)道德。提高市场主体的道德素养,能够减少市场机制和法律制度的实施成本与执行成本,这是因为作为一种内在的自我约束手段,道德能够发挥以下的作用:它既能通过影响人的行为动机和行为选择,促使行为向符合道德规范的方向转化,也能作为评价手段来判断个人的行为是否符合道德原则。在公债市场中所要求的基本道德是信用,即对他人履行责任和义务的能力与意愿。监管当局应当加强对公债市场中各个主体职业道德的教育和规范,使其对法律法规和交易规则的遵从成为一种内在的要求,从而减少监管成本,避免重大风险的积累和产生,降低社会福利损失的可能性。(3)社会舆论。社会舆论可以渗透到法律法规低效或失效的范围中,用逐渐增强的社会压力来预防或谴责市场中的违规行为,它是对法律法规和市场交易规则的一种补充。因此,监管当局可以利用社会舆论宣传市场法律制度、提倡道德自律,同时还可以揭露市场中的各种违规行为,如幕后交易、市场操纵、金融欺诈等,提供警示信息,从而约束其他市场参与者的交易行为。(4)高科技监管系统。现代电子技术在公债市场中的运用和推广,既增强投资者、金融机构收集、处理信息资料的能力,也增强了客观评价公债、证券业务机构和其他机构投资者的经营状况、公债市场运作状况的能力。监管当局应当要求证券交易所在证券市场内设置自动电子监控系统,记录场内的全部交易活动,并据此调查可能存在的违规行为。

三是建立自律与监管相结合的动态监管系统。由于公债市场存在不完全竞争、外部效应和信息不充分,导致公债市场存在明显的市场失灵。因此,在市场经济发达国家,公债市场监管制度的一个普遍特征是政府在公债市场监管中扮演重要的角色,与此同时,自律管理也是监管体系中不可或缺的一个层次。例如美国的金融市场监管体制就包括政府监管机构、行业协调组织和交易所自我监管三个层次;德国的公债市场监管主体就包括联邦证券监督办公室和交易所两个层次;新加坡的监管模式也包括金融管理局和交易所两个层次。需要指出的是,在世界各国监管与自律相结合的混合模式中,有的以法律监管和政府监管为主,有的则以行业自律为主。但是,监管和自律实际上都是不完美的。政府监管存在政府失灵的可能性,例如监管官僚主义、对违规行为的无视和纵容、制定错误的法规制度、不能有效地提供信息服务等。而行业自律也存在着一定的制度风险。例如,1987年,在股市风潮中,香港期货期权交易所因为对交易商的资格审查不力、结算系统存在问题、按金制度执行不力等原因,造成市场几欲崩溃。因此,一个有效的监管体系,应该是自律与监管相结合的动态系统,既重视政府依靠公共权力对市场实施的强制监管,也强调行业自律制度的建设。

8.2.3 其他公共收入形式:收费

收费是公共部门(政府)凭借财产权利或行政权力采取使用费等非税收方式取得的公共收入。它是公共收入的重要来源之一,对于地方政府来说更是如此。公共收费的领域主要是政府干预的准公共物品,更确切地说,公共收费主要是就准公共物品的私人性质部分而言的,是政府在干预准公共物品的资源配置时,为体现受益原则、促进经济效率的提高而有目的地引入市场竞争机制形成的。

1. 收费的种类

由于准公共物品本身的差异性,公共部门的收费也分为不同的层次,但从总体上说,公共部门的收费主要有两类:规费和使用费。

规费是政府部门为公民提供某种特定服务或实施行政管理所收取的手续费和工本费。通常包括两类:一是行政规费,这是附随于政府部门各种行政活动的收费,名目繁多范围很广,政策性很强。行政规费的目的往往不是政府为了取得公共收入,而是为了进行有效的行政管理,或者说,行政规费只是政府行政管理的一种"副产品"。行政规费主要包括:外事规费(如护照费)、内务规费(如户籍费)、经济规费(如商标登记费、商品检验费、度量衡费)、教育规费(如毕业证书费)以及其他行政规费(如会计师、律师等执照费)。二是司法规费,它又可分为诉讼规费和非诉讼规费两种。前者如民事诉讼费、刑事诉讼费;后者如出生登记费、结婚登记费。政府部门收取规费的数额,在理论上通常有两个标准:其一,所谓填补主义,即根据政府部门提供服务所需的费用数额确定规费的收费标准。其二,所谓报偿主义,即以公民从政府部门中所获得效益的大小确定规费的收取标准。事实上,政府在规费数额的确定上,并非完全依据理论的标准来进行。通常的情况是,既不衡量(也很难衡量)当事人所获得的收益,又不依据其所付出的劳务费用(往往超过劳务费用)。故规费的高低标准不一。

使用费是对政府所提供的特定公共设施的使用者按照一定的标准收取的费用。这通常发生在公路、桥梁和娱乐设施等的使用上。享受政府所提供的特定公共物品的效益应当相应地为此支付一部分费用,即所谓谁收益谁出钱。对政府所提供的诸如公路、桥梁和娱乐设施等收取使用费,是和收益原则的要求相一致的。不过,在大多数国家,这种使用费通常实行的是专款专用原则。也就是说,来自公路、桥梁和娱乐设施等的使用者交纳的费用,要专门用于公路、桥梁和娱乐设施的修建与维护。政府收取的使用费,通常低于其提供该种公共物品的平均成本。易于看出,平均成本和使用费之间的差额,便是对使用者的补贴,而这一补贴是以税收为资金来源的。也就是说,政府对其所提供的公共物品收取的使用费,往往只相当于其为提供该种物品所花费的成本费用的一部分。诸如对公共住宅、公共交通、教育设施、公共娱乐设施等收取的使用费,都属于这种类型。

收费作为政府等公共部门筹集资金的手段,在我国大量存在。按照我国通常的分类方法,往往将公共收费分为行政性收费、事业性收费和经营性收费。行政性收费指国家机关及其授权单位在行使国家管理职能中,依法收取的费用。行政性收费的主体是以国家名义行使管理职能的国家行政机关及其授权单位。基本上行政性收费包括行政立法、执法和司法三方面的收费。事业性收费指非营利性的国家单位及相关机构在向社会提供公共服务时,依照有关政策规定收取的费用,其实质是对服务性劳动的部分补偿。经营性收费,从严格意义上讲,也是事业性的收费,但和事业性收费不同的是,实行经营性收费的企事业单位一般是独立核算、自负盈亏的,因而是一种市场价格行为,即不但要保本还要有适当的收益。

在我国一贯的分类方法中,行政性收费包括诸如许可证、执照、签证、登记注册、司法费用,甚至自然资源的资源的监督、使用和保护的费用等。事业性收费包括诸如学校、科研、文化馆、图书馆、医院、剧团、体育馆、报社、出版社、书店等单位的规定收费。经营性收费包括诸如交通运输费、邮电资费、文化娱乐费、房屋租赁费,甚至居民生活服务费、广告和保险收费等。从上述收费的种类构成中可以看出,这种分类所包含的内容保留着计划经济的痕迹。随着经济体制改革的深入、政企分开以及政府职能的转变,一些可由市场直接提供的产品将直接以市场价格形式表现出来,一些营利性的产品不再属于公共部门收费的范畴,尽管有时这些产品仍是由国有企业提供的。换句话说,公共收费存在的领域将主要取决于政府及相关公共部门是否提供了准公共物品或公共物品。

在市场经济条件下,由于政府仍然提供公共物品或准公共物品,公共收费仍有存在的必要。但是,从其内容上来说,原来属于行政收费的项目基本上应以规费的形式征收,原来属于事业性收费和经营性收费的项目,则要随着体制改革和市场的发展,一些可由市场按营利原则经营的产品和服务,应逐渐从公共部门收费的内容中剥离出去,而那些保留下来的收费项目,如果是必要的话,则基本上应采取使用费的形式存在。总之,我国公共收费的内容应当随着市场经济的发展进行适应性的调整。

2. 收费的功能

公共部门对其所提供的具有外部效应的公共物品收取一定的使用费用,其主要功能表现在四个方面:一是为政府筹措一部分公共收入,以部分地补偿政府提供公共物品的成本费用;二是增进效率,即增收使用费有助于促进政府提供的公共物品的使用效率;三是收入再分配功能,有助于改善收入分配结构;四是有助于避免经常发生在政府提供的公共物品上的"拥挤"问题。

一是筹集资金的功能。从国际经验看,收费对财政来源的贡献度,在发达国家与发展中国家以及一国内部不同的地区(如城市与乡村、发达地区与不发达地区)和不同时期之间的差别较大。一般看来,在许多国家尤其是发展中国家的地方政府,与服务相关的收费对其公共收入的水平和增长有重要贡献,是不可忽视和有待合理开发利用的有效筹资方式。因为在财政实践中,一方面,按受益原则向用户收取合理的使用费,能够以某种公正或公开的、社会和受益人都能接受的方式筹集到大量的公共收入,收费能提高对现有公共设施的利用效率;另一方面,在发展中国家的筹资机制中,由于对使用费的筹资作用重视运用不够,并缺乏有效的管理监督,使政府及其所属机构的合理收费演化成相互攀比的乱收费,从而使收费项目、标准与规模失去控制,并衍生出种种腐败现象。对此世界银行对于提高地方政府公共收入效益的四条准则,颇有借鉴意义:(1)用于地方公共服务的费用应尽可能向受益人收费来收回。这种收费应与个人的消费挂钩,若这种方法不可取,则应与个人的受益大小挂钩。(2)对那些成本不能通过收费来回收的公共服务来说,其资金应从有关辖区中的一般税收(即财产税、营业税和销售税)中筹集。(3)如果地方公共服务产生的利益溢入其他管辖区或给全国带来好处,上级政府就应对该公共服务的外溢部分提供拨款。(4)用借款的方式筹资至少对某些地方资本投资来说是合适的,只要能够保持宏观经济财政平衡。①

二是增进效率的功能。与税收不同的是,使用费在大多数情况下,都不需要以效率为代价来换取公共收入,因为从理论上讲,如果对收取使用费的公共物品定价(收费标准),是根据边际成本规则,即所定价格等于提供最后一个公共物品的边际单位成本,那么使用费的征收常常能够带来或促进效率。当然,若低于边际成本收费则会导致对该种公共物品的过量需求,而满足这些需求又需要从其他方面筹资,这将会给国民经济其他方面造成扭曲,这些经济成本就应当加入扩大低价公共物品所带来的效率损失之中。正确定价,即确定合理的收费率,能够在保证高效率配置资源的同时取得公共收入。增进效率还表现在对用户收费可以使政府提供的公共物品的利用效率得以提高。例如,在卫生方面,按服务成本的一定比例收取小额的费用,与完全免费医疗相比,会大大减少一些不必要的服务和节约药品,如不管病情轻重一味要求用先进设备做不相干的检查以及非用好药不可等浪费现象,可大为减少。另外,对于不同的服务收取不同的费用,这样可以表明政府提供公共物品的优先程度,例如,一个公立医院或政府诊所对产前照顾可以不收取任何费用,但对正常门诊病人可以收费,在教育方面也是如此,收费可以使学生、家长以及教育管理人员更加关心服务层次、服务质量和服务成本,这些都有助于效率的提高。

三是收入再分配功能。许多公共物品通过"税收—公共支出"机制由政府免

---

①　世界银行.1988 年世界发展报告[M].北京:中国财政经济出版社,1988:158-159.

费向消费者提供,低收入者能够得到这些物品(即产品和服务)。但是,在现实经济生活中,有些低收入者或贫困阶层可能得不到这些公共产品或服务,或者其受益程度不如高收入者(富有阶层)高。这是因为财政预算的限制,造成有些公共物品往往不能完全满足人们的需要,必须采取配给的方式分配。在这种情况下,低收入者就可能处于不利地位。例如,政府对水电消费提供补贴,受益多的很可能是那些用水、用电大户——如富人或工业部门等;再如,得到补贴的大学,只对那些已经完成中等教育和能够通过入学考试的学生开放,而这些学生大多数来自富裕家庭。如果将收取的使用费用于补贴那些由穷人使用的公共物品,那么使用费就能够起到收入再分配的作用,如农村医疗保险、初等教育等。此外,对收费可以精心规划,使财政补贴专用于穷人而不是分散给全体居民,例如,对水征收"生命线费",这样在规定用量内可以免费消费,超过规定用量就按边际成本收费,这就将起到收入再分配的作用。

四是避免或减轻拥挤的功能。如果政府所提供的公共物品面临拥挤问题,政府对这些物品按照一定的比例收取使用费,将有助于避免或减轻拥挤。例如,如果公路面临拥挤问题,在公路的使用点达到拥挤点之后,使用量的追加会降低所有消费者从公路使用中所得到的效益。为了使公路的通行量达到具有效率的水平,可以按照一定水平的通行量的社会边际成本来收取公路使用费。

3. 收费的影响

收费作为一种经济杠杆会对社会经济运行产生作用或功效。论述收费的经济影响不仅是要说明收费的影响形式和效果,而且要论证收费存在的合理性或必要性。一般来说,公共收费存在的原因在于它对经济运行所具有的不可替代的作用,即收费存在的合理性和必要性根植于公共物品消费和生产的特性,形成于增加社会福利和提高经济效率之中。收费的经济影响主要体现在以下几个方面:[①]

一是促进公共物品的有效供给。受益公平是衡量公共收入分配是否合理的一个重要原则。如果社会中的一些人无端地为另外一些与他们不相干的人付费,以供其消费或享受,那么这是不公平的。对于准公共物品来说,如果缺乏合理的收费机制,情况就是如此。这不仅会加重政府的负担,增加社会偏好和公共选择的难度,也会影响公共物品的最佳供应,从而造成社会经济资源的扭曲性配置。因为当政府以税收方式来资助那些具有特定受益范围或受益群体的公共物品时,实际上导了收入的再分配效应,违背了受益者付费原则。而合理的公共收费能够较为精确地反映受益的直接性和对称性,较充分地揭示社会偏好,消除负担不公平现象,从而促进公共物品的有效供给。因为从市场和政府的关系上

---

① 解学智,刘尚希.公共收入[M].北京:中国财政经济出版社,2000:211.

看,纯公共物品效用的不可分性和受益的非排他性,决定了其难以由市场有效供给,而不得不由政府以一般性税收来支撑。但是具有私人物品性质的准公共物品则不同,就其私人性质部分的调节而言,无论是由市场提供还是由政府提供,均需引入市场机制,体现市场效率。因为社会资源是有限的,政府拥有或可调度的资源更为有限,如果以有限的公共资源来包揽所有的公共物品(纯公共物品和准公共物品),必然造成政府经济运作的顾此失彼现象,即所谓越位和缺位并存。准公共物品收费体现的受益者对称性和自愿性负担原则,在更好地显示消费者偏好选择的同时,通过收费形成的稳定公共收入来源,不仅弥补了政府公共支出的不足,而且提高了政府供给公共物品的能力,并减少了因征税造成的额外损失,因此,从根本上说,合理的公共物品收费的存在,增进了市场和政府在社会资源配置方面的协调。

二是形成合理的政府产出模式。收费的存在不仅促进公共物品的有效供给,而且它也为政府提供的公共物品造就了另外一种消费偏好选择机制,从而有助于形成合理的政府产出模式。这是因为,公共物品是否能够有效供应的关键问题是偏好(需求信息和付费意愿)的揭示问题。在私人物品市场中,厂商通过价格变动、广告和市场预测来获得消费者偏好的信息,了解他们需要什么、需要多少以及何时需要等信息,并据此对这些信息作出反应,从而在竞争的市场中实现某类产品的供求均衡。也就是说,能够通过市场机制来实现私人产品的有效供给。公共物品则不同,由于公共物品的消费特性决定了理性的个人往往倾向于隐瞒自己的真实需求和付费意愿,以实现个人的效用最大化和付费最小化。因此,公共物品的决定需要设立专门的偏好揭示机制。公共选择过程就是通过消费者投票,通常按照少数服从多数原则,来决定公共物品的供给。但是,公共选择规则本身具有局限性,因而会导致公共物品的实际供给规模偏离最佳水平,如果准公共物品项目也完全按照公共选择程序来决定,那么,将会进一步加大政府实际供给规模的偏离度。采取收费的形式,有助于规制和矫正这种偏离。这是因为准公共物品的可售性(即存在局部排他性的私人受益成分)使得受益和收费有了直接对称的可能性,这样消费者在准公共物品的决定上不仅可以积极地"用手投票",而且在一定程度上可以"用脚投票"(即是否愿意出钱购买该类物品)。如果一项已经提供的公共物品使用者寥寥,除去价格因素(即定价是否真正合理),那么在很大程度上说明,该类产品或服务供给的超量性。如果一项公共物品需要集资来提供,缴费者不踊跃,那么说明该物品显然没有达到帕累托效率。总之,合理的收费将促使消费者更为关心公共物品的供给规模和质量,也往往会对好大喜功的政府进行相应的限制,从而使公共物品更好地服务于民众。

三是消除外部负效应。市场经济的缺陷之一就是个人在理性的驱使下趋利行为会导致外部负效应的存在。如前所述,收费(或罚款)是实现外部效应内在化的途径之一,不论是对生产性外部负效应,还是消费性外部负效应,对这些外部负效应采取合理的收费形式,能够有效地矫正私人成本和社会成本之间的差距,减少私人净收益,从而规范私人行为。(1)矫正生产性外部负效应的收费。市场经济中,微观经济主体的行为有时会对社会造成有害的影响,如厂商的生产会对空气、水造成污染。这种有害的外部效应的产权往往难以确定,给社会造成的损益范围和大小也无法确定,因此,仅仅依靠市场机制难以有效克服这些外部负效应。而外部负效应的存在导致了生产该类产品的私人成本和社会成本之间的差异,即社会成本大于私人成本。由于生产者不必承担其活动的全部成本,必然会过度地从事这类活动。这不仅会进一步累积外部负效应,加重社会负担,而且也会造成该类产品的超量供给,降低资源配置效率。如前所述,公共管制、财政手段、经济一体化、法制等可以实现外部效应内在化,促进资源的有效配置。但是,采取收费的方式也是消除生产性外部负效应的一种较好机制。因为按照社会治理外部效应的所需成本来核定收费,可以有效地修正社会成本和生产该类产品的个别成本的差距,使生产者负担起其真实的活动成本,从利益上形成内在约束机制,使生产达到最优规模。(2)消除消费性外部负效应的收费。消费性外部负效应的例子很多,比如吸烟者对不吸烟者造成的损害,汽车噪声对居民造成的影响等。最为典型的是拥挤性问题。桥梁、道路、公园等公共设施往往面临着这样的问题。因为这些公共设施的容量是有限的,许多人在同一时段使用就会产生拥挤问题。由拥挤造成的阻塞,阻碍了公共设施的有效利用,产生了严重的外部负效应。现代城市交通是典型的例子,在高峰期公路拥挤是所有城市的现代病。原则上,消除城市公路拥挤可以由某个"第三者"(如政府的交通管理部门)出面,去"辨认"那些不能有效使用公路的人,然后禁止他们在高峰期使用公路。但是这样做代价甚高,也不完全可能。在一定程度上,公共收费机制可以解决这一问题,因为收费起到了一种自动筛选的作用,将那些低效益使用者(即对过路的边际效用低于过路的边际成本的人)排除在外,从而提高公路的使用效率。

四是维护消费者的利益。某些产品和服务的生产与经营具有典型的自然垄断性,如果由企业(无论是私人企业还是公共企业)自行定价,很容易损害消费者的利益,阻碍效率的增进。像铁路、公路、自来水、邮政电信等行业,情况就是如此。所谓自然垄断是指生产呈规模递增成本递减的情况。在规模报酬递增的情况下,原先进入该产业领域的企业,生产规模越大,成本就会越低,因此必然具有把生产规模扩大到独占市场的程度,而且,在垄断业已存在时,任何新的企图进入该领域的企业的成本,最初都是很高的。这使得新进入者无法与垄断者展开竞争。不仅如此,在这种生产部门,从生产的角度看,由一个企业大规模地生产,的确要比由几个规模较小的企业同时生产,能够更有效地利用资源。例如,在同一区域,若由多家单位供热,势必造成重复铺设供热管道,造成资源的浪费。虽然自然垄断是出于自然的技术原因而形成的,但是自然垄断毕竟是一种垄断,它的存在同样会导致社会福利水平的下降。因为垄断企业会把价格提高到非合理的水平上,以较高的价格和低于竞争市场的产量来获得垄断利润,从而导致社会生产能力未能充分利用,侵害消费者的利益,降低社会福利。而且长期垄断利润的存在,还会造成收入分配的不平等。因此,政府必然要进行相应的干预。但是由于自然垄断的成因在于生产技术方面的规模报酬递增,不能像人为垄断那样,通过反托拉斯法消除进入壁垒,鼓励其他企业在此领域展开竞争,否则会违反规模报酬递增规律,造成社会整体效率的损失。因此,政府只能通过限价政策来达到效率最优的产出水平。也就是说,采取公共定价的形式来矫正生产。公共定价一般按生产企业的平均成本来进行,并不是市场竞争价格,因此,它事实上也是一种公共性收费,如果该类产品是由政府来生产,这类收费将直接纳入公共收入体系。如果这类产品由私人生产,由于收费只能弥补生产成本,厂商仍需要政府适度的税收补贴方能维持。

五是促进公共资源的合理利用。某些社会资源,诸如土地、草地、矿产、河流、森林和渔业资源等,属于社会公共资源。如果公共资源的使用得不到有效的规制,有限的资源将会面临巨大的损失和浪费,因此政府必须采取有效措施促进公共资源的合理利用。通常的办法是通过实行必要的市场准入制度来确定各微观经济主体的使用权。这种准入制度是在给使用者颁发许可证或产权证的同时向其收取必要的费用,其作用是准入性许可能够将一些资源使用效益不高的使用者排除在外,从而使物尽其用,而收费的存在间接地制约使用者的行为,以消除公共资源的损失和浪费情况。而且就微观经济主体来说,公共资源是其生产和消费的必要条件,可以从资源的使用中获得收益,因此付费是合理的、可行的。

8.3 公共预算及其改革

公共部门的收支决策是通过预算的编制过程来完成的。作为公共部门的年度收支计划,公共预算编制完成后,必须经过一定的法定程序审查、批准。在市场经济中,公共预算是政府进行宏观管理的重要工具,因为政府可以灵活运用预算收入和支出政策,调节社会总需求和总供给的关系,从而保证国民经济高效、有序地运转。

8.3.1 公共预算的功能

公共预算作为公共收支计划,它的功能首先是反映政府的活动范围和公共收支状况。从形式上看,预算就是按照一定的标准将公共收入和支出分门别类地列入特定的表格,它不仅表明了政府各部门及其机构是如何使用经费的,也表明了政府的各项收入是从何种来源筹措的。它成为反映政府活动的一面镜子。从实际内容看,预算的编制是政府对公共收支的计划安排,预算的执行是公共收入的筹措和使用过程,预算的执行结果又会形成决算。预算反映着政府介入经济活动的范围、规模和程度。一本政府预算,就是一本政府活动的详细计划和记录。正因为这个原因,阿伦·威尔达夫斯基(Aaron Wildavsky)等说:"政府预算是一种以货币形式表现的政府活动。……如果有人要问'政府的资源给了谁?'那么答案就记录在那时的预算里。"①

公共预算的第二个重要功能,体现在它对政府支出的控制上。我们在"公共选择论"中已经指出,政府官僚的政治行为特点,是追求公共机构权力的极大化,而公共权力的增大与公共支出规模正相关。这就意味着,如不对公共支出加以有效的控制,很可能会出现公共物品供给过剩。预算恰恰就是控制政府支出规模的一个有效手段。一方面,政府的全部收支项目及其规模都纳入预算,预算能够全面反映政府的收支状况。另一方面,预算作为公共选择的一个重要内容,必须经过国家立法机关的审批才能生效,并最终形成国家的重要立法文件。这就使得政府支出被置于公民(投票者)、代议机关的监督和控制之下,而通过这一监督和制约,实际上形成了对政府支出规模的有效控制(即便存在"公共选择"中的双边垄断关系,这种约束在一定程度上仍然能发挥作用)。

公共预算的第三个功能,体现在统筹分配集中性公共收入中。这具体表现在以价值形式有计划地分配、再分配社会产品和国民收入的过程之中,它包括筹集资金和使用资金两个方面。筹集资金就是组织预算收入(公共收入),即政府运用自身的政治权力和财产权力参与社会产品的分配和再分配,采用适当的预算形式获取公共收入,形成政府预算资金。使用资金就是政府为保证其政治经济活动的需要,以适当的方式把集中起来的公共收入转化为各项预算支出。随着经济的发展,政府预算集中分配的公共资金的规模也会适当增大,分配功能所涉及的范围将更加广泛。

公共预算的第四个功能,体现在调节社会总供给和总需求上。公共预算作为国家财政政策的主要手段之一,可以调节社会总需求与总供给的平衡关系。因为公共预算收入增加,个人和企业可支配收入则会减少,从而减少个人和企业的需求,而预算支出又是直接构成社会总需求的一个重要组成部分。所以,预算规模的收缩和扩张,可以有效地调节社会总需求和总供给的关系。即当社会总需求大于总供给时,通过增加预算收入,压缩预算支出,就可以降低社会总需求;而当总供给大于总需求,即需求不足时,通过减少预算收入扩大预算支出,就可

---

① 阿伦·威尔达夫斯基,内奥米·凯顿.预算过程中的新政治学[M].邓淑莲,魏陆,译.上海:上海财经大学出版社,2006:6.

以增加社会的总需求。

8.3.2 公共预算的编制、执行和决算

公共预算的编制是预测、审查、汇总和批准预算收入与支出指标体系并进行收支综合平衡的过程,它既是整个预算管理工作的起点,又是公共预算能否顺利实现的前提。公共预算经过法定程序审议批准后,就转入了预算的执行阶段,公共预算的执行就是将由立法机关批准的、体现国家意志的、具有法律效力的预算付诸实践,以保证政府职能正常行使。预算执行的结果如何,只有通过公共决算编制才能准确地反映出来。可以这样说,公共预算的编制是预算管理的起点,预算执行是预算管理的关键,公共预算的决算则是预算管理结果最后的全面的检查。

1. 公共预算的编制

公共预算的编制是政府有意识地规范公共财政活动的计划安排行为。编制公共预算是一项细致而又复杂的工作,准备工作充分与否,直接影响到预算编制的质量。一般地说,编制公共预算的准备工作主要有以下几个方面:

一是对本年度预算执行情况的预计和分析。由于预算收支具有联系性,编制下一年度公共预算,必须在本年度预算执行情况的基础上综合分析安排。本年度预算执行情况的预计准确与否,成为能否准确编制下一年度政府预算的关键。因此,各级财政部门对本年度预算执行情况进行分析和总结,是编制下一年度预算不可缺少的一项准备工作。

二是拟定计划年度预算收支指标。为了使公共预算的编制符合国民经济和社会发展的客观要求,正确反映和处理公共预算各方面的比例关系,在编制公共预算以前,财政部门应按照国民经济和社会发展的需要,拟定下达公共预算的收支指标,作为各地区、各部门编制预算草案依据和参考。

三是颁发编制公共预算的指示和规定。为了保证公共预算的统一性、完整性和正确性,在编制公共预算之前,应由中央政府或财政部门颁发编制公共预算的指示或规定,提出各项任务要求,各地区、各部门编制预算时必须遵照执行。

四是修订预算科目和预算表格。公共预算收支科目和预算表格,是编制预算的工具。为了适应经济发展和加强预算管理的要求,在编制预算之前,要对公共预算收支科目和预算表格进行修订,以便正确反映预算收支内容和管理工作的需要。

编制公共预算一般分为两个阶段:其一,测算预算收支指标。一般从报告年度第四季度开始,根据报告年度预算的预计执行情况、计划年度国民经济和社会发展的要求,以及计划年度的各种变化因素,初步测算计划年度的收入、支出情况。经过对计划年度收支情况的初步测算,摸清计划年度的财力状况,然后根据

国民经济和社会发展计划中的具体指标逐项核算。其二,编制预算草案。这是指各级政府和财政部门,以及各部门各单位编制的未经法定程序审查批准的公共收支计划。预算草案的编制,一般采取自下而上和自上而下相结合的办法。

公共预算的编制包括三个方面的内容:(1)单位预算编制。单位预算是公共预算的基本组成部分,它以资金的形式反映国家机关、社会团体和其他单位的活动,是国家机关、社会团体和其他单位实现其职能或事业计划的财务保证,是各级总预算构成的基本单位。编制单位预算是公共预算编制的基础,是汇总编制部门预算和总预算的基本条件。(2)部门预算编制。各主管部门在部门所属单位上报的预算基础上,汇编本部门预算。编制部门预算的依据主要为国家的法律法规、本级政府的指标和要求以及本级财政部门的部署,本部门的职责、任务和事业发展计划,本部门的定员定额标准,本部门报告年度预算执行情况和计划年度预算收支变化因素。(3)本级政府预算与地方各级总预算编制。本级政府预算和地方各级总预算的编制,由同级财政部门在各部门上报的部门预算的基础上汇总编成本级政府预算。地方各级财政部门还应及时将下一级政府汇总编制的下级政府总预算进行汇总,编制本级总预算,并报上级政府和财政部门备案。从各本级政府预算包括的具体内容来看,中央政府预算应包括:本级预算的收入和支出,报告年度节余用于计划年度安排的支出,返还或者补助地方的支出,地方上解的收入;中央财政计划年度举借的国内外债务和还本付息数额应当在本级预算中单独列出。地方各级政府预算应包括:本级预算收入和支出,报告年度节余用于计划年度安排的支出,上解上级的支出,下级上解的收入,上级返还或补助的收入,返还或者补助下级的支出。

2. 公共预算的执行

公共预算按规定程序审议、批准后,预算工作就转入了新的预算年度的执行阶段。公共预算的执行关系到国家方针政策的贯彻执行和国民经济与社会发展规划的完成,如果预算不能得到切实遵守和执行,国家财政就会遭到破坏,就会影响整个国民经济的发展,以至于带来政治上的不安定。要保证公共预算实际执行与原定编制协调一致,就要在预算的实施过程中做好一系列组织、管理、协调工作。从执行公共预算的过程上看,公共预算执行的任务主要有以下几个方面:

首先,公共预算收入的执行。

积极组织预算收入是全面确保公共预算达到预期效果的前提和保障,是预算执行的首要任务。只有及时、足额地完成预算收入任务,才能保证预算支出的各项资金需要,促进国民经济和社会的发展。根据预算收入的不同性质和征收的不同方法,在我国,公共预算收入分别由财政部门和各主管收入的专职机关负责管理、征收,并由财政部门统一组织。各收入机关的划分和分工如下:

财政部门主要负责征收农牧业税、农林特产税、耕地占用税、契税和不由税务机关征缴的国有企业上缴利润以及其他收入。财政部门在公共预算执行中的任务:(1)根据预算执行的需要,制定各种组织预算收入的制度和办法;(2)根据公共预算核定的收入任务和安排的季度收入计划,经常检查和分析预算收入的执行情况,帮助和督促各预算收入经管部门、各预算缴款单位努力完成预算收入任务,把一切应缴的预算收入都及时、足额地解缴国库;(3)分析研究国家政策、法令和国民经济发展情况对预算收入的影响,及时研究和解决预算执行中出现的问题,提出改进工作的措施和建议。

税务机关主要负责除关税以外的各种税(工商税收、所得税等)的收入,以及国家能源交通重点建设基金、公共预算调节基金,并负责国有企业上缴利润的监督缴纳和国家指定负责征收的其他预算收入。

国家海关主要负责征收关税以及海关代征的进出口产品的增值税、消费税等。

为确保公共预算收入的执行,保证预算年度的预算收入达到立法机关审议、批准的预算收入指标,在公共预算收入执行过程中,财政部门和其他征收机关应自觉完成以下三方面的具体任务:

一是落实收入任务。财政部门根据年度预算确定的预算收入任务,下达到各个负责预算收入的组织部门。这些部门接受任务后,一方面要认真制定完成收入任务的措施;另一方面要将收入指标分解,落实到本部门各有预算上交任务的单位,并帮助其制订方案,解决存在的问题,确保完成预算收入任务。

二是积极组织预算收入。各负责组织预算收入的部门必须依照法律、行政法规的规定,及时足额征收应征的预算收入,不得违反法律、行政法规的规定,擅自减征、免征应征的预算收入,不得截留、占用或者挪用预算收入,保证预算收入及时足额解缴国库。同时,各预算收入组织机关,还要通过预算收入工作,监督检查企业、事业单位的财务收支活动,大力促进企业改善经营管理,提高产品质量,降低成本费用,提高经济效益,争取为政府提供更多的预算收入。

三是根据实际情况的变化,组织新的预算收支平衡。在预算的执行中,由于实际情况复杂多变,经常会出现一些影响收入计划完成的问题。因此,要积极抓好日常收入进度,以便财政部门及时掌握公共预算收入的完成情况,分析新的经济形势以及预算收入执行的动态,提出调整预算收入指标的意见,采取新的增收措施,尽可能地弥补减少的收入,不断组织新的预算收支平衡。

其次,公共预算支出的执行。

公共预算支出执行是预算管理中的又一项实践活动,它的任务是根据年度预算的安排,将各项支出适时、正确地拨付给使用单位,以满足国家经济建设和事业发展的需要,主要体现在以下几个方面:

一是落实预算支出指标。年度预算支出指标确定后，财政部门要及时将各项支出指标进行分解，尽快落实到用款部门、单位。各用款部门和单位要在财政部门核定的年度预算支出数额内，编制年度、季度用款计划，制定使用预算资金的具体措施，以保证支出预算指标的顺利实现。

二是严格控制预算支出。在预算执行的过程中，对于公共预算规定的各项支出，要保证及时供应资金，特别是对于能源、交通重点建设、农业发展、科学教育等方面，财政部门和主管部门要保证资金及时到位，以确保经济建设和行政事业发展的需要。在保证资金需要的同时，要按预算安排的进度和规定的程序拨款，严格控制支出，不应突破预算，特别是对社会集团购买力的支出更要严格控制。

三是提高资金的使用效益。在公共预算支出的执行中，各部门、各单位要严格划清各类支出资金的界限，建立健全会计核算和财务管理制度，确定支出效果的考核标准，并按规定的考核标准分析考核各项支出的经济效益和社会效益，以促使各部门、各单位既管花钱，又重视效益，从而提高资金的使用效益。

四是严格控制追加支出。在预算支出的执行中，不能随意追加支出。各用款部门和单位确实需要追加支出的事项，要报财政部门审核。如果预算执行中已经出现影响收入完成的情况，甚至短收已成为定局，则需要对支出预算进行调整，压缩开支，以保证预算收支平衡。

预算拨款是预算支出执行中对预算资金的分配，为了保证预算支出的顺利执行，充分发挥资金的使用效益，预算拨款应按照以下原则办理：(1)坚持按预算计划拨款。凡是预算计划中没有安排的支出项目，凡是超过预算计划批准支出的额度，一般不得办理预算拨款。如有特殊情况需要超过预算时，必须经过严格的审核与平衡，办理追加支出预算手续后，才能拨款。绝不能无预算、无计划或超预算、超计划拨款。(2)坚持按核定的支出用途拨款。各级财政部门办理预算拨款时，应根据预算规定的用途，予以拨付，不能随意改变支出用途。在预算支出执行中，如果需要在支出科目间资金流用，必须经过财政部门的批准。(3)坚持按事业进度拨款。这是由预算收入组织过程的渐进性决定的，也是由生产建设和事业的阶段性决定的。既不能不考虑实际需要与可能，早拨多拨，也不能少拨迟拨。只有按照事业发展的实际进度办理拨款，才能保证资金需要，防止积压浪费，以保证政府预算资金的统一安排和灵活调度，保证生产建设和事业发展的顺利实现。(4)坚持按预算级次拨款。各个预算支出部门和单位，都要按照国家规定的预算级次办理预算拨款，以保证事权和财权的统一。(5)坚持按规定的程序办理拨款。预算支出拨款应由财政部门根据批准的预算，按预算年度或分季、一次或分次拨付给主管部门，再由主管部门按照拨款的隶属关系，层层转拨到基层单位。

再次,公共预算执行中的平衡。

坚持预算收支平衡,是执行公共预算的重要任务,也是编制和执行公共预算的基本准则。它不仅要求编制年度预算时要坚持量入为出的原则,实现全年预算收支平衡,更重要的是要把预算收支平衡的方针贯彻始终,使公共预算执行的结果达到收支平衡。在实践中,经常性预算的编制是平衡的,但是由于在公共预算的执行中,一方面,国民经济情况不可避免地会发生一些或大或小的变化,预算收入可能超额完成或完不成原定的收入计划;另一方面,随着经济发展和社会事业的进步,会增加新的支出或减少原定的支出。此外,由于自然灾害和某些难以预料的新情况和新问题,以及由于人们的主观认识和客观实际之间总会存在一定的差距,预算编制的内容与执行中的具体情况之间不可能完全适应,也会引起预算收支的变化,导致公共预算经常出现新的不平衡。为了避免年终出现赤字,在执行公共预算中,必须深入实际调查研究,针对变化的具体情况,加强宏观调控,采取有效措施,不断调整预算计划,经常组织预算收支的新平衡。可见,不断组织预算收支的新平衡就成为预算执行中的一项重要任务。

在预算执行中,从预算年度一开始就坚持不懈,加强对预算执行情况的分析,编制预算收支季度计划,及时正确地调整预算,是组织预算平衡的重要手段。编制季度收支计划的要求:(1)收入积极可靠,支出分配合理。季度收入的安排要从季度的实际情况出发,既要考虑努力挖掘潜力、广开财源,又要把收入打足打实,避免过高估计收入,造成虚收实支。在积极可靠地安排收入的同时,也要稳妥合理地安排支出,充分发挥资金效益。(2)坚持收支平衡的方针。要适应季节状况,合理分配资金,保证重点,兼顾一般。季度支出总额要控制在当季收入加上季节余的范围内,量入为出,求得平衡。若因为收入受季节性影响,支出超过上述资金来源部分,可以按规定动用预算周转资金临时垫支,但年终必须归还。(3)要注意与其他计划协调平衡。季度预算收支的安排,应考虑与银行信贷计划、外汇计划和物资供应计划相结合,做好财政与信贷、物质与资金的协调平衡工作,以促进国民经济稳定发展。

最后,公共预算执行中的调整。

尽管公共预算是在年初按照客观经济规律的要求,经过科学的预测和反复的核算编制而成的,但是,由于人们的主观认识不可能完全符合客观实际,这就决定了各项收支计划的安排不可能完全准确无误。同时,在公共预算执行过程中,客观情况发生变化,也会造成预算收支不断地发生一些变化,公共预算的某些部分的收支,超过或达不到原定计划,从而影响着原有预算的执行。为了随时解决预算执行中出现的新情况和新问题,使年度预算符合客观实际,保证公共预算在执行中的平衡,就需要对公共预算进行及时的调整。

在我国,按《预算法》规定,预算调整指"经全国人民代表大会批准的中央预算和经地方各级人民代表大会批准的地方各级预算,在执行中出现下列情况之一的,应当进行预算调整:(一)需要增加或者减少预算总支出的;(二)需要调入预算稳定调节基金的;(三)需要调减预算安排的重点支出数额的;(四)需要增加举借债务数额的。"公共预算调整因幅度不同而分为全面调整和局部调整两种。

公共预算的全面调整并不是经常发生的,只有在某些特殊情况下,由于遇到国家大政方针的调整,或者经济情况发生较大变化,对预算执行产生重大影响时,才对公共预算实行全面调整,其性质接近于重新编制一次政府预算,我国《预算法》规定"各级政府对于必须进行的预算调整,应当编制预算调整方案。……中央预算的调整方案应当提请全国人民代表大会常务委员会审查和批准。县级以上地方各级预算的调整方案应当提请本级人民代表大会常务委员会审查和批准;乡、民族乡、镇预算的调整方案应当提请本级人民代表大会审查和批准。未经批准,不得调整预算"。

公共预算的局部调整,是在预算的执行过程中,为了适应客观情况的变化,不断组织预算的新平衡而经常发生的某些部分调整,这种调整一般有以下几种情况:

一是经费留用。指预算支出之间经费的相互调剂。这是在不改变预算支出总额的条件下,局部地改变资金的用途。在预算执行过程中,各支出科目之间往往发生有的资金有余而有的资金不足的情况,为了充分发挥资金使用效能,在不超过原核定的年度预算总额的情况下,可以在某些科目之间进行必要的调整,但是必须遵守规定的留用范围,并经过一定的批准程序。

二是动用预备费。各级预算的预备费,是为了解决某些临时性急需和事先难以预料的开支而设置的备用资金。在预算执行过程中,如果发生原来预算没有列入本年度又必须解决的开支,经过一定的批准程序后,可以动用预备费。

三是预算的追加和追减。在原核定的预算总额以上增加收入或支出数字的,称为追加预算;在原核定的预算总额以内减少收入或支出数字的,称为追减预算。在预算执行中,由于国家的政策、制度的规定,或者国民经济发展计划的修订以及其他特殊情况,必须增加或减少原核定的收入和支出预算时,可按一定的审批程序办理预算的追加或追减。但是由于这会引起预算收支总额的调整并影响其平衡,在正常情况下,追加支出,必须有相应的资金来源;追减收入,必须相应地追减支出。

四是预算划转。由于行政区划或企事业隶属关系改变,必须同时改变其预算的隶属关系,将原预算划归新的领导部门或接管单位,这种预算关系的变更,称为预算划转。预算划转有三种情况:中央预算与地方预算之间的划转,地方各级预算之间的划转,部门之间的划转。预算划转后,应报上级财政部门。

3. 公共决算

公共决算指经法定程序批准的年度公共预算执行结果的会计报表。决算由决算报表和文字说明两部分构成。在我国,通常按照统一的决算体系逐级汇编而成,包括中央决算和地方总决算。

公共决算与公共预算的体系构成相同,也是按照国家政权结构和行政区划来划分的。在我国,根据宪法和国家预算管理体制的具体规定,有一级政权,便建立一级预算。凡是编制预算的地区、部门、单位都要编制决算。因此,在我国,公共决算由中央级决算和地方总决算组成。中央级决算由中央主管部门的行政事业单位决算、企业财务决算、基本建设财务决算、国库年报和税收年报等汇总而成。地方总决算由省(直辖市、自治区)决算汇总组成。

各种决算按隶属关系汇总,下级决算包括在上级总决算中,地方决算包括在全国总决算中。省、自治区、直辖市总决算由本级政府决算及其所属设区的市、自治州的总决算组成;设区的市、自治州总决算由本级政府决算及其所属县、自治县、不设区的市、市辖区的总决算汇总组成;县、自治县、不设区的市、市辖区的总决算由本级政府决算及其所属乡、民族乡、镇总决算汇总而成。

各级政府的本级决算由同级主管部门汇总的直属单位的单位决算、企业财务决算、基建财务决算等汇总组成。行政事业单位决算,由执行单位预算的国家机关工交商、农林水利、科教文卫等单位编制。企业财务决算由国有企业和基本建设单位编制。实行差额预算管理或实行自收自支的单位,也要编制单位决算。此外,参加组织预算执行、经办预算资金收缴和拨款的机构,如国家金库、税务部门、企业利润监缴机关、建设银行、农业银行等也要编制年报和决算。各级财政部门还要编制由财政部门监督、管理的预算外收支决算。这些单位或部门编制的各种年报或决算,都是各级总决算和全国总决算的重用组成部分。

公共决算的编制涉及财务、会计、税收、金库、统计等各部门的核算系统,是一项十分复杂细致的工作。我国政府公共决算编制,是从执行预算的基本单位开始,在进行年终清理、搞好准备工作的基础上,根据决算编报办法和决算表格的内容,自下而上编制、审核和汇总。

第一,单位决算编制方法。

单位决算,是执行预算的行政、事业单位编制的决算,是构成各级总决算的基础。编制好单位决算是保证政府决算质量的关键。单位决算报表填报的数字,按内容的性质可以分为三类:一是预算数字。它是用以考核预算执行和事业计划完成情况的依据,按照年终清理核对无误后的年度预算数填列。二是会计数字。它是反映单位预算执行结果的决算数,根据预算会计有关账簿产生的数字填列。三是基本数字。它是反映事业、行政单位的机构数、人员数以及事业发展计划的完成情况,用以考核事业规模和预算资金的使用效果。根据有关财务统计资料填入基本数字表的有关栏目。

单位决算编制完成后,连同单位决算说明书一并送交单位领导审核签字,再正式报送上级单位。上级单位连同本单位决算汇总报送主管部门,主管部门汇编整个部门各单位的决算,成为部门决算,报送同级财政部门,作为财政部门汇编本级政府总决算的依据。

第二,各级政府决算的编制方法。

各级政府决算,作为各级政府公共预算最终结果的报告文件,是由各级财政部门编制的。各级财政部门在收到同级主管部门报送的汇总单位决算后,连同总预算会计账簿的有关数字,根据决算报表内容的要求,进行汇总编制本级政府决算。各级政府决算报表的数字,按其内容性质也分为三类:一是预算数字。它是考核各级预算执行情况的依据,按照年终清理核对无误的数字,分别填入"上级核定预算数"和"本级调整预算数"。其中,前者根据上级下达的预算数填报,包括年初下达数和预算执行中经上级批准的追加追减和预算划转数字;后者根据本级政府在上级核定预算数的基础上,加上动用本级机动财力以及预算收支科目之间进行调剂后的数字填列。二是决算数字。它是反映各级预算执行结果的数字。分为决算收入数字和决算支出数字两部分。决算收入数字根据预算会计预算收入明细账的全年累计数填列;决算支出数字根据主管部门报送的汇总单位决算和财政部门直接经办的支出数填列。总会计预算支出明细账的全年累计数,应同主管部门汇总的单位决算报表数字、建设银行决算的全年基建支出数字相一致。三是基本数字。它是反映各部门或某地区的行政、事业单位的机构数、人员数和事业计划完成情况及效果的数字,财政部门应根据各主管部门、各地区编报的基本数字表汇总填列。

第三,决算说明书的编写。

决算说明书是年度预算执行情况和预算管理工作的书面总结,是研究预算政策,分析经济效益和改进工作的重要资料,也是整个决算工作的重要组成部分,必须认真编写。决算说明书分为单位决算说明书和各级政府决算说明书两种。

单位决算说明书的主要内容包括:(1)单位预算执行的主要情况,收入超收或短收,支出超支或节余的原因;(2)各项生产事业计划的完成情况及其原因分析;(3)各项事业发展的成果和费用开支水平,定员定额的分析比较;(4)预算管理和财务管理等方面采取的主要措施、取得的经验教训、存在的问题,以及为提高管理水平而提出的改进意见等。

各级政府决算说明书的主要内容包括:(1)收入方面。结合年度预算安排和国民经济以及社会发展计划完成情况,分析收入超收或短收的原因,分析成本费用水平、资金积累水平,分析税收政策的贯彻执行情况和税源变化情况。(2)支出方面。结合年度预算安排和基本建设计划、各项事业计划、定员定额等,分析各种主要支出的节余或超支的主要原因,说明决算支出数字的编制基础所涉及主要经济事业的效果和存在的主要问题。(3)节余方面。分析全年预算收支节余的情况、原因,以及决算收支平衡情况和存在的问题。(4)经验教训总结方面。总结一年来执行贯彻各项财政方针政策、管理体制、规章制度的情况和问题,提出今后加强预算管理和监督的意见。(5)其他方面。如工资和物价的调整、制度办法的变动对预算收支的影响等。(6)决算工作存在的问题、改进意见和建议。通过决算说明书的编写,找出决算编制方面存在的主要问题和差距,属于主观原因的,提出今后改进的意见,属于客观原因的,建议上级或有关部门解决。

第四,公共决算的审查。

为维护国家法律,保证决算数字准确无误,必须对公共决算进行审查。公共决算审查的内容一般可分为三个方面:一是政策性审查,主要是从贯彻国家的方针政策、改革措施、财经纪律等方面进行审查,检查决算有无违法违纪情况;二是技术性审查,主要是对决算报表的数字关系和编报要求进行审查;三是预算管理审查,主要是对预算管理体制规定的收支划分、上下级财政部门之间的收入留成比例的执行,以及当年财政收支平衡的情况进行审查。这三个方面的审查虽各有侧重,但是互相补充、相辅相成、不可偏废的。因为政策性或预算管理方面的问题有时是从技术性的数字关系中发现的,数字关系上反映的技术性问题有时又是从审查的政策性或预算管理问题中发现的。

在我国公共结算审查的实际工作中,结算审查的具体内容包括以下几个方面:(1)收入审查。决算所列的预算数,是否与核对后的上级核定数一致;上年节余数和上年结算的年终节余是否一致;属于本年的预算收入,是否按照国家政策、预算管理体制和有关交款办法,及时足额地缴入各级国库,编入本年预算;各级总结算之间的分成收入划分是否符合预算管理体制的要求;预算内收入和预算外收入划分是否清楚;收入退库项目是否符合国家规定;结算收入数与 12 月份预算会计报表所列全年累计收入数是否一致。(2)支出审查。列在结算中的预算支出数是否与上级核定的预算支出相一致;地方预算调整数与上级核定的预算数之间的差额与调入资金和上年节余是否一致;本年支出结算是否符合收支期限划分的规定;预算支出是否符合正常规律,年终有无突击花钱的现象;结算支出数与 12 月份会计报表所列全年累计支出数是否一致;如有较大增加,原因何在;公共结算支出、地方财政预算外支出以及各单位的预算内外支出是否划分清楚,有无将不应列入公共结算的支出挤入预算内报销的现象;根据结算和预算的对比差距,审查节余和超支的主要原因;结算支出是否已编列齐全,有无该报未报的情况;已报结算支出是否逐级汇总等。(3)节余审查。未实行单位预算包干的单位预算拨款节余,是否已如数缴回财政总预算;有无将节余列入结算报销,转作单位"其他存款"的情况;在总结算节余中,按规定结转下年继续使用的资金是否符合规定;结转项目是否符合规定的范围;审核总结算的金库存款开户情况、预算收支平衡情况等。(4)运用资金审查。审查单位结算银行支取未报数是否正常;库存资金是否符合规定额度;库存材料有无积压损失;暂付款是否清理完毕以及未结清的原因;固定资产是否记账。对财政总结算,审核各级总结算之间、总预算与单位预算之间的拨借款项,是否结算清楚及未结算的借垫款项的原因;审核暂存、暂付等其他各项往来款项是否符合规定;有无应清未清或应作本年结算收入、支出的款项。(5)数字关系审查。审核结算报表之间的有关数字是否一致;上下年度有关数字是否一致;上下级财政总结算之间、财政总结算与单位结算之间的有关上解、补助、拨借款项数字是否一致;各业务部门的统计年报与财政总结算的有关数字是否一致等。(6)结算完整性和及时性审查。审查规定的各种结算报表是否填报齐全,有无缺报漏报;已报结算表栏次、科目、项目填报是否准确完整,计算口径是否符合规定;有无结算说明书,编写的质量如何;结算是否经过法定程序审核签章;结算报送时间是否超过期限等。

8.3.3 公共预算改革的政治学

公共预算不仅是技术问题,在很大程度上是一个政治问题,预算权力是一种非常重要的政治权力,预算制度是政治制度的重要组成部分。"预算——即企图通过政治过程配置稀缺的金融资源,以实现各种美好生活——是政治过程的中心。"[①]预算就是政治,它所研究的基本问题:社会如何进行组织协调以决定政府和私人活动的相对主导地位以及谁获利、谁受损、谁获益、谁支付。1980年代以来,"预算改革的政治学一直是公共预算研究中非常重要的一个研究领域"[②]。

预算改革的政治学认为,预算过程是一个真实时间中的政治过程。作为政治过程的公共预算具有以下属性:(1)预算不仅是一个经济工具,也是一个政治工具。如果政治可以部分地看作是具有不同偏好的利益集团争夺国家政策决定权而发生的争斗,那么预算是这一争斗记录的结果。"为了不使一些人失望或愤怒,妥协在预算计划中至关重要。"[③]预算上的讨价还价由此发生在许多分散的、有影响的权力组织(或机构)之间,它们为了获得公共预算拨款而相互支持,没有一个机构有权单独决定预算中应该有什么。(2)预算可以被看作是一份合同。

① 阿伦·威尔达夫斯基,内奥米·凯顿.预算过程中的新政治学[M].邓淑莲,魏陆,译.上海:上海财经大学出版社,2006:7.
② 马骏.中国预算改革的政治学:成就与困惑[J].中山大学学报(社会科学版),2007(3).
③ 阿伦·威尔达夫斯基,内奥米·凯顿.预算过程中的新政治学[M].邓淑莲,魏陆,译.上海:上海财经大学出版社,2006:3.

立法机构承诺在指定条件下提供资金,行政机构则按照既定用途支出资金(当一个机构将资金分配给下属单位时,可以被认为是在制定内部合同)。合同是否得到执行,合同涉及的各方是否实际上认同合同的主要内容,是一个存在疑问的问题。但是从合同执行的程度来看,它的确使合同涉及的各方相互承担义务,并相互控制。(3)预算是冲突调和的产物,预算中充满了一些相互矛盾的承诺。"政府关于保持预算平衡的承诺与政府所做的并想实现的其他一切承诺都是相冲突的。"①因为预算对不同的人具有不同的含义,所以控制预算、协调承诺的任务非常艰巨,承诺之间的冲突由此以不同的方式出现。而立法机关规模的扩大,则会扩大承诺冲突的范围,增加预算过程的交易成本。(4)预算反映并证实了现行的政治秩序。它的范围对这种秩序提供了保护。这是预算基数的重要性。大部分的预算基数是免于严格审查的,在这个基数里面,除了能进行很小的增加或减少,所有的内容都是受保护的。预算基数的稳定性决定了政府项目的稳定性,打破预算基数意味着对政府支出项目的轻重缓急次序进行根本性的重组,"就相当于重开过去政治合同的谈判之门。这将使政权制度中的根本性问题——谁为了什么目的能够得到多少——被置于混乱的危险之中"②。(5)预算平衡难以实现。预算是为未来制定的,代表的是一种意图,只有在财政年度结束后才知道预算的意图能否实现。很可能会出现这样的情况,即提交或通过的一个似乎可靠的平衡预算根本不可能平衡。但是预算这种本身的性质并不是导致预算平衡难以实现的唯一因素。即使有最好的规则并得到严格的遵守,也不能解决预算平衡的根本问题。可能每个立法机构的成员都想使预算平衡,但他们的方法各不相同,分歧和差异是无穷无尽的。(6)预算受政治力量的改变与创造。它们是项目设计过程中政治决策的结果。这些决策不是产生或生存于真空中的,而是对压力和各种影响因素的反映,这些压力和影响因素来自寻求利益的群体,来自对公众利益的认识,来自官僚机构。(7)预算是政治体制的一种表现形式,政治改革决定预算改革。不改变政治过程和政治势力的分配格局,预算过程不可能进行重大的变革。"如果最后的结果与以前完全一样,修补预算机制是没有意义的。"③但是政治改革是非常艰难的,为了实现达成一致意见的改革决策和作出使政治过程更有效率运转的制度安排,政治交易就是必要的。在谁受益、谁受损

---

①　阿伦·威尔达夫斯基,内奥米·凯顿.预算过程中的新政治学[M].邓淑莲,魏陆,译.上海:上海财经大学出版社,2006:26.

②　阿伦·威尔达夫斯基,内奥米·凯顿.预算过程中的新政治学[M].邓淑莲,魏陆,译.上海:上海财经大学出版社,2006:124.

③　阿伦·威尔达夫斯基,内奥米·凯顿.预算过程中的新政治学[M].邓淑莲,魏陆,译.上海:上海财经大学出版社,2006:329.

的权衡中,能够影响遥远未来的一种彻底的、根本性的改革是很难实现的,政治家更喜欢进行细枝末节的改变,尽量避免损害既得利益者的利益,而是倾向于改变未来收益者的权利。

在上述分析的基础上,可以建构出一个国家预算改革的政治学分析框架。①这个分析框架包括三方面的内容:(1)预算改革引起的权力结构方面的变化;(2)预算改革引起的决策方式的变;(3)预算改革引起的预算结果的变化。

1. 权力结构的改变

在不同的预算体系中,权力结构是不同的。预算改革经常会涉及权力结构的改变。在预算体制比较成熟的国家,预算权力结构一般相对稳定。预算改革可能并不总是会引起权力结构的变化。然而,即使在这些国家,在某些情况下,预算改革也需要对权力结构的某些方面进行改革。对于那些基本的预算制度仍然非常不完善的国家,预算改革面临的一个基本任务通常是如何在各个预算参与者之间分配或重新分配权力与责任。因此,这些国家的预算改革通常会涉及权力结构上的变化,甚至是权力结构的重构。

预算权力结构主要包括四方面的内容:(1)公民和利益团体是否可以方便地进入预算过程? (2)如何在议会和政府之间分配预算权力? (3)如何在政府内部分配预算权力? (4)如何在议会内部分配预算权力? 不同的权力结构具有不同的政治含义。不同的权力结构将会对预算过程产生不同的影响。在不同的权力结构下,预算参与者之间的权力关系是不同的,预算信息的流动方向也是不同的,最后形成的预算过程也是不同的。同时权力结构为预算参与者的行动提供了一个基本的行动框架,从而会对预算决策者的决策行为产生影响。

2. 决策方式的改变

预算改革政治学最关注的是预算改革是否带来了决策方式的改变。从根本上看,这是判断预算改革是否成功的标准。如果做到了这一点,就可以说预算改革成功了。如果预算改革之后,虽然新的预算过程已经开始运作,但是,几乎所有(或核心)的预算参与者仍然像预算改革以前那样作出决策,那么显而易见的结论是预算改革没有成功。"如果到最后结果模式仍然和以前完全一样,那么,对预算机器打主意是毫无意义的。相反地,除非导致不同类型的决策,而且,如果做到了这一点,政治力量的游戏必然被改变,否则,预算改革的合理性就是没有依据的。"②

预算改革者通常希望通过重构预算制度来影响预算参与者在资金分配中的

---

① 马骏.中国预算改革的政治学:成就与困惑[J].中山大学学报(社会科学版),2007(3).

② WILDAVASKY A. The politics of the budget reform [M]. Harper-Collins publishers,1988:411.

决策方式。具体地,通过在预算结构、程序和规则上进行改革来实施这种影响。预算结构涉及预算过程中各个参与者之间的权力与责任分配形式。如前所说的,权力结构的改变可能对预算参与者的决策方式产生影响。同样地,预算程序的改变也会影响决策方式。例如,自上而下和自下而上的预算程序就会对预算参与者的决策模式产生不同的影响。在前者,预算编制是以贯彻政府首脑的政策意图为核心的,部门在编制预算时就必须充分考虑政府政策意图。而在后者,预算编制是以部门利益为基础的,部门可以更多地考虑自己部门的工作重点甚至部门利益。在程序方面,影响最大的可能是具体的预算编制模式的选择。过去几十年中涌现的绩效预算、项目预算、零基预算和新绩效预算等预算改革,都是希望通过改革预算编制模式来改变预算决策者的决策方式。最后,预算改革一般都会设计新的"游戏规则"来约束和规范预算参与者的决策,例如预算报表格式、科目体系、项目管理规则等。当然,不同的权力结构和预算程序本身也包含了不同的决策规则。

3. 预算结果的改变

传统的预算观念认为,预算过程决定预算结果。预算改革的政治学认为,只要有一个设计良好的预算过程,就可以得到预期的预算结果。"如果预算程序是合理的,那么其结果也是正确的。"[①]公共预算期待的合理结果是有效率地配置资源以实现社会希望实现的绩效目标。但是自 20 世纪 50 年代以来,发达国家不断对预算过程尤其是预算资金分配过程进行改革都没有取得完全的成功。同样,过去几十年联合国、世界银行、国际货币基金组织等国际机构一直在帮助发展中国家改革它们的预算过程,以实现预期的预算结果。这些改革也收效甚微。

预算改革未能实现预期的预算结果,关键的原因是预算改革并未真正地改变预算过程中的权力分配,未能从根本上改变预算过程中预算参与者的决策模式。如果预算过程中的权力结构依旧,预算参与者的决策行为依旧,那么,预算改革实际上就不可能真正地改变预算过程,则难免出现"结果模式仍然和以前完全一样"的结局。

8.4 公共财政改革与国家治理转型

1997 年,世界银行在《变革世界中的政府》一书中正式提出了国家治理 (state governance)的概念,指出国家治理对于提高国家竞争力具有重要意义。公共财政是国家治理的基础和重要支柱,也是构建现代国家治理体系和培育国

---

① 艾伦・希克.当代公共支出管理方法[M].王卫星,译.北京:经济管理出版社,2000:4.

家治理能力的核心问题。"财政转型可以在很大程度上引导国家治理制度转型。"①

8.4.1 财政改革决定国家治理转型

一是财政改革奠定国家治理转型的基础。古往今来,财政经济作为人类社会的生存之本,在任何时代的治国理政中都不可能被忽视,"国之庶政,非财不立,国不可一日而无政,则财不可一日而不周所用。故曰国无时而不需财"②。公共预算是国家财政的起点,如果将"预算"理解为财政收支记录,那么预算古已有之,并始终与国家政治相伴不可分割。如果说预算是"国家的钱袋子",那么掌控这个钱袋子的权力就是政治权力的核心。财政预算活动既是国家宏观经济运行的"调节器",又是实现社会发展的"稳定器"——没有财政预算的资金支撑,国家建设就会失去血液和基础;所有财政资金的汲取、分配和使用,都是围绕着国家目标展开的。当然,公共财政也并非简单的资金流动,它反映了国家治理的政策选择,能够体现各种政策纲领和动员宣传背后最真实的政治面貌。可以说,财政改革奠定了国家治理转型的重要基础。

二是财政改革是国家治理转型的切入点。公共财政涉及国家治理的方方面面,是政府进行资源配置和政策调控的有效工具。作为一种货币化的公共政策,公共财政能够调节各种利益分配,在国家治理中发挥着极其重要的作用。一个国家的治理能力在该国的财政能力中得以反映,建立公共财政体制既是民主政治发展的需要,也是建设责任政府和绩效政府的现实要求,更是提升国家治理能力和水平的需要。推进国家治理转型,可以将财政改革作为优先切入点,通过财政改革实现国家政治治理结构转型,有效改善社会经济状况,富有人情味地分配成本和收益,并创造一个更加丰裕的未来。③

三是财政改革是国家治理转型的关键动力。财政是国家掌握的核心资源,为国家治理提供物质支撑,财政改革直接关系着政府、市场和社会的基本边界重新梳理。建设一个现代化国家,实现国家治理能力和治理体系现代化,关键是要建立财政预算约束和监督机制,提高财政资金使用效率,促进基本公共服务均等化。缺乏成功的财政改革,其他任何形式的改革都难以真正系统提升国家的治理能力。

---

① 马骏,谭君久,王浦劬.走向"预算国家":治理、民主和改革[M].北京:中央编译出版社,2011:3.
② 亚当·斯密.原富[M].严复,译.北京:商务印书馆,1981:吴汝纶序1.
③ 艾伦·希克.联邦预算:政治、政策、过程[M].苟燕楠,译.北京:中国财政经济出版社,2011:2.

8.4.2 国家治理转型确立财政改革方向

公共财政是国家支出优先权的反映,是政治体制的一种表现形式,也是国家治理的重要组成部分。在有限的资源下,财政预算中最为关键的问题是"谁将拥有优先权""什么活动将执行到何种程度",而不是"收益如何被最大化"。[①] 由于集体行动的主要问题集合了不同利益群体的偏好,必须作出一致的决定,然而在集体行动中,用来比较人与人之间关系的准则并非经济的而是政治的,政治过程将不同的偏好转变成各种不同的投票机制或各种类型的授权,从而使分歧得以解决,所以财政改革不可避免地与政治改革联系在一起。国家治理转型将财政改革提升到了前所未有的战略高度,但是改革必须先从国家治理的整体格局上作出规划和调整,因为公共财政是自上而下通过政治程序对有限的资源进行分配的,政治改革决定了财政改革的方向,国家治理转型的宏观目标直接影响着财政改革的成败。

一方面,国家治理转型确立财政改革的目标。国家治理转型是 1980 年代以来掀起的一种规模化、系统化的变革过程,围绕提升国家治理能力和满足公众需求展开,走向"良好治理"成为 21 世纪各国所共同追求的目标。一套能够高效运作的财政程序也必须包含法治、公平、参与、透明性和回应性等"良好治理"的制度安排。正因为如此,党的十八届三中全会通过的《中共中央关于全面深化改革若干重大问题的决定》明确指出,财税是国家治理的基础和重要支柱,科学合理的财税体制是实现国家长治久安的制度保障。

另一方面,国家治理转型为财政改革提供保障。财政改革不仅承担着促进公共服务均等化、缓解债务压力等工具性职能,还直接关系着政府与市场、社会的边界划分,因此不可避免地会触碰到国家最根本、最核心的权力结构。随着改革的深入,其面临的矛盾和困难也越来越多,这就需要其他领域改革保驾护航。国家治理转型是政治、经济、文化、社会等领域全方位的转型,可以为财政改革提供制度和技术上的配套保障。国家治理转型将有限政府、法治社会等要求,全面融入财政改革进程中,保证财政改革在法治轨道上运作。国家转型进程中的技术嵌入也为财政改革提供了便利的技术条件,为公共财政的规范透明搭建起强有力的技术平台,使得财政改革和其他领域的改革形成良性互动关系。

8.4.3 推动国家治理转型的公共财政改革

《中共中央关于全面深化改革若干重大问题的决定》指出:"全面深化改革的

---

① 阿伦·威尔达夫斯基.预算与治理[M].苟燕楠,译.上海:上海财经大学出版社,2010:65-66.

总目标是完善和发展中国特色社会主义制度,推进国家治理体系和治理能力现代化。"党的二十大报告指出:"坚持深化改革开放。深入推进改革创新,坚定不移扩大开放,着力破解深层次体制机制障碍,不断彰显中国特色社会主义制度优势,不断增强社会主义现代化建设的动力和活力,把我国制度优势更好转化为国家治理效能。"全面深化改革将促使国家治理发生巨大变革,政府、市场与社会的治理结构以及三者之间的关系也面临深刻重构。推进国家治理转型的公共财政改革,需要遵循现代国家的治理理念,厘清政府与市场的边界,推进预算公开透明,坚持顶层设计与协同推进,掌控好改革的节奏和力度。

一是遵循现代国家的治理理念。1989 年,世界银行在描述非洲状况时首次使用"治理危机"(the crises of governance)并提出实现"良好治理"的制度框架以来,国家治理的概念迅速引发了全球研究热潮,如何通过治理变革和创新来促进社会的可持续发展,成为各国普遍关注的焦点话题。因为治理不同于管理,治理强调协调与合作,注重主体间权力的互动性和依赖性。"国家管理视野内的主体通常只是政府,而在国家治理的视野内,其主体除了政府之外,还包括社会组织乃至居民个人,体现的是统一共治的理念。"[①]国家治理注重政府、市场与社会三者之间通过协调合作实现动态平衡,实际上是一个逐渐从"国家权力"向"社会权力"回归的过程。[②] "治理意味着国家与社会还有市场以新方式互动,以应付日益增长的社会及其政策议题或问题的复杂性、多样性和动态性。"[③]国家治理具有三个特征:其一,治理主体多元化,注重发挥公共机构和社会的力量,寻求包容性增长;其二,治理方式协同化,强调从法治建设、经济管理、社会自治等多个维度进行集成治理;其三,治理内容基础化,立足于提供高效优质的公共服务实现社会和谐有序。面向国家治理现代化的预算改革必须遵循现代国家治理理念,鼓励公民和社会组织参与预算过程,增加预算的合法性基础,赋予立法机构预算监督审查权,在全社会树立公共预算的法治理念,建立预算责任追究制度,提升政府公共服务能力和水平。

二是清晰划分政府与市场边界。政府与市场是现代社会中两种最基本的制度安排,面向国家治理现代化的公共预算改革必须厘清政府与市场的边界,凡是市场能发挥作用的领域,政府要逐渐让位和退出,凡是市场不能起作用的地方,政府要利用公共财政工具主动进行补位,使市场在资源配置中起决定性作用的同时更好地发挥政府作用,从而降低公共服务的成本,提高预算资金的使用效率,用市场逻辑唤醒"沉睡的存量财政资金",实现公共利益最大化。但是发挥市

---

① 高培勇.论国家治理现代化框架下的财政基础理论建设[J].中国社会科学,2014(12).

② 刘扬.从公共财政视角浅析国家治理的实现路径[J].当代经济管理,2014(8).

③ KOOIMAN J.Social-political governance:overview,reflections and design[J].Public management,1999(1):92.

场在资源配置中的决定性作用并不意味着可以把一切交给市场,政府要为市场有效配置资源创造良好的环境,因此预算改革不只是财政制度本身的改革,预算改革要为市场创造一个更好的体制环境,促进政府职能转变,发挥财政的激励与约束作用。① 因此,推动国家治理转型的公共财政改革必须建立预算硬约束机制,打破行政垄断,充分发挥市场观念和契约精神,维护社会公平正义;必须规范并调整中央政府和地方政府的财政支出责任,按照基本公共服务均等化的要求建立权责一致政府间公共财政框架;必须建立健全政府间财政转移支付制度,优化转移支付结构,提高预算支出的使用效益。换言之,改革必须促进政府职能转变,明确公共财政的职责和权限,为市场配置财政资源创造良好的环境,保障公平竞争,维护市场正常运作秩序,推动国家治理结构转型升级。

三是推进公共预算的公开透明。公开透明指公共预算政策、预算法律制度、预算管理程序以及预算资金分配过程和结果等信息都必须依法向社会公开,接受社会的监督。预算公开透明是国家治理现代化应有之义,预算公开透明利于维护社会公众的知情权、参与权和监督权,将财政预算置于透明开放的环境下,可以打破信息垄断,遏制浪费、寻租以及腐败等不良行为的发生,使得预算过程更加科学化、民主化和理性化,保证财政资金运作的安全性和规范性,发挥财政资金的使用效益和社会效益,提高政府的公信力,为构建良好公共财政奠定基础。因此,面向国家治理现代化的预算改革必须将公开透明融入改革过程之中,推进从中央到地方的全口径预算公开,细化预算公开的内容,给予人大充分的预算监督审查时间,完善公民参与机制和信息公开系统,充分发挥"公开透明"对政府预算的监督约束作用,努力打造阳光政府、责任政府、服务政府,不断提升国家的现代化治理能力。

四是坚持顶层设计与协同推进。公共财政改革在全面深化改革中居于核心地位,推动国家治理转型的公共财政改革需要克服体制机制上的顽疾,突破原有利益僵化的藩篱,处理好复杂的利益关系。改革任务的艰巨性决定了单兵突进的改革难以奏效,必须运用系统化、科学化的思维方法对预算改革进行统筹考虑,强调改革的关键领域和优先顺序,制定正确的战略框架和实施路径,并在此基础上坚持协同推进,实现改革措施之间的有序衔接,合理把握改革的整体进度和节奏,通过自上而下的综合改革将预算主体之间的关系有机整合到相互衔接、激励兼容的框架之中。因此,必须做好财政改革的整体规划和战略设计,明确公共财政改革的总体方向和具体制度安排,划分改革的优先顺序和重点任务,把握改革的主要矛盾,在关键环节率先取得突破性进展。此外,要考虑外部环境和制约因素,实现与行政管理体制改革、收入分配制度改革、政府信息公开制度改革等有序衔接,优化地方政府的职能配置,建立分工明确、高效协同的工作机制,努

① 许正中,张淑翠.全面深化财政改革 构建国家治理枢机[J].行政管理改革,2014(4).

力协调各部门间的利益关系,发挥整体效能,全面推进财政改革。

8.5 建立面向国家治理现代化的公共财政

阿伦·威尔达夫斯基认为,财政预算是治理的同义词,"如果你不能制定预算,你怎能治理"[1]。公共财政是国家治理的基本制度安排,它既是政府经济行为的集中体现,也是国家管理公共事务重要手段之一。通过公共财政治理国家,可以观察到国家治理的基本轨迹,透视国家治理的活动,考核国家治理的绩效,形成对国家治理成本的有效控制。更进一步说,一个国家治理能力的高低,在很大程度上取决于一个国家的财政能力。因为大多数需要政府做的事情或者需要政府满足的利益都需要财政资金,在财政资源稀缺的条件下,如何解决问题就变成了预算的关键,并由此带来了对稀缺资源的持久竞争。

8.5.1 公共财政与国家治理现代化不匹配

实现国家治理现代化的进程是一个制度变迁的过程,也是协调复杂的利益关系实现改革发展成果共享的过程。公共财政反映了政府做什么和不做什么的选择,从国家治理现代化角度上看,我国现行的公共财政存在四个层面的问题。

一是治理理念问题。新中国成立以来的很长时期内,财政被认为是国家有效管理经济的工具,因此带有浓厚的管理色彩。2014年8月31日第十二届全国人民代表大会常务委员会第十次会议修改通过的《中华人民共和国预算法》(以下简称新《预算法》,2015年1月1日开始实施),明确了财政是国家治理的基础和重要支柱,强调要实施全面规范、公开透明的预算制度,要从过去重视政府预算管理权力的管理型预算向注重约束、控制和监督政府预算权力的治理型预算转变,但是由于新《预算法》颁布实施不久,尚不能完全发挥出它应有的价值和作用,现代治理理念并未全面渗透到公共财政中,人治思维仍然根深蒂固,财政决策在很大程度上依赖于党委和政府的领导,"要么是财政按基数加增长的办法给钱,由部门自定项目,要么是重大项目由书记、市长拍板确定"[2]。已经施行的部门预算改革依旧体现着以行政部门为基础的管理理念,关注的焦点还是支出的控制和责任感,而"基于行政部门的预算活动,很难迸射出有关资源配置的智慧火花"[3]。目前,正在推行的年度预算控制方式、中期财政规划等改革,也都

---

① 阿伦·威尔达夫斯基.预算与治理[M].苟燕楠,译.上海:上海财经大学出版社,2010:302.

② 门淑莲.政府预算公开透明需要三大支撑[J].新视野,2013(4).

③ 约翰·米克塞尔.公共财政管理:分析与应用[M].白彦锋,马蔡琛,译.北京:中国人民大学出版社,2005:199,200.

254

表现出明显的"控制取向"特征,"预算治理的工具理性意义大于价值理性"①。一些地方在参与式预算、预算听证协商等方面进行了有益的尝试,无论制度设计还是改革理念,都需要民主法治和现代治理理念更多更有力的渗透。

二是权力配置问题。公共财政是对"国家的钱袋子"进行合理规制的活动,是立法机关、行政机关和社会公众等对财政资源配置展开博弈和协调的过程。财政权力的合理配置对整体预算目标的合理实现至关重要。虽然新《预算法》构建了更为完善的预算制度,但现实情况是立法机关与行政机关、行政机关之间以及社会公众的预算权力配置仍然不合理,难以达到不同预算主体之间相互制衡的效果。具体而言,第一,立法机关的预算权力依然虚化。新《预算法》规定,预算草案由行政机关负责编制,人大审批。然而"预算修正权并未真正赋予人大,这使得人大只有两种选择:整体否决或整体通过预算草案,而整体否决政府预算在任何国家都是非常罕见的"②。第二,行政部门间的预算权力配置不合理。由于国家发展和改革委员会等准预算机构的存在,财政部门的预算权力并不完整,造成了预算权力碎片化,财政部门不能从整体上分配财政预算资金并有效进行财政控制。虽然法律赋予了财政部门监督本级机关及其所属各机构预算执行的权力,但由于财政部门与其他部门隶属于同级政府,财政部门的预算监督权也难以有效实现。第三,中央政府与地方政府的预算权力和责任不匹配。1994 年的分税制改革使中央与地方的财政自给能力发生了根本性转变,责任在基层,财权在中央,越是基层的政府承担的事务越多,相应的预算财力却越不足。中央政府控制的专项转移支付过多,导致财政资金使用分散透明度低,"跑部钱进"提供了滋生预算腐败的土壤。第四,社会公众的预算权力弱小。我国预算编制和审批基本是在各级财政部门与经费使用部门以及同级人大之间进行,公众缺乏有效的途径参与预算过程,缺乏预算的知情权、表达权和监督权。虽然一些地区进行了公民参与式预算的尝试,但尚未制度化,而人大代表由于专业知识的限制,影响预算的能力十分有限。这些问题使公众参与预算审查与监督的权力流于形式。

三是公开透明问题。预算的公开透明既是现代财政制度的基本特征,也是国家治理现代化的应有之义。《政府信息公开条例》实施以来,预算公开的范围逐步扩大,但与社会公众的期望相比,预算公开透明度还有待深入。首先,预算公开的法制建设不完善。现行预算公开规定散见于《宪法》《预算法》《审计法》《税收征管法》《政府信息公开条例》等法规中,但尚未制定预算公开的系统性法律,预算公开缺乏直接的法律依据和独立完整的法治保障。虽然新《预算法》将"预算公开"原则写入了法律条文中,规定了预算公开的基本原则和基本要求,强调了公开的范围、

---

① 陈龙.预算治理新价值:破解良序社会生成中的理性困境[J].地方财政研究,2015(7).
② 黄新华,赵瑶.政治过程与预算改革[J].财经问题研究,2011(12).

主体和时间,体现了预算公开的进步,但并未从权利角度规定公民的预算知情权及其救济途径,赋予公民的依然是被动性权利。其次,预算公开的信息质量不高。公开只是形式,公开信息的质量高低才是关键。现行预算公开的信息粗糙、简单,无法满足公众对预算透明的期望和要求。"公众能够看到的主要是公共财政预算,而公共财政预算只占政府收支总额的65%。"①最后,预算公开的监督机制不完善。从形式上说我国已初步形成以人大监督、财政部门监督、审计部门监督和社会监督为主体的预算监督机制,但预算监督的法律条款散落在《宪法》《预算法》《审计法》等法律中,不同法律之间缺少必要的衔接,法条也存在不同程度的矛盾和相互冲突,从而导致预算监督中普遍存在权力机关监督不强,社会公众监督乏力,主要依靠审计部门监督,而"审计部门隶属于同级政府,经费以及人事任免都要受到政府的控制,这使得政府审计监督缺乏强制力和权威性"。②

四是技术水平问题。公共财政尤其是预算是经济性和技术性很强的活动,先进的预算技术能够促进政府更加科学地编制预算和便捷地执行预算。改革开放以来我国预算技术水平不断提升,但仍存在若干问题:其一,预算编制不够细化,编制时间不合理。人们难以从预算支出表中了解资金的具体去向,这与民众期盼的精细化预算编制相去甚远。此外,预算编制与人大会议的时间不协调,无法反映预算安排与发展规划间的有机联系,导致预算流于形式,缺乏法律约束力。其二,预算的统一性和完整性较差。在现行预算中,除了制定、执行、监管较为完善的公共财政预算,尚未做到"横向到边,纵向到底"的全口径预算,政府性基金收入、社会保险基金收入、国有资本经营收入等还未被纳入综合预算内,无法全面地反映政府财务信息。③ 其三,预算会计核算制度有待改进。收付实现制的会计核算制度主要侧重于核算和反映预算收支执行的实际情况与结果,并未全面反映政府的资产、负债和资金绩效等信息。④ 特别是一些当年预算已作安排但实际并未实现支出的这部分资金,也列入了当年预算支出,导致预算执行数据存在一定程度的"失真"。其四,预算管理信息系统的建设滞后。2002年"金财工程"实施以来,财政管理信息系统建设取得了进展,但也暴露了预算信息系统建设重短期轻长期、重单一轻整体的问题。在"史无前例的大数据时代已经

① 薛菁.全面规范、公开透明的预算制度:背景、重点、保障[J].福州党校学报,2014(2).

② 王晟.我国财政信息公开的制度构建研究[J].政治学研究,2011(1).

③ 2013年,从收入上看,公共财政预算收入占总收入规模的比重为61.8%,政府性基金收入、社会保险基金收入、国有资本经营收入加总占38.2%;从支出上看,公共财政预算支出占总支出规模的比重为63.52%,其余三类预算支出比重加总占36.48%。参见高培勇.财税体制改革与国家治理现代化[M].北京:社会科学文献出版社,2014:197.

④ 收付实现制是以款项的实际收付为标准来处理经济业务,确定本期收入和费用,计算本期盈亏的会计处理基础。

来临"的情形下,我国预算信息系统兼容性、数据联通性、资源共享性有待提高,表现出明显的信息零散化和碎片化。

8.5.2 面向国家治理现代化的公共财政改革

财政权力是最重要的政治权力,公共财政是把权力关进笼子的最佳制度安排。面向国家治理现代化的公共财政改革应该树立国家治理理念,注重发挥多元主体合力,优化公共预算的权力配置,加强财政法治体系建设,积极推进预算的公开透明,努力打造权责一致的政府间财政关系,并通过技术上的改进提高公共预算的全面完整性。只有致力于推动公共财政改革,国家治理结构才能不断完善,治理能力和水平才能得到持续提升。

一是更新治理理念。面向国家治理现代化的公共财政改革,必须实现从财政管理到财政治理的转变,不能把财政当作简单的国家管理工具,必须在公共财政中贯彻"善治"的理念,"惟有善治才能为约束与引导公共权力与政策运作提供充分保障"①。这是因为公共财政改革不仅会改变行政管理实践,还会改变人民理解政府、认识自身与政府关系的方式。因此,"公共财政远不仅仅是简单分配政府资源的工作,它们还是塑造公共生活、国家制度、公众与国家关系的文化建设"②。一般而言,良好的财政治理("善治")包括受托责任、透明度、法治和可预见性等四个基本要素,公共财政改革应充分融入受托责任、透明度、法治以及可预见性理念,以此约束政府权力,保障公众对公共财政的知情权、表达权和监督权。③ 其一,树立受托责任理念。公共财政权始于纳税人(民众)对税收(财产权)的让渡,政府履行的是受托责任,民众纳税是为了实现公共利益,政府是民众的代理人,财政必须在公共利益的限度内进行。政府作为受托责任的实现者和承担者,应建立和强化财政过程的控制与报告机制,清楚地界定财政过程中立法机关、政府核心部门和支出机构等的角色与职责。其二,树立透明财政理念。透明度是实现良好财政治理的关键,透明度越大,信息就越精确,也越具有对称性,这对消除代理人的机会主义行为有很大的帮助,因此可量化的财政信息应全面公开,遵循国际通行的会计标准和分类系统,保证财政信息的规范性和可信度。其三,树立财政法治理念。面向国家治理现代化的公共财政改革要坚守法治理念,在法治规范的轨道上运行,财政收入的方式和数量或支出的去向和规模,必须建立在法治的基础上,坚持法定职责必须为、法无授权不可为。其四,树立可

①　王雍君.新预算法:善治视角的评述[J].中国财政,2014(18).
②　乔纳森·卡恩.预算民主:美国的国家建设和公民权(1890—1928)[M].叶娟丽,等译.上海:格致出版社,上海人民出版社,2008:2.
③　龚经海.论预算改革对完善公共治理的意义[J].理论月刊,2010(10).

预见性理念。公共财政具有未来导向性,通过公共财政,公众得以了解政府未来的方向是什么,目标在哪里,将要花费多少资源,这些资源将如何分配,以及资源使用可能产生的结果,因此应当引入中长期财政规划,加强公共财政的可预见性。

二是改革权力配置。深化财政改革必须调整和重置预算权力,切实加强人大监督权,明确人大与政府、各级政府之间以及政府各部门之间的预算权限,提升公民的预算话语权。首先,调整立法机关与行政机关的预算权,强化人大监督权力。"'政府花钱,议会审批'是市场经济和民主法治国家的普遍做法。"①掌控国家"钱袋子"最核心的权力就是预算监督权,对预算权的合理调整和配置,关键在于加强人大对预算的监督审批权,从立法和程序上真正落实人大的预算权力,厘清权力机关和行政机关之间的关系,合理配置二者的预算权,并以法律的形式予以明确规范。此外,必须加强人大对预算的质询和修正权,延长人大对预算的审议时间,鉴于人大代表的专业能力不足等因素,有必要在人大内设立专业的预算评估机构,提升人大预算决算的审查监督能力。其次,明确财政部门与其他各部门之间的权责划分。由于国家发展和改革委员会等准预算机构的存在,财政部门的预算权并不完整,必须明确各部门之间的权责划分,将预算权力集中到财政部门,建立起以财政部门为核心的预算控制体系,保障财政部门在预算分配中的权威地位。为了更好地发挥审计机构的专门监督功能,可以考虑将审计机构从行政机关转变为对国家和社会公众负责的独立机构,保证对预算监督的客观和公正。再次,合理调整中央与地方政府关系,建立事权和支出责任相匹配的制度。国防、外交、国家安全、关系全国统一市场规则和管理等作为中央事权;部分社会保障、跨区重大项目建设维护等作为中央和地方共同事权,区域性公共服务作为地方事权。事权划分是现代财政制度有效运转的重要前提,在明确政府间事权划分的基础上,贯彻充分考虑公共事务的受益范围、信息的复杂性和不对称性以及激励相容性原则,清理、整顿、规范专项转移支付项目,界定各级政府间的支出责任。"国家治理的实现,无非位于两个层面:事权与财权的界定和支出责任与财力的配置。只有各级政府和各个政府职能部门的事权与财权界定清楚了,各级政府和各个政府职能部门的支出责任和财力配置妥当了,各项政府职能的履行才可能落到实处,国家治理的相关活动才可能运行顺畅。"②最后,提升公民的预算话语权,鼓励实施参与式预算。"在国家治理的背景下,主权在民、人民当家作主是进行公共治理和制度安排的出发点和落脚点。"③提升公民的预算话

① 刘剑文.论财政法定原则:一种权力法治化的现代探索[J].法学家,2014(4).

② 高培勇.为什么说财政是国家治理的基础和重要支柱[N].中国财经报,2014-01-18.

③ 俞可平.民主法治:国家治理的现代化之路[J].团结,2014(1).

语尤为重要,各级政府除了要向社会及时公开预算的详细信息,必须致力于构建和完善公众参与预算途径,积极调动社会公众的参与力量,形成对预算权力的外部制衡,这是实现预算治理的必由之路。

三要拓展社会参与。作为国家治理的关键工具,公共财政的核心价值就在于它的民主性。面向国家治理现代化的公共财政应该有能力在法治的轨道上向社会公众提供强有力的制度信号,使公民能够清楚地了解公共财政的收支去向,保证财政资金的使用更加符合社会偏好,因此必须拓展公共财政社会参与,除了提升公民的财政预算话语权,还要引导公民、企业和社会组织等积极参与到财政预算编制、预算审批、预算执行、预算绩效评价等过程,构建良性互动的公共财政协同治理框架,实施全面规范、公开透明的预算制度。(1)预算编制应建立参与机制。必须通过电视、报纸和网络等平台向社会广泛征求意见和建议,利用公民调查和公民咨询等有效方式获得民众需求和民意走向,为制定分类科学、清晰易懂、契合社会需求的预算编制提供可量化的依据。"公民参与预算编制不仅能够提高治理的民主化,而且可以提高预算资金的配置效率。"[①](2)预算审批应推广听证制度。"在一些国家,立法机关通常通过各种委员会建立起有效机制,如以听证会的形式允许公民就政策适当与否进行广泛磋商,该方式对负责审批预算的立法机关形成重要影响。"[②]因此,构建和完善我国的民主审查预算制度时,可以以人大预算审批为基础和先导,以公民论证和公开听证的方式拓展社会参与,从而保障与会代表和社会公众对预算的修正提议权。(3)预算执行应强化舆论监督。预算执行不仅关乎政府内部的行政控制,它还是整个预算过程的关键阶段。为了保障预算执行中公共资金的高效使用,必须让社会参与预算执行过程的监督,构建积极有效的社会公众和新闻舆论的监督机制,推动政府自我监督向更广泛的社会监督转变,减少预算执行中的不当行为,最终保障预算目标的实现。(4)预算绩效审计要引入公众测评。"一个适当的预算体系意味着负责任的政府。预算通过一个单一的文件并在其中详细地界定政府的责任和功能,从而将政府整合为一个整体。"[③]在预算绩效评价阶段,应适时地引入公众测评机制,让民众对政府提供的公共产品和服务的质量进行评价,再辅之以反馈与补救机制,保证财政预算的合理性和科学性。

四要优化技术手段。推进技术手段的革新是进一步完善公共财政的必由之

---

① 马骏.盐津县"群众参与预算":国家治理现代化的基层探索[J].公共行政评论,2014(5).

② 罗伯特·D.李,罗纳德·W.约翰逊,菲利普·G.乔伊斯.公共预算体系[M].苟燕楠,译.北京:中国财政经济出版社,2011:177.

③ 乔纳森·卡恩.预算民主:美国的国家建设和公民权(1890—1928)[M].叶娟丽,等译.上海:格致出版社,上海人民出版社,2008:3.

路,面向国家治理现代化的财政改革必须继续关注技术性问题的修补,任何细小的技术上的推进都会改变财政预算结构,使公共财政改革为国家治理奠定坚实的基础。(1)建立全口径财政预算体系。公共财政改革必须将预算内收入和预算外收入统一纳入预算的"口袋"里,全面反映财政收入的来源与规模,清晰列出各项支出的具体用途、总量、结构与方向,形成公共财政预算、政府性基金预算、国有资本经营预算以及社会保险基金预算既相互独立又统筹衔接的全口径预算体系,"实现作为立法机构的各级人民代表大会对同级政府所有政府性收支行为的立法控制,所有政府性收支都应当取得立法机构的授权。只有取得授权,政府活动及其相应的收支才具备合法性"①。(2)建立跨年度财政预算平衡机制。跨年度预算平衡机制是被现代国家广泛采用的预算管理手段,具体而言,"一方面是建立跨年度弥补超预算赤字的机制,另一方面是建立中长期重大事项科学论证的机制"②。通过引入跨年度预算平衡机制,立足长远目标筛选预算项目,对重点支出项目的预算实施跨年度管理,增强财政政策的前瞻性和可持续性,有利于财政运行的平衡和稳固。(3)建立政府综合财务报告制度。"现代国家治理结构下的现代财政制度,应该是可以及时自己报告国家财务运行状态的科学体系。"③可以在借鉴发达国家会计准则的基础上,建立权责发生制的政府综合财务报告制度,以全面完整地反映各级政府的资产和负债的真实情况,提高政府预算的透明度,控制财政风险。(4)建立大数据预算决策系统。"大数据是人们获得新的知识、创造新的价值的源泉;大数据还是改变市场、组织机构,以及政府与公民关系的方法。"④建立大数据预算决策系统可以盘活预算数据,实现预算数据信息向可用治理资源转化,提升预算预测和分析能力,实现预算数据共享,为公众提供便捷广泛的预算参与渠道和反馈机制,促进公共预算决策模式逐步向数据驱动模式转变,坚持用数据说话作出更加科学理性的预算决策。⑤ 更重要的是,可以据此对碎片化、分散化的预算信息系统、日常业务和公共服务予以整合,有效运用信息系统进行预算的编制、执行和报告,推进预算管理与资产管理的有机衔接,进一步提高预算管理水平,推进国家治理体系和治理能力现代化。

① 高培勇.财税体制改革与国家治理现代化[M].北京:社会科学文献出版社,2014:219.
② 程瑜.契约精神、国家治理与政府预算:从"善政"到"善治"的嬗变[J].经济研究参考,2014(49).
③ 何代欣.透明预算改革:制度脉络与治理特征[J].地方财政研究,2014(11).
④ 维克托·迈尔-舍恩伯格,肯尼思·库克耶.大数据时代:生活、工作与思维的大变革[M].盛杨燕,周涛,译.杭州:浙江人民出版社,2013:9.
⑤ 徐继华,冯启娜,陈贞汝.智慧政府:大数据治国时代的来临[M].北京:中信出版社,2014:182.

第 9 章

公共部门经济学的新进展

20 世纪 90 年代以来,从纵向上看,随着对政府与市场、公共物品、公共规制、公共财政和外部效应等问题研究的不断深入,公共部门经济学加深了对政府行为及其对资源配置和社会福利影响的认识。通过引入新的研究方法和工具对经济现象和问题进行分析,注重经验性、实证性的分析途径,公共部门经济学的解释能力进一步提高。从横向上,公共部门经济学的研究视野不断扩展,它既以经济学尤其是福利经济学、公共选择等为理论基础,又日渐融入政治学、社会学、法学、伦理学等跨学科的交叉分析,研究领域日益朝着多学科交叉的综合方向前进,推动着面向实践的公共部门经济学的形成。

9.1 研究内容深入拓展

约瑟夫·斯蒂格利茨认为公共部门济学的研究主要包括三大领域:公共部门从事哪些活动以及这些活动是如何组织的;尽可能地理解和预测政府活动的全部结果;评价政府的各种经济政策。① 20 世纪 90 年代以来,公共部门经济学在以下的研究领域取得了长足的进展。

1. 政府与市场

作为资源配置的两种制度安排,政府与市场的关系问题一直是公共经济理论关注的焦点问题。20 世纪 90 年代以来,在充分肯定市场作用的基础上,学术界就政府干预的范围、领域和方式进行了深入的思考。学者们指出,在促进经济发展的过程中,政府和市场起着互补的作用,市场虽然在组织生产与分配方面有优势,但市场不能在真空中运行,市场需要法律和法规的控制与指导。在基础设施建设、为穷人提供必要的生存条件等方面,依靠市场是无法完成的。因此,"对于一个创造有利于经济能够运作的环境的政府而言,它有着很大的作用需要发挥。例如,在确保提供基础设施方面的作用,包括社会服务、扶贫、基本教育、提

---

① 约瑟夫·斯蒂格里兹.政府经济学[M].曾强,何志雄,等译.北京:春秋出版社,1988:14,15.

供卫生保健,公共安全,一个稳定的宏观经济框架,一个有效率的财政和管理体制"。^① 更重要的是,应该认识到市场具有政治色彩,政府行为也有经济交易的属性。像经济交易一样,政治过程常常是由追求自身利益的个人或群体间的互利性交易构成的。当寻求以最小成本实现公共目标,将资源引向最佳用途时,政府也扮演着经济代理人的角色。与此同时,市场也具有政治色彩,许多市场活动具有公共性后果,因而也就变成了关系到整个社会的政治问题。这是因为在民主社会中,社会共同体的集体选择通常反映了绝大多数人的偏好。许多通过政府选择的公共目标反映了通过投票或民意测验显示的公众偏好,而且个人和群体也可以通过院外活动、政治捐献和对候选人的限制影响公共选择。反过来,公共生活的质量也影响这个人的选择或能够追求的目标。人们生活于其中的自然和社会环境塑造着他们的语言、自我感觉、意愿和目标。由于私人领域和公共领域这些相互影响的存在,很难确定主要行动者是私人(市场)还是共同体(政府)。但是,有一点是必须明确的,为了维持市场竞争的活力,政府应该创造良好的商业环境,创造并维持市场竞争的制度框架,"此制度框架的特点是稳固的个人财产权、自由市场、自由贸易——释放个体企业的自由和技能,能够最大限度地促进人的幸福"。^②

2. 公共物品

公共物品理论是公共部门经济学的经典主题。1990 年以来,经济学和政治学整合研究的新政治经济学的兴起深化了对公共物品的认识。新政治经济学将公共物品纳入政治经济学的视角,将公共物品定义为当存在利益不一致时,集体选择机制所产生结果。因此,公共物品可能是一种具体的产品,也可能是一种服务,还可能是对某种产品或服务的选择权利。当认识到许多经济政策具有公共物品性质时,那么公共物品问题的规范意义就不仅处于政治经济学的核心,而且遍布于整个学科领域之中。^③ 这是因为公共物品理论是一种政府理论,政府的建立就在于提供公共物品。当一种物品具有公共性质时,它可能提供不足、根本不提供或经过长期拖延后才得以提供,其中任何一种结果能否产生取决于对公共物品提供进行集体选择的机制。传统公共经济理论在论及公共物品供给时通常走向两个极端,要么依靠政府解决,要么依靠市场解决。实际上,市场主导会出现市场失灵问题,而政府供给也存在诸多弊端。面对逃避责任、搭便车、权力

① STANLEY F,THOMAS V.Policies for economic development[J].American journal of agricultural economics,1990(11):809-814.

② 大卫·哈维.新自由主义简史[M].王钦,译.上海:上海译文出版社,2010:2.

③ 阿伦·德雷泽.宏观经济学中的政治经济学[M].杜两省,史永东,等译.北京:经济科学出版社,2003:363-364.

寻租等诱惑,市场和政府都有可能陷入无法逃避的困境。① 因此,公共物品供给应该实现多元化或多中心供给,打破单一的全能型政府和纯粹市场私有化的治理思维②,政府与市场之间应建立广泛的合作关系,根据公共物品的属性确定生产单位的规模③。但是,政府的有效管理是最重要的公共物品,因为整个社会都能从更好、更有效率、更负责任的政府中受益。"'好政府'具有公共物品的两个特征:不让任何人从更好的政府那里受益是困难的,也是不可取的。"④更进一步说,"只要存在好政府,公共物品的供给就能和市场物品一样有效率,而且比提供给具有不同收入的人们的市场物品的供应更公平"。⑤

3. 公共规制

20 世纪 90 年代以来,新公共管理运动"不加考虑地解除规制"导致"很大一部分公共组织已经被私有的、投资者所有的商业公司取代。然而,规制体系的这种改变并非都是成功的。一些放松规制的和私有化的公用企业垮掉了"⑥。在这一背景下,西方国家不同程度地开始了规制改革,但是这种改革不是回到以前的老路上,而是从新的思路出发构建政府的规制职能,对规制范围、规制方式进行重新的调整,"更好规制"(better regulation)由此产生。"更好规制"主张不是不经思考地解除管制,而是确保管制在适当的时候使用和管制实践中的高质量。"更好规制"的实施必须借助于一系列的政策工具,这些工具主要包括咨询、规制影响评估、风险规制、日落规则、"一进一出"规则、"众包"以及"聪明的规制"等。咨询指在规制决策过程的各起草阶段,规制部门邀请利益相关者、社会公众参与进来,并对规制政策方案进行讨论,提供相关建议。规制影响评估被视为实现"更好规制"的核心工具,通过对拟制定或已制定的规制政策可能产生的潜在影响或已产生的实际效果进行全面系统评估,可以为政府更有效地制定和完善规制政策提供依据。从本质上而言,规制影响评估实际上是一种行政程序,包括问题的界定,评估规制政策选择的经济、社会和环境影响,比较实现规制目标的不

---

① 张涛,罗旭,彭尚平.多中心治理视阈下创新农村公共产品供给模式研究[J].理论与改革,2012(5).

② 张菊梅.公共服务公私合作研究:以多中心治理为视角[J].社会科学家,2012(3).

③ 张振华.公共产品供给过程中的地方政府合作与竞争:印第安纳学派的多中心治理理论述评[J].西北师大学报(社会科学版),2011(7).

④ 约瑟夫·E.斯蒂格利茨.公共部门经济学[M].郭庆旺,杨志勇,刘晓路,等译.北京:中国人民大学出版社,2005:126.

⑤ 休·史卓顿,莱昂内尔·奥查德.公共物品、公共企业和公共选择[M].费朝晖,徐济旺,易定红,译.北京:经济科学出版社,2000:89.

⑥ 戴维·E.麦克纳博.公用事业管理[M].常健,符晓薇,郭薇,等译.北京:中国人民大学出版社,2010:3.

同方式,考虑替代的规制政策备选。风险规制以风险分析为基础,以大量信息情报为前提,通过对规制过程中可能造成社会、经济、环境不利影响的潜在风险因素进行监测和评估,进而采取相应的措施来防范和减轻风险,具体包含识别风险、界定风险的类型、确定风险的优先次序、评估风险发生的概率以及可能产生的影响、分析应对风险的规制措施等一系列过程。日落规则(sunset clauses)指对规制政策的有效期限进行规定,要求在有效期届满之前对规制政策的实施情况进行评估,并依据其评估结果作出调整、修改或终止规制政策的决定。"一进一出"规则(one-in one-out)和"众包"(crowdsourcing)是日落规则的补充,旨在更新或终止特定的规制政策。"一进一出"要求各部门每提出一个新的规章就得终止现有同等效力的规定,减轻规制负担。"众包"则是采用"Web 2.0"工具,使用网络在线咨询收集来自社会各主体关于如何处理现有法规政策的建议,进而进行规制审查和终止。"聪明规制"(smarter regulation)关注如何将不同规制工具和规制机制结合起来实现更好规制,注重发挥市场、社会力量的作用,寻求将公共机构和行业协会、利益集团、公司,甚至个人等在内的私人主体相组合的方法。但是,由于在规制政策选择和执行领域很容易出现腐败现象,对"规制者"进行规制开始被学界重视。克里斯托弗·胡德(Christopher Hood)等人认为规制者的核心是要通过制度设计实现规制结构中委托人和代理人之间的激励相容,制定一套减少或抑制管制机构被俘获的制度安排,建立监督、考核规制者的体系,使规制者在追求自身利益的同时也满足公共利益,从而强化对官僚和政府部门的内在监管。[①]

4. 公共财政

公共财政问题是公共部门经济学的核心主题,1990 年代以来公共财政的政治分析产生了一系列的新理论。阿伦·威尔达夫斯基和爱伦·鲁宾等从政治学的角度对公共预算进行研究,形成了"公共预算是一个政治问题"的共识,认为"公共预算不仅仅是技术性的,它在本质上是政治性的"[②],"预算——即企图通过政治过程配置稀缺的金融资源,以实现各种美好生活——是政治过程的中心"[③]。预算过程中的政治体现了权力的分配,并由此形成了预算政治学。在预算政治学中,预算就是政治,它所研究的基本问题:社会如何进行组织协调以决

① 克里斯托弗·胡德,科林·斯科特,奥利弗·詹姆斯,等.监管政府:节俭、优质与廉政体制设置[M].陈伟,译.北京:生活·读书·新知三联书店,2009:122.

② 爱伦·鲁宾.公共预算中的政治:收入与支出,借贷与平衡[M].叶娟丽,马骏,等译.北京:中国人民大学出版社,2002:1.

③ 阿伦·威尔达夫斯基,内奥米·凯顿.预算过程中的新政治学[M].邓淑莲,魏陆,译.上海:上海财经大学出版社,2006:7.

定政府和私人活动的相对主导地位以及谁获利、谁损失、谁受益、谁支付,作为以货币形式表现的政府活动,预算是政府的生命源泉,是输送支撑公共政策得以正常运行的基本生命要素的媒介。此外,近 20 年来,学者们对财政分权也给予了足够的关注。在奥茨(Wallace E. Oates)提出"分权定理"①的基础上,钱颖一和温格斯特(Barry R. Weingast)、麦金农(R. I. Mckinnon)以及热若尔·罗兰(Roland)等人,融合当代政治学、经济学和管理学的研究成果,运用激励兼容与机制设计理论探讨了公共政策制定者的激励机制设计问题,将财政分权研究的重心从地方公共物品的供给转移到地方政府的行为模式上②,进而形成了第二代财政分权理论。这一理论不再局限于研究中央政府和地方政府的公共物品供给责任,而是深入探究财政分权怎样能使地方政府在推动经济转型和增长方面获得更大的激励。③ 随着对财政问题政治考察的深入,财政政策的多样性被解释为不同政治制度的产物,选举规则和政体的类型对财政政策有着重要的影响。

5. 外部效应

外部效应(或外部性)"是无法在价格中得以反映的市场交易成本或收益。当外部性出现时,买卖双方之外的第三方将受到这一产品的生产和消费的影响"④。20 世纪 90 年代以来,随着人类社会经济活动领域广度和深度的拓展,公共经济理论越来越关注外部效应问题的研究。鲍默尔(Baumol)和奥茨认为,"如果某个经济主体的福利(效用或利润)中包含的某些真实变量的值是由他人选定的,而这些人不会特别注意到其行为对于其他主体的福利产生的影响,此时就出现了外部性;对于某种商品,如果没有足够的激励形成一个潜在的市场,而

---

① 该定理指对于某种公共物品而言,如果其消费涉及全部地域的所有人口的子集,并且该公共物品的单位供给成本对于中央政府和地方政府来说都是相同的,那么由地方政府将一个帕累托有效的产出量提供给其各自的选民要比中央政府向全体选民提供的任何特定的并且一致的产出量有效得多。换言之,如果下级政府能够和上级政府提供同样的公共产品,并且单位供给成本是相同的,那么由下级政府提供的效率会更高。引自 OATES W E. Fiscal federalism[M]. New York: Harcourt brace jovanovich, 1972:143.

② QIAN Y,WEINGAST B R.Federalism as a commitment to preserving market incentives[J].Journal of economic perspectives,1997,11(4):83-92;MCKINNON R I.Market-preserving fiscal federalism in the American monetary union.[M]//BLEJER M,TER-MINASSIAN T. Macroeconomic dimensions of public finance: essays in honor of Vito Tansi. London: Routledge, 1997:73-93; QIAN Y, ROLAND G.Federalism and the soft budget constraint[J].The American economic review,1998,88(5):1143-1162.

③ 谷成.西方财政学的发展轨迹与研究方法探析[J].中国人民大学学报,2011(2).

④ 大卫·海曼.公共财政:现代理论在政策中的应用[M].章彤,译.北京:中国财政经济出版社,2001:87.

这种市场的不存在会导致非帕累托最优的均衡,此时就出现了外部性"①。但是新制度经济学认为,外部效应是一个模糊不清的概念,在产权没有明确界定的情况下谈外部效应问题是没有意义的②。如果交易成本为零,不同的产权安排都能导致资源配置的帕累托最优,因此外部效应的实质是交易成本问题。外部效应并不一定导致市场失灵,如果产权明晰和交易成本为零,政府通过设定资源使用的权利就可以使外部效应内部化。"一旦设定了资源使用的产权……在相关集团之间将既定的权力自由交换为现金支付将是有效率的。这一结果与相关集团中哪一个被赋予这种权力无关。"③这就是所谓的科斯定理。但是科斯定理隐含的外部效应内部化的途径受到许多经济学家的质疑。查尔斯·沃尔夫认为:"问题在于很难确定他所想象的那种在消极外部性的产生者和受害者之间进行的交易或者合同。实践中,在作恶与受害者之间,或者说在捐助人与受益人之间达成这种交易的困难(指成本)可能会大到无法克服的程度,几乎根本不可能成交。"④因此,依靠市场机制实现外部效应内部化是存在障碍的,在交易成本高于从市场交易中能够产生的收益时,市场就不会被创造出来,搭便车行为也会阻碍对外部效应的市场解决,社会因此需要政府通过公共政策促进外部效应内部化,但是"政府运用公共政策解决外部性问题的方法很多,政治上的考虑会影响到对公共政策的决定"。⑤

9.2 研究方法不断丰富

作为一门学科的重要组成部分,研究方法提供了人们在该学科领域内分析问题的视角、工具和分析框架。政府经济学既是理论经济学又是应用经济学,同时又属于交叉学科,研究方法的演进与公共经济理论的发展密不可分。长期以来,公共部门经济学研究体现出来的一个鲜明特征就是遵循主流经济学的范式,运用主流经济学的分析框架,包括理性人、模型、最优解(即均衡)、静态及数学工具,在一系列严格的假设之上进行公共经济研究。20 世纪 90 年代以来,除了继续沿用主流经济学的研究方法和分析工具,公共部门经济学积极拓展新的分析

---

① 加雷斯·迈尔斯.公共经济学[M].匡小平,译.北京:中国人民大学出版社,2001:294,295.

② 沈满洪,何灵巧.外部性的分类及外部性理论的演化[J].浙江大学学报(人文社会科学版),2002(1).

③ 大卫·海曼.公共财政:现代理论在政策中的应用[M].章彤,译.北京:中国财政经济出版社,2001:101,102.

④ 查尔斯·沃尔夫.市场或政府[M].谢旭,译.北京:中国发展出版社,1994:20.

⑤ 阿耶·L.希尔曼.公共财政与公共政策:政府的责任与局限[M].王国华,译.北京:中国社会科学出版社,2006:236,237.

工具,实验经济学、博弈论、信息经济学、行为经济学、多中心制度分析等一系列新方法、新工具的引入,使公共经济领域的研究方法和分析工具呈现多样化的特征。

1. 实验经济学的引入加速了公共部门经济学研究方法的创新

实验经济学开创了经济实验系统化的先河,为公共部门经济学研究方法的创新奠定了坚实的基础。[①] 实验经济学指人们运用模拟与仿真的手段,按照实验规则创造出与实际经济运行相类似的环境和条件,从中检验已有的经济理论,增强实际操作技能或者为解决实际问题提供理论分析的一种方法与过程。[②] 经济理论的实验与物理、化学实验一样包含实验设计、选择实验设备和实验步骤、分析数据以及报告结果等环节。"实验方法使用在经济学的研究中,其最大的优势在于实验的可控制性和可重复性。"[③]1990 年代以来,为了验证已有的理论及其假设前提,更好地解释现实并提出新理论,实验方法成为公共部门经济学最重要的研究方法之一,从应用范围来看,实验方法几乎涵盖了公共部门经济学的所有领域,从经济主体行为、公共物品、公共收入、公共选择到政策过程研究中,学者们普遍使用了实验方法。通过实验设计,学者们对公共物品理论与集体选择理论的主流观点进行了检验与证实,探讨了公共物品供给中不同行为主体的倾向,考察了供给者和消费者的社会心理动机、偏好的异质性问题(如性别、年龄等人口特征),探讨了公共物品中的集体行动、选择机制、门槛效应、信息交流等因素,揭示出社会成员的自愿捐献行为在一定程度上化解了集体行动的危机。[④]实验方法还被用来检验正式制度和非正式制度对纳税遵从行为的影响,表明制度造成纳税人受罚的不确定性会影响遵从行为,社会规范也是影响遵从行为的一个重要因素,而参与者如果可以通过投票选择财政(税收)制度,也会影响到纳税人的遵从行为。

2. 计量经济学的引入为公共部门经济学提供了先进的技术手段

计量经济学是以数理经济学和数理统计学为方法论基础,对于经济问题试图从理论上的数量接近和经验(实证)上的数量接近这两者进行综合而产生的经济学分支学科。20 世纪 90 年代以来,计量经济学成为公共经济研究不可或缺的方法。"计量经济学方法有广义和狭义之分。广义的计量经济学方法主要包

① 陈柳钦.公共经济学的发展动态分析[J].南京社会科学,2011(1).

② 涂晓今.论经济学实验方法的改进与创新[J].重庆科技学院学报(社会科学版),2010(4).

③ 唐雪峰.实验经济学研究方法探新[J].经济评论,2006(4).

④ SMITH V L. Economics in the laboratory[J].Journal of economic perspectives,1994,8(1):113-131.

括时间序列分析、回归分析、投入产出分析、优化方法等;狭义的计量经济学方法就是用以回归分析为核心的数理统计方法对研究对象进行因果分析,揭示其内在规律性,从而进行经济的结构分析、预测、政策评价和理论检验。"[1]计量经济学在公共部门经济学研究中的作用表现为三个方面:一是验证经济理论或模型能否解释以往的经济数据(特别是重要的经验特征事实);二是检验经济理论和经济假说的正确性;三是预测未来经济发展趋势,并提供政策建议。[2] 公共经济理论研究的进展在很大程度上得益于计量经济学的发展,现代数学工具的广泛应用使许多政府经济理论得到严格证明[3],通过计量经济学方法学者们验证了最优税收理论和财政分权理论,研究了利息所得税对家庭储蓄的影响,各种计量经济模型在市场需求、投入产出、收入分配和就业选择等方面的应用对公共政策的选择产生了显著影响。此外,计量经济学也被引用到经济政策分析中,依据一定的标准和程序,运用数据评估政策效果、效益、效率和公众回应,并由此决定政策延续或终结。如今数值分析、可计算一般均衡模型和遗传算法等已经成为政府经济学研究中有代表性的计量方法,这些计量方法"有望将政府经济政策制定、产业管制、立法结构和绩效,以及经济与政治制度的发展或变化等问题连接起来"。[4]

3. 博弈论和信息经济学的引入为公共部门经济学提供了优良的分析工具

博弈论是研究理性个体之间相互冲突和合作的学科,合作博弈和非合作博弈是博弈论研究的核心。博弈论极大地促进了信息经济学的发展,信息经济学认为在信息不完全和不对称条件下,个体的能力和理性是有限的,个人理性选择的结果并不必然导致集体理性,因此决策个体之间相互作用和影响是经济分析的出发点。1990年代以来,博弈论和信息经济学被广泛运用到政府经济研究中,这是因为公共经济领域存在严重的信息不完全和不对称导致的利益冲突及其相互博弈,政府经济学引入博弈论和信息经济学可以对现实经济问题作出更准确的解释和研究。博弈论和信息经济学应用于公共物品的研究表明,公共物品的制度设计要有利于信息搜寻、信息传递、信息甄别和监督管理,有利于显示真实信息和确保信息的可信性。换句话说,公共物品的制度设计应当有利于揭示真实偏好,减少信息搜寻、传递、甄别和监督管理的成本,促进公共物品外部效

① 李子奈.关于现代计量经济学的研究方法[J].清华大学学报(哲学社会科学版),1995(3).

② 洪永淼.计量经济学的地位、作用和局限[J].经济研究,2007(5):139-153.

③ FELDSTEIN M.The transformation of public economics research:1970-2000[J].Journal of public economics,2002(86):319-326.

④ 杰弗瑞·班克斯,艾里克·哈努谢克.政治经济学新方向[M].王志毅,李井奎,叶敏,译.上海:上海人民出版社,2010:3.

应的内部化。^① 针对公共部门多重委托—代理(横向代理和纵向代理)导致的逆向选择和道德风险问题,博弈论和信息经济学的激励相容机制设计理论提供了公共部门激励机制选择和设计的有效思路,为改善公共部门的效率提供了解决问题的办法。^② 博弈论和信息经济学的分析已渗透到经济系统中的每一部分,"从市场的有效性到公共产品的供给,从现代企业制度的各种有关问题到政府在经济中的作用,等等。信息经济学已经真正成为当今经济分析的主流"^③。

4. 行为经济学的引入为公共部门经济学研究提供了新思维

行为经济学将行为分析理论与经济运行规律、心理学与经济科学有机结合起来,以发现经济模型中的错误或遗漏,进而修正主流经济学关于人的理性、自利、完全信息、效用最大化及偏好一致假设。行为经济学更真实地展现了人们的思考、选择、决策以及行为方式,为公共部门经济学研究方法的拓展提供新的思路,行为经济学的引入使公共部门经济学对一些传统理论有了新的认识。道格拉斯·本海姆(B. Douglas Bernheim)、安托尼·兰杰(Antonio Rangel)将应用行为经济学研究公共经济理论的学科定义为"非标准决策情况下的福利和政策分析"(或称行为公共经济学)^④,指出行为经济学的引入,使公共部门经济学分析政策怎样影响着个人福利以及个人福利如何整合成社会福利的理论和新古典经济学产生了明显的差异,社会福利的概念与内涵发生了根本性的变化,福利政策分析的转变已是必然。新古典经济学认为,人们具有完备的偏好序列,这种偏好排序是福利评价的基础。这样的解释内含着如下的假设:一致性偏好(每个人具有一致的良好偏好)、偏好集的规定(每个人的偏好集是由其具有状态依存性质的终生消费路径组成的)、终生不变偏好(每个人对于其状态依存终生消费路径的偏好次序不随时间和外部环境状态的改变而改变)、无错假设(个人从可行集中选择其最偏好的选项)。行为经济学认为,人的选择是高度依赖于环境的,偏好是不一致的,时间的不一致性以及自我约束(自我控制)的存在,人们对其终生状态依存消费路径的偏好会随着时间或外部环境的改变而改变,人们并不总是从可行集中选择其最偏好的选项,因此,为"避免将福利测评的方法简单化,利用那些没有经过检测的假设进行系统的行为观察"^⑤,必须调整个人偏好假设,

---

① 钟晓敏,高琳.现代财政学的发展历史、现状和趋势[J].财经论丛,2009(1).

② 彼德·M.杰克逊.公共部门经济学前沿问题[M].郭庆旺,刘立群,杨越,译.北京:中国税务出版社,2000:79.

③ 蒋殿春.博弈论如何改写了微观经济学[J].经济学家,1997(6).

④ 道格拉斯·本海姆,安托尼·兰杰.行为公共经济学:非标准决策者情况下的福利和政策分析[J].南大商学评论,2007(2).

⑤ 朱国玮,左阿琼.行为公共经济学的研究范畴与进展[J].经济学动态,2010(5).

关注被正统经济学分析所忽视的制度和环境对等偏好的内生影响。①

5. 多中心制度分析成为公共部门经济学重要的分析工具

多中心制度分析开创了以经验为基础的制度安排影响治理绩效的理论。多中心是与单中心相对而言的,单中心凭借终极权威,通过一体化的上级指挥与下级服从链条实现治理的协调与整合。而在多中心中,各种治理主体既相互独立自主地追求各自利益,又相互调适接受特定规则约束实现有效治理。多中心意味着公共事务可以通过多种制度选择来安排,在政府和市场之外,私人组织、第三部门和公民个人都可以是公共事务治理的主体,因此,多中心制度分析中心问题是一群相互依赖的委托人如何把自己组织起来进行自主治理,从而能够在所有人都面对搭便车、规避责任或机会主义行为的诱惑下,取得持久的共同收益。多中心制度分析在市场与政府之外阐明了公共事务的自主治理机制,从而在企业理论和国家理论的基础上进一步发展了集体行动的理论,为公共事务治理研究提供了一个可行的分析框架,20 世纪 90 年代以来被广泛地用于对公共经济研究中,为公共事务提出了不同于官僚行政理论的治理逻辑,强调政府治理变革应打破单中心的模式,构建政府、市场和社会的三维框架,以提高集体行动的效率。② 因为在公共事务治理中,"公地悲剧"、"囚徒困境"以及"集体行动的逻辑"都说明,个人的理性行为终将导致集体的非理性结果,涉及集体行动的公共事务要么实施强有力的中央集权要么彻底私有化。但是,多中心制度分析表明,单一的适应所有服务的组织模式无法解决现实社会中的公共问题,集体行动中存在的多种影响因素,如服务类型多样性、历史和地理环境、组织交易成本、民主参与等会影响公共治理的有效性,因此中央集权和私有化都不能实现公共事务的最佳治理,而多中心治理"为面临公共选择悲剧的人们开辟了新的路径,为避免公共事物的退化、保护公共事物、可持续地利用公共事物从而增进人类的福利提供了自主治理的制度基础"。③ 近年来,埃莉诺·奥斯特罗姆还将多中心制度分析引入全球气候变暖问题的研究中,认为全球气候变暖问题的解决应该有多中心的路径,个人、家庭、社区、城市、州、国家和国际组织等都是应对气候变暖的主体,不应该等待全球化方案达成共识之后才寻找解决方案。④

① 高琳.1970 年以来西方公共经济研究的方法论演进:阶段及特征[J].武汉大学学报(社会科学版),2007(1).

② 黄新华,于正伟.新制度主义的制度分析范式:一个归纳性述评[J].财经问题研究,2010(3).

③ 埃莉诺·奥斯特罗姆.公共事物的治理之道[M].余逊达,陈旭东,译.上海:上海三联书店,2000:中文版译序 1-2.

④ 李文钊.多中心的政治经济学:埃莉诺·奥斯特罗姆的探索[J].北京航空航天大学学报(社会科学版),2011(11).

9.3 研究取向实证规范

在公共部门经济学的发展进程中,实证分析和规范分析对推动公共经济理论的发展发挥了重要作用。实证分析注重对经济活动或经济现象进行解释、分析、证实或预测,用事实验证解释经济现象的理论或观点是否正确,因此,实证分析不考虑社会价值判断,回答是什么或不是什么的问题。规范分析基于一定的价值观分析解决经济问题的政策措施是否符合价值标准,因此,规范分析关注社会价值判断,回答应当是什么或不应当是什么的问题。"尽管实证分析和规范分析在许多场合是不可分的,即二者往往结合在一起,但由于彼此的侧重点不同,试图解释的问题不同,所使用的方法也不同。"①

在过去 20 多年中,由于经济环境的巨大改变,加之对于解决现实问题的迫切要求,公共部门经济学研究的实证化趋势增强,日益重视对经济现象的因果联系进行客观分析而尽力避免主观臆测,这种实证化倾向表现在四个层面的分析上:一是在确立经济学理论前提和经济环境的条件下,通过运用生产函数描述生产条件等。二是使用数学方法建构理论模型,大量的数学工具被应用到公共经济研究中,并用其分析单个经济主体的行为。三是通过均衡分析考察公共经济实现的条件,一般均衡分析、局部均衡分析,尤其是纳什均衡及相关模型(如扩展型博弈法、逆推归纳法、子博弈完美纳什均衡等)的应用避免了对经济个体之间复杂经济关系的简单化处理。四是广泛应用计量经济学对公共经济理论进行实证检验,以反映事实的统计数据为依据,研究经济数学模型的实用化或探索实证经济规律。

实证分析的政府经济学强化了对公共经济效应的考察,利用计量经济学方法对经济政策效应进行检验是其最常见的形式。此外,由于政府及公共部门的行为方式无法通过统计数据刻画出来,对公共经济现象的客观描述成为实证公共部门经济学的重要组成部分。这是因为相对于一般的经济政策,公共经济政策目标除了经济目标还包括政治目标(社会稳定)与社会目标(公平正义),公共经济结构的改变和社会福利状况的改善可以通过一些社会指标体现出来,但更需要活生生的事例展现出来②,所以案例研究成为公共部门经济学不可或缺的组成部分。更为重要的是,行为经济学、实验经济学、计量经济学等学科的发展,使学者们可以充分利用现代数学工具实证性地、多视角地探讨公共经济问题,"通过使用数学工具来解释又进一步促进了一些数学概念的应用,比如多维中位

---

①　厉以宁.弦歌不绝,道德文章:深切悼念陈岱孙老师[J].经济研究,1997(9).

②　刘远风.公共经济理论与方法评述[J].行政事业资产与财务,2011(1).

数、理想点的分布以及偏好的度量"①。

公共部门经济学研究的实证取向并不排除规范分析的可能,只有将实证分析和规范分析相结合,公共经济理论才能朝着科学合理的方向发展。但是,不幸的是,"实证公共经济学的巨大成功将理论研究摆到了次要的地位,两个越来越大的研究鸿沟——理论公共经济学与实证公共经济学研究的相互脱节。当理论脱离了应用,理论就会开始不断地吸食自身并且与实证研究和外界社会的联系会越来越少。同样,当实证主义者只注意数据及之前的经验研究,就会失去新的可能提供多种方式解决实际问题的理论发展"②。为了避免实证分析和规范分析的割裂,使公共部门经济学成为致用之学,"公共经济学所遇到的问题必须用伦理准则来衡量,它与技术结构和行为结构同等重要"③。换言之,公共部门经济学的实证分析离不开特定的社会经济前提条件,也不可能将研究成果置于社会经济环境之外,社会价值判断是公共部门经济学无法回避的现实。事实上,在公共部门经济学研究实证化发展的过程中,就包含着规范化的研究成果,行为公共部门经济学对个人福利的重新定义和衡量,就涉及公共政策的价值取向,推动了公共经济理论研究的规范化发展。

公共部门经济学的规范分析以福利经济学为基础。福利经济学是"研究各种经济状态的社会合意性的经济理论的一个分支"。④ 旧福利经济学以基数效用为基础,认为个人效用可以具体量化,社会福利总量函数为个人福利之和,社会福利最大化的实现既取决于国民收入总量的增长,也取决于个人收入分配状况。新福利经济学以序数效用论为基础,认为个人效用可以测度排序,帕累托最优是社会福利最大化的必要条件而不是充分条件,社会福利总量的增减取决于受益者补偿受损者之后的剩余。福利经济学使人们能够理性地考察不同经济状态下社会福利的增减变动,以说明现实经济政策或经济制度是否合意,从而为考察政府干预形式是否适当提供了一个系统的理论结构,公共部门经济学的规范分析通常建立在福利经济学理论基础上,"例如,福利经济学中'效用'及'效用函数'的概念使是分析政府税收政策对社会福利影响的基本工具。政府税收与转

---

① 詹姆斯·阿尔特,肯尼思·谢波斯.实证政治经济学[M].王永钦,薛峰,译.上海:上海人民出版社,2009:13.

② CONLEY J P. Public economic theory[J]. Journal of public economic theory,1999 (1):1-3.

③ 约翰·伊特韦尔,默里·米尔盖特,彼得·纽曼.新帕尔格雷夫经济学大辞典:第3卷[M].北京:经济科学出版社,1996:1120.

④ 哈维·S.罗森,特德·盖亚.财政学[M].郭庆旺,赵志耘,译.北京:中国人民大学出版社,2009:333.

移支付政策的理论也是建立于福利经济学的有关思想基础上"①。此外,帕累托最优与帕累托改进、效用函数和边际效用、效用可能性曲线与社会无差异曲线等福利经济学的基本概念和分析工具,也是公共部门经济学评价不同经济政策合意性的标准。

但是,福利经济学倡导的按个人偏好计算的社会福利函数的最大化,是与社会伦理准则不相容的。因为涉及某一人的最终分配与其他人的偏好结构分不开。帕累托最优认为改善甲的状况不会损害乙是一种社会理想分配模式,公共部门的行为总是导致受益和受损的再分配,因此,帕累托最优仅仅提供了一种辅助性的局部可资参照的标准,在许多情形下,福利经济学并不能为政府参与经济活动提供全部的规范性准则,规范的公共部门经济学研究因此开始超越福利经济学的限制。首先,公共部门经济学以帕累托最优为参照分析考察现实经济状况如何偏离帕累托最优条件,运用次优理论寻找规范性标准。其次,公共部门经济学超越福利经济学的关于公平与效率问题的纠缠,讨论了"如何在一个有效率的经济中增进平等"这一蕴含政治与伦理的命题,认为在市场经济框架内处理权利与利益、市场和财富的关系,能够合理权衡效率与平等,实现社会政治平等和防止两极分化的双重目标。② 最后,公共部门经济学的规范分析认同新制度主义"制度至关重要"的观点。"传统福利经济学指出,各种市场失灵本身就构成公共政策制定与执行的充分条件。而新制度主义则争辩,相对于所主张的政策而言,公共制度并非中性的。"③作为个人利益及其加总的集体行为理性回应的制度是社会公平正义的内生变量。

9.4 研究视野跨学科性

20 世纪以来,随着政府行为的日益扩展,公共部门规模的持续扩张,60 年代后,在宏观经济学和福利经济学的推动下,在财政学的基础上孕育形成了公共部门经济学。"由于政府的财政收支行为仍然是公共部门的主体,因此财政学依然是公共经济学的核心内容。"④但是与传统的财政学相比,公共部门经济学更注重财政收支对国民经济和社会财富分配的影响,同时也更注重严格的经济数理分析。因此,除了系统地探究财政收支行为,公共部门经济学还要研究公共部门

①　黄少军,何华权.政府经济学[M].北京:中国经济出版社,1998:40.

②　刘远风.公共经济理论与方法评述[J].行政事业资产与财务,2011(1).

③　简·埃里克·莱恩.公共部门:概念、模型与途径[M].谭功荣,马蔡琛,凌岚,等译.北京:经济科学出版社,2004:202,203.

④　安东尼·B.阿特金森,约瑟夫·E.斯蒂格里茨.公共经济学[M].蔡江南,许斌,邹华明,译.上海:上海三联书店,1992:2.

本身存在的合理性问题,即回答为什么需要公共部门,其活动的领域包括哪些范围,"它所研究的领域一向是经济学科中的核心问题——无论是从正面研究还是以迂回曲折和不怎么直接的方式研究:哪些方面必须靠市场?哪些方面必须靠公共部门?如何靠?……它从事的是关于公共部门的研究,然而为此它必须最为精细周到地分析市场及其问题"①。

检视公共部门经济学的发展史,从财政学到公共部门经济学,它不仅是名称上的变化,更重要的是研究内容、研究范围的扩展。公共部门经济学"不仅研究财政收支本身的问题,更重要的是研究财政收支活动对经济的影响,分析政府所从事的经济活动的主要后果及其与社会目标的关系"②。更直接地说,下述一系列的问题是公共部门经济学必须研究而财政学所不能包容的:规范的国家理论、公共生产与官僚机构、非市场决策的经济学、外部效应矫正、公共企业定价、成本收益分析、政策改革的政治经济学、社会保障与宏观经济稳定等。因此,政府经济学既注重实证分析,又注重规范分析。实证分析主要考察公共部门的活动范围和公共政策的后果,规范分析则用于评价各种付诸实施的公共政策和政府形式的选择。

伴随着研究内容的扩展,新方法、新工具的引入使政府经济学日益走向跨学科交叉研究,为了更好地回答政府的"作用应该是什么,它能做什么和不能做什么,以及如何最好地做这些事情"③等政府经济学的核心问题,1990 年代以来,公共部门经济学经常在经济学的边缘探讨,新政治经济学、政治哲学、宪法理论、官僚政治理论、新公共管理理论、法律经济学、交易成本理论、治理理论、政策科学等直接融入公共经济理论研究中,公共部门经济学朝着经济学、政治学、社会学、管理学、法学、伦理学等多学科交叉综合的方向前进。从这个意义上讲,发端于财政学的政府经济学已经实现自身发展中的飞跃,正在跃向一个更加广阔、更加激动人心的新高度。④

学科间相互交叉、渗透与融合,极大地推动和促进了公共部门经济学向纵深发展。例如,新政治经济学关于所有政治参与者都是理性的,在利益不一致的前提下,运用可以支配的各种资源,努力实现自身利益最大化的假设,使公共部门经济学在分析政治因素对经济影响的结果时,将政治制度、行动者以及体现在决

① 约翰·伊特韦尔,默里·米尔盖特,彼得·纽曼.新帕尔格雷夫经济学大辞典:第 3 卷[M].北京:经济科学出版社,1996:1125.

② 彼德·M.杰克逊.公共部门经济学前沿问题[M].郭庆旺,刘立群,杨越,译.北京:中国税务出版社,2000:4.

③ 世界银行《1997 年世界发展报告》编写组.1997 年世界发展报告:变革世界中的政府[M].蔡秋生,等译.北京:中国经济出版社,1997:1.

④ 马骁,冯俏彬.现状与未来:国内外公共经济学研究评述[J].经济研究参考,2009(6).

策过程中的个体、制度与市场的互动中相互分立的观点得到统一。新公共管理理论为公共部门经济学提供了一系列管理公共部门的理论和治理工具,"企业化""契约化"的治理模式为政府治理变革,更好地完成使命以及向公众提供服务提供了再造政府的路径。政治哲学关于公平正义的讨论,形成了公共部门经济学中的"新古典国家理论",国家为选民提供保护和公正,选民缴纳税收维持国家机构的正常运转,因此,国家可视为选民同管理者(代理人)之间的关系性或隐性的委托—代理合约。交易成本理论的引入,不仅解释了公共服务合同外包的成因,探讨了公共服务合同外包的治理机制,更重要的是,交易成本分析解释了经济政策的制定过程,为理解经济政策制定提供了一个新的合理的解释窗口。官僚政治理论关于官僚机构和官僚行为的研究,形成了公共部门经济学中的官僚经济学①,揭示了行政和立法机构围绕公共预算和公共服务供给博弈的行为逻辑和实际目标。治理理论强调治理质量取决于政府和社会互动质量的观点,影响了公共部门经济学关于可供选择的经济治理方式的探讨,为寻求多样性的公共经济生产方式提供了一个新视角。法律经济学关于产权的经济理论,为公共部门经济学厘清什么资源应由产权来保护,怎样确立和保护产权,私有产权的占用和管制等问题奠定了基础。

可以预言,在经济全球化和政治全球化的进程中,随着公共经济问题越来越复杂多变,牵涉到政治、经济、历史、文化甚至国际关系等各种因素,公共部门经济学在保持经济学传统的同时,跨学科研究将成为一个必然趋势。因为日益复杂的公共经济问题难以在单一的经济学框架中得到解决,必须依靠跨学科的研究才能更好地解释现实问题并提供有价值的政策建议。"一个学科的实践者能够忽视另一个学科的理论发展和理论问题的时代已经一去不复返了。"②相同的人活跃在市场经济中,活跃在政治体系中,活跃在社会规范中,公共部门经济学和其他社会科学之间并不存在自然的界限,所有的社会科学都是研究同一个完整的现实世界。虽然经济学在研究公共经济问题上具有比较优势,因为相对于其他社会科学,经济学有更大的机会使用精确的方法。但是,只要人的行为具有目的性和一致性,各个不同学科的研究都可以相互借鉴。在人类社会知识体系不断完善的进程中,自然科学和社会科学的跨学科研究已成为一种常态而不是偶然,公共部门经济学跨学科研究的未来一定会比过去更精彩。

① 威廉姆·A.尼斯坎南.官僚制与公共经济学[M].王浦劬,译.北京:中国青年出版社,2004.

② 詹姆斯·阿尔特,肯尼思·谢泼斯.实证政治经济学[M].王永钦,薛峰,译.上海:上海人民出版社,2009:4.

参考文献

1. 马克思恩格斯选集:第1—4卷[M].北京:人民出版社,1995.

2. 习近平.习近平谈治国理政:第1—3卷[M].北京:外文出版社,2014,2017,2020.

3. 习近平.摆脱贫困[M].福州:福建人民出版社,2016.

4. 习近平.论坚持全面深化改革[M].北京:中央文献出版社,2018.

5. 约瑟夫·E.斯蒂格利茨.公共部门经济学[M].郭庆旺,杨志勇,刘晓路,等译.北京:中国人民大学出版社,2005.

6. 安东尼·B.阿特金森,约瑟夫·E.斯蒂格里茨.公共经济学[M].蔡江南,许斌,邹华明,译.上海:上海三联书店,1992.

7. 斯蒂格利茨.政府为什么干预经济[M].郑秉文,译.北京:中国物资出版社,1998.

8. 约瑟夫·斯蒂格里兹.政府经济学[M].曾强,何志雄,等译.北京:春秋出版社,1988.

9. 斯蒂芬·贝利.地方政府经济学[M].左昌盛,周雪莲,常志霄,译.北京:北京大学出版社,2006.

10. 戈登·图洛克,等.政府失灵[M].台北:智胜文化事业有限公司,2005.

11. 托马斯·皮凯蒂.财富再分配[M].郑磊,等译.上海:格致出版社,上海人民出版社,2017.

12. 托马斯·皮凯蒂.21世纪资本论[M].巴曙松,陈剑,余江,等译.北京:中信出版社,2014.

13. 卡莱斯·鲍什.民主与再分配[M].熊洁,译.上海:上海人民出版社,2018.

14. 蒂莫西·贝斯利.守规的代理人:良政的政治经济学[M].李明,译.上海:上海人民出版社,2017.

15. 詹姆斯·阿尔特,肯尼思·谢泼斯.实证政治经济学[M].王永钦,薛峰,译.上海:上海人民出版社,2009.

16. 阿瑟·拉弗,史蒂芬·摩尔,彼得·塔诺斯.繁荣的终结:什么样的经济政策和法则才能带来繁荣[M].王志毅,译.南京:凤凰出版社,2012.

17. 大卫·奥斯丁-史密斯,杰弗瑞·班克斯.实证政治理论:集体偏好[M].山石,孙经纬,译.上海:上海财经大学出版社,2011.

18. T.佩尔森,G.塔贝里尼.政治经济学:对经济政策的解释[M].方敏,徐蓉蓉,徐晓博,等译.北京:中国人民大学出版社,2007.

19. 罗伯特·李,罗纳德·约翰逊.公共预算系统[M].曹峰,慕玲,张玉坤,等译.北京:清华大学出版社,2002.

20. 魏伯乐,奥兰·扬,马塞厄斯·芬格.私有化的局限[M].王小卫,周缨,译.上海:上海三联书店,上海人民出版社,2006.

21. 阿伦·威尔达夫斯基,内奥米·凯顿.预算过程中的新政治学[M].邓淑莲,魏陆,译.上海:上海财经大学出版社,2006.

22. 罗纳德·奥克森.治理地方公共经济[M].万鹏飞,译.北京:北京大学出版社,2005.

23. 阿耶·L.希尔曼.公共财政与公共政策:政府的责任与局限[M].王国华,译.北京:中国社会科学出版社,2006.

24. 阿伦·德雷泽.宏观经济学中的政治经济学[M].杜两省,史永东,等译.北京:经济科学出版社,2003.

25. 曼瑟·奥尔森.权力与繁荣[M].苏长和,嵇飞,译.上海:上海世纪出版集团,2005.

26. 盖伊·彼得斯.税收政治学:一种比较的视角[M].郭为桂,黄宁莺,译.南京:江苏人民出版社,2008.

27. 杰克·奈特.制度与社会冲突[M].周伟林,译.上海:上海人民出版社,2009.

28. 戈登·图洛克.收入再分配的经济学[M].范飞,刘琨,译.上海:上海人民出版社,2009.

29. 詹姆斯·布坎南.公共物品的需求与供给[M].马珺,译.上海:上海人民出版社,2009.

30. 珍妮特·V.登哈特,罗伯特·B.登哈特.新公共服务:服务,而不是掌舵[M].丁煌,译.北京:中国人民大学出版社,2004.

31. 埃莉诺·奥斯特罗姆,帕克斯,惠特克.公共服务的制度建构[M].宋全喜,任睿,译.上海:上海三联书店,2000.

32. 詹姆斯·G.马奇,约翰·P.奥尔森.重新发现制度:政治学的组织基础[M].张伟,译.北京:三联书店,2011.

33. 贝弗里奇.贝弗里奇报告[M].劳动和社会保障部社会保险研究所,译.北京:中国劳动社会保障出版社,2008.

34. 河连燮.制度分析:理论与争议[M].李秀峰,柴宝勇,译.北京:中国人民大学出版社,2014.

35. 赫尔曼·施瓦茨.国家与市场:全球经济的兴起[M].徐佳,译.南京:江苏人民出版社,2008.

36. 亚当·普沃斯基.国家与市场[M].郦菁,张燕,译.上海:格致出版社,上海人民出版社,2009.

37. 保罗·萨缪尔森,威廉·诺德豪斯.经济学[M].18版.萧琛,译.北京:人民邮电出版社,2008.

38. 让-雅克·拉丰,让·梯若尔.政府采购与规制中的激励理论[M].石磊,王永钦,译.上海:上海三联书店,上海人民出版社,2004.

39. 热若尔·罗兰.转型与经济学[M].张帆,潘佐红,译.北京:北京大学出版社,2002.

40. W.吉帕·维斯库斯,约翰·M.弗农,小约瑟夫·E.哈林顿.反垄断与管制经济学[M].陈甫军,等译.北京:机械工业出版社,2004.

41. 帕特里克·敦利威.民主、官僚制与公共选择[M].张庆东,译.北京:中国青年出版社,2004.

42. 威廉·A.尼斯坎南.官僚制与公共经济学[M].王浦劬,译.北京:中国青年出版社,2004.

43. 弗雷德·弗尔德瓦里.公共物品与私人社区[M].郑秉文,译.北京:经济管理出版社,2007.

44. J.G.纳理斯,D.帕克.宏观经济[M].刘文军,译.北京:中信出版社,1998.

45. 保罗·C.纳特,罗伯特·W.巴可夫.公共和第三部门组织的战略管理:领导手册[M].陈振明,等译.北京:中国人民大学出版社,2001.

46. 马克·穆尔.创造公共价值:政府战略管理[M].伍满桂,译.北京:商务印书馆,2016.

47. 查尔斯·沃尔夫.市场或政府[M].谢旭,译.北京:中国发展出版社,1994.

48. 丹尼斯·C.缪勒.公共选择理论[M].杨春学,等译.北京:中国社会科学出版社,1999.

49. 理查德·马斯格雷夫.比较财政分析[M].董勤发,译.上海:上海人民出版社,上海三联书店,1996.

50. 加里·贝克尔.人类行为的经济分析[M].王业宇,陈琪,译.上海:上海三联书店,1993.

51. 彼德·M.杰克逊.公共部门经济学前沿问题[M].郭庆旺,刘立群,杨越,译.北京:中国税务出版社,2000.

52. 迈克尔·麦金尼斯.多中心体制与地方公共经济[M].毛寿龙,译.上海:上海三联书店,2000.

53. 埃莉诺·奥斯特罗姆.公共事物的治理之道[M].余逊达,陈旭东,译.上海:上海三联书店,2000.

54. 大卫·海曼.公共财政:现代理论在政策中的应用[M].章彤,译.北京:中国财政经济出版社,2001.

55. 戈登·塔洛克.对寻租活动的经济学分析[M].李政军,译.成都:西南财经大学出版社,1999.

56. 桑贾伊·普拉丹.公共支出分析的基本方法[M].蒋洪,等译.北京:中国财政经济出版社,2000.

57. C.V.布朗,P.M.杰克逊.公共部门经济学[M].4版.张馨,译.北京:中国人民大学出版社,2000.

58. 休·史卓顿,莱昂内尔·奥查德.公共物品、公共企业和公共选择[M].费朝晖,徐济旺,易定红,译.北京:经济科学出版社,2000.

59. 坂入长太郎.欧美财政思想史[M].张淳,译.北京:中国财政经济出版社,1987.

60. 阿图·埃克斯坦.公共财政学[M].张愚山,译.北京:中国财政经济出版社,1983.

61. 詹姆斯·M.布坎南.民主过程中的财政[M].唐寿宁,译.上海:上海三联书店,1992.

62. 詹姆斯·M.布坎南.公共财政[M].赵锡军,张成福,等译.北京:中国财政经济出版社,1991.

63. 亨利·勒帕日.美国新自由主义经济学[M].李燕生,译.北京:北京大学出版社,1985.

64. 周黎安.转型中的地方政府:官员激励与治理[M].2版.上海:上海格致出版社,上海三联书店,上海人民出版社,2017.

　　65. 周雪光.中国国家治理的制度逻辑:一个组织学研究[M].北京:生活·读书·新知三联书店,2017.

　　66. 句华.公共服务中的市场机制:理论、方式与技术[M].北京:北京大学出版社,2006.

　　67. 唐铁汉,袁曙宏.公共服务创新[M].北京:国家行政学院出版社,2007.

　　68. 丁元竹.非政府公共部门与公共服务[M].北京:中国经济出版社,2005.

　　69. 敬乂嘉.合作治理:再造公共服务的逻辑[M].天津:天津人民出版社,2009.

　　70. 李燕,等.政府公共服务提供机制构建研究[M].北京:中国财政经济出版社,2008.

　　71. 刘波,彭瑾,李娜.公共服务外包:政府购买服务的理论与实践[M].北京:清华大学出版社,2016.

　　72. 王丛虎.政府购买公共服务理论研究:一个合同式治理的逻辑[M].北京:经济科学出版社,2015.

　　73. 高嵩.公共选择经济学导论[M].北京:经济管理出版社,2007.

　　74. 朱柏铭.公共经济学[M].杭州:浙江大学出版社,2002.

　　75. 贺卫.寻租经济学[M].北京:中国发展出版社,1999.

　　76. 周伟林.中国地方政府经济行为分析[M].上海:复旦大学出版社,1997.

　　77. 王浦劬,莱斯特·M.萨拉蒙,等.政府向社会组织购买公共服务研究:中国与全球经验分析[M].北京:北京大学出版社,2010.

　　78. 吕纳.公共服务购买中的政府与社会组织互动关系研究[M].上海:上海交通大学出版社,2017.

　　79. 汪翔,钱南.公共选择理论导论[M].上海:上海人民出版社,1993.

　　80. 王传纶,高培勇.当代西方财政经济理论[M].北京:商务印书馆,1998.

　　81. 华民.公共经济学教程[M].上海:复旦大学出版社,1996.

　　82. 李旭章.中国财政变革与基本公共服务均等化[M].北京:中共中央党校出版社,2012.

　　83. 刘邦凡.面向公共服务的电子政务理论与实践[M].长春:吉林人民出版社,2014.

　　84. 刘志昌.中国基本公共服务均等化的变迁与逻辑[M].北京:中国社会科学出版社,2014.

　　85. 容志,等.公共服务需求分析:理论与实践的逻辑[M].北京:人民出版社,2019.

　　86. 张康之.寻找公共行政的伦理视角[M].北京:中国人民大学出版社,2002.

　　87. 高培勇.公共财政:经济学界如是说[M].北京:经济科学出版社,2000.

　　88. 童星.中国社会治理[M].北京:中国人民大学出版社,2018.

　　89. 杨宏山.转型中的城市治理[M].北京:中国人民大学出版社,2017.

　　90. 和文凯.通向现代财政国家的路径[M].汪精玲,译.香港:香港中文大学出版社,2020.

　　91. 蒲晓红.中国社会保障税税收设计研究[M].北京:中国人民大学出版社,2016.

　　92. 丁学东.公共财产管理[M].北京:中国财政经济出版社,2000.

　　93. 刘小川,王庆华.经济全球化的政府采购[M].北京:经济管理出版社,2001.

　　94. 冯秀华.公共支出[M].北京:中国财政经济出版社,2000.

95. 吴业苗.城乡公共服务一体化的理论与实践[M].北京:社会科学文献出版社,2013.

96. 袁建辉.政府公共服务中的伦理关系研究[M].长沙:湖南大学出版社,2011.

97. 张序,等.公共服务的理论与实践[M].成都:四川大学出版社,2019.

98. 贾康,阎坤.转轨中的财政制度变革[M].上海:上海远东出版社,1999.

99. 黄明.政府预算行为效率[M].北京:经济科学出版社,2001.

100. 张馨,袁星侯,王玮.部门预算改革研究:中国政府预算制度改革剖析[M].北京:经济科学出版社,2001.

101. 王则柯.市场经济中国案例[M].广州:中山大学出版社,2001.

102. 解学智,刘尚希.公共收入[M].北京:中国财政经济出版社,2000.

103. 张弘力.公共预算[M].北京:中国财政经济出版社,2001.

104. 刘玲玲.公共财政学[M].北京:清华大学出版社,2000.

105. 马国贤.中国公共支出与预算政策[M].上海:上海财经大学出版社,2001.

106. 齐守印.中国公共经济体制改革与公共经济学论纲[M].北京:人民出版社,2002.

107. 冯健身.公共债务[M].北京:中国财政经济出版社,2000.

108. 郑功成.社会保障学[M].北京:商务印书馆,2000.

109. 杨卫.中国特色社会主义分配制度体系的三个层次[J].上海经济研究,2020(2).

110. 贾康,程瑜,于长革.优化收入分配的认知框架、思路、原则与建议[J].财贸经济,2018(2).

111. 高丽媛,张屹山.实现共同富裕的分配制度选择:基于权力结构的理论剖析[J].社会科学研究,2018(1).

112. 沈满洪.生态文明视角下的共同富裕观[J].治理研究,2021(2).

113. 张文喜.马克思所有权批判及其相关的公平正义观[J].中国社会科学,2016(8).

114. 魏钦恭.多元视角下"幸福—收入"的异质关系[J].青年研究,2019(6).

115. 吴丽民,陈惠雄.收入与幸福指数结构方程模型构建:以浙江省小城镇为例[J].中国农村经济,2010(11).

116. 刘军强,熊谋林,苏阳.经济增长时期的国民幸福感:基于CGSS数据的追踪研究[J].中国社会科学,2012(12).

117. 朱建芳,杨晓兰.中国转型期收入与幸福的实证研究[J].统计研究,2009(4).

118. 薛澜,张帆,武沐瑶.国家治理体系与治理能力研究:回顾与前瞻[J].公共管理学报,2015(3).

119. 鄢一龙,吕捷,胡鞍钢.整体知识与公共事务治理:理解市场经济条件下的五年规划[J].管理世界,2014(12).

120. 鄢一龙,王绍光,胡鞍钢.中国中央政府决策模式演变:以五年计划编制为例[J].清华大学学报(哲学社会科学版),2013(3).

121. KAMER A. Political economy of redistribution[M].Nomos press,2013.

122. BAUMOL W J, OATES W E.The theory of environmental policy[M].Cambridge, U.K.:Cambridge university press,1988.

123. BROMLEY D W.Environment and economy:property rights and public policy[M].

Cambridge：Basil blackwell，1991.

124. GRAMLICH E. Benefit-cost analysis of government programs［M］. Englewood Clifts：Prentice hall，1990.

125. CLARK J.COLE D H.Environmental protection in transition：economic，legal and socio-political perspectives on Poland［M］. Aldershot，Hampshire，U.K.：Ashgate，1998.

126. DIJKSTR B R. The political economy of environmental policy：a public choice approach to market instruments［M］. Cheltenham，U.K.：Edward elgar，1999.

127. ROSEN H S.Public finance［M］.5 ed.New York：Irwin/McGraw-Hill，1998.

128. LAFFONT J. Fundamentals of public economics［M］. Massachusetts：The MIT press，1988.

129. STIGLITZ J E.Economics of public sector［M］.2ed.Cambridge：Harvard university press，1998.

130. HAYES M T. The limits of policy change：instrumentalism，worldview，and the rule of law［M］.Washington D.C.：Georgetown university press，2002.

131. VICKREYW.Public Economics［M］.Cambridge：Cambridge university press，1994.

132. ALONSO，J M，RHYS A. Government-created nonprofit organizations and public service turnaround：evidence from a synthetic control approach［J］. Journal of public administration research and theory，2021.31（2）：346-362.

133. GAMBLE A.The new political economy［J］.Political studies，1995（3）：1-26.

134. BELKE A，WERNET A.Poverty reduction through growth and redistribution policies—a panel analysis for 59 developing countries［J］.Review of development economics，2015（1）：143-162.

135. GREIF A，LAITIN D D. A theory of endogenous institutional change［J］.The American political science review，2004（4）：633-652.

136. SCOTT B E,FANG A H,HUBER G A.Perceptions of program abuse and support for social insurance［J］.American politics research，2020（6）：59-75.

137. YEBRA C M.Learning and economic policy choices［J］.European journal of political economy，2000（22）：156-178.

138. YAMAMURA E.Social conflict and redistributive preferences among rich and poor：testing the hypothesis of Acemoglu and Robison［J］.Journal of applied economics，2016（5）：15-37.

139. HOLZER M，CHARBONNEAU E，KIM Y. Mapping the terrain of public service quality improvement：twenty-five years of trends and practices in the United States［J］. International review of administrative sciences，2009，75（3）：403-418.

140. IAN W H,PARRY I W,SIGMAN H，WALLS M，et al.The incidence of pollution control policies［R］.NBER working paper，2005.

141. JEFFERIES J G，BISHOP S，HIBBERT S. Service innovation through resource integration：an empirical examination of co-created value using telehealth services［J］. Public

policy and administration，2019，36(1):69-88.

142. MARTIN S，NUTLEY S，DOWNE J，et al. Analysing performance assessment in public services：how useful is the concept of a performance regime？ [J]. Public administration，2016，94(1):129-145.

143. SUWANRADA W,SUKONTAMARN P，BANGKAEW B.Who supports intergenerational redistribution policy? Evidence from old-age allowance system in Thailand[J]. The journal of the economics of ageing,2018(11):1-26.

144. ARAWATARI R,ONO T.A political economy model of earnings mobility and redistribution policy [J].Journal of public economic theory，2015(6):45-76.

145. SLUCHYNSKY O.Benchmarking administrative expenditures of mandatory social security programmes[J].International social security review,2015，68(3):15-41.

146. WORD BANK. The reform of public sector management:lessons and experience[J]. Policy and research series paper，1990.

后 记

　　2000年本书以《政府经济学》的名称在福建人民出版社出版（2002年重印）。三年后，适应学科发展的需要，《政府经济学》更名为《公共部门经济学》，经大幅度的修改后再一次由福建人民出版社出版。2010年本书重新谋篇布局，作了全面修改后由厦门大学出版社出版（2013年重印）。因此，从源流上看，这次修订的《公共部门经济学——理论与实践》已是第4版。

　　党的十八届三中全会提出"全面深化改革的总目标是完善和发展中国特色社会主义制度，推进国家治理体系和治理能力现代化"。党的十九届四中全会审议通过的《中共中央关于坚持和完善中国特色社会主义制度　推进国家治理体系和治理能力现代化若干重大问题的决定》，对十八届三中全会提出的总目标进行深化和展开，为推动各方面制度更加成熟更加定型明确了时间表、路线图。从"点题"到"破题"，如何把改革蓝图转化成全方位治理中的改革实践，实现十九届五中全会提出的"十四五"时期经济社会发展的主要目标之一"国家治理效能得到新提升"（开题），落实党的二十大报告提出的"未来五年是全面建设社会主义现代化国家开局起步的关键时期，主要目标任务是……国家治理体系和治理能力现代化深入推进，社会主义市场经济体制更加完善，更高水平开放型经济新体制基本形成"，公共管理学科建设和研究迎来了前所未有的机遇。如何将40余年改革开放波澜壮阔的变革历程所提供的公共管理实践，整合进公共管理学科的教材建设中，根植于变革社会的中国实践，探求公共管理的知识基础，通过理论与实践的有机结合，建构具有理论前沿性又有实践针对性的公共管理教材体系，是每一个从事中国公共管理研究的学者的应有使命。

　　从1998年国家教育行政管理部门设立公共管理一级学科以来，经过20余年的发展，国内公共管理学科建设和学术研究取得了长足进展，公共管理已经成为和工商管理、企业管理、管理科学与工程并驾齐驱的一个管理学研究领域。与此同时，国外相关领域的实证研究和规范研究也取得了丰硕的成果，一些新理论和新方法的引入，使公共部门经济学异彩纷呈。虽然说教材编撰和学科前沿总是存在一定的距离，尚存争议的学术观点在进入教材时需要谨慎甄别，但是，一本好的教材无疑需要关注学科前沿，对一些达成共识的理论进行归纳和总结。因此，这次修订的《公共部门经济学——理论与实践》在篇章设计与内容安排上都进行了全面的革新，每一章都增添了新的内容，并增加了公共服务、公共资源、收入分配、社会保障与国家治理等主题，使公共部门经济学的研究内容更加完整。可以说，修订后的《公共部门经济学——理论与实践》从体例到内容上看，都是一本新的教材。

　　本书的写作得到"厦门大学研究生教材支持计划"的资助。在写作的过程中，笔者参阅了国内外已出版的大量文献，对这些文献的作者表示衷心的感谢。同时，感谢厦门大学出版社的支持，大学老师和出版社是相辅相成的，没有出版社的"鼓励"，这本教材的修订或许会更为"旷日持久"。

黄新华

2022 年 11 月 17 日

厦门大学颂恩楼 922 室